나는 글로컬대학 교수다

나는 글로컬대학 교수다

초판 인쇄 2024년 1월 5일
초판 발행 2024년 1월 15일

지은이   박한우
펴낸이   박찬익
편집   이기남
책임편집   권효진
펴낸곳   패러다임북   ▌주소 경기도 하남시 조정대로 45 미사센텀비즈 F827호
전화   031-792-1195   ▌팩스 02-928-4683
홈페이지   www.pijbook.com ▌이메일 pijbook@naver.com
등록   2015년 2월 2일 제2020-000028호
ISBN   979-11-92292-19-9 (03300)
가격   19,000원

나는
글로컬대학
교수다

박한우

패러다임북

| 저자소개 |

  박한우 영남대 교수는 대구에서 초중고를 보내고 한국외국어대(학사),
서울대(석사), 미국뉴욕주립대(SUNY-Buffalo)(박사)를 졸업했다. 네덜란드 왕립
아카데미(NIWI-KNAW)와 옥스퍼드인터넷연구원(OII) 등 글로벌 연구기관에
서 근무했다. 영남대 부임 이후에 WCU웹보메트릭스사업단, 세계트리플
헬릭스미래전략학회, 사이버감성연구소 등을 주도했다.

  물리적 경계 속에 한정되어 있던 인간관계와 시대이슈가 온라인을 통해서
그 경계를 자유롭게 넘나들면서, 기존 법칙에 도전하는 과정을 탐구하는
빅데이터 네트워크 방법의 권위자로 인정받고 있다.

  데이터 기반 주요 연구방법론인 과학계량학(scientometrics), 하이퍼링크분석
(hyperlink network analysis), 웹계량학(webometrics), 대안계량학(altmetrics),
트리플헬릭스(triple helix) 등을 국내에 소개하고 선도해 왔다. 하이퍼링크 연결
망은 INSNA(International Network for Social Network Analysis) Connections가
출판한 가장 영향력 있는 연구 목록에 포함되기도 했다.

  SCImago-EPI Award, ASIST Social Media Award 등 국제 저명 학술
상을 공동으로 수상했다. 저명한 국제학술지인 Quality & Quantity,
Journal of Contemporary Eastern Asia 편집위원장(EIC)을 현재 맡고 있다.
최근에는 Scienceasset.com의 웹3 국제학술지 ROSA Journal의 초대
편집위원장으로 위촉되었다.

사회연결망과 빅데이터를 통해서 데이터와 정보의 흐름 및 지식생산과 혁신체제 관련 이슈를 계량적으로 분석하는 전문가로서 SSCI급 저널에 100편 이상의 논문을 출판했고, 2023년 5월에 국제커뮤니케이션학회(International Communication Association)가 선정하는 석학회원(ICA Fellow)으로 뽑혔다. 국내에서 4번째로 지방대에서는 최초이다.

글로벌 연구성과에 못지않게, 이미 오래 전부터 수도권과 지방간 격차가 심해지면 우리나라가 지속가능하기 어렵다고 지적하는 등 국내외 이슈에 대한 폭넓은 관심과 창의적 지식을 보이고 있다. 디지털 기술과 데이터 활용에 관한 중앙정부 및 지자체 자문위원으로서 이 분야에서 소외계층의 삶의 개선과 지역발전에 노력하고 있다. 특히 빅데이터로 보는 우리 지역 세상을 탐구하자는 방향에서 '빅로컬 빅펄스(Big Local Big Pulse)' 랩을 운영하면서, 데이터에 기반한 이슈탐지와 융합학문의 새로운 방향을 제시하고 있다.

먼저, 이 책을 읽어주셔서 감사합니다.

누구나 한 번쯤은 자서전을 집필하고 싶어 할 것입니다. 이 책은 저에게 자서전과 같습니다. 지난 수십 년간 각종 매체에 기고한 글들을 모았기 때문입니다. 20대에 주변 세상을 바라보고 우리 사회에 대해 가졌던 시선부터 50대가 되어 성숙한 접근을 시도한 다양한 주제와 여러 유형의 기고가 모여 있습니다.

그렇다고 뚜렷한 주제와 세밀한 문제의식이 없는 것은 아닙니다. 특별한 형식에 얽매이지 않고 집필하려고 노력했을 뿐, 제가 살고 있는 대구 경북 지역과 연구하고 있는 디지털 기술과 사회 연결망 분야에서 집필 동기와 대상을 찾으려고 했습니다. 다만, 여기 실린 글들은 학술논문이 아니기 때문에 한글과 영어 표현, 참고문헌 제시 등에서 불완전할 수 있습니다.

제 나름대로 세상의 목소리에 귀 기울이고, 저만의 독창적인 방식으로 소통하려고 노력했습니다. 예를 들어, 지방대 교수로 20년 동안 직접 겪은 서울과의 격차를 진부한 시각에서 벗어나 빅데이터와 트리플헬릭스라는 새로운 관점을 통해 해결 방향을 제시하고자 했습니다. 나아가 비교적 최근에 시대적 화두가 된 비트코인과 이더리움부터 챗GPT 인공지능 서비스까지 인문사회학자의 시각으로 재해석했습니다.

현재 고등교육의 미래를 두고서 글로컬 대학, 대학원 중심대학 등 다양한 정책적 논의가 활발히 이루어지고 있습니다. 실제로 지금 일어나고 있는 대학의 지각변동은 오랜 기간 축적된 변화의 결과입니다. 이 책에서 소개된 저의 기고가 대학을 둘러싼 거버넌스 맥락을 이해하는 데에도 도움이 되기를 바랍니다.

덧붙여, 언제나 그랬듯이 제 혼자만의 힘으로는 모든 내용을 제대로 완성할 수 없었습니다. 가족과 연구실 내·외부에서 한결같은 관심과 성원을 보내주신 많은 분들께 이 자리를 빌려서 다시 한 번 감사드립니다. 또한, 애초 원고를 실었던 신문과 잡지의 마감일정을 맞추기가 힘들었지만, 여러분들의 도움 덕분에 이 작업이 가능했습니다.

이 책을 읽으면서, 여러분 모두의 미래가 밝아지기를 바라며 이만 줄입니다.

2024년 1월 3일
박한우(朴漢雨) 배상

디지털과 소셜미디어

암호화폐와 가상자산 NFT

지역사회와 의사소통

트리플헬릭스와 혁신

빅데이터와 인공지능

챗GPT가 새로 여는 ccPTW 시대 [1]

2017년 10월 23일 미국 잡지 '뉴욕커'(The New Yorker)의 표지 사진은 섬뜩할 정도로 소름 끼쳤다.[2] 거리에는 로봇들이 활개 치고, 사람들은 바닥에 앉아서 세련된 외모의 로봇이 지나가면 구걸을 하고 있다.

2016년 3월에 있었던 인공지능(AI) 알파고와 바둑천재 이세돌에서 느꼈던 두려움이 아직 남아있던 시기였다. 당장에 로봇이 인간의 자리를 대체하지 않으니, 이 사진은 신경과민증에 걸린 사람들을 자극하기 위한 언론 매체의 소위 '낚시용' 미끼 기사에 불과하다는 의견도 있었다.

그렇지만 2022년 11월에 등장한 인공지능 기반 대화형 로봇인 챗GPT(ChatGPT)에 대한 사람들의 반응은 확연히 달라졌다. 우리가 일상에서 말하는 '자연어'를 처리하는 성능이 기존 기술과 비교해 획기적으로 개선되었기 때문이다. 이 속도로 계속 발전하면 인공지능이 사람의 지능을 넘어선다는 2045년의 '특이점'(singularity)의 순간이 더 빨리 일어날 것이다.

예를 들어 "박한우 교수는 누구입니까"라는 나의 '허영' 검색에 챗GPT는 영남대 의과대 교수라고 처음에 대답했다. 다시 묻자 "죄송합니다. 저의 실수였습니다."라며 천연덕스럽게 반응하며, 아무 일 없었다는 듯이 옳은 정보를 다시 제시하였다.[3] 허영 검색이란 사람들이 자기 이름이나 자신과 관련된 정보를 검색하며 자아 도취감을 느끼는 행위를 말한다.

챗GPT는 영어가 기본으로 되어 있어서 한국어로 질문하면 한국어-영어-한국어의 순차적 번역과정을 거친다. 그래서 이번에는 "박한우 교수가 낯선 사람을 기꺼이 만날 줄 수 있을 만큼 친절한 사람"인지 영어로 질문했더니, 나온 대답이 매우 만족스러웠다.[4] 유치원 선생님이 아이한테 말하듯 친절한 조언의 정보를 제공했다.

한편, 챗GPT의 개발사인 오픈AI가 비슷한 시기에 선보인 이미지(그림) 생성 서비스인 달리(DALL-E)를 같이 사용해 보자. 생각하고 창작하는 존재로서 인간이 지닌 이성과 예술의 본질과 가치에 대해 다시 한 번 의문을 느낄 수밖에 없다. 그림을 그리는 도구가 팔레트에서 디지털 태블릿으로 바뀐 수준이 아니기 때문이다.

나아가 마이크로소프트(MS)는 2023년 초에 우리가 챗GPT에게 작업을 명령하면, 그것을 전달받은 로봇이 사용자의 지시에 따라 작동하는 동영상을 공개했다.[5] 이제 산업용 로봇의 전문 기술자가 아니더라도 로봇의 언어를 프로그래밍하지 못하더라도, 챗GPT를 통해 로봇틱스 분야에 진출할 수 있다.

상황이 이렇게 되자, 인공지능과 로봇을 조금 재미난 장난감이나 나름 똑똑한 기계 뭉치로 생각하며 대수롭지 않게 여기던 보수적 집단의 시각도 변할 수밖에 없다. 디지털 신(新)기술은 보완재일 뿐 대체재가 아니라며 걱정하지 않던 사람들마저, 챗GPT와 달리를 경험하면서 인공지능이 이 정도로 발전하면 많은 사람들이 직업을 잃을 수 있음을 깨닫고 있다.

그렇지만 AI 로봇 기술의 등장과 보급이 인간의 역할을 소멸시킬 수도 있겠다며 걱정하는 것은 짧은 생각일 수 있다. 이제는 인간-컴퓨터의 상호작용이 단순한 협업을 넘어선 고도화 즉 '코-크리에이션'(co-creation)의 시대로 접어드는 것이기 때문이다. 바야흐로 ccPTW(collaborative creation for

Playing, Thinking, & Working)가 핵심어이다. 놀고 생각하고 작업하는 과정에서 AI 로봇과 협동하며 창의적으로 활동하는 패러다임으로 전환하는 것이다.

음악 분야의 코-크리에이션을 연구한 한 논문은 작곡가들이 함께 작업하는 것이 독립적으로 가사를 쓰는 경우와는 매우 다른 작품을 만들 수 있음을 입증했다.6 폴 매카트니와 존 레논이 쓴 가사를 분석해 보면, 매카트니와 레논은 그들이 작곡한 160곡 중 15곡을 공동 작업했다. 그런데 함께 쓴 노래가 더 긍정적이고, 사용하는 단어들도 달랐다고 한다. 이 사례는 창의적이지만 독단적이라고 종종 알려진 예술가들도 협업을 통해서 나 홀로 작업보다 더 기막힌 작품이 나올 수 있음을 보여준다.

이제 챗GPT를 통해서 우리는 사람들끼리만 하던 방식에서 AI 로봇과 ccPTW를 하면서 창조적이고 혁신적인 방향으로 예술의 내용과 형식을 전환해야 한다. AI 로봇으로 인한 일자리 소멸을 걱정하기에 앞서, 인간-인간보다 더 창의적이고 생산적일 수 있는 인간-컴퓨터의 상호작용이 무엇인지 탐구하고 찾아서 배워야 한다.

ccPTW 시대에 AI 로봇과 함께하는 놀이, 사유, 생산을 넘어 AI 로봇이 창의적인 개인의 능력을 얼마나 증강시킬 수 있는지를 과학적으로 실험해야 한다. 나아가 이러한 학술 연구에 기초한 좋은 정책을 이끌어내야 한다. 이러한 과제를 해결하지 못하면, 스스로 프로그래밍하며 인간보다 더 자연스럽게 행동할 AI 로봇이 지배층이 되는 뉴욕커의 표지 사진이 허구가 아닌 현실이 될 것이다.

대선 여론조사의 허위교란 변수와 빅데이터 [7]

대통령 선거가 얼마 남지 않았다. 여론조사 결과가 있지만, 당선자를 확실하게 예측한 자료는 찾아보기 힘들다. 여론조사 회사가 2자 혹은 3자 대결처럼 후보들을 더하거나 빼면서 지지율 차이를 보여주는 것이 유행이다. 여론조사가 피자 한 판을 여러 조각으로 나누는 것처럼, 이미 정해진 100% 안에서 지지율 증감을 설명한다.

여론조사는 선거 통계학의 핵심이다. 1930년대부터 전화기를 통해 유권자에게 정치적 성향과 지지 후보를 묻는 것이 과학적 절차의 시작이었다. 연구자들은 사람들이 언급한 정치인을 숫자로 바꾸어 호의적 태도를 측정했다. 최근 여론조사가 선거 예측에서 실패하는 횟수가 많아질수록 전문가들이 결과 해석에서 '원인' '효과' '영향' 등의 용어 사용을 오히려 줄이고 있다. 평론가들은 수시로 변하는 지지율에 대해 어떤 요인이 영향을 미쳤는지에 대해 인과적(causal) 표현을 의도적으로 회피하는 듯하다. 그 대신에 인과성과 유사한 의미를 지닌 용어인 상관(association)이나 패턴 등을 자주 사용하고 있다.

미겔에르난(Miguel Hernán)은 2018년에 'C-단어: 과학적 완곡어법은 관찰 데이터로부터의 인과적 추론을 개선하지 않는다'(The C-Word: Scientific Euphemisms Do Not Improve Causal Inference From Observational Data)라는 논문을 출판했다.[8] 에르난은 인과적 추론은 과학적 분석의 핵심 과제이기 때문에 '연관'이나 '연결' 같은 애매한 용어들을 사용하는 것이 눈살을 찌푸리게 한다고 밝히고 있다. 연관성은 인과관계가 아니기 때문에, '원인'이라는 용어를 명시적으로 사용하는 것이 관측 연구의 질을 향상시키기 위해 필요하다고 주장한다.

에르난의 지적에도 불구하고, 평론가들은 인과적 경로와 효과에 대해 구체적으로 언급하기를 왜 주저하고 있는가? 그들은 왜 완곡적 표현과 외교적 어법으로 여론조사 데이터로부터의 인과적 결론을 이리저리 피해 가면서 과학적 질문의 모호성과 데이터 분석 및 결과 해석의 오류를 증가시키는가? 여론조사가 처한 상황과 맥락 및 이면을 이해하면 그 답은 자연스럽게 나온다.

과거 유권자들은 여론조사를 받으면 조사에 선택된 사실을 영광스럽게 느끼며 자신의 생각을 진실하게 답했다. 여론조사가 난무하면서 이제는 사람들이 전화가 오면 귀찮고 짜증나서 끊어 버리거나 거짓된 답을 한다. 당내 경선에 민심을 반영한다며 여론조사를 포함하는 것에 대해서, 특정 후보가 역선택 오류를 주장하는 것도 이런 이유 때문이다.

잘못된 데이터를 투입하면 잘못된 결과가 나온다. 여론조사의 성별, 연령별, 지역별 응답자 수와 신뢰구간 및 통계기법의 정확성이 아니라 데이터의 품질이 담보되지 않는 것이다. 인과적 영향을 추정하는 데 기본적 단계인 입력 데이터의 모호성은 선거 결과에 영향을 미치는 허위적(spurious), 교란적(confounding) 변수들의 확인 과정에서 혼란이 발생할 수밖에 없게 한다.

허위변수는 예를 들어 아이스크림 판매량이 증가하면 범죄율이 높아진다는 인과관계를 설정하자. 독립변수는 아이스크림 매출이 되며, 종속변수는 범죄 발생 빈도가 된다. 허위변수는 아이스크림과 범죄 사이에 실제로 인과관계가 없으나 있는 것처럼 보이게, 두 변수 모두에 영향을 미치는 변수이다. 무더위가 이에 해당될 수 있다. 더워지면 아이스크림 판매량이 많아지고 범죄를 저지르는 것처럼 추론하게 만든다.

교란변수는 두 명의 선생님이 서로 다른 교재 A와 B를 채택해 강의한 후에 학생들의 성적 향상을 측정하는 상황을 보자. 독립변수는 교재이고 종속변수는 성적이다. 만약 A 교재를 채택한 학생들의 성적이 오르게 되면, A의 효과로 판단할 수 있다. 하지만 성적 개선의 이유는 A 때문일 수도 있지만, 담당 선생님의 강의기법이 영향을 미쳤을 가능성도 높다. 즉 강의기법은 교란변수로서 교재와 성적이라는 두 변수 모두에 영향을 미치나, 교재와 성적 사이에도 인과관계가 존재할 수 있다.

여론조사 데이터의 신뢰성이 담보된다면 허위변수와 교란변수를 구분하고 당선자 예측에 더 가까워질 수 있다. 유권자들의 '입'에만 의존한 '허위적' 응답이 아닌 진심이 담긴 반응을 얻기 위한 각별한 노력이 필요한 시점이다. 선거 결과에 미치는 원인을 확인하고 그 인과성의 존재 여부와 인과적 관계의 크기를 실제보다 크거나 작은 것으로 보이게 하는 허위변수와 교란변수를 찾아야 한다.

컴퓨터 회사인 IBM이 여론통계 소프트웨어인 SPSS를 2009년에 인수하였다. IBM은 다양한 종류의 빅데이터를 대량으로 수집하여 사회현상 분석과 마케팅 캠페인 및 도시문제 해결 과정에서 SPSS와 복합적으로 활용하고 있다. 이처럼 전통적 여론조사에 빅데이터를 체계적으로 활용한다면 대선 후보들의 인기도와 유권자 집단의 태도를 과학적으로 측정할 수 있다.

본질적으로 대화형 매체의 속성을 지닌 소셜 미디어의 특성상 허위이거나 강요된 응답을 배제하고 여론을 드러내는 실질적 데이터를 수집할 수 있다. 전화기에 의존하는 여론조사에 비교하면, 빅데이터는 다양한 종류의 데이터 수집 기법이 존재한다. 그리고 여론조사에 소셜 데이터를 보완하면 허위교란 변수를 식별하여 정교하고 과학적 분석이 가능할 수 있다. 빅데이터를 활용하여 여론조사 문제점을 보완하여 사회조사를 업그레이드해야 하는 시점이다.

대학 교수는 매일 강의하지 않는 편이다. 그래서 사람들은 교수가 한가한 직업이라고 말한다. 출퇴근 시간이 엄격하게 정해 있지 않으니 자유로운 것이 맞지만 실제론, 강의 준비와 개별 연구와 외부 활동 등으로 분주한 일상을 보낸다. 특히 논문 작성이 다른 어떤 업무보다 시간이 오래 걸리지만, 스스로 만족할만한 논문을 완성하기는 늘 어렵다. 많은 사람들이 논문 작성을 타고난 글솜씨가 있어야 한다고 생각한다. 이것이 틀린 말은 아니지만, 반드시 동의할 수도 없다.

논문은 한자로 論文이다. 한자에 충실한 사전적 뜻은 "자기 의견이나 주장을 체계적으로 적은 글"이다. 따라서 글쓰기는 논문 작성의 필요조건임이 틀림없다. 그렇지만 사전의 또 다른 정의를 보면, 논문이란 "어떤 문제에 대한 학술적인 연구결과를 체계적으로 적은 글"이다. 따라서 논문은 탄탄한 글쓰기이자 과학적 연구보고의 복합적 과정을 나타낸다. 대중의 눈높이에 맞춘 글쓰기를 잘하는 작가의 역량과 학술적 논문을 출판하는 교수의 자질과는 차이가 존재한다.

자연과학과 공학자는 실험실에서 끊임없이 시험과 검증을 반복한다. 무언과 새로운 것을 찾기 위한 도전이다. 인문·사회학자도 기존 문헌에서 연구 목적에 대한 논리적 근거와 맥락을 찾는 과정을 거친다. 학술정보 포털 구글 스칼라에 접속하면, 가장 먼저 만나는 문구가 '거인의 어깨 위에 서라' 이다. 이 말은 앞서 연구한 선배 학자의 열정이 담긴 결과를 먼저, 면밀히 파악하라는 것이다.

과거와 달리 우리는 지식의 풍요 시대에 살고 있다. 프론티어스(Frontiers)의 2019년 10월 15일 공지에 따르면, 전 세계에는 약 800만 명의 연구자들이 매년 3백만 개 이상의 학술 논문을 발표하고 있다.[10] 그리고 이 숫자는 여전히 전년 대비 빠르게 증가하고 있다. 프론티어스는 글로벌 출판사이자 개방형 과학 플랫폼이다.[11] 우리는 그 결과로 많은 놀라운 혁신들을 보고 있지만, 모든 분야에 걸쳐 연구자들이 위대한 업적을 만들 때 나이가 드는 것이다. 이것은 노벨상 수상자의 연령이 높아지는 결과도 낳고 있다.[12] 노화(aging) 효과를 극복하는 효율적 방법은 무엇인가. 축적된 지식을 간추리고 통찰하는 이론적인 작업에서 스마트한 도구를 사용하는 것이다.

이런 점에서 구글 스칼라(2004), 마이크로소프트 아카데믹서치(2006) 등 1세대 학술정보 검색 서비스를 뛰어넘는 2세대가 등장하고 있다.[13] 큰 변화의 바람은 2014년에 출시된 인공지능 기반의 시맨틱 스칼라(Semantic Scholar)로부터 촉발하였다.[14] 시맨틱 스칼라는 인공지능을 위한 알렌연구소(Allen Institute for Artificial Intelligence)에서 운영한다. 영어 첫 글자 A.I.가 연구소 이름과 인공지능에 모두 2번 사용되었기에 AI2로 축약해 부르고 있다. AI2는 2021년 연말에 발행한 뉴스레터에서 시매틱 스칼라가 약 2억 개의 논문을 색인했으며, 매달 8백만 명이 이용 중이라고 밝혔다.[15]

뉴스레터에서 밝힌 시매틱 스칼라의 내용을 구체적으로 살펴보자. 네 개의 스마트한 기능이 돋보인다. 첫째, 리서치 대쉬보드는 AI가 검색어에 맞는 논문을 자동 추천하고 관련된 인용 성과를 추적해 주는 서비스이다. 둘째, 시맨틱 리더는 연구자가 참고문헌이 인용된 맥락을 알고 논문 읽기를 도와주는 서비스이다, 셋째, TLDR(Too Long Didn't Read)는 긴 논문 내용의 요약문을 AI가 자동으로 생성해 주는 것으로 생물학, 의학, 컴퓨터공학 분야의 6천만 개 논문까지 확장했다. 마지막으로 API(Application Programming Interface) 개방화는 다양한 연구 커뮤니티와의 협력에 부응하기 위해서 AI가 자동화한 서비스를 공유하는 것이다.

논문 작성에서 과거에 발표된 연구를 검토하는 것은 시작하면 끝이 없을 것 같은 지겨운 과정이다. 그런데 AI 기반의 학술정보 플랫폼을 사용하면, 연구자들이 읽어야 할 영향력 있는 논문을 골라내는데 시간도 단축할 수 있다. 자신의 연구방향을 가장 잘 포착해 주는 구절도 효율적으로 찾을 수 있다. 나아가 시맨틱 리더와 TLDR 서비스는 내가 표현하고 싶은 의미와 유사한 문장을 자동 발췌하고, 새로운 문장을 생성하는 것도 도와준다. 소위 자연어처리학습(NLP) 시스템이 나날이 발전하므로, 논문작성을 도와주는 스마트한 기능은 훨씬 더 좋은 성능을 보일 것이다.

학술연구를 하는 관행을 스마트하게 변화시키는 AI 서비스의 확산을 둘러싸고 여전히 풀리지 않은 의문들이 있다. 애초 질문한 탄탄한 글쓰기는 스마트한 논문작성 시대에 이제 필요 없는가? 발표된 연구결과가 뒤죽박죽 섞여 있더라도 옥석을 가려내서 정리하기 위해서는 체계적 글쓰기가 큰 도움이 된다. 그럼 스마트한 논문 쓰기는 진짜 있는가를 물어야 한다. 이 질문에 대한 정답을 당장 내릴 수 없다. 그렇지만, 강조하고 싶은 바는 스마트한 도구를 통해 자신의 질문과 방법 및 결과가 기존 연구와 겹치거나 차이 나는 특별한 지점을 만나라는 것이다

연구개발 분야가 세분화되고 확장됨에 따라, 새로운 기여를 위한 사전 작업으로서 축적된 지식을 파악하는 데 더 오랜 시간이 걸릴 수 있다. 연구자들이 지식의 범람을 효과적으로 대응하지 못하면, 노벨상의 노화효과는 더욱 심화될 것이다. 학술용 플랫폼을 통해서 새로운 지식의 질을 알고리즘 기반으로 걸러내는 것은 많은 연구자에게 이익이 될 수 있다. 우리 정부도 AI2 연구소 비전인 보편적 공공선에 기여하는 인공지능(AI for the Common Good)을 구현해 주는 정책을, 한글 논문에도 실험적으로 적용할 수 있는 모델과 애플리케이션 개발에 적극 투자하기를 바란다.

AI 파헤치기 없이 디지털플래폼정부 성공 없다 16

2022년 9월 온라인으로 개최된 ASIS&T 저자 특강의 주인공은 케이트 크로포드(Kate Crawford)였다.17 그녀는 '인공지능(AI) 지도: 인공지능의 권력, 정치, 그리고 행성 비용'으로 2022년 최우수 정보과학 도서상을 수상했으며 AI의 사회적, 정치적 함의를 연구한다. USC 커뮤니케이션 및 STS 연구그룹의 교수이다. 원서 제목은 'Atlas of AI: Power, Politics, and the Planetary Costs of Artificial Intelligence'이다.

크로포드는 자연 자원과 에너지에서 노동과 데이터에 이르기까지 역사, 정치, 노동, 환경의 더 넓은 맥락에서 대규모 데이터 시스템을 이해하는 데 초점을 맞추고 있다. AI의 숨겨진 비용을 탐구하며 AI 시스템이 어떻게 정치적으로 생명력을 높이며 지구를 고갈시켰는지를 밝히면서, 세계적 주목을 받고 있다. 'AI 시스템의 해부학'(Anatomy of a AI System)을 통해서 크로포드는 AI가 전 세계적으로 힘의 비대칭성을 넓히는 방식으로 우리 생활과 생태계의 여러 측면에 이미 스며들기 시작했음을 주장했다.

크로포드는 예술가 트레버 파글렌(Trevor Paglen)과의 협업으로 머신러닝 훈련에 사용된 이미지 데이터 세트의 정치적 의미를 조명하면서 관심을 받았다. AI 시스템이 인간 사회를 오히려 훈련시키고 있음을 고발한 프로젝트인 'AI 파헤치기'(Excavating AI) 내용을 살펴보자.18 예를 들어 '이미지넷'(ImageNet) 데이터 세트에서 '사람' 범주를 보면, 비키니를 입고 웃고 있는 여성 사진에는 지저분한 여자라는 라벨이 붙어 있다. 맥주를 마시는 젊은 남자는 알코올 중독자로, 선글라스를 낀 아이는 패배자로 분류되어 있다.

'AI 파헤치기'에서 인용한 다른 사례는 영국 케임브리지 대학의 한 박사 과정 학생이 주도한 논문이다. 공공장소에서 폭력적인 사람들을 식별하기 위해 실시간 드론 감시 시스템을 분석한 내용이다. '폭력적 행동'을 때리기, 찌르기, 쏘기, 발차기, 목 졸라매기의 5가지 활동으로 구분한다. 18세에서

25세 사이의 25명의 자원봉사자들에게 이러한 행동을 모방하도록 요청하여 데이터를 훈련시킨다. 드론 시스템은 이렇게 만들어진 데이터를 지역 축제나 국경 분쟁 지역 등에서 폭력 행동을 감지하고 격리하기 위한 목적으로 사용한다.

크로포드는 AI 시스템 구축을 위한 데이터 훈련 자체를 문제로 제기하는 것이 아니다. 이러한 AI 시스템이 인간의 삶에 중대하고 긴급한 영향을 미칠 수 있음에도 불구하고, 데이터 세트의 대부분에 접근할 수 없거나 사회적 논의의 대상에서 사라지는 것에 목소리를 높인다. 만약 AI가 인간을 부적절하게 왜곡한 데이터가 일상생활에서 큰 역할을 하는 시스템에 사용되고 있거나 사용 중이라면, 그것은 사회적 재앙일 수밖에 없다.

한편 문재인 정부가 추진한 디지털 뉴딜은 그 핵심 프로젝트로 '데이터 댐'을 추진했다. 국민의 체감도가 높은 치안과 소방 안전뿐만 아니라 농·식품, 의료 등의 생활 분야까지 아우르는 데이터 세트를 훈련시켜서 AI 허브 및 빅데이터 플랫폼을 통해 서비스했다. 한 발짝 더 들어가 보면 기존의 국가 및 지역 정보화가 디지털 뉴딜로 탈바꿈했으며, 이번 윤석열 대통령 체제에서 디지털플랫폼 정부로 변경되며 관련 예산과 사업이 구조조정을 겪고 있다.

정권 교체가 되었으니 기존 정부 사업을 모두 교체할 필요까지 없지만, 최소한 다시 한번 면밀히 점검하여 폐기할 건 폐기하고 전반적으로 조정해야 한다. 그럼 새 정부에선 디지털플랫폼 정부 구현을 위해 데이터 댐의 어떤 사업들을 구조조정해서 효율화해야 하는가? 당장에 명쾌한 답을 내릴 수는 없다. 하지만 크로포드 교수의 문제의식을 공유하면 구조조정의 실마리를 찾을 수 있다.

예를 들어, 디지털 뉴딜 사업을 통해서 훈련된 데이터가 한국 사회의 중요한 부분과 여러 계층의 사람들을 어떤 방식으로 왜곡하여 묘사하거나 분류했는지를 검토하는 것이다. 나아가 데이터 댐 사업을 수행하면서 각종 데이터 세트에 사용한 분류표에 내재한 세계관이 가치중립적인지 편향적인 방향으로 설정되었는지를 점검하는 것도 시급하다. 지금 당장 포털에서 '길거리' '레전드' '사장님'을 검색하면 성차별적 이미지가 쏟아진다. 이것은 해당 이미지의 데이터세트에 비정상적으로 라벨이 붙여져 있기 때문이다.

따라서 디지털 뉴딜 사업에서 구축한 데이터가 청소년의 문화적 활동과 민간의 다양한 경제적 사업에 해를 입히지 않는 방식으로 구성되어 있는지 감사(audit) 프레임워크를 개발하는 것을 고려해야 한다. 이 과정에서 무엇을 데이터로 만들 것인가(what to data)를 벗어나 무엇에 대한 데이터를 만들 것인가(what to data about)로 패러다임이 전환할 수 있는 분위기를 조성해야 한다.

디지털플랫폼 정부는 시장의 자유와 공정한 경쟁이라는 국정 목표의 큰 틀에서 데이터 생태계를 돌아봐야 한다. 공급 측면의 공공데이터 제공법과 데이터 댐, 유통 활성화를 위한 마이데이터 사업, 서비스 촉진의 데이터 기반 행정법이 국민·기업·정부의 트리플헬릭스 협력에 미치는 방식을 면밀히 점검해야 한다. 그렇지 않으면 '모든 데이터가 연결되는 세계 최고의 디지털플랫폼 정부 구현'이라는 국정과제 추진은 순탄치 않을 수 있다.

빅데이터 분석·활용 센터 제대로 하려면 [19]

우리 정부는 2013년부터 빅데이터 분석·활용 센터를 구축해서 운영하고 있다. 정부가 밝히는 빅데이터 센터의 목적은 공공과 민간에서 대용량의 자료를 분석하여 신규 서비스를 개발할 수 있도록 인프라와 교육 프로그램을 제공하는 것이다. 특히 빅데이터에 접근하기 어려운 대학과 중소기업을 위해 기술을 지원하고 인력을 양성하겠다고 한다. 빅데이터의 잠재적 가치에 대한 사회적 관심을 생각하면 다소 늦은 감이 있지만 환영할 일이다.

그런데 빅데이터 센터의 청사진을 상세히 살펴보니, 기술적 인프라를 구축하는 데만 초점을 맞추고 있는 것은 아닌지 걱정스럽다. 컴퓨팅 시설 없이 빅데이터를 수집, 처리하기 어려운 점을 생각하면 기술 시스템을 먼저 구성하는 것이 필요하지만 그것만으로는 한계가 있다.

네델란드의 반다이크(van Dijk)는 정보화 진행 과정에서 디지털 격차가 발생하는 맥락을 4가지로 구분하였다. 첫째 인지도(awareness)이다. 새로운 디지털 기술을 도입하는 단계에서는 정보 엘리트 계층만이 그 가치를 알고 혜택을 누린다. 그런데 정보 엘리트들은 전체 인구의 약 15%에 불과하다. 이 때문에 미국과 유럽에서는 빅데이터 정책을 추진하면서 정책 방향과 현실 사이의 인식 격차를 준비 상황 조사에 포함시킨다. 따라서 빅데이터에 대한 국민인식 및 산업수요 조사를 우선적, 지속적으로 하는 것이 필요하다.

인지도에 이어서 두 번째 격차는 접근(access) 단계에서 발생한다. 빅데이터 개념을 통해 혁신적 연구 성과를 내고 신제품을 개발하기 위해서는 무엇보다도 접근이 용이해야 한다. 사실 빅데이터를 가장 많이 생산하는 영역은 정부이다. 왜냐하면 공공 기관은 업무 과정에서 자연스럽게 여러 종류의 데이터들을 수집, 저장하고 있기 때문이다. 따라서 정부의 공공 정보에 대한 접근성을 높이기 위한 노력이 시급하다. 미국의 경우 공공 데이터의 접근성을 개선하면 정부의 투명성이 높아져 국가 경제의 효율성도 동반 상승한다고 보아 백악관에서 정보 개방을 직접 주도하고 있다. 우리나라도 공공 정보 개방 선포식을 통해 공공 데이터의 수요 대상을 확대하기 위해 노력 중이지만, 아직 관련 기관의 인력과 예산은 많이 부족하다.

셋째 인지도와 접근성 문제가 충분히 해결된다고 할지라도 활용 방법(skill)이 걸림돌로 작용할 수 있다. 무엇보다 빅데이터 분석을 위한 관련

지식을 폭넓게 교육해야 한다. 넬슨(A. J. Nelson)은 기술 교육 분야의 지식을 서술(describe)과 실행(enact)으로 구분한다. 서술 지식이란 집필과 강연을 통한 데이터, 기법, 이론의 공유를 말한다. 실행 지식이란 다른 사람들과 공유하기 위해 시청각 매체 등을 활용하여 빅데이터 이용 상황을 직·간접적으로 시연하는 것을 말한다. 빅데이터를 제대로 분석하고 활용할 수 있으려면 서술 지식과 실행 지식을 교육할 수 있는 세밀한 실행 프로그램이 마련되어야 한다. 특히 정부가 주장하는 대학과 기업의 역량 강화를 위해서는 지역 단위의 교육 프로그램 개발·보급이 반드시 필요하다.

마지막으로, 빅데이터 격차는 균등한 기회(opportunity) 보장 여부에 달려 있다. 이를 위해서는 자신의 업무 과정에서 빅데이터 조사·분석의 기회가 많아져야 한다. 빅데이터의 접근과 이용으로부터 얻을 수 있는 사회·경제적 효과가 아무리 크다고 할지라도 업무 과정에서 이를 선택할 수 없다면 무용지물이다. 따라서 새로 만들어질 센터는 빅데이터와 동떨어져 보이는 제조업과 서비스업 분야에서도 정보의 홍수에서 숨겨진 시장 가치를 발견할 수 있도록 노력해야 한다. 나아가 빅데이터 시대가 열악한 여건의 지방대학과 벤처기업에 또 다른 위협이 아닌 성장 기회가 될 수 있는 정책을 개발해야 한다. 예컨대 다양한 계층에서 빅데이터 분석에 참여할 수 있도록 실행 커뮤니티(COP, community of practice)를 확산하는 것도 시도해 볼만하다.

셔키(C. Shirky)의 화제작인 '많아지면 달라진다'(cognitive surplus)라는 책 제목이 시사하듯이, 빅데이터 분석·활용은 자료의 건초더미로부터 세상을 변화시킬 수 있는 지름길이 되어야 한다. 빅데이터 분석·활용 센터가 그 첫걸음이 되길 기대한다.

새 정부 성공의 전제 조건 [20]

데이터를 기반으로 한 정부 운영이 국정 철학의 핵심이다. 정부가 일방향으로 정보를 제공하던 것에서 인터넷을 통한 양방향 정보 교환으로 바뀐 것이 지난 시대의 변화라면, 이제는 이를 넘어서 모바일과 빅데이터를 활용함으로써 개인에게 차별화된 맞춤형 행정 서비스를 제공해야 하는 것이다. 급속히 발전되는 디지털 사회에서 국민은 집단으로서의 국민이 아니다. 국민은 개인이다. 새 정부는 국민 개인의 목소리를 듣고 개인의 각기 다른 요구 사항을 충족시키는, 이른바 스마트 정부를 지향해야 한다.

이를 구현하기 위해서는 정부가 국민 한 사람 한 사람의 욕구를 알아야 한다. 국민들이 하루 24시간을 어디에서 누구와 어떻게 보내는지를 체계적으로 조사·분석해야 한다. 그런데 이렇게 하다 보면 스마트 정부가 되는 것이 아니라 '빅 브라더'(big brother) 감시 체제가 될 위험이 있다. 공공 기관이 국민의 일상생활과 사회 활동을 모니터링하게 되면 개인의 사생활과 공적 활동에서의 자유가 심각하게 위축되고 말 것이다. 따라서 데이터 기반 정부의 전제 조건은 국민의 신뢰이다. 정부가 정보를 독점하지도 않고 국민을 통제하지도 않는다는 신뢰를 국민으로부터 얻을 때 새로운 국정운영은 실현될 수 있다. 어떻게 하면 이런 신뢰를 얻을 수 있을까?

사회과학에서는 정부에 대한 국민의 신뢰는 사회적 규범과 제도에 배태된(embedded) 것으로 본다. 예컨대 공직자의 부패는 공직자 개인의 윤리 문제에 원인이 있다기보다 관련 법과 제도의 취약성에서 배태된다는 것이다. 이처럼 신뢰가 제도적 장치에 영향을 받는다면, 공공 기관이 국민 생활과 관련된 데이터를 독점하지 못하게 하는 제도적 장치를 마련할 때에만 국민의 신뢰를 얻을 수 있을 것이다. 공공 기관은 정해진 제도에 따라 데이터를 국민에게 제공하고 공유해야 한다. 그리고 국민들은 공공 데이터의 다양한 출처와 그 용도를 파악하여 정부 정책에 공감하고 참여하는 한편 정부를 견제할 수도 있다.

이렇게 볼 때 지난 2013년에 '공공 데이터의 제공 및 이용 활성화에 관한 법률'이 통과됨으로써 제도적 장치가 마련된 것은 크게 환영할 일이다. 하지만 본격적 효과를 거두기 위해서는 두고 갈 길이 멀다. 무엇보다 이 법을 시행해야 할 중앙정부 부처, 지방자치단체, 공기업, 초중고교 등 해당 기관 공직자들이 이 법의 취지를 이해해야 한다. 이 법의 제3조 3항을 보면 "공공 기관은 (중략) 공공 데이터의 영리적 이용인 경우에도 이를 금지 또는 제한하여서는 아니 된다"고 규정되어 있다. 이 법이 공공 데이터 이용의 보편적 확대를 통해 궁극적으로 민간경제를 활성화하는 데 목적을 두고 있음을 알 수 있다.

참고할 만한 예가 있다. 미국 뉴욕시는 '오픈데이터 법률' 제정 1주년을 맞이하여 플루토(PLUTO)를 무료로 제공했다. 플루토는 뉴욕시의 부동산 데이터를 이용해 디지털 지도 작성을 가능하게 하는 매쉬업 서비스다. 지금까지 이 데이터를 이용하기 위해서는 최소 미화 300달러에서 1천500달러를 지불해야 했다. 플루토를 무료로 제공하게 되면 이 서비스를 통해 얻던 수입을 잃게 되지만, 시 당국은 그 대신 이 데이터를 공유함으로써 얻게 될 행정의 투명성, 그리고 신뢰에 바탕을 둔 호혜성 경제를 선택했다.

새 정부가 출범한 지 반년이 지났지만 아직 데이터 기반 정부 정책은 가시화되지 않고 있다. 데이터 기반 정부 운영의 본질에 대한 이해가 부족한 것이 아닌지 우려스럽다. 정부가 보유·관리하던 데이터의 빗장을 단순히 열어놓는다고 해서 데이터 기반 국정이 실현되지 않는다. 핵심은 공공 데이터 이용을 통해 유능한 정부를 만들고 경제 활성화를 도모하는 것이다. 이를 위해서는 데이터를 활용한 증거 기반 과학적 행정 구현에 나서야 한다. 데이터 정책이 제대로 시행된다면 대학에서는 공공 데이터를 활용한 연구와 강의가 활성화될 것이다. 더 나아가 능력 있는 인력들의 창업 열풍이 일어날 것이다. 기업은 자신들이 소유한 정보와 연계하여 새로운 연구 개발과 마케팅을 전개할 것이다. 대학과 기업이 창조경제를 주도하게 될 것이다. 새 정부의 데이터 정책이 성공적으로 정착되기를 기대한다.

빅데이터 시대, 우리 정부의 문제는? [21]

국제적 미래 분석 기관인 IDC(International Data Corporation)이 발표한 '디지털 우주' 보고서를 읽어보자. IDC의 예측에 따르면, 2년마다 디지털 데이터는 최소 2배로 증가한다. 누구나 데이터의 생산자가 되면서 그 양이 앞으로 더욱 폭발적으로 증가하게 된다. 특히 일반 시민이 생산하고 소비한 데이터가 디지털 우주의 2/3 이상을 차지하게 될 것이라고 예측했다.

이러한 빅데이터의 공습에 대응하기 위한 공공 부문의 전략이 바로 데이터 기반 정부이다. 정부 1.0은 정보 생산자인 공공기관의 송신자 역할에 초점을 맞추었다. 그리고 정부 2.0은 전자정부를 모토로 하여 일반 시민들이 인터넷을 통해 행정 정보에 쉽게 접근할 수 있도록 노력했다. 그리고 정부 3.0은 빅데이터를 이용한 맞춤화된 행정 서비스를 추진하고 있다. 그런데 새 정부가 출범한 지 1년이 되어가고 있지만, 정부 3.0에 내재된 가치와 철학이 제대로 공유되지 못하고 있다. 그 이유는 무엇일까?

첫째, 공직 사회에서 아직 데이터 기반 정부에 대해서 낯설어하고 있다. 과거에 해 오던 전자정부 서비스를 1.0과 2.0으로 부르지 않다가 갑자기 정부 3.0을 말하기 때문이다. 또한 정부 3.0의 주요 채널인 SNS는 웹 2.0 미디어로 분류된다. 웹 3.0 기술이 빠르게 발전되고 있지만 아직 상용화되지 못했다. 이뿐만 아니라 정부 3.0 개념과 내용 사이의 불일치가 발생하고 있다. 정부 3.0에서 새롭게 추진하는 빅데이터 기반 행정과 매시업(mashup)

은 선진국에선 정부 2.0과 정부 3.0의 전환기 정책으로 분류되는 것들이다. 설상가상으로 빅데이터는 빅브라더를 연상시켜서 과거 정권의 나쁜 관행인 감시와 통제를 부지불식간에 암시하기도 한다.

둘째, IDC가 지적했듯이 디지털 데이터 가운데 빅데이터로서 가치를 지닌 것은 아직 1/3에도 미치지 못한다. 여기에도 전제 조건이 있다. 가치가 있는 데이터에서도 그 내용이 무엇인지 태그화(tagged)돼야 한다. 그런데 태그된 분량은 불과 3%에 불과하고, 그중 실제 분석되어 활용되는 빅데이터는 0.5%로 그 비중이 극히 미미하다. 따라서 빅데이터 기반 정부 3.0의 핵심은 태깅(tagging)에 달려 있다고 할 수 있는데, 이를 위해선 인력과 예산이 많이 필요하다. 사정이 이러한데도 중앙정부가 재원 확보의 현실성을 고려하지 않은 채 정부 3.0 정책의 조기 실행을 강력히 주문하기 때문에 지방자치단체와 지방 공기업은 정책 확산에 발 벗고 나서지 못하고 있다. 이런 상황이 지속된다면 정부 3.0은 수도권과 지방의 격차를 심화시킬 우려도 있다.

셋째, 정부 3.0 정책이 체계성 없이 수립되어 백화점식 나열에 그치고 있다. 전시성 행정은 예산 낭비로 이어질까 우려된다. 빅데이터에 대한 심도 깊은 이해를 바탕으로 정책을 체계적으로 정립할 필요가 있다. IBM (International Business Machines Corporation)이 '빅데이터 이해하기' 보고서에서 밝혔듯이, 빅데이터는 트리플헬릭스 모델의 관점에서 접근해야 한다. DNA가 이중나선 즉 더블 헬릭스라는 것에 착안한 트리플헬릭스는 복잡한 현상을 이해하기 위해서 (최소한) 3면 접근 방법을 강조한다. IBM이 정의한 빅데이터의 특징은 정보의 폭발적 증가량(volume), 정보가 담고 있는 내용의 다양성(variety), 정보의 성장 속도(velocity)이다. 따라서 정부 3.0 정책도 빅데이터의 각 특징에 대응할 수 있도록 정책 목표와 수단을 고안해야 한다.

정부 3.0이 성공적으로 확산되기 위해서는 우선 정부 1.0과 정부 2.0을 빅데이터와 매개하는 전략이 필요하다. 지방은 인력과 재원 부족으로 독자적으로 정책을 수립하고 실행하기 힘들다. 따라서 중앙과 지방 기관 간 연계 체계를 구축하여 정부 3.0의 호혜성을 증대시켜야 한다. 마지막으로 우리 정부의 3.0 정책이 글로벌 스탠더드를 선도할 수 있도록 해야 한다. 이를 위해선 빅데이터 3.0 정책을 트리플헬릭스 시각에서 프로그램을 개발하는 한편, 담당자들의 이해를 돕기 위한 정책 콘텐츠 개발에 나서야 한다.

성평등 꼴찌 탈출을 위한 정책 방향 22

경북여성정책개발원이 성평등 정책을 진단하고 비전을 모색하는 세미나를 개최했다. 발표자로 나선 한국여성단체연합 조영숙 소장은 세계 성별 격차 보고서에서 한국이 144개국에서 118위를 했다고 밝혔다. 다른 기관에서 실시한 성별 불평등 국제현황과 유리천장 글로벌 순위에서도 한국은 하위권을 벗어나지 못한다. 경북은 한국의 현실을 여실히 보여주는 지자체다. 여성가족부가 16개 지자체를 대상으로 실시한 성평등 지수에서 경북은 꼴찌다. 지난 지방선거에서도 경북의 여성 당선자 비율은 다른 지역의 수준에 미치지 못했다.

그렇다면 경북의 성평등 상황을 개선하기 위해 어떻게 대응해야 할까. 데이터 기반으로 성 불평등 현실을 탐지하고 성 격차를 해소하기 위해 증거 기반의 과학 행정을 구현해야 한다. 중앙 정부와 국제 기구 모두 성평등 평가에서 계량 데이터를 중요시하기 때문이다. 당장 경북의 보조금 사업에서 여성 인권과 조직화를 평가 항목에 포함해야 한다. 캐나다는 공적개발원조(ODA) 예산의 15%를 성 불평등 구조 전환을 위한 목적에 사용하도록 지정하고 있다. 경북도 각종 위원회가 남녀 동수로 구성되도록 강제해야 한다. 성평등 선진국에서는 이미 '남녀 동수법'을 제정했다. 2006년 칠레에서 남녀 동수 내각이 최초로 탄생했으며, 스웨덴 내각은 여성이 56.5%를 차지해 페미니스트 정부로 불리기도 했다. 위원회와 달리 세미나와 포럼 등 행사는 사람들에게 공개된 이벤트다. 따라서 도청이 주최하는 행사에서 남녀 동수로 발표자와 토론자를 구성하면, 성 불평등을 감소하겠다는 노력을 알릴 수 있다.

전통적 방법에서 벗어나 빅데이터를 활용해야 한다. 여성이 많이 찾는 공공 기관과 민간 시설의 소재를 파악하여, 그 건물이 성폭력이나 재난안전 취약 지역에 위치하는지 그 상관성을 조사해야 한다. 워킹맘을 대상으로 직장과 어린이집의 거리를 조사하여 도시 계획에 반영하는 것도 좋은 시도다. 여성 운전자의 경로를 인포그래픽으로 만들어서 주차장과 가로등의 조명 밝기를 맞춤화할 수도 있을 것이다.

경산은 대학 밀집도가 높은 지자체다. 그렇지만 여대생을 위한 성평등 정책은 지금까지 전혀 없었다. 모바일 네이티브 세대를 겨냥한 성 주류화의 새로운 디지털 도구를 개발해야 한다. 성 주류화(gender mainstreaming)는 공공 정책의 입법과 추진 과정 등에 있어서 성 평등 정신을 반영하는 것이다. 예컨대 아르바이트 등에서 남녀 임금 격차의 발생 여부와 업종별 현황을 조사하여 앱을 개발하고 배포하자. 경북은 특유의 억양과 사투리 때문에 다른 지역의 사람으로부터 항상 화를 내고 있다는 오해를 자주 받는다. 설상가상으로 가부장적 문화로 여성 비하 단어들도 꽤 있다. 주장이 분명한 여자에 대해 여우를 빗대어 '불여시'라고 폄훼한다. 대학 게시판에서 여성 비하와 혐오 표현에 대한 빅데이터 분석을 통해 성 인지 교육을 실시하는 것이 바람직하다.

영어권에서도 3인칭 대명사인 'he' 혹은 'she'가 여성 차별적으로 사용될 수 있다는 문제가 제기되었다. 예를 들어 '모든 사람은 자신의 도시락을 반드시 갖고 와야 한다(Everybody should bring his lunch)'는 표현에서 'everybody'를 'he'로 지칭하는 것이 여성 차별이 될 수 있다. 따라서 옥스퍼드 사전은 단수형 중성 대명사 'they'를 사용하도록 공식적으로 인정하였다.

한 연구에 따르면, 국가별 성평등 수준과 언론 자유도가 상관성이 높다고 한다. 이것은 성 불평등의 구조 개선이 몇몇 정책으로 단기간에 해결할 수 없다는 점을 시사한다. 성평등 문제는 개인적 이슈와 공적 영역에 걸쳐 있는 복잡한 문제이기도 하다. 세계경제포럼은 118년이 지나야 남녀 임금 격차가 사라진다는 보고서를 발표하기도 했다. 하지만 이런 복잡한 현실을 감안해도 경북의 성평등 꼴찌는 그냥 두고 볼 일이 아니다. 우리 모두 도지사가 관행을 탈피하고 빅데이터 정책으로 혁신적 변화를 시도할지 예의 주시할 필요가 있다.

내 거인 듯 내 거 아닌 마이데이터 정책 23

대통령 직속 4차산업혁명위원회가 빅데이터 산업 활성화를 위해 마이데이터(my data) 시범사업을 추진하기로 했다. 주목받는 사업이 미국식 '블루버튼'의 도입이다. 미국 보훈청은 2012년부터 미국인이 '블루버튼' 홈페이지와 휴대폰 앱을 통해 자신의 진료기록을 쉽게 열람하고 내려받을 수 있게 했다. 이 사업은 보건의료 분야에서 개인정보의 보호와 활용을 동시에 달성했다는 점에서 주목받았다. 정부는 마이데이터 시범사업을 의료, 금융, 통신 등 다방면에서 추진하겠다고 밝혔다.

그렇지만 참여연대 공익법센터는 마이데이터 사업이 형식적 동의라는 요식절차만 거친 채 개인정보를 기업에 쉽게 제공한다는 논평을 발표했다.

특히 마이데이터 사업은 시민이 1회 동의로 자신과 관련된 여러 종류의 데이터를 통합적으로 제공하는 것에 동의한 것으로 해석될 수 있다고 지적했다. 참여연대는 대통령이 4차산업혁명이라는 명분으로 개헌안에 포함시키겠다는 정보기본권의 취지와 어긋난 정책을 추진한다고 비판했다.

한편 하버드대학의 킹(G. King) 교수는 산학협력을 위한 새로운 데이터 모델을 발표해 주목을 받고 있다. 그는 학계의 사명이 사회적 도전을 이해하고 개선하는 것이라면, 민간 기업이 보유한 데이터는 이 임무를 수행하는데 효과적으로 사용되어야 한다고 주장한다. 기업이 보유한 데이터가 사회발전에 엄청난 잠재력을 가지고 있지만 정치적 이슈, 정보 보호, 콘텐츠 독점, 비즈니스 비밀 등의 이유로 공익적 목적에 충분히 이용되지 않는 현실을 꼬집었다. 그래서 먼저 학계에서 기업이 가지고 있는 민감한 데이터 셋에 접근할 수 있는 모델과 관행을 만들어서 확산시키는 것이 필요하다고 밝혔다. 그의 모델은 존경받는 학자들의 위원회를 구성하는 것에서 시작한다. 이 위원회는 신뢰가능한 제3자의 역할을 수행한다. 이 위원회에 기업이 보유한 데이터 및 시스템에 대한 접근 권한을 부여한다. 그다음, 비영리재단의 자금지원을 받아 안전점검 표준규약에 따라 특정 영역에서 연구를 수행할 지원자를 모집한다. 위원회는 분야와 지역의 전문가 소위원회를 통해 연구자를 선정한다. 그리고 이 연구자는 수행과정에서 데이터를 제공한 기업으로부터 어떠한 제한이나 구속을 받지 않는다. 예컨대 해당 데이터를 이용한 논문이 출판될 때 기업의 사전 승인이 없다.

가장 먼저 페이스북이 자사가 보유한 데이터를 킹 교수가 주도한 소셜사이언스원(Social Science One) 위원회와 공유하겠다고 발표했다. 나이트 재단(Knight Foundation)을 비롯한 비영리기관들이 연구비를 지원하겠다고 나섰다. 소셜사이언스원은 '소셜미디어와 민주주의 연구기금'이라고 명칭한 제안서 공모를 전 세계에 배포했다. 나아가 소셜사이언스원은 국가와 분야에 상관없이 어떤 기업과도 협력하여 데이터 산학협력을 추진할 의사가 있다고 밝혔다. 이 실험의 성공여부는 아직 알 수 없다. 물론 제3자 위원회의 권위와 신뢰성에 따라 데이터 산학협력은 실험으로만 끝날 수도 있다. 하지만 기업이 보유한 민감한 개인정보를 위원회와 비영리재단과의 파트너십을 통해 제공한다는 것은 미국의 문화적 전통에서 나온 것이다. 정부가 주도한 것이 아니라 학계가 나섰다는 점에서도 신선하다.

우리 정부가 선보인 마이데이터 모델엔 블루버튼을 상황에 맞게 건설적으로 적용하기 위한 노력이 부족하다. 데이터를 평가하고 분석과 활용할 수 있는 '데이터 리터러시'를 보면, 우리는 유사한 경제규모의 다른 국가에 비교해서 낮은 수준이다. 마이데이터 모델이 개인정보 침해 등 극도로 민감한 문제와 관련되지 않기 위해선 정부의 이번 계획에 데이터 리터러시 역량 강화가 강조되어야 했다. 혹은 소셜사이언스원과 유사하게 정부로부터 독립된 위원회를 매개로 마이데이터 시스템을 운영할 수 있는 구조를 만들 수 있는지 추후에라도 검토해야 한다. 자칫 마이데이터 모델이 '내 거 인 듯 내 거 아닌 데이터'인 양 사회적으로 인식될까 우려스럽다.

경산화장품단지와 빅데이터 네트워크 전략 24

국내 화장품 업계는 한류 열풍에 힘입어 K-뷰티라는 이름으로 중국을 넘어 동남아, 중동, 유럽, 북미까지 진출하려고 한다. 하지만 K-뷰티의 열매가 소수 대기업만이 아니라 화장품 업계에 널리 보급되려면 갈 길이 멀다. 중소 화장품 기업에도 새로운 기회가 생기고 있다. 최근 화장품법 개정으로 '맞춤형 화장품'이 활성화될 전망이다. 맞춤형 화장품은 이미 제조되거나 수입한 화장품에 다른 원료를 추가할 수도 있으며 내용물을 적은 분량으로 나눠서 판매할 수도 있다. 이렇게 되면 영세한 규모의 화장품 업체가 국내뿐만 아니라 수출시장에서도 경쟁력을 확보할 수 있는 가능성이 생긴다. 더 반가운 소식은 경산시와 경북테크노파크가 중소형 화장품 기업의 세계화를 위한 산업단지 조성을 위해서 나선 것이다.

여러 목적이 있지만 산업단지의 주된 기능은 유사한 업종의 기업들을 집단적으로 설치해 교육·연구·업무·유통 등을 지원하는 것이다. 따라서 화장품단지를 설립하기 위한 예산 확보가 우선이겠지만, 소프트웨어적 정책이 없다면 결국 외로운 박물관이 되고 말 것이다. 소프트웨어적 정책이란 인문사회학적 관점에서의 내생적(endogenous) 혁신전략이다. 지금까지 산업단지 전략은 외생적(exogenous) 변수만을 중요하게 여겨왔다. 외생적 전략에 치중하다보니 하드웨어인 물리적 공간과 기본 인력만 갖추고 기업 간 네트워킹을 주문하는 것으로 정책이 종료되는 경향이 강했다. 이렇다보니 산업단지는 저렴한 땅값을 노리고 입주하는 부도덕한 기업들의 부동산 투자처가 되기도 했다.

경산화장품단지는 영세한 지역기업이 개별적으로 감당하기 힘든 기반시설의 확충과 빅데이터 정보 처리를 지원해야 한다. 특히 빅데이터는 내생적 혁신을 위해서 반드시 필요하다. 개별 기관이 남기는 발자국들을 고립된 채로 두면 안 된다. 처음부터 호환 가능한 데이터로 축적해야 한다. 이렇게 되면 개별 주체들이 사업을 수립하고 수출을 실행하는 모습을 서로 관찰할 수 있다. 즉 상호학습에 근거한 내생적 혁신이 자연스럽게 발생한다. 내생적 전략은 공통의 데이터 플랫폼을 구축하는 것에서 시작해야 한다.

한국과학기술단체총연합회 경북지역연합회(경북과총)와 대구경북연구원 공동세미나에서 박찬익 대구한의대 교수는 경산화장품단지의 성공은 인근 대학과의 상시적 멘토링에 달려 있다고 주장했다. 네트워킹 전략은 크게 4가지가 있다. 체인(chain), 동심원(circle), 별(star), 와이(Y)다. 체인 네트워킹은 길게 줄을 지어 한 줄로 늘어선 것이다. 체인에는 앞에서 전달된 메시지를 마지막까지 보내는데 집중할 뿐 피드백이 없다. 민주적 네트워킹으로 알려진 동심원은 구성원의 만족도는 높지만 정보의 과부하가 발생한다. 그래서 공공이 주도하고 대학과 기업이 따라가는 중앙집중식 별 모델이 선호돼 왔다. 그러나 스타 전략은 허브(hub)를 중심으로 위계화되면서 황제기관의 독점을 가져오곤 했다. 반면에 Y형은 매개자가 중개자 역할을 하면서 네트워킹의 강약을 조절할 수 있다.

데이터 생성단계에서부터 네트워킹을 염두에 두는 것은 화장품 클러스터 전체의 브랜드 제고와 마케팅 활동에도 긍정적 영향을 미칠 수 있다. 북미와 유럽의 소비자들은 가치 지향적이기 때문이다. 선진국 소비자는 완성된 제품의 아웃풋(output)뿐만 아니라 양질의 생산 과정을 포함한 아웃컴(outcome)을 중요한 구매요인으로 여긴다. 경산화장품단지가 글로벌 시장을 지향한다면 참여기관들을 그저 이어주는 진부한 네트워킹 전략을 버려야 한다. 인적·물적·지적 자원들의 교환과 유통이 개별 기관들의 경계를 넘어선 공동의 가치를 만들어야 한다.

우리나라 정책은 네트워킹의 실질적 의미보다 형식에만 치중해 왔다. 산학관연 협동이라는 강제된 연결에서만 접근했기 때문이다. 우리나라가 캐치업(catch-up) 국가인 시기에 이러한 하향식 정책은 효과적이었다. 하지만 이제 우리나라도 캐치업 정책으로 더 이상 세계시장에서 성공할 수 없다. 경산화장품단지의 성공을 위해서도 최적의 빅데이터와 네트워킹 전략이 무엇인지 연구해야 한다.

도보 관광은 걸어서 하는 여행이다. 패키지와 비교하면 걷기 여행은 신체활동이 차지하는 비중이 많다. 디지털 사회에서 걷기 여행객들의 신체활동은 사회관계망서비스(SNS)를 통해서 공유된다. 사람들은 도보 관광의 느낌과 감상을 사진이나 동영상과 함께 포스팅하거나 댓글을 작성한다. 재미있고 유익한 내용들을 복사하기도 한다.

SNS에 흔적을 남기는 것을 싫어하거나 두려워해서 홈페이지를 방문하거나 포털에서 둘레길 정보를 검색만 하더라도 그 기록은 실시간으로 처리되고 수집된다. 이렇게 빅데이터는 도보관광객들의 작은 이야기와 발자국들을 기록하면서 희미하지만 소중한 패턴을 추적할 수 있다. 1분당 유튜브에 게시되는 동영상이 72시간, 페이스북 포스팅 공유가 250만 건, 구글 검색이 400만 건이 발생한다. 세계 전체적으로 외부에서 수집 가능한 빅데이터의 절반가량이 SNS이다.

빅데이터는 사람들의 활동을 데이터의 집합을 통해 눈에 보일 수 있도록 계량화할 수 있기에 과학적 관광행정을 촉진할 수 있다. 관광분야 여론조사는 목적지에 대한 인위적 등수 매기기에 가깝다. 응답자들에게 방문한 목적지의 이름을 강요하는 것에서 탈피해 자발적 '행위' 기반의 족적을 모으는 비강제적 빅데이터로의 전환이 필요하다.

한국관광공사는 걷기여행길 사업 10년을 돌아보고 정책방향을 모색하는 '코리아둘레길' 심포지엄을 개최하였다. 이 행사에서 사이버감성연구소(영남대)의 빅데이터 분석이 주목을 받았다. 도보관광지 79개의 빅데이터 조사 결과 '다산길' '서울 둘레길' '제주 올레길' 등은 구글 검색량과 포털 카페에서 언급량이 모두 높게 나타났다. '영남알프스 하늘억새길' '지리산 둘레길' '북한산 둘레길' '태안해변길'은 구글 검색량은 평균 수준이었지만 카페에서는 상대적으로 많이 언급되었다. 반면에 '평화누리길' '아름다운 순례길'

'세종호수공원' '인천 둘레길' 카페는 평균 내외이지만, 구글에서는 상대적으로 많이 검색되었다. 이것은 정보탐색 동기가 강한 사람들은 구글을 찾고, 집단적 정보공유 욕구가 강한 사람들은 카페에 포스팅을 남기는 경향이 있다는 것을 보여주었다.

2개의 여행길을 동시에 언급한 홈페이지를 분석한 결과, '제주 올레길'과 '한라산 둘레길'이 투톱을 형성한 가운데 '중문 둘레길'과 '송악산 둘레길'이 같은 그룹을 만들면서 인지도 경쟁을 하고 있었다. '둘레길'이라는 단어를 포함한 최근 1년간 블로그를 살펴보니 지리산, 북한산, 송악산, 불암산, 우면산, 남산 등 산행 중심의 여행 후기가 다수를 차지하였다. 한라산은 제주도 여행코스로서 이야기하는 경향이었다. '출렁다리'와 '마장호수'가 여러 블로그에 출현하면서 호수 중심의 둘레길이 주목받고 있었다. 하지만 서울과 수도권 중심의 이야기가 많으며, 제주도를 제외한다면 지방은 명산 이외에는 둘레길 이야기의 주변적 위치를 차지하고 있었다.

걷기여행이 인터넷과 SNS를 통해서 빠르게 확산되고 있다. 빅데이터는 전통적 방법에서 놓칠 수 있는 것들을 채워줄 수 있다. 예컨대 제주올레 관광객은 고연령, 고학력, 전문/관리직, 고소득 집단으로 알려져 있다. 따라서 이 집단은 전화조사에 대한 회피성향이 높다. 반면에 서울시 걷기여행 이용객은 특정 계층에 집중되지 않고 고른 분포를 보인다. 서울과 제주는 빅데이터를 이용하면 방문객의 평범하고 소소한 삶의 이야기로부터 의사소통 전략의 정책적 시사점을 도출할 수 있다.

한국관광공사에 따르면 대구에는 13개의 걷기여행지가 있다. 달성군에 6개, 팔공산과 앞산을 낀 동구와 남구에 2개씩 있다. 경북에는 73개가 있다. 경주가 8개로 가장 많으며 봉화에 7개가 있다. 하지만 대구경북 지자체는 빅데이터를 활용한 도보관광의 브랜드화와 홍보방법에 대한 노력을 보이지 않고 있다. 특히 걷기여행에 참여하는 외국인이 지속적으로 증가하고 있으므로 빅데이터 수집과 시각적 분석으로 해외 이용객의 주목도와 관심도 증대를 위한 정책 발굴이 요구된다.

지방자치단체를 중심으로 살펴본 국내외 빅데이터 동향 [26]

국내는 빅데이터를 활용하여 기존의 고정비용을 줄이는 사업보다는 기존 데이터를 다른 시각에서 들여다보고 새로운 서비스를 개발하거나 새로운 데이터를 발굴하여 이를 적극 활용하는 방향으로 이루어지고 있다. 활용은 교통, 민원, 주택 및 부동산, 경제, 안전, 복지 돌봄, 재난 안전, 농업 등 실로 다방면에서 빅데이터가 활용되고 있다. 가장 활발한 지자체는 서울시와 경기도다. 잘 알려지다시피, 서울시는 이미 심야버스 노선 결정 타당성 분석을 휴대폰 통신정보를 활용한 빅데이터 분석으로 결정한 바 있다. 빅데이터를 활용한 골목상권 분석을 실시하였다. 이 외에도 서울시는 교통사고 다발지역 분석, 자전거시설 입지 분석, 결핵환자 핵심요인 분석, 지역축제 효과분석, 소규모 자영업자를 위한 상권분석 등을 추진한다. 경기도는 CCTV설치 위치 최적화, 축제관광 분석, 환승센터 위치 선정, 민원지도 제작, 비만예방관리 체계를 구축한다. 인구와 예산 규모를 고려하면, 수도권에서 빅데이터 활용사례가 많은 것은 어쩌면 당연한 일이다.

수도권을 제외한 지방자치단체들은 지리정보시스템(GIS)을 활용한 교통, 관광, 안전에 집중을 하고 있다. 관광은 지자체에서 많은 관심을 기울이고 있는 주제로, 충청북도의 관광 행정 수요조사, 강원도의 전통시장 분석, 전라북도의 한옥마을 관광데이터, 대구시와 경상남도의 중국 관광객 유치 분석, 제주도의 내도 관광객 취향 분석 등 지리정보에 기반한 유동인구 분석 및 산업 활성화 방안 등 많은 사업이 진행된다. 교통 및 안전은 교통사고 분석, 주정차 개선 방안, 시내버스 효율화를 비롯한 대중교통 개선 방안 등 인천광역시, 광주광역시, 종로구 등 시, 군, 구 단위에서 진행되는 경향이 있으며. 보건의료와 관련해서는 경상남도가 수행 중인 응급환자 골든타임 확보 빅데이터 분석을 진행하였다. 지자체가 직접 추진한 사업은 아니지만 주목할 만한 사업은 대구교통방송이 대구시, 한국지능정보사회진흥원(NIA), 더아이엠씨와 공동으로 개발한 교통사고 위험예측 포털사이트인 '세이프 대구'가 있다. 이는 날씨 정보, 교통 상황, 사고 이력, 시민 제보 등을 종합하여 교통안전에 큰 기여를 하고 있다. 지자체의 특색을 살리는 사업으로는 경상북도의 사과작황 분석, 한우이력 분석 개체추이 예측 등이 농업분야에서 돋보이는 사업이라 할 수 있다

해외 지자체의 빅데이터 활용은 새로운 서비스 개발보다는 공공 데이터의 적극적 공개와 창조적 활용을 통하여 비용 효율화나 재난 대비 등 정책과정의 투명성 확보와 모니터링에 중점을 두는 경향이 있다. 빅데이터 분석을 위한 인프라 자체가 부족한 경우에 스마트 시티 등 센서 기반 사업으로 극복하고 있다.

미국의 경우 범죄감시 및 예측 시스템이 다른 국가의 지자체와 구별되는 예라 볼 수 있다. 뉴욕시의 경우는 실시간 범죄 예측 프로그램 DAS(domain awareness system)라는 빅데이터 기반 예측 시스템을 개발하여 활용하고 있다. 샌프란시스코, 로스앤젤레스, 멤피스 등의 도시에서는 범죄 지도를 통한 데이터로 범죄를 예방하여 줄이는 성과를 얻고 있다. 비용 효율화는 지자체 소속 차량 운영에 관한 사례가 보고되었는데, 캘리포니아는 주정부 차량 운영과 비용에 관한 데이터를 공개한 이후 시민단체가 불필요한 비용을 지적하여 운영비를 15% 줄일 수 있었다. 지자체에서 빅데이터 기반 예측 시스템이 가장 성과를 보이는 것은 재난 및 환경분야다. 리우데자네이루는 스마트시티 사업에 폭우 예측 시스템을 운용하여 성과를 보였다. 베

이징의 경우는 대기환경오염에 대한 센서 빅데이터 시스템을 구축하여 72시간까지 예측하는 시스템을 운용하고 있다.

물론 국내 동향과 비슷한 빅데이터 활용도 진행되고 있다. 일본 관광청은 관광지와 주변지역 통행 수를 파악하여 숙박지도를 작성하거나 관광지 체류 정보 분석을 하고 있으며, 일본 중앙정부는 해외 관광객들의 로밍 데이터를 지방 정부에 제공하여 빅데이터 관광 분석을 하고 있다. 따뜻한 햇살과 해변으로 유명한 캘리포니아의 팜스 스프링스는 관광지 방문자들을 분석하여 58%의 관광수입이 10개 유형의 사람들로부터 나온다는 사실을 토대로 이들에 대한 집중 마케팅을 수행하였다.

네델란드 항구도시 로테르담시는 시민과 CSO(civil society organization)의 협력을 강화하기 위한 발전계획을 추진했다. 여기에 시민들이 만들어낸 빅데이터도 함께 저장하는 구체적 가이드라인을 담고 있다. 예를 들어, 로테르담시는 초기 교육적 목적으로 FabLab(fabrication lab)을 설치했는데, 이 FabLab은 전자기기 및 센서 장치들, 사물인터넷, 그리고 공공 데이터 활용 방안에 중점을 둔 FabLab+로 발전되었고, 이 FabLab+는 교육 활동뿐 아니라 시민들이 도시를 디자인하는 데 창의적으로 참여하고, 시와 함께 공동으로 작업하는 공간으로 발전되었다.

미국 텍사스 덴튼시는 시민의 참여와 공공 데이터를 통한 도시발전계획을 다양한 방법을 통해 적극적으로 모색하고 있다. 예를 들면, 세계 오픈데이터 해커톤 행사의 일환으로, 덴튼시는 시에 위치한 노스텍사스 대학교와 함께 '덴튼 오픈데이터의 날'을 주최하였다. 이 행사는 전 세계적으로 개최된 250개 해커톤 행사와 맞물려 국제 오픈데이터 데이 해커톤의 일환으로 진행되었다. 참가자는 덴튼 시민을 비롯해 노스텍사스 대학교 대학생 및 대학원생들이 주를 이뤘고, 시장을 포함한 시 당국 관계자들의 지지와 후원 속에 기후변화 데이터, 교통 관련 데이터, 범죄기록 데이터, 노숙자 설문 데이터, 덴튼 시민 건강지수에 관한 평가 데이터 등을 포함한 광범위한 빅데이터를 탐험했다.

그러나 빅데이터 해외 동향의 백미는 센서기반 IoT(internet of things) 시스템을 통해 빅데이터를 생산해내는 인프라를 구축하고 해당 인프라에 대한 솔루션을 만들어 비용 효율화 및 삶의 질 개선을 동시적으로 이루어내는 방식이다. 예를 들어, 용수 부족에 대비하기 위해 수원지에 센서를 설치하는 등의 방식이 있다. 스마트시티를 구축하는 도시들은 이러한 도시 내 서비스 전부를 하나의 망으로 통합한 것이라 보면 된다. 센서 기반 통합형 빅데이터는 산업혁신도 가져오고 있는데, 농업관련 IoT를 보면. 생산단계에서부터 취합 및 유통에 이르는 전 단계를 IoT 센서를 통해 구축하고 빅데이터 분석을 하는 정책에 대해 현재 논의 중이다.

지금까지 살펴본 국내외 동향을 요약하자면, 실질적인 서비스 개발이나 데이터 활용 면에서는 국내외 차이가 거의 없으며 실제 데이터 구축 면에서는 국내가 국외보다 앞서는 측면이 있다. 그러나 새로운 데이터를 센서 기반으로 구축하여 통합시키거나 비용을 효율화시키는 면에서는 해외가 더 많은 고민을 하고 있는 것으로 보인다.

빅데이터 분석과 촛불 집회의 특징 [27]

지금도 촛불 집회는 계속되고 있다. 그러나 아무도 촛불 집회의 참가 규모와 영향력을 제대로 평가하거나 예측하지 못하고 있다. 촛불 집회가 보편적 시위 방식으로 정착한 것은 2008년 광우병 파동 때이다. 당시에도 인터넷과 광화문을 메운 사람들의 의미와 파급력에 대해서 충분히 해석하지 못했다.

지난 촛불을 곱씹으면서 이번 촛불의 특성을 분석해 보자. 의사소통과 빅데이터를 전공한 필자가 보기에, 이번 촛불은 'N4'로 축약되는 주목 (attentioN), 반응(reactioN), 표현(expressioN), 참여(participatioN) 과정에서 차별적 특징을 지닌다.

첫째, 주목의 과정을 보자. 이번 촛불의 발단은 최순실 태블릿 PC에 담긴 내용이 알려지면서다. 메이저 지상파 언론사가 아닌 종편 뉴스채널이 도화선이라는 점에서 과거와 차별된다. 특히 JTBC는 자신의 매체 안에 그대로 머물러 있지 않았다. SNS 환경에 적극적으로 반응했다. 트위터와 페이스북 이용자들은 태블릿 사건을 실시간으로 유통했다. 예사롭지 않은 관심에 놀란 다른 언론사들도 경쟁에 뒤질세라 바로 쫓아왔다.

둘째, 반응의 양식이다. 뉴스가 시민의 실시간 화젯거리에 포함되려면 '밈(meme)'이 필요하다. 밈이란 누구나 쉽게 이해하고, 변형하고, 복제하고, 퍼트릴 수 있는 문화적 요소다. 예컨대 '강남 스타일'의 성공도 유튜브 이용자들이 자발적으로 참여할 수 있는 밈이 있었기에 가능했다. 밈은 우리나라 인터넷에서는 '짤' 이미지로 많이 알려져 있다. '길라임' '내 손에 장' '북한 핵 공격'에 이르는 상황별 '짤'이 사람들의 집중을 높였던 사례다.

셋째, 시청자가 뉴스를 자신의 텍스트로 표현하지 않는다면 어떤 이슈도 저널리즘 변방에 머물러 있을 수밖에 없다. 사이버감성연구소(영남대)가 페이스북에 올라온 촛불 집회 댓글 2만여 건을 분석한 결과는 흥미롭다. 표현 빈도와 톤은 역대 최대 인원이 참여한 3차 촛불에서 바뀌게 된다. 매주 2개 이상 댓글을 남긴 사람이 1차와 2차 때는 20%에 미치지 못했다. 하지만 3차를 지나면서 30%를 넘었다. 4차부터는 감성적 댓글이 상위권을 차지하면서 표현들이 정치적으로 더 자유로워졌다. 한편, 중복 단어를 제외한 순수한 단어의 비율은 3차부터 대폭 감소하였다. 특정한 주제어가 반복되면서 탄핵과 하야 이슈로 초점이 맞추어졌다.

넷째, 스마트폰과 SNS의 출현으로 관계 맺기와 말하기는 빨라지고 쉬워졌다. 그렇지만 다른 사람들과 만나서 대화하고 접촉하는 것은 태도와 행위의 변화에 모멘텀을 제공한다. 이번 촛불은 TV에서 만나는 기자, 연예인, 정치인뿐만 아니라 옛 친구, 직장 동료, 이웃 주민과 만나는 공간이 되었다. '정치적 올바름(politically correct)'에 갇혀있던 사람들이 '문화제'로 자리매김한 촛불에 상대적으로 편하게 나올 수 있었다.

촛불에 대한 기존 시각은 '보수-진보'이거나 '아날로그-디지털'이었다. 양극화된 진영 논리는 해석의 편리성만큼이나 위험하다. 소위 '박사모'의 맞불 집회는 촛불의 분수령이 된 3차가 지난 이후에야 있었다.

대통령의 정치적 고향인 대구에서도 촛불이 아직 꺼지지 않은 것을 보더라도 새로운 시각이 필요하다. 집회 참여자를 타자화하거나 정치 공학적으로 비평하는 해묵은 접근에서 탈피하여야 한다. 그렇지 않으면 '장님 코끼리 만지기'의 오류에 빠질 것이다. 그것이 이번 촛불을 'N4'의 시각으로 분석해야 하는 까닭이다.

초(超)시대, BTS코리아 BTS대구 [28]

지금은 사람들이 데이터를 실시간으로 생산하고, 생산된 데이터는 권위 있는 기관이나 시스템을 통해서 제대로 걸러지기도 전에 대규모로 유통되는 초연결 시대이다. 공공기관도 민간기업도 생산된 데이터의 규모뿐만 아니라 그 유형과 특징을 신속히 포착해야 한다. 데이터의 흐름을 방해하지 않으면서 서로 다른 종류의 데이터를 섞어서, 그 다음 단계의 데이터 가치를 높여야 하는 초융합의 시대이기 때문이다. 각양각색의 데이터가 순간적으로 많아지면서 데이터 수집, 처리, 분석 과정의 효율적 작동을 위해서 고성능의 컴퓨팅 시스템이 필요한 초지능의 시대도 도래했다.

빅데이터 기반 '초'시대에 대학과 기업의 경영 전략과 사업 내용도 대변화를 맞이하고 있다. 예를 들어, 미국 애리조나주립대학은 인터넷 강의에서 수집된 모션(motion) 데이터를 통해서 학습효과 개선에 사용하고 있다. 나아가 학생들의 학위 취득률을 77%에서 84%까지 끌어올렸다. 학위과정에서 중도 탈락한 학생들이 감소하면 대학 살림살이도 나아질 수 있다. 알트메트릭닷컴(altmetric.com)은 2011년에 설립된 영국 스타트업이다. 이 회사는 블로그, 페이스북, 트위터, 위키피디어, 멘들레이(Mendeley)와 온라인에 올라온 인쇄신문, 정책보고서, 강의계획서 등에서 대학과 연구자의 인용과 활동 데이터를 수집하고 분석하여 그 영향력을 측정하는 회사이다. 이것은 '초'시대에 대학과 기업이 사일로(silo)에 쌓인 데이터를 세상 밖으로 끌어내서 연결과 융합의 관점으로 접근한 새로운 시도이다.

2008년 9월 미국 리먼브라더스 파산으로 글로벌 금융위기가 닥쳤다. 1930년대 미국 대공황 이후, 제2의 경제 침체 시기가 시작된 것이다. 이 과정에서 숨겨진 자원으로서 빅데이터의 잠재적 가치가 주목받게 되었다. 특히 사회의 복잡성이 증대되면서 지식기반 경제는 과거보다 더 빠른 속도로 진전되고 있다. 대학과 연구소 등 아카데믹 영역에만 머물렀던 원(raw) 데이터의 활용성을 높이는 것이 중요하게 되었다. 하지만, 우리나라는 교육부가 정보유출을 명분으로 각 대학이 교수학습 데이터와 홈페이지를 폐쇄적으로 운영하게 하면서, 선진적 사례와 비교하면 빅데이터의 비지니스 활용이 상대적으로 열악한 실정이다.

그렇다고 정부의 규제혁파를 탓하고만 있을 것인가? 진짜 실패자는 도전하는 것이 무서워서 시도조차 안 하는 사람이다. 디지털 '초'시대에 기다리고 있을 시간은 없다. 위기를 기회로 전환시키기 위해선 혁신적인 기술과 서비스를 먼저 받아들여야 한다. 2010년 전후해 빅데이터가 처음 나왔을 때 소비자가 SNS에 올리는 후기와 사진을 통해서 고객의 목소리를 들어야 한다고 주장했을 때, 당시 잘 나가던 기업들도 코웃음을 쳤다. 그러나 지금은 거의 모든 회사가 VOC(voice of consumer) 전담부서를 두고 있거나 전문기관에 분석을 의뢰하고 있다.

'초'시대가 본격화되는 이제는 VOC가 아니라 KYC(know your customer) 전략이 필요하다. 온라인 마케팅 업체가 우후죽순으로 생겨나면서 소비자의 목소리로 위장된 고객 후기와 평가가 난무하고 있다. 가짜뉴스마저도 많아져서 목소리의 진위를 분별하기는 더욱 어려워졌다. KYC는 데이터의 신뢰성을 궁극적으로 확보하는 블록체인 기반에서 고객의 목소리를 계량화하고 그들의 평가기록을 통해 맞춤형 제품과 서비스를 최대한 제공하자는 것이 목적이다.

블록체인에 대해서 가상화폐, 핀테크, 암호보안 등 여러 가지로 이야기하고 있다. 다른 무엇보다 블록체인은 우리들이 매일 사용하는 인터넷과 휴대폰을 믿을만한 공간으로 만드는 신뢰기술이다. 블록체인을 기반으로 조만간 다양한 KYC 분석기법이 대중적으로 나오게 된다. 따라서 '초'시대를 선제적으로 대응하기 위해서 블록체인을 통해 정부는 시민에게, 기업은 소비자에게, 대학은 학생과 연구자에게 KYC에 근거한 효율적인 피드백을 제공하고 개인의 수요에 맞게 정책, 제품, 진로를 선택할 수 있도록 도움을 주어야 한다.

방탄소년단(BTS) 성공 뒤에도 빅데이터가 있다. BTS는 세계 곳곳에 흩어진 팬클럽 '아미'가 생산한 소셜미디어 데이터를 연결하고 융합하면서 랩을 노래했다. BTS가 보여주었듯이, '초'시대에 대한민국 전체가 빅데이터(big data)로 쑥쑥 자라는(thriving) 사회(society)로 전환해야 한다. 그리고 대구가 블록체인(blockchain)을 통해 신뢰사회(trust society)의 청사진을 제시하여 BTS코리아를 견인하기 바란다. 자! 우리 모두 외쳐보자. BTS코리아 BTS 대구 파이팅!

유튜브 5060 세대와 선거 그리고 필터버블 [29]

정치의 계절이 곧 오는 모양이다. 공천권을 둘러싼 뉴스가 여기저기서 심심찮게 나오고 있다. 국회의원 선거가 이제 1년도 남지 않았다. 이번 선거에서도 SNS를 통해 형성되는 온라인 여론의 영향력이 매우 클 것이다. 무엇보다 SNS 캠페인의 대상을 젊은이들에 제한하면 누구든지 선거에서 참패할 것이 분명하다.

정보통신정책연구원이 발표한 SNS 이용추이 및 이용행태 분석을 살펴보자. 30대와 40대는 각각 69.2%에서 73.3%로, 52.2%에서 55.9%로 높아져 전년 대비한 증가분이 4.1%와 3.7%에 머물렀다. 반면에 50대는 34.6%에서 39.6%, 60대는 12.9%에서 18.9%로 각각 5%와 6%가 높아졌다. 5060의 전통매체에서 SNS로의 이주현상이 3040보다 빠르다. 이 조사는 페이스북, 카카오스토리, 인스타그램 등에 초점을 맞추고 있어서 5060의 디지털 이주현상이 과소평가된 측면도 있다.

와이즈앱에 따르면, 최근에 사용시간이 가장 많이 증가한 앱은 유튜브로 나타났다. 유튜브는 지난 해 258억분에서 올해 388억분으로 가장 오래 이용한 앱으로 나타났다. 카카오톡은 189억분에서 225억분, 네이버는 126억분에서 153억분, 페이스북은 40억분에서 42억분에 불과했다. 놀라운 것은 50대 이상의 유튜브 총 사용시간이 전 세대에서 가장 많았다.

페이스북과 카카오스토리는 이미지를 같이 올린다고 하더라도 글로 작성된 메시지와 해쉬태그가 있을 때 사람들에게 전파하는데 효과적이다. 인스타그램은 이미지가 핵심 콘텐츠이기에 메시지는 축약이 발생해서 애초 전달하려는 내용이 확산과정에서 왜곡되기도 한다. 특히 페이스북은 실명 기반의 친구관계 중심의 소셜 미디어이다. 페이스북에서 사람들은 자신의 정치적 견해를 공유하는데 비교적 신중하다. 따라서 완곡한 표현을 사용하여 메시지를 작성하는 경향이 있다.

반면에 유튜브는 동영상 채널이어서 TV에 가깝다. 동영상 정보가 유권자들의 뇌에서 처리되는 속도는 문자보다 6만 배 빠른 것으로 알려져 있다. 이른바 '821법칙'이 있다. 사람들은 눈으로 본 것은 80%를, 읽은 것은 20%를, 들은 것은 10%만을 기억한다. 지난 대통령 선거에서도 후보자들의 연설문 내용보다 제스쳐, 성량, 억양이 유튜브에서 더 인기를 끌었다. 문재인의 '선비화법'과 안철수의 '그로울링(growling)' 발성법이 그것이다.

5060은 유튜브에서 일반 뉴스를 보는 것도 훨씬 편리하다. 단순한 자막으로만 이뤄진 영상이지만, 뉴스가 큰 글자로 작성되어 있고 자막을 기계가 음성으로 변환해서 읽어주는 채널도 많아졌기 때문이다. 5060은 스마트폰에서 유튜브가 빨간색 아이콘으로 눈에 쉽게 띄고, 거실에 놓인 스마트TV에서 음성검색으로 유튜브에 바로 접속할 수 있는 것도 큰 편리함으로 꼽는다. 누가 뭐라 해도 유튜브에는 내가 알고 싶고, 보고 싶은 콘텐츠가 있다. 그리고 유튜브는 내가 한 번 본 뉴스와 세상 돌아가는 이야기를 기억하고 있다가, 다시 접속하면 검색어를 매번 입력하지 않아도, 이미 시청한 영상과 비슷한 다른 재미난 이야기를 보여준다.

암스테르담 대학의 라이더(B. Rieder) 교수는 유튜브 연구의 세계적 전문가이다. 그에 따르면 유튜브가 사람들에게 제공하는 동영상들의 서열(ranking) 매기기는 기술적 이슈가 아니라 '문화적 과정'이라고 한다. 그는 역공학(逆工學, reverse engineering) 방법을 통해서 유튜브의 추천 원리를 추적해 보았다. 유튜브가 사람들의 취향을 만족시키는 뉴스를 제공하기 위해서 채널의 특성을 고려한 위계화와 동영상의 모듈화 과정에 다양한 방식으로 개입한다는 것이다. 유튜브는 자체(native) 동영상을 유명한 전통매체가 생산한 뉴스보다 먼저 보여주고, 이 과정에서 구독자 수가 많은 채널과 논쟁적 동영상을 전면에 배치한다. 그렇다고 해서 자체 동영상이 언론사 뉴스보다 항상 앞서는 것만은 아니다. 유튜브는 사람들의 주목도를 작은 시간 주기로 나누어서 관리한다. 유튜브 이용자들 사이에서 언론사 뉴스의 관심도가 높아지는 징후가 생기면 동영상 제공 순위는 즉각적으로 변한다. 이것은 유튜브를 찾는 전 세계 여러 유형의 사람들의 요청에 부응하기 위한 문화적 선택이라는 것이다.

이러한 첨단기법으로 무장했으니, 5060이 유튜브에 집착하는 것은 당연하다. 상황이 이러하다보니 선거를 준비하는 유력 정치인들과 활동가들은 유튜브에서 자신들의 주장을 효과적으로 홍보할 전략을 찾기 위해서 분주하다. 특히 대통령 선거에 패배한 소위 보수 세력은 보수 성향의 유튜브 채널의 총 구독자 수가 상대 진영보다 앞서 있는 것에 고무되어 있다. 더구나 5060의 눈을 사로잡은 유튜브가 그들을 더 이상 '샤이 보수'로 머물게 하지 않는다고 전망한다. 이렇게 되니 정파와 진영을 가리지 않고, 유튜브 노출도를 높이기 위해서 더 자극적이고 논쟁적이면서 한 쪽 입장에 충실한 뉴스를 생산하고 있다.

빅데이터 시대의 뉴스가 알고리즘화 되면서 나타나는 필터버블(filter bubble) 현상이 발생하고 있다. 유튜브가 사람들의 위치와 프로파일 등 기본정보를 넘어서 검색어, 구독채널, 업로드 영상 등 실시간 활동 데이터에 맞추어 선별한 콘텐츠만을 제공한다. 승자만이 존재하는 선거에서 유튜브 운영자들은 자신이 지지하는 정당과 정치인과 다른 관점과 콘텐츠로부터 사람들을 인위적으로 분리시켜야 한다. 이런 과정이 반복되면서, 사람들은 궁극적으로 자신만의 세계에서 빠져서 나오지 못하게 될 수 있다.

그래도 우리는 유튜브로 향하는(turn) 5060에서 새로운 희망을 본다. 중앙정부와 전통언론은 이 계층의 사람들을 걸핏하면 디지털 약자로 부르며, 스마트폰 세상의 부적응 집단으로 내몰았다. 통신사에서도 5060을 위한 맞춤화된 상품과 서비스를 내놓지 않았다. 정치인들은 정치공학적인 셈법으로 5060의 투표성향을 아전인수식으로 해석하기만 했다. 지상파 방송도 선거를 앞두고 드러난 뉴스 이면의 상세한 소식을 전해주지 않았다. 어쩌면 유튜브를 통해 은퇴를 앞둔 5060에 잠재된 디지털 감성과 온라인 활동성이 새롭게 깨어난다고 누가 예상할 수 있었을까? 혁신과 변화는 누구의 전유물도 아닌 시대이다.

신중년층의 등장과 유튜브, 가짜뉴스, 빅데이터 30

빅데이터라는 용어는 2010년부터 사회적으로 확산됐다. 학술적 뿌리는 1970년대 컴퓨터공학에서 시작되었다. 그 당시에 빅 데이터는 자료처리 방법에 나오는 사소한 용어에 불과했다. 1990년대 인터넷(월드와이드웹)의 등장과 데이터에서 지식 발견하기(knowledge discovery in data), 2000년 이후 e-리서치 e-사이언스라는 분야가 나오면서 빅데이터는 소위 개념화되었다. 2011년에 세계최고 학술지인 사이언스(Science)가 빅데이터 특별호를 발행하고 2013년에 옥스퍼드 영어사전이 빅데이터를 등재하였다.

빅데이터란 '크다' 뜻이 가장 중요하지만, 인간의 마음, 인식, 행동 등과 관련된 복잡하고 다양한 신호들이라는 의미도 담겨있다. 특히 빅데이터는 사람들의 이동 흐름과 상호작용과 연관되어 과거에 중요하게 분석되지 않았던 구조화되지 않은 즉 비정형화된 디지털 데이터이다. 홈페이지 등에서 온라인 자료들을 긁어서 모으는 웹 마이닝, 사람들이 서로의 의견과 느낌을 교류하는 소셜 미디어, 사람들의 실시간 관심을 알려주는 검색 트렌드, CCTV/위성사진/드론촬영 등의 영상 정보, 신용카드를 사용하면서 남기는 거래 데이터, 항상 휴대하는 스마트폰에서 발생하는 모바일 신호 등이 대표적인 사례이다. 데이터를 수집하는 방법도 소프트웨어와 사물인터넷(IoT) 센서를 통한 자동화된 방법부터 일반인들이 자발적으로 정보를 수집

하여 기부하는 크라우드 소싱까지 다양하다,

세계 전체적으로 외부에서 수집 가능한 빅데이터의 약 절반가량이 사회 관계망 서비스 즉 소셜 미디어에서 생성되고 있다. 여러 미디어 가운데 유튜브는 빅데이터의 주요한 출처가 되고 있다. 유튜브는 2005년에 탄생했고, 2006년에 구글에 편입되었으며, 2008년에 한국에서 서비스를 시작했다. 유튜브 이전에 온라인으로 동영상을 올려 쉽게 공유할 수 있는 서비스가 없었다. 이런 배경에서 당신(you)이 방송하는 텔레비전(tube)이라는 뜻을 지닌 유튜브가 등장하였다. 하지만 유튜브가 폭발적 성장하게 된 계기는 2011년에 트위터와 페이스북과 유사하게 소셜 미디어로 개편하면서 부터이다. 구글은 유튜브를 더 이상 공짜 동영상을 보기만 하는 곳이 아니라 구독하기, 댓글 달기, 추천 동영상 등 사람들이 쉽게 관계를 맺고 적극적 참여가 가능하도록 만들었다.

영국 옥스퍼드대의 로이터 저널리즘 연구소의 자료에 따르면, 우리나라는 조사한 38개국 가운데 "유튜브에서 지난 일주일 동안 뉴스 관련 동영상을 시청한 적이 있다"는 응답에 40%로서 전체 26% 대비 14%나 높았다. 특히 우리나라에서 유튜브 이용자층은 50대 플러스에서 가장 많았다. 50대+는 소위 '신(新)중년층'이다. 과거 50+ 계층과 다르게 아날로그보다 스마트폰을 이용해서 사진을 포스팅하고 지인들의 소식을 접하고 색다른 재미를 추구하는 세대이다.

신중년층은 단순히 오락적이고 교류할 목적으로만 유튜브를 항상 사용하는 것이 아니다. 다가오는 총선을 앞두고 유튜브에 올라온 뉴스에 댓글을 달기도 하고 적극적 퍼 나르기를 통해서 정보를 전파하며 새로운 여론을 만들어나가고 있다. 무엇보다. 50플러스 연령대는 선거에서 투표 참여율이 전통적으로 가장 높았다. 따라서 신중년층이 작성하는 유튜브 댓글과 사회적 연결망에 나타난 여론을 제대로 파악하지 못하면, 누구든지 선거에서 참패할 것이 분명하다.

사이버감성연구소(영남대)가 수행한 빅데이터 분석을 종합하면, 사람들이 댓글에서 2개의 단어를 쌍으로 동시에 언급하는 횟수가 많을수록 해당 단어들에 대한 관심도와 주목도가 높게 된다. 실제 지난 대선 토론회 이후에 남겨진 댓글에서도 '문재인' '대통령'이라는 단어쌍이 가장 많이 나타났다. 물론 빅데이터는 언급 빈도의 단순 집계와 통계적 분포뿐만 아니라 해당 단어들이 사용된 정서적 맥락과 제3의 단어와 가지는 관계성 등도 고려한다. 흔히 이러한 기법을 의미망(semantic network analysis)이라고 부른다. 텍스트에 포함된 구문 요소로부터 특정한 의미를 추출하여 분석하는 방법이다. 이 과정에서 단어 간 연결도를 시각화하거나 인공지능 알고리즘을 이용하여 잠재된 이슈와 토픽 등의 탐지도 가능하다.

소셜 미디어 포스팅과 유튜브 동영상의 구독하기와 추천 목록 등을 해부한 논문들을 살펴보면, 크게 2가지 패턴이 드러난다고 한다. 비슷한 생각과 가치를 가진 사람들과 집합적(collective)으로 모이는(herding) 유형과 자신과 다른 이념의 사람들과도 의사소통하면서 느슨한 연대를(connective) 취하는 유형이다. '컬렉티브' 유형은 촘촘한 정서공동체 형성을 추구하는 진보 진영에서 자주 나타나며, '커넥티브' 유형은 유용한 정보교류에 초점을 맞추는 보수 진영에서 종종 발견되는 편이다. 개인이 타인으로부터 유튜브 뉴스를 전달받은 경우에, 보수주의자보다 진보주의자가 그 뉴스가 자신의 견해와 맞지 않으면 클릭하지 않는 편이다. 거꾸로 말하면, 보수주의가 진보주의보다 이념적 선을 넘는 콘텐츠에 더 관대하다.

나아가 로이터 연구소에 따르면, 38개국 전체적으로 가짜뉴스에 대한 우려는 진보와 보수 집단 모두 60%로 비슷했지만 우리나라는 진보 집단의 우려가 보수보다 6% 높게 나타났다. 아마도 지난 대통령 선거에 패배한 보수 집단이 유튜브를 통한 언론 활동을 강화하면서 정부 비판적인 정보의 생산과 소비 등이 그 원인일 수 있다. 나아가 보수적 유튜브 채널들이 진보 채널보다 상대적으로 이질성이 강한 익명의 다수를 대상으로 콘텐츠를 제작하여 확산하고 있다. 구독자와 조회 수를 높이기 위해서 선정적 뉴스도 유통되면서 시청 시간도 길어지고 있다. 따라서 우리나라에서 진보일수록 인터넷과 유튜브 등 뉴스에 대한 불신이 다른 국가에 비교해서 상대적으로 높은 것이 놀라운 현상은 아닐 수 있다.

지금까지 빅데이터와 관련해서 유튜브의 역할 및 중요성과 함께 수집 가능한 데이터가 무엇이며 분석 방법론과 주요 결과 등을 살펴보았다. 최근에 인공지능을 이용한 소위 딥페이크(deep fake) 기술로 만들어진 허위 동영상도 유튜브에 올라오고 있다. 진짜와 구분하기 힘든 가짜 인물로 구성된 영상은 연성화(soft)된 인포테인먼트 패러디 뉴스로 재탄생하면서 빅 데이터의 풀기 어려운 문제로 부상했다. 그럼에도 불구하고, 수백 명의 사람들이 무성의하게 답변한 여론조사와 비교하면 유튜브 빅데이터는 O2O(online to offline), O4O(online for offline) 시대에 우리 사회를 읽을 수 있는 주요한 플랫폼이 되고 있다.

대구경북 행정통합과 빅데이터 반대론자의 도전 31

독자들이 제목을 보자마자, 반대론이라는 단어보다 도전을 더 주목하기를 바란다. 왜냐하면 대구경북 행정통합이 지배적 여론으로 인식되면서, 대립되는 입장을 표명하기는 갈수록 힘들기 때문이다. 사실 나는 행정통합의 법제도의 절차적 과정과 재정 및 세제 이슈에 대해서 문외한이다. 그렇지만 TBC(대구방송)과 공동으로 행정통합에 관련된 온라인 빅데이터 분석을 수행하였다. 오늘은 이 결과를 바탕으로 반대론의 입장을 펼쳐보고자 한다.

무엇보다 대구경북 행정통합 빅데이터 결과를 핵심만 정리해 보자. 빅데이터의 출처는 크게 2가지다. 첫째, 포털 뉴스에 올라온 온라인 기사에 대한 댓글이다. 둘째, 유튜브 동영상에 남겨 놓은 댓글이다. 뉴스와 동영상을 합쳐 총 277건에 대한 사람들의 반응 총 1400건을 분석하였다. 댓글에 나타난 네티즌 입장을 행정통합의 적극성의 강도와 통합을 향한 추진속도의 크기에 따라 구분할 수 있다.

연구결과를 보면, 부정적 인식을 지닌 회의론자가 가장 많은 20.51%로 나타났다. 신중한 입장을 취하는 경계론자가 7.87%로 그 뒤를 이었다. 반면에 낙관적 전망을 지닌 신념주의자와 상황과 실리를 지켜보는 관망주의자는 5.66%와 4.69%로 5% 내외에 머물러 있었다. 대구경북 행정통합과 관련 없는 내용이 53.58%를 차지해서 이 댓글들을 제외하고 다시 분석해 보았다. 뉴스 기사의 댓글이 유튜브 댓글보다 부정적 인식을 지닌 회의론자가 적었다. 또한 기사의 댓글에 신념주의자가 17.66%로 유튜브에 비해 약 2배가량 더 많았다.

그럼 시도민은 댓글에서 어떤 이야기를 했을까. 댓글에 자주 사용된 단어들을 들여다보면 '손해', '반대', '세금' 등이 주제어로 등장하였다. 상위 10위권에는 들지 못했지만, '왜'라는 단어도 12위를 차지하며 빈번히 등장했다. 한편 '메가시티'나 '특별자치도'에 대한 언급은 미미한 수준이었다. 개별 단어의 출현 빈도가 아닌, 단어 쌍으로도 접근해 보았다. '주민-표' 단어쌍이 상위권에 등장해 시민들의 높은 관심도를 보여주었다. 그리고 '땅-넓은'과 '세금-땅' 등과 같은 단어 쌍도 출현빈도 9위와 10위를 각각 차지했다. 댓글에 숨겨진 정서적 태도를 살펴보면, 시도민은 긍정어보다 부정어를 더 많이 사용하였다. 단어 사전을 이용하여 우호(6.64%), 적대(26.57%), 중립성(66.79%)을 분류해 보았다. 공무원, 찬성, 발전, 응원, 예산, 효율 등의 단어가 긍정적 맥락에서 많이 사용되었고, 손해, 반대, 손해, 도지사, 도청 등은 부정어로서 자주 언급되었다.

빅데이터 결과에서 흥미로운 사실은 뉴스 기사를 읽은 사람과 유튜브 영상을 시청한 사람의 반응이 눈에 띄는 차이가 있다는 점이다. 그리고 시도민이 행정통합을 대구 손해, 경북 이득의 맥락에서 인식하고 있었다. 무엇보다도 '왜'라고 질문하면서, 행정통합에 대한 시도민의 근본적 의구심을 보여주고 있었다. 이것은 행정통합이 아직까지 시도민들 사이에서 중대한 관심의 대상이 아님을 시사하고 있었다.

빅데이터에서 한 걸음 더 들어가서, 내가 생각하는 반대론의 주된 논지를 밝히고자 한다. 첫째, 통합론자가 강조하는 규모의 경제론이다. 이것의 장점을 부정하지는 않지만, 디지털 시대는 속도의 경제가 지배하는 세상이다. 규모가 커질수록 효율성이 떨어지면, 무슨 소용이 있는가. 둘째, 서울 수도권 일극 체제는 국가 전체에도 서울에도 도움이 안 된다는 주장이다. 나도 국토의 균형발전 필요성에 두 손 들어 찬성하는 입장이다. 하지만 이것은 국가혁신체제에 머물러 있을 때 그러하다. 이제는 바야흐로 글로벌혁신체제이다. 서울도 세계적 경쟁의 가치망, 수요망, 공급망에서 1개의 노드(node)일 뿐이다. 셋째, 대구시와 경북도의 공무원과 기능을 그대로 두고 편제만 바꾸는 통합된 지자체는 오히려 행정적 비효율성을 낳는다고 생각한다. 역량은 크지만 덩치는 오히려 작은 빅스몰(big small) 정부가 필요한 시점이다. 마지막으로 역사상 유례없는 코로나19의 전염병을 겪고 있는 시기이다. 이러한 재난에 행정통합이 공공보건과 생활경제보다 더 중차대한 이슈인지 묻고 싶다. 이 국난의 시기에 통합 이슈에 대해 시도민이 충분한 정보를 가지고 숙의형 논의를 진행할 것이라고 기대하는 것은 가당치도 않다. 우리 모두 행정통합의 득과 실에 대해서 다시 한 번 엄격한 잣대로 들여다 볼 때이다.

세계적 과학논문정보 서비스이면서 과학인용색인 WoS 데이터베이스에 등재된 학술저널은 연구자, 연구기관, 그리고 국가의 과학기술 수준과 경쟁력을 측정하는 데 자주 사용되는 중요한 자료이다. SCI에 등재된 저널의 영향력 지수, 논문 게재 수, 인용된 빈도, 공저 현황, 편집위원 활동, 그리고 가장 자주 인용되는 연구자 등에 관한 정보는 과학기술 학계의 지적 구조와 특징을 보여주는 계량적 지표이다.

우리나라는 1968년에 SCI 저널에 논문을 처음 게재한 이후 지난 수십 년 동안 논문 발행의 양적 규모에서 급속도로 성장해왔다. 이공계 연구자를 위한 SCI 뿐만 아니라, 사회과학자와 인문학자를 위한 SSCI와 A&HCI 등재 저널의 논문 수도 최근 10년 동안에 빠르게 증가하고 있다. 나아가 2009년 기준으로 국내 대학, 학회, 연구소 등이 발행하는 학술저널들 가운데 총 79종이 현재 WoS에 등재돼 있다.

그렇지만, 우리나라가 생산하는 SCI 저널과 논문의 양적 증가가 과학기술 학계의 놀랄만한 발전을 반영한다고 단정하기는 힘들다. 1980년대에 네델란드와 스칸디나비아 국가들, 1990년대 지중해 연안 국가들에서도 SCI 논문의 급속한 증가가 있었다. 하지만 이 나라들이 보여준 양적 증가는 연구의 국제화 과정에서 나타난 전환기적 현상이었다. 따라서 국내 기관이 발행하는 SCI 저널과 논문의 양적 증가에 대한 좀 더 면밀한 평가가 필요하다. 이 분야의 저명한 학술지 사이언토메트릭스(Scientometrics)에 발표한 논문(Korean journals in the Science Citation Index: What do they reveal about the intellectual structure of S&T in Korea?)를 중심으로 과학기술 학계의 수준, 지적 구조, 특징을 살펴보자.

2009년 기준으로 국내 기관에 소속된 연구자가 출판한 SCI 논문의 18.1%는 국내 SCI 저널에 실렸다. 국내 SCI 저널은 외국 학회, 연구소,

대형 출판사가 발행하는 저널과 비교해 국내 연구자에게 상대적으로 관대한 편으로 알려져 있다. 국내 학자들이 편집위원을 맡는 경우가 많아, 영어 문법이 다소 서투르더라도 논문 주제의 친숙성이 논문 게재에 긍정적 영향을 더 끼친다. 이런 국내 SCI 저널의 논문들이 어디에서 어떻게 인용되는지 그 인용망을 분석해보면 과학기술 학계의 특징을 엿볼 수 있다.

국내에서 발행되는 SCI 저널 10종의 인용 성과를 분석한 결과 실망스럽게도, 이 저널들은 다른 저널들로부터 거의 인용되지 않았다. 우리나라 최초 SCI 저널인 한국화학회의 저널(Bulletin of the Korean Chemical Society)은 452개의 다른 저널을 참고문헌에서 인용했다. 그렇지만 이 저널에 실린 논문들을 인용한 다른 저널은 총 198개에 불과했다. 세라믹 공정 연구 저널(Journal of Ceramic Processing Research)을 비롯한 몇몇 학술저널은 인용도와 피인용도가 거의 10배나 차이가 난다. 방법을 조금 바꾸어서 이번에는 한국화학회 저널에 발표된 논문을 최소 1회 이상 인용한 SCI 저널 198종을 뽑았다. 이 198종 저널은 한국화학회 저널에 실린 논문을 1회 이상 인용했기에 관련성이 높다고 볼 수 있다. 즉 '친구 집단'과 비슷하다. 그렇다면 친구 집단에서 국내 SCI 저널은 얼마나 신뢰성 있는 정보원으로 평가되고 있을까? 한국화학회 저널은 198개 저널에 실린 논문들을 5128번 인용했지만 자신이 출판한 논문들의 피인용 건수는 1185회에 불과했다. 결과적으로 한국화학회 저널은 198개 저널 가운데 피인용 지수에서 116번째로 하위 그룹에 속해 있다. 이런 상황은 국내 SCI 저널의 보편적 현실이다.

그렇다면 국내 SCI 저널의 피인용 성과가 부진한 이유는 무엇인가. 이웃 중국의 SCI 저널과 비교해 보자. 중국 SCI 저널에서는 자국내 저널들끼리의 인용이 많이 일어난다. 이것은 연구자들 사이에 연구결과의 상호교류가 자국 SCI 저널을 통해 활발히 일어나기 때문이다. 즉 국가지식체제의 내부 응집성이 강하다. 그렇지만 국내 SCI 저널은 개별 연구자의 취직이나 승진,

학회의 사회적 영향력, 연구소의 기관 평가를 위해 기능하는 경향이 강하다. SCI 저널이 비학술적 성과 달성을 위한 출판매체로 인식될 뿐, 신뢰성 높은 정보교류매체로는 잘 활용되지 못하고 있는 것이다. 따라서 국내 SCI 저널은 상호인용 횟수도 낮을 뿐더러 웹사이트 링크도 부족하다. 이런 관행은 우리나라의 국가 지식체제에 대한 대외 신뢰도를 떨어뜨려서 국내 SCI 저널의 인용을 꺼리게 만든다.

국내 SCI 저널의 경쟁력을 높이며 국가지식체제의 강화를 위한 전략은 무엇인가. 첫째, 국내 SCI 저널은 우리나라가 경쟁력을 지닌 과학기술에 특화된 특별호, 또는 아시아의 사회문화적 특색과 가치를 담은 논문을 적극 발굴해 실을 필요가 있다. 예를 들어 국내 SCI 저널은 저널이 발행되는 지리적 공간인 우리나라와 인근 지역에서 문제 해결형 지식을 제공해야 한다. 둘째, 굳이 자국에서 발행하는 SCI 저널이 많지 않더라도 국가 지식체제가 강한 독일, 프랑스, 러시아, 일본의 연구정책을 비교·분석할 필요가 있다. 예를 들어 국내 SCI 저널을 통해 국제적인 연구 관행을 국내 대학·연구기관의 학문 후속 세대와 신진 연구자들에게 확산해야 한다. 셋째, 우리나라 국가 지식체제의 내부 응집성을 높여야 한다. 학연산 협동연구의 증가는 우리나라의 지식생태계를 높이고 나아가 국내 SCI 저널의 인용도를 높일 수 있다. 마지막으로 국제학술공동체의 많은 연구자들은 국내 SCI 저널에 대한 접근이 제한돼 있다. 국제 저명 출판사와 협조하여 배포 채널의 세계화를 도모해야 한다. 오늘날 출판시장의 경쟁에서 살아남기 위해 효율적인 배포 채널은 필수적이다. 나아가 관련 논문들을 연결해서 제공하는 온라인 아카이브의 구축도 효과적인 방법이다.

알파고와 이세돌의 세기의 대결 이후에, 인공지능과 빅데이터는 2016년에 최대 이슈로 급부상했다. 이후 2023년에 오픈AI의 생성형 언어모델인 GPT-4가 출시되었다. 그러자 대통령부터 지능정보 산업의 육성을 독려하고 나섰고, 관련 기관들의 움직임이 분주해졌다. 하지만 빅데이터와 인공지능을 통해 산업 발전과 경제 성장을 이루는 데만 치우쳐, 기술에 대한 합리성 담론이 자리 잡지 못하고 있어 문제이다. 인공지능이 어떻게 이용되는지, 이 과정에서 인권이 보장되고 있는지, 공정성이 침해되지 않는지에 대한 사회적 논의가 필요하다.

인공지능에서 최고의 합리성은 주어진 목적을 가장 효율적으로 달성하는 방법을 빠른 시간에 찾는 것이다. 이 과정에서 빅데이터의 실시간 수집과 신경망 분석이 이루어진다. 그리고 바둑 게임에서도 나타났듯이, 확률에 기초한 의사결정을 하게 된다. 빅데이터 정제과정에서 (평균에서 과도하게 벗어난) 이상치(outlier)들을 제거하고 (문제를 해결하는) 알고리즘을 최적화하게 된다. 형식적 논리로 구성된 이러한 목적 합리성이 지배하게 되면, 우리 사회의 모습은 어떻게 변할까?

이와 관련하여 미국에서 개최된 '빅데이터와 인권' 컨퍼런스에서는 흥미로운 발표가 있었다. 가장 공정하게 운영되어야 할 범죄 정의 시스템이 사회적 소수 집단들을 체계적으로 배제하는 프로파일링을 하고 있다는 것이다. 알고리즘이 훈련한 과거 데이터에서 히스패닉, 흑인, 여성, 무슬림 등이 마약, 총기, 강간 등에 더 많이 출현했다. 이런 이유 때문에 경찰들은 그들을 훨씬 더 자주 불심검문하게 되지만, 경찰 직무는 합리적인 것으로 평가받게 된다. 이 상황은 유엔의 지속가능발전목표(SDG)와도 상충한다. 이에 UN-ESCAP은 전문가 논의를 통해 사회적 정의와 공공 이익을 위한 빅데이터 활용전략 17개 세부 목표별 가이드라인을 제시했다.

대기업 마트와 신용카드사는 소비자들의 인구사회학 속성과 거래 데이터를 활용하여 구매 전에 SNS 광고를 실행하고 구매 시점에서 신제품을 추천한다. 이것은 예측분석에 기초한 맞춤화된 마케팅 기법이다. 나아가 맞춤화된 마케팅보다 한 단계 앞선 소비자별 차별화된 가격까지 이루어지기도 한다. 그런데 대부분의 소비자는 회사가 분석에 사용한 데이터가 무엇인지 알지 못한다. 이에 미국 백악관에서는 빅데이터 기회를 잡는 것만큼이나 사회적 가치의 보존도 중요하다고 목소리를 높였다. 관련 부처에서는 인공지능 마케팅의 '공정성' 침해여부를 검토 중에 있다.

미국 백악관과 생성AI 서비스를 개발 중인 빅테크 기업과 'AI 위험관리와 관련한 자율규제 안'에 합의했다. 참여한 기업은 오픈AI, 구글, 마이크로소프트, 메타(페이스북), 아마존, 엔트로픽, 인플렉션 등이다. 이 기업들은 인간처럼 생각하고 행동하는 일반인공지능(AGI) 기술을 개발하기 위해 서로 간 경쟁이 치열하다. 하지만 한편으로, 조만간 나올 AI 로봇이 모든 인류에게 이익이 될 것인지에 대한 사회적 두려움도 있다. 이번 합의에 참여한 기업들은 AI 서비스의 사회적 위험 조장, 국가안보 문제유발, 차별적 행위 등을 회사 내외부에서 감시할 수 있는 장치를 마련하는데 합의했다. 나아가 AI로 생성된 시청각 콘텐츠에 대해서 사용자가 이를 사전에 파악할 수 있도록 '워터마크'를 만들기로 했다.

사회학자 리처(G. Ritzer)는 저서 '맥도날드 그리고 맥도날드화'(the McDonaldization of society)에서 이러한 인공지능 기술의 개발 과정을 합리성의 비합리화라고 지적했다. 왜냐하면 현대 사회를 살아가는 사람들은 합리화(효율성)의 틀(새장) 속에 갇혀 비합리화(비인간화)의 세상으로 떨어지고 있기 때문이다. 맥도날드는 단순히 햄버거를 사먹는 패스트푸드 업체가 아니다. 맥도날드는 우리 인간들이 하루에도 무수히 많이 겪게 되는 선택 사항들을 편리하게 해결해 주는 표준화된 시스템을 대표한다. 지능사회에서 자동화(맥도날드화)는 알고리즘 기술과 만나서 획기적으로 진화한다.

지능화된 맥도날드 사회에서 균형 잡힌 합리성을 어떻게 찾을 수 있을까. 간단명료한 답은 없다. 개인의 의지와 상관없이 인공지능 시스템이 우리 생활에 개입하게 될 것이다. 지능형 서비스의 방식이나 정도는 사안에 따라 다를 수 있다. 우리에게 중요한 것은 기술에 의해서 인간이 오히려 소외받을 수 있음을 깨닫는 것이다. 이런 자각이 없다면, 첨단 알고리즘으로 정교하게 구성된 서비스와 안락함에 마냥 행복하고 기뻐만 할 것이다. 지능화된 제품과 예측 서비스를 두려워하거나 도망칠 필요도 없고 이것들 맞서 싸워할 대상으로 여길 필요도 없다. 우리 사회에서는 디지털 기술이 정치적, 상업적 목적에 따라 시민의 권리를 제한하고 소비자의 욕구를 특정한 방향으로 유도한 사례가 많기 때문에 항상 주의를 기울여야 한다. 나아가 빅데이터와 인공지능 산업의 육성을 위해서도 사회적 이용과 효과에 대한 조사와 분석이 병행되어야 미래 기획과 예측이 성공할 수 있다.

추측 아닌 데이터로 북한 현실 파악해야 [34]

남한과 북한의 화해·협력 분위기가 조성되면서 북한 사회에 대한 관심이 한층 더 고조되고 있다. 하지만 여전히 우리는 북한의 현재 상황에 대해서 증거와 사실이 아니라 추측과 소문에 기반하여 접근하고 있다. 혹은 오래된 정보와 탈북자의 인터뷰에 의존해서 북한을 분석하거나, 남한 드라마와 대중가요가 북한 젊은이와 상류층에 인기 있다는 식의 호기심을 자극하는 보도들도 자주 있었다. 이처럼 편향된 뉴스는 무엇보다 북한에서 공개한 자료가 부족하기 때문이기도 하다. 설상가상으로 정보원으로 자주 사용된 노동신문은 의도되고 가공된 현실을 보도하는 경향이 강해서 그 신뢰성이 문제가 된다.

이러한 상황에서 학술논문은 북한의 과학기술 현황을 파악할 수 있는 양질의 데이터가 될 수 있다. 학술논문을 분석하면 특정 국가나 기관이 지닌 연구개발 역량과 수준을 측정할 수 있기 때문이다. 2018년에 판문점 종전 선언이 발표되자 세계적으로 가장 영향력이 높은 네이처(Nature)는 북한 과학자가 지난 10년 동안 국제학술지(SCI)에 게재한 논문을 분석한 결과를 내놓았다. 내용을 간략히 소개하면, 북한 과학자는 2017년에 약 80편의 논문을 출판했다. 이 숫자는 2014년보다 4배나 증가한 것이다. 국제협력 상대국은 중국, 독일 순서로 나타났다. 특히 지난 3년 동안 게재한 논문의 약 60%를 중국과 공저했다.

한국과학기술정보연구원(KISTI)도 북한 과학자의 국제학술지 분석을 수행했다. KISTI는 국제학술지를 SCI와 스코퍼스(SCOPUS) 데이터베이스로 구분해서 검토했다. KISTI가 복수의 데이터베이스에서 확인한 결과를 보면 2012년 김정은 체제 출범 이후 북한은 과학기술자 우대정책을 펼치면서 국가혁신체제의 효율성을 높이기 위해서 각별히 노력하고 있다. 이 과정에서 국가과학원의 위상을 높이고 대학도 연구 국제화의 속도를 내기 시작했다. 김일성종합대학은 2014년에 홈페이지도 개설했다.

국제저널의 최근 출판물을 보면 북한이 전통적으로 강세를 보였던 수학, 물리, 화학 등 기초과학뿐만 아니라 재료과학, 천문학, 컴퓨터과학, 면역학, 미생물학 등에서도 두각을 보이는 북한 과학자들이 등장했다. 연구를 주도하는 곳도 김일성종합대학, 국가과학원, 김책공업종합대학, 리과대학 등에서 희천공대와 평양과기대 등으로 점차 늘어나고 있다. 국제학술지를 분석해보면 북한의 현실을 조금이나마 정확하게 읽을 수 있다.

그런데 국제논문에서 북한 소속기관에 대한 오류가 많이 나타나고 있다. 예컨대 하나의 기관명이 다양하게 나타나거나, 한국 지명을 북한으로 처리하거나, 북한 연구자의 외국 방문기관이 주요 소속으로 표기되거나, 국가과학원의 경우 산하 기관명만 표기되어 있다. 그리고 가장 첨예한 이슈인 핵무기와 관련된 연구는 러시아와 대부분 협력하고 있으나, 이 결과는 국제저널에 발표되지 않는다. 따라서 북한 내부의 활동현황을 파악할 수 있는 다양한 데이터 확보와 체계적 분석이 요구된다.

북한 내부의 경제 현실과 기술 수준을 신속하게 조사하기 위해선 국제논문이 아닌 대중적 차원에서 발행되는 국내 잡지를 검토하는 것이 더 효과적일 수 있다. 국제학술지는 생산 활동을 직접 수행하는 사람들 수준에서 진행되는 기술혁신의 현황과 차이가 날 수밖에 없다. 그리고 탈북자의 경험과 국내외 관광객의 느낌을 재미난 사건이나 이야기로만 읽고 버릴 것이 아니라 데이터로서 수집하고 관리해야 한다.

바야흐로 빅데이터로 인간이 어떻게 연결되고 분화되는지를 추적하고 해석하는 시대이다. 북한 주민의 생활과 경제에 직접적으로 영향을 미치는 데이터를 찾아내서 접근해야 한다. 남북 교류도 실질적 화해와 협력이 되기 위해선 데이터 속에 담긴 정보에서 숫자와 사실만을 보여주어야 한다.

새 정부와 플랫폼 거버넌스 35

대통령 당선인은 후보 시절 정부 3.0을 공약하였다. 정부 1.0이 공공기관의 정보 제공에 초점을 둔 모델이었다면 정부 2.0은 공공기관과 국민 간 양방향 정보 교환을 중시한다. 한편 정부 3.0은 정부 2.0의 양방향 정보 교환이 형식에 그치고 있다고 지적하면서, 이러한 한계를 넘어 보다 실질적이고 구체적인 맞춤형 거버넌스를 추진하겠다는 구상이다. 여기에는 정부 부처 간 소통뿐만 아니라 정부–시민 간 소통을 원활하게 하는 것까지 포함된다. 그렇지만 미래창조과학부라는 공룡 부처의 탄생은 정부 3.0 구상과는 동떨어진 것이 아닌가 걱정스럽다. 특정 부처의 권한과 책임이 비대해지면 정부–기업이든, 정부–시민이든 양방향 소통은 구조적으로 힘들기 때문이다.

당선인이 정부 3.0을 실현, 궁극적으로 창조 경제를 활성화하고자 한다면 어떻게 해야 할까? 정부 부처와 지방자치단체가 플랫폼 거버넌스를 구현하는 것이 무엇보다 긴요하다. 플랫폼 거버넌스는 커뮤니케이션 채널을 보다 유연하게 활용함으로써 관–민뿐만 아니라 관–민–산–학의 결속을 촉진하고 상호 간 연결망의 효율성을 높이는 전략이다. 시민을 승객으로 생각해 그들이 편리하게 여행할 수 있도록 정류장을 개선하면, 비용 대비 편익이 증대될 수 있다는 것이다. 덴마크 기술원의 밀러드(J. Millard)에 따르면, 정부 조직이 모바일과 소셜 미디어를 활용하여 플랫폼 거버넌스를 추진하면 적은 비용으로 맞춤형 복지 행정을 펼칠 수 있다고 한다.

이와 관련, 싱가포르에서 개최된 CeDEM(Conference on e-Democracy and Open Government)에서 많은 사례가 소개됐다. 이들 사례 중에는 단기적 편익을 높이는 정책도 있다. 대표적인 것으로 영국의 LCS(love clean streets) 캠페인이 있다. LCS는 지난해 런던 올림픽을 앞두고 스마트폰 애플리케이션을 이용해 진행된 거리 청소 정책이다. LCS 덕택으로 환경 행정의 처리 시간이 87% 감소했으며 주민의 만족도는 30% 증대됐다. 또 미국 샌프란시스코에서는 불평 신고 핫라인 서비스인 SF 311을 2009년 6월부터 트위터에서 시작했다. 전화에만 의존하던 것과 비교하면, 적은 인원으로 더 많은 행정 지원을 제공할 수 있게 되었으며 예산도 줄일 수 있었다. LCS와 SF 311은 사진과 동영상 등 멀티미디어 서비스를 제공할 수 있어, 진행 상황을 조정하거나 해결책을 공유하는 데 편리하다. 이 도시들은 그동안 제기된 불만 사항과 새로운 제안 등을 빅데이터 분석을 통해 업무 개선에 반영하고 있다.

샌프란시스코의 실험은 여기서 끝나지 않았다. 해커톤(hackathon)을 뒤집는 언(un)해커톤을 기획하여 택시의 경영 개선과 서비스 향상을 이끌어내었다. 해커톤이란 hacking(즐거운 프로그래밍)과 marathon(마라톤 운동경기)의 합성어이다. 이 실험은 페이스북이 직원들에게 자유롭게 아이디어를 짜고 상상력을 발휘해 흥미로운 상품을 개발하도록 하기 위해 밤을 새우는 축제를 개최하면서 알려지게 됐다. 그러나 해커톤 방식은 기업에서 주로 실행되다 보니 실생활의 문제를 다루지는 않았다. 이에 샌프란시스코는 SF 택시 & 매스컴 챌린지 언해커톤 행사를 개최했다. 샌프란시스코는 관광도시임에도 불구하고 택시의 절반 이상이 빈 차로 운행돼 에너지 낭비, 교통 정체, 대기 오염, 경영 악화 등의 문제를 초래하고 있었다. 반면에 시내 중심가를 조금만 벗어나도 택시 타기가 힘들었다. 수상자들은 모바일과 웹 애플리케이션을 통해서 위치에 상관없이 택시 기사와 시민 연결을 제안했다.

이달 말이면 신정부가 출범한다. 처음부터 한꺼번에 다 잘하라고 할 수는 없겠지만, 허니문 기간이라고 해서 진단과 조언을 미룰 수는 없다. 공룡 부처, 비밀 인사, 재원 부족의 여러 요인이 정부 3.0의 성공적 도약을 가로막고 있다. 우선 정부 3.0은 플랫폼 거버넌스에 대한 선진 사례를 한국에 어떻게 적용할지 면밀히 검토하는 것부터 시작하기 바란다. 플랫폼 거버넌스가 만들어 낼 3.0 정책들은 경비 절감과 국민 행복의 두 마리 토끼를 잡을 수 있다. 새 정부가 정부 3.0 구상의 첫 단추를 잘 끼워서 앞으로 5년 동안 창조 경제를 성공적으로 실현하게 되길 바란다.

영국에서 쓰는 마지막 칼럼이다. 영국 생활을 정리하면서 나누고 싶은 여러 화제가 아직 많지만, e-리서치로 끝을 맺고자 한다. 왜냐하면 e-리서치는 소수 연구자들의 이슈인 것처럼 들리지만 사실, 우리 사회의 지식 기반부터 경제의 성장 동력인 신기술 개발까지 사회적으로 밀접히 연관된 중요한 주제이기 때문이다.

e-리서치는 한국에서 아직 생소하지만 영국을 비롯하여 유럽과 북미에서 점차 확산되는 용어다. 국내 및 국제 협동연구를 지원하는 영국 정부기관인 지스크(jisc.ac.uk)의 정의를 보자. e-리서치는 연구의 원활한 수행을 위해 필요한 디지털 매체와 컴퓨터 장비를 개발하고 지원하는 모든 제반 활동을 말한다. e-리서치의 개념은 원래 e-사이언스로부터 시작되었다. 하지만 e-사이언스는 이공계 연구에 한정되는 경향이 있다. 따라서 영국은 모든 분야의 연구를 촉진하기 위하여 e-리서치를 정책 목표로 추진하고 있다.

e-리서치는 새로운 협동연구를 유도하면서 기존 연구를 촉진하기 위한 디지털 연구 도구와 컴퓨터 장비의 지원에서부터 시작된다. 나아가 세계 수준의 연구를 진행하기 위해서 필요한 연구 자료의 발견, 분석, 처리, 출판, 저장, 공유 등 거의 모든 연구과정을 지원하는 활동을 포함한다. e-리서치를 위해서 자주 사용되는 기술은 가상연구환경, 그리드(분산병렬)컴퓨팅, 시각화 서비스, 텍스트마이닝(문서정보 경로분석) 서비스 등이다.

그렇다면 e-리서치는 지식의 심화 및 발전에 어떻게 기여할 수 있으며 사회적으로 어떤 활용가치가 있는가? 옥스퍼드에서 강연한 미국 캘리포니아대학의 교수이자 '디지털 시대의 학계'(scholarship in the digital age)의 저자인 보그만(C. Borgman)의 주장은 다음과 같다. 자연과학 및 공학자들뿐만 아니라 인문 및 사회학자들도 자료의 폭발적 증가와 더불어 새로운 도전에 직면하게 되었다. 그렇지만 데이터베이스와 아카이빙(저장보관기술)의 도움으로 역사적으로 중요한 인구·경제학 자료에 대한 접근이 대폭 개선되고 있다. 또한 사람들 사이의 상호작용에 대한 대규모 정보들을 자동적으로 발굴하는 e-리서치 도구도 확산되고 있다. 이에 따라 수(手)작업에 대개 의존하던 전통적 분석방법에 변화가 초래되고 과거 한정된 자료로부터 얻어진 결과에 대한 수정이 요구되고 있다.

e-리서치로 대변되는 지적 탐구의 방법과 규모의 변화는 최근 몇 년간 국제적으로 중요한 주제가 되고 있다. 영국의 세비쥐(M. Savage)와 버로우(R. Burrow) 교수는 2007년에 공동 발표한 '경험 사회학의 위기 도래'(The coming crisis of empirical sociology) 논문에서 e-리서치의 확산에 따라 전통적 방법론과 사회과학 이론이 무용지물 되고 있음을 경고하였다. 와이어드(wired.com)의 편집장인 앤더슨(C. Anderson)도 2008년에 게재한 기사에서 e-리서치 혁명을 크게 다루었다. 그에 따르면 e-리서치 시대에 데이터 홍수는 기존의 과학적 방법론인 수학적 모델링을 폐기시키면서 궁극적으로 이론의 종말을 초래하고 있다고 한다. 앤더슨은 연구자의 머리에서 나온 모델에만 의존하지 말고 페타바이트(petabyte)에 이르는 수많은 자료를 발굴하면서 이 자료로부터 직접 배워나가야 한다고 주장한다. 나아가 그는 구글을 모범 사례로 제시하면서 구글에서 제공하는 첨단 서비스들은 성공적인 e-리서치 활용의 결과임을 강조했다.

선진국에서의 e-리서치 활성화 움직임에 비교해 한국은 디지털 강국이라는 이름에 걸맞지 않게 e-리서치가 아직 미성숙한 단계이다. 국가의 차세대 성장 동력을 확보하고 첨단 지식사회로 진입하기를 원한다면 e-리서치에 대한 우리 모두의 큰 관심과 정책적 지원이 필요하다. 영국에서 성공한 e-리서치 도구인 '실험'(myexperiment.org)에서 볼 수 있듯이 연구자들의 자생적 움직임과 정부 지원이 서로 결부된다면 한국에서도 e-리서치를 활용한 세계적 수준의 연구가 빠르게 발전할 것으로 기대된다.

사회발전의 동력은 변화를 겪고 있다. 1차 산업혁명은 증기기관이 핵심이었다. 2차는 전기이고 3차는 컴퓨터이다. 최근 4차 혁명기는 빅데이터와 인공지능(AI)이다. 구글의 CEO 선다 피차이(Sundar Pichai)는 AI의 등장이 불이나 전기의 발견보다 더 혁명적이라고 주장했다. 전문가들도 AI가 수년 내에 여러 산업에 크게 기여할 잠재력을 가지고 있다고 공통적으로 전망한다.

AI와 미래기술 트렌드 전문가인 베르나르 마르(Bernard Marr)는 민간기업 등의 빈번한 요구사항은 조직의 비전을 실천하는 데 도움을 줄 AI 컨설팅 회사를 추천해 달라는 것이라고 말한다. 이러한 수요가 갈수록 증가하는 이유에 대해, 그는 기업들이 AI를 활용하는 데 필요한 기술과 자원이 내부에 부재하기 때문에 상당한 장벽에 직면해 있기 때문이라고 설명한다.

베르나르 마르는 이러한 격차를 해소하기 위한 10대 AI 컨설팅 회사로 다음을 지목하기도 했다.[38] Quantum Black, Boston Consulting Group, IBM Leeway Hertz, EY, Infosys, Deeper Insight, DataRoot Labs, Addepto, Cambridge Consultants.

하지만 이러한 첨단기술의 미래 전망과 시장수요에 대한 신중론도 존재한다. 1990년대 중반부터 일반인이 사용하기 시작한 인터넷의 경우, 20년이 지난 오늘날 그것의 보급률이 거의 80퍼센트에 도달했다. 블랙록(BlackRock)에 따르면 미국에서 새로운 기술이 등장해 대다수 사람들이 채택해서 실생활에서 이용하게 되기까지 길게는 30~40년의 시간이 걸린다고 한다. 사실 빅데이터와 AI는 매우 초기 단계는 지났지만, 여전히 관련 기술과 산업을 하나의 명확한 개념으로 범주화하기는 어렵다.

AI 기술은 아직 이매지니어링(Imagineering)을 거치고 있기 때문이다. 이매지니어링은 상상하다(Imagine)와 엔지니어(Engineer)를 결합한 신조어이다. 이매지어링으로 분류한 디지털 데이터와 AI 콘텐츠 영역은 여전히 태

동기이므로 확정적으로 그 개념을 정의하기 힘들다. 아기의 얼굴이 유년기와 청소년기를 거치며 성인이 될 때까지 계속 바뀌며 성장하는 것과 유사하다.

한편 AI 기술은 머신러닝(machine learning) 이른바 기계학습 덕분에 빠르게 발전하고 있다. 머신러닝이란 소프트웨어에 'A이면 B를 실행하라'는 명령을 내리는 프로그래밍이다. 데이터에서 어떤 특성을 확인하여 A와 B의 관계를 수학적으로 유형화하는 것이다. 데이터가 많이 축적될수록 즉 빅데이터가 되면 수학적 계산과정에서 오류가 감소할 수 있다.

머신러닝은 빅데이터에 딥러닝(deep learning)을 도입하면서 비약적 발전을 하게 된다. 딥러닝은 2016년 3월 이세돌과의 바둑 경기에 갑자기 등장해 주목을 받았다. 딥러닝은 인간 뇌 속의 신경망을 모방하여 작업을 수행하는 프로그래밍이다. 일반 머신러닝과 다르게 데이터 분석에 그치지 않고 훈련(training)과 강화학습을 통해서 최적의 결론을 내리는 AI이다.

그런데 최근 학계에서 머신러닝의 '묻지 마' 적용에 대해 세심한 주의를 기울일 필요가 있다는 경고가 나오고 있다. 엘리자베스 기브니(Elizabeth Gibney)가 세계적 학술지인 네이처(Nature) 뉴스섹션에 보도한 '머신러닝이 과학의 재현성 위기를 부채질할 수 있을까?'(Could machine learning fuel a reproducibility crisis in science?)를 읽어보자.[39]

딥러닝에는 신경망을 훈련시키는 데이터, 검증(validation) 데이터, 테스트 데이터가 필요하다. 훈련 데이터를 통해 만든 예측 모델을 검증과정에서 조정을(tuning) 거친 후, 테스트 데이터에 최종 적용하여 예측률과 정확도를 계산한다. 그런데 이 과정에서 훈련 데이터보다 이른 시점의 테스트 데이터를 사용하여 딥러닝을 한다면, 이는 미래가 과거에 의존하기 때문에 문제가 된다.

예를 들어 트위터 이용자들의 기분을 분석하는 모델이 87.6%의 정확도로 주식시장의 종가치를 예측할 수 있다고 주장한 2011년 논문 'Twitter mood predicts the stock market'를 지적하였다.[40] 이 연구팀은 전체는 아니더라도, 그중에서 일부 테스트 데이터는 훈련 데이터보다 더 앞선 시간의 데이터를 사용하여 모델의 예측 능력을 계산했기 때문에, 그 알고리즘은 효과적으로 미래를 볼 수 있었다고 네이처 뉴스로부터 비판받았다.

이러한 시간적 엇박자 이슈는 '데이터 누설'(data leakage) 문제를 초래하며 결과적으로, 머신러닝을 여러 분야에 적용하는 데에도 비슷한 위험을 발생시킬 수 있다. 구체적으로 카푸어(S. Kapoor)와 나라얀(A. Narayanan)은 머신러닝 방법을 채택한 연구논문들의 문헌조사를 통해 오류가 발견된 17개 분야를 찾았다.[41] 해당 오류는 329편의 논문에 일괄적으로 영향을 미치고 경우에 따라서는 지나치게 낙관적인 결론을 도출한다고 꼬집었다.

AI 기술이 산업적 활용을 넘어서 학계에서도 인기 높은 분석기법이 되고 있다. 그러나 데이터 분석과 모델링에서 오류를 범할 때 그 부작용이 상당히 심각함에도 불구하고, AI 기술의 예측력에만 과도하게 의존하면서 사전검증과 사후 재현성 이슈를 소홀하게 여기고 있다. 물론, 네이처 기사에 의해 비판을 받은 일부 AI 연구자들은 그들의 논문에 결함이 있다는 것에 동의하지 않거나, 카푸어와 나라얀의 주장이 지나치게 너무 엄격하다고 반박한다.

정말 중요한 것은 AI 머신러닝 모델이 주장된 것만큼 예측적이지 않을 수 있음을 이용자가 미리 인지해야 한다. 그렇지 않으면, AI 컨설팅 회사와 전문 개발자 집단이 개발한 머신러닝을 수동적으로 사용할 뿐 어떤 개선의 요구도 할 수 없기 때문이다. 고급 사용자가 많아져야 양질의 AI 애플리케이션이 세상에 나올 것이다. 개인정보보호위원회, 방송통신위원회, 과학기술정보통신부, 산업통상자원부, 중소벤처기업부 등 우리 정부도 AI와 머신러닝의 잠재적 위험성과 기술적 오류를 숙지하고 정책을 펼쳐야 한다.

디지털과 소셜미디어

필터 버블에서 필터 멤브레인즈 – 유튜브는 언론 중재의 대상인가? [1]

연세대 바른ICT연구소가 악성 댓글의 사회·경제적 비용을 집계한 결과를 보면, 연간 최소 30조 5천 371억원에서 최대 35조 3천 480억원이다.[2] 천문학적 숫자가 믿기 어려워서 세부 항목을 살펴보니 불안·우울로 인한 행복 상실 기회비용이 약 28조 원으로 가장 많았고, 스트레스로 인한 능력 저하 기회비용, 변호사 선임과 손해배상 비용 등이었다. 온라인 공간에서 미디어 사업자와 포털 등은 악성 댓글을 표현의 자유를 명분으로 적극적으로 차단하지 않는 편이다. 교육과 공공 캠페인의 관점에서 국민일보처럼 언론사가 직접 나서서 '댓글 감수성 자가 테스트'를 주도적으로 확산하는 사례는 흔하지 않기 때문이다.[3]

설상가상으로 유튜브, 네이버TV, 카카오TV 등 온라인 동영상 플랫폼에 올라오는 악성 댓글 작성 및 유통에 대한 법적 처벌은 모호하다. 악성 댓글로 인한 행복 추구권의 침해를 막고 사회적 비용을 줄이기 위해 낮은 온라인 윤리 의식을 지닌 유튜버 등에 대한 새로운 관점이 필요하다. 유튜버(Youtuber)는 유튜브에서 동영상을 생산하거나 댓글을 작성하는 이용자를 뜻한다. 엄격히 말하면 유튜브 등에 올라온 동영상이나 댓글은 안 보면 그냥 모르게(uninformed) 살면 되지만, 일단 시청하면 틀리게(misinformed) 알게 될 수도 있다. 어쩌면 지금 우리 사회는 포털과 유튜브 등이 독점하다시피 한 뉴스 파이프라인이 쏟아내는 무지와 편향에서 어떤 것이 더 큰 해악인지에 대한 사회적 조정 도구가 부재한 상태일 수 있다.

미국 소셜미디어 연구재단(Social Media Research Foundation) 마크 스미스(Marc Smith) 박사의 주장은 흥미롭다.4 미국에서 언론의 자유에 대한 헌법 수정 제1조의 권리는 정부의 언론 규제로부터 독점적으로 보호되는 것이지, 특히 사적인 공간이나 상업적인 공간에서 모든 언론이 청취 될 것이라는 보장은 아니다. 스미스는 이미 10여 년 전에 온라인의 공공 공간이 전통적 공공 공간은 아니며, 우리가 일상적으로 가는 쇼핑몰에서의 사회적 생활과 더 유사하다고 말했다. 다시 말해서, 사람들이 사적인 상업 공간에서 어떤 '공적인' 행동을 많이 한다고 해서, 이러한 공간들이 모든 사용자의 발언을 가능하게 할 의무가 없다. 이러한 맥락에서 보면, 유튜브라는 상업적 온라인 공간에서 정치 유튜버가 공공의 이슈와 콘텐츠를 방송한다고 해서, 그들의 모든 표현을 보호할 의무가 반드시 없다는 점이다.

마크 스미스의 주장을 좀 더 구체적으로 들어보자. 유튜브와 페이스북을 비롯한 소셜 미디어 플랫폼은 모든 사람이 말할 수 있는 약속을 포함할 수 있다. 그렇다고, 표현의 자유가 모든 사람이 자신이 동의하지 않거나 원하지 않는 모든 뉴스에 노출될 의무가 있음을 보장하지는 않는다. 스미스에 따르면, 지구상의 거의 모든 생물은 필터를 통해 그 주위의 세상을 여과하는 방법을 가지고 있기에 유튜브 공간에서 필터의 부재는 많은 해로운 영향을 끼친다는 것이다. 여과되지 않은 열린 정보는 매력적으로 들릴 수 있지만, 여과되지 않은 물처럼 먹음직스럽게 들릴지는 의문이다. 확증편향을 부추기는 필터 버블(filter bubbles)을 방지하고 여과장치(filter membranes)를 늘리는 것이 해결책이라고 밝힌 것이다

미디어와 커뮤니케이션 학계에서도 정보이론에서 전통적으로 선택적 노

출(selective exposure, SE)과 기억을 강조해 왔다. 수용자가 대인관계와 대중 매체에서 획득한 정보를 능동적으로 취사선택할 수 있음을 말한다. 하지만 학계의 지배적 입장도 이제는 선택적 노출(SE)에서 부수적으로 발생하는 노출(incidental exposure, IE)로 선회하고 있다.5 IE이란 사람들이 애초 적극적으로 정치 뉴스를 알려고 찾아보는 특별한 노력이 없음에도 관련 콘텐츠를 접하는 상황을 말한다.

예를 들어, 스마트폰을 구매하면 눈에 띄는 빨간색 모양의 유튜브 애플리케이션이 이미 설치돼 있다. 그리고 수많은 오락적 정보와 정치적 콘텐츠가 시냇물처럼 흐르기 때문에, 개인은 자연스럽게 정치 유튜브 채널과 얽히게 된다. 개인은 유튜브 이전에는 원하지 않고 해로운 형태의 정보를 걸러낼 수 있는 권리도 있었고 여건도 조성되었다. 걸러내기 위해 신문 구독을 중지하고 텔레비전 전원을 끄면 되었다.

이제는 소셜미디어 플랫폼이 정보를 독점적으로 보유하면서, 사람들은 더 나은 도구와 장치가 필요하게 되었다. 스미스는 "필터 막을 찬양합니다"라고 쓰고, 각 개인의 어떤 종류의 발언을 피할 권리를 지원하는 사회적, 기술적 해결책이 다른 개인의 표현 권리만큼 존중되어야 한다고 목소리를 높인다. 이제 문제는 누가 유튜브 등을 필터링해야 하는가이다.

'2021 언론중재위원회 이용 만족도 조사'에 따르면, 유튜브 등에 게시된 뉴스 형태 콘텐츠에 대한 피해구제 필요성에 대한 질문에 조사 대상 신청인(237명)의 95.8%, 피신청인(172명)의 88.4%가 필요함을 응답했다. 유튜브 등을 통한 뉴스 이용이 증가하는 추세이고, 기존 언론사들도 영향력, 수익증대 등을 이유로 소셜 미디어를 공식적 매체로 활용하면서 이로 인한 행복추구권과 인격권 침해 등의 사례가 잇따르고 있다. 그럼에 불구하고 그동안 언론중재위원회는 유튜브 등을 조정 대상으로 보는데 소극적 입장을 취해왔다.

언론중재법에 따르면 언론보도의 수단 및 형식에 대해서 명시적 제한을 두고 있지 않다. 따라서 실질적으로 보도를 하는 유튜브 등이 법에 명시적으로 나열되지 않다고 해서 배제하는 것은 합리적이지 않다. 나아가 언론중재는 당사자 간 합의에 의한 해결을 주된 내용으로 하는 조정제도이지 형벌 법규가 아니다.

변화된 미디어 커뮤니케이션 환경에 맞추어 언론중재위원회에 유튜브 등의 편향적 정보와 악성 댓글 등을 필터링할 수 있는 권한을 부여해야 한다. 그리고 언론중재위원회가 애초 목적한 기능과 역할의 구현에 충실하도록 위원회 스스로 적극적이고 유연한 태도가 필요한 시기이다.

포스트 휴먼이 마주친 스플린터넷과 디지털 펜타닐 규제[6]

냉전 시대의 종식과 함께 찾아온 세계화가 위기를 맞고 있다. 먼저, 세계화를 거치면서 사회적 발전단계에 따른 커뮤니케이션 패턴이 어떻게 바뀌어 왔는지 역사적 과정을 살펴보자. 1차 농업혁명 시대에 증기기관은 핵심 산업이었고, 인간은 동질적(homogeneous) 커뮤니케이션 환경에 머물러 있었다. 2차 산업혁명 시대는 전기가 발명되면서 정보통신 인프라가 구축되고, 경계를 넘어서 의사소통이 가능한 이질적(heterogeneous) 환경이 조성되었다. 세계화의 시작이었다.

3차 컴퓨터 시대는 디지털 기술을 통해서 누구나 자신이 원하는 상대방과 대화할 수 있다. 타임라인(timeline) 방식의 업데이트도 보편화되면서 동반적(incidental) 정보 노출이 가능해졌다. 그리고 세계화는 정점에 이르게 된다. 하지만, 2008년 9월 리먼 브라더스(Lehman Brothers)의 파산으로 세계적 금융위기가 닥치면서 탈글로벌화(de-globalization), 권역화(regionalization), 글로컬화(glocalization) 등으로 기존 흐름과 다른 새로운 패턴이 엿보이기 시작했다. 미국의 아프가니스탄 철수, 코로나 전염병, 러시아-우크라이나 전쟁, 미국 달러를 위협하는 가상화폐 등을 거치면서 글로벌화는 서서히 균열을 보이기 시작했다.

그렇지만 또 다른 한편으로, 레트로(retro·과거로의 회귀)의 부활과 배신이 일어나고 있다. 탈글로벌화는 개별 국가와 지역을 중심으로 살았던 과거로의 회귀이다. 그렇지만, 고도의 디지털화 시대로 불리는 4차 산업혁명기에는 사회구조의 세분화와 파편화가 심해지면서 커뮤니케이션 욕구는 세계화 현상을 부분적으로 계속 따라가고 있다. 분화된(fragmental) 인간(human)이라고 할 수 있다. 기존에 겪었던 세계화의 해체 단계에 따라 사람들이 변해가고 있는 것인데 오히려, '소외되기 위해 연결된다'는 현상이 발생하고 있다.

4차 산업혁명은 온(가상)·오프라인(현실)이 결합하는 시대이다. 파편화된 휴먼이 지리적 공간을 넘어 메타버스 등에서 초연결성을 지향하는 포스트 휴먼(post-human)의 초기적 모습을 보인다. 지금까지 인간과 컴퓨터로 이분법적으로 분리된 상황에서 상호작용을 통한 인터페이스가 중요시되었다면, 디지털 기술과 사람 생명 장치가 경계를 뛰어넘어 작동되는 새로운 능력을 갖춘 미래 인간상이 포스트 휴먼이다.

한편, 세계화를 추동한 사회간접자본이었던 인터넷이 균열을 드러내면서 탈세계화를 오히려 가속하고 있다. 지금까지 인터넷은 지구 전체를 하나로 연결하는 글로벌 연결망으로 기능했다. 하지만 우크라이나 전쟁이 터지면서 분할될 위기를 맞았다. 러시아의 우크라이나 침공에 대응하고자, 미국 기반 인터넷 제공사업자(ISP)는 러시아 서비스를 중단하고 인터넷(IP) 주소를 회수하여 인터넷 접속을 차단했다. 소셜 미디어 기업도 친러 성향의 광고를 자신의 플랫폼에서 중단했다. 가상화폐 진영은 블록체인 주소를 공유하여 구호물자 보내기 운동을 진행했다. 이러한 움직임은 스플린터넷(splinternet) 다시 말해서, 인터넷이 파편화되는 대표적 모습이다.

미국 연방통신위원회(FCC)의 브렌던 카(Brendan Carr) 위원은 틱톡(TikTok)을 강한 중독성을 지닌 진통제와 유사하다며 '디지털 펜타닐'(Digital Fentanyl)로 부르며 강력 제재를 주장했다.[7] 그는 "틱톡이 중국 기업인 바이트댄스가 소유한 소셜 미디어이기 때문에, 중국 정부가 틱톡을 이용하는 미국인을 매우 정교하게 감시하는 스마트폰 애플리케이션을 항상 작동하고 있는 것이다"라고 말했다. 사실 틱톡은 3분 이내의 짧은 동영상을 공유하는 플랫폼으로 미국인들 사이에 인기가 높다. 따라서 미국 정부는 중국기반 틱톡이 '당신만을 위한'(For You)' 알고리즘과 위치추적을 통한 여론조작과 유동 인구 파악으로 국가 안보를 위협할 수 있음을 우려하고 있다.

개방화된 수평적 커뮤니케이션을 모토로 탄생한 인터넷과 디지털 분야에서 세계화를 위협하는 스플린터넷과 국가주의적 규제는 아이러니한 일이 아닐 수 없다. 그리고 한편으로는, 현재의 법 제도에서는 분류조차 애매한 AI 로봇과 아바타와 동심일체(同心一體)한 포스트 휴먼은 여전히 물리적 공간을 가로지르며 소통하기를 원한다. 왜냐하면, 의사소통을 향한 인간의 근원적 요구는 글로벌과 연결되지 않는 폐쇄형 모델로 충족되지 않기 때문이다.

미국과 인도 정부가 중국의 디지털 서비스를 차단하는 조치를 검토하고, 망(網) 제공업자와 빅테크 기업이 분쟁 지역에 인터넷과 SNS 접속을 제한하는 것은 본질적으로, 공산주의 속성이고 신(新)냉전체제의 지름길이다. 그런데도, 자유주의 진영에서 국가적 이익과 동맹 강화 등을 명분으로 탈세계화의 길을 걸어가고 있다. 설상가상으로 세계적 경기침체는 하나로 연결된 지구촌의 모습을 순식간에 바꾸어 버리며, 자국 우선주의를 모든 측면에서 내세우고 있다.

요약하면, 국가가 주도하는 탈세계화와 개인 기반의 소통화가 미스매치(mismatch)하는 소위 문화 지체 현상이 오늘날의 모습이다. 그렇지만 인위적으로 만들어지는 거대한 철의 장막과 온라인 발칸주의는 당장에는 성공할지라도 그렇게 오래가지 못할 것이다. 자유로운 서핑을 통해서 만나는 넓고 다양한 정보 세계에서의 의견교환과 친목 교류, 그리고 서로 다른 가치관과 세계관을 지닌 사람들과의 갈등, 반목, 대립 등이 제공하는 흥미로움과 긴장감과 비교하면, '끼리끼리'로 뭉쳐진 세상은 무척 단조롭기 때문이다.

지능정보사회 복합격차 낳는 페이(Pay)[8]

신용카드를 분실했는데 누가 도용을 해서 큰 손해를 입었다. 무인 주차장이 늘어나면서 신용카드가 없으면 차를 놔두고 가야 하는 어처구니없는 상황이 발생했다. 신용카드 없이 현금만을 준비해서 해외로 출국했다. 그런데 도착하자마자 현지 식당에서 무단취식으로 곤욕을 겪을 뻔했다. 이 식당은 신용카드만을 받는 곳이어서, 현금 계산이 퇴짜를 맞았기 때문이다. 얼마 전까지도 익숙한 풍경이다. '캐쉬리스'로 운영하는 곳이 많아지면서 신용카드가 없으면 난처한 상황이 많이 발생했다.

현금을 밀어낸 자리에 신용카드가 지급결제 시장을 주도하면서 나타난 현상이었다. 세계 여러 국가들도 현금 없는 사회를 금융 경쟁력의 상징으로 간주하며, 세계 최초로 '현금 없는 국가'를 추진하겠다고 앞다투어 나서기도 했다. 1661년 유럽에서 처음 지폐를 발행했던 스웨덴이 5년 이내에 현금을 사라지게 할 것이라고 2018년에 선언하기도 했다. 한국은행도 2006년부터 1원과 5원짜리 동전은 일반 유통 물량으로는 발행하지 않고 있다. 관청에 설치된 신용카드 단말기로도 세금을 납부할 수 있는 등 캐쉬리스로 향하고 있다.

개인뿐만 아니라 국가도 현금보다 신용카드로부터 얻는 사회적 편익이 큰 점도 있다. 장롱 고액권이 늘어나는 등 현금이 사회적으로 충분히 유통되지 않는 것이 현실이다. 신용카드 지급결제 시장이 커지면, 지하경제의 양성화를 촉진할 수 있다. 정부는 사회의 투명성도 높이고 세수도 확보할 수 있어서 일거양득이기 때문에 환영한다. 한발 더 나아가, 신용카드로 매개되는 신기술 도입을 통한 금융산업 구조재편은 국가 경쟁력 향상에 도움이 될 가능성도 있다.

신용카드가 현금의 지위를 위협하며 결제 시장의 주도권을 잡아가고 있었다. 영원한 강자는 없는 법이다. 디지털 세대를 중심으로 간편 결제 서비스인 '페이(Pay)'가 최근에 확산하였다. 스마트폰의 보편화와 함께 코로나 전염병을 거치면서 실물 카드를 회피하고 비대면 결제에 대한 수요가 증가하였다. 네이버페이, 카카오페이, 삼성페이 등은 스마트폰 앱에 결제할 신용카드나 계좌정보를 등록하는 방식이다. 누구나 실물 카드를 갖고 다니거나 번거롭게 계좌로 이체할 필요가 없다. 간단한 인증으로 상품을 구입하고 지급할 수 있다.

문제는 디지털 격차이다. 무엇보다 소위 '현금 사절'을 내세운 정책은 국민의 행복추구권 등 헌법적 권리를 침해할 수 있다. 무엇보다 현금은 디지털 기술의 접근, 소유, 활용 여부와 상관없이 누구나 소유와 지불이 가능하다. 한마디로 만인에게 공평한 결제 수단이다. 하지만 노동자, 실업자, 빈곤층, 노령층 등 신용카드 발급이 어려운 계층이 엄연히 존재한다. 설상가상으로 구형 휴대폰이나 보급형 스마트폰 이용자들은 페이 사용을 위한 기본 앱을 설치할 수 없다. 카드나 페이 결제가 제공하는 가격 할인, 포인트 적립 등 다양한 혜택은 언감생심이다.

자영업자의 반응도 귀담아들을 필요가 있다. 캐쉬리스로 넘어가면서, 상인협회 등은 카드사의 과도한 수수료로 경영상 어려움을 겪고 있다고 정부에 호소해 왔다. 메뉴 주문용 키오스크 설치로 인건비가 감소했지만, 카드 의존도가 더 커진 측면도 상황을 악화시켰다. 영세한 상공인 입장에선 페이가 수수료도 거의 없으니 거래가 즐거운 지급결제 수단이다. 하지만 배달 회사가 성장하면서 그 영향력 아래에서 자유로울 수 없게 된 경험이 있다. 페이 때문에 자영업자가 가까운 시기에 또 다른 경영상 어려움을 겪을 수도 있다는 점을 잊어선 안 된다.

이러한 우려에도 불구하고, 지급결제의 형태가 카드 혹은 페이든 현금 없는 사회로 진입하는 속도는 생각보다 훨씬 빠르게 진행되고 있다. 정부도 카드와 페이 서비스가 경쟁구도를 보이는 것에 내심 반가워하는 눈치다. 콧대 높던 신용카드 회사들이 스마트폰 페이 업체에 맞서 수수료 인하를 고려하거나 다양한 결제 방식을 내놓고 있기 때문이다. 첨단 정보통신 기술을 바탕으로 비대면 지급결제 산업을 활성화하면 글로벌 디지털 금융 경쟁에서 유리한 위치를 선점할 수 있다.

결국 문제는 디지털 격차이다. 아날로그에서 디지털로 넘어가는 초기에 계층 간 격차는 컴퓨터 기기의 접근과 소유 여부에 결정되었다. 그래서 중고 컴퓨터 보급과 단말기 보조금 정책을 펼쳤다. 후기 격차는 디지털 기술을 생활에 사용할 수 있는 시간적 여유와 운영, 조작 등 활용 능력이 중요하게 되었다. 카드에서 페이로 전환되면서 디지털 격차는 접근, 소유, 시간, 활용 영역이 모두 관련된 복합적 이슈를 낳고 있다.

정부가 디지털 복합격차 해소를 위한 새로운 사회적 안전망을 만들어 조속히 도입해야 한다. 특히 카드와 페이 회사뿐만 아니라 전통적 은행이 ESG(환경, 사회, 거버넌스) 경영을 통해서 금융 안전망의 정착에 파격적 지원을 보내야 한다. 정부가 지급결제의 공공성 확보 차원에서 페이 등과 기능이 유사한 간편 결제가 가능한 스마트폰을 보급하고 인증 서비스를 발급하면 된다. 카드 발급이 어렵거나 페이 서비스 접근이 불가능한 계층이 엄연히 존재하기 때문에, 특단의 대책 없이 캐쉬리스 사회에서 국민 통합은 어렵게 된다.

김은혜의 Y레터가 궁금하다 9

김은혜 전 국회의원이 대통령실 홍보수석으로 임명되었다. 경기도 지사 선거에서 석패한 지 얼마 되지 않았다. 그럼에도 불구하고 수석으로 돌아온 것이니 윤석열 대통령의 신임을 확실히 받은 것이다. 대통령의 신임 이유는 당 대표와 대선 후보급인 이준석과 유승민과의 토론과 경선에서도 밀리지 않았던 인물 경쟁력일 것이다. 나아가 김 수석의 논리적 말하기와 언론인 출신 배경도 큰 이점으로 보였을 것이다.

김은혜는 언론사에서 정치인으로 인생 2막을 시작한 폴리널리스트이다. 폴리널리스트는 정치(politics)와 언론인(journalist)을 합친 용어로 언론사 경력을 바탕으로 정계로 진출한 기자와 PD 등을 말한다. 김 수석은 1971년생으로 이화여대 신문방송학과를 졸업하고 MBC에서 기자 생활을 시작하였다. 당시 신문방송학과는 법학과 및 경영학과와 경쟁할 정도로 인기 학과였다. 방송국 기자 시험도 언론고시라고 부를 만큼 치열한 경쟁이 있었다. 그런데, 최근의 대외적 환경이 과거와 많이 달라졌다.

대학 입시 분야의 전문가 집단에서 신문방송학, 언론정보학과, 광고홍보학과, 방송영상학과 등을 낚시성 이름으로 포장한 학과로 분류한다는 이야기를 들었다. 마케팅 관련 부서에 가더라도, 광고홍보 전공자는 소주를 마시고 경영학과를 나오면 와인을 즐긴다는 말도 있다고 한다. 상황이 이렇다 보니 대학 내에 미디어 관련 동아리의 인기도 예전 같지 않다. 민주화 시절에는 정치적 이유로 대학 신문이 정간된 일이 있었는데, 이제는 제작할 기자 인력이 없어 매체 발간이 어렵다.

한국언론진흥재단이 발표한 '디지털 뉴스 리포트 2022 한국' 보고서에 따르면, 한국 이용자 3명 중 2명이 뉴스 회피의 주요 이유로 '뉴스 불신' 때문이라고 대답했다.[10] 한국의 응답 비율이 42%로 글로벌 평균 29%를 훨씬 넘었다. 특히, MZ 세대의 뉴스 회피가 다른 연령층에 비해 높았다. 20대와 30대가 각각 9%와 6%로 '자주 회피한다'고 대답했다. 언론이 낡고 진부하고 편향적이어서 신뢰할 수 없는 사회적 기구가 되면서 전공학문의 위상이 추락한 것이다. 전통적 신문과 방송 종사자의 보수와 만족도마저 기존보다 낮아진 것도 현실이다.

좀 더 미시적으로 보면, 언론의 언론이라고 알려진 '미디어 오늘'은 <'윤석열 시대' 60일, 조중동이 심상치 않다>라는 기사를 작성했다.[11] 미디어 오늘은 '윤석열'이 등장하는 사설 212건 분석한 결과를 "연일 날 세우는 동아일보, 인내심 잃어가는 중앙일보, 애써 참고 있는 조선일보"라고 압축했다. 예상과 달리, 보수 언론에서 보수 정권에 대한 호의적 프레임이 나타나지 않음을 지적한 것이다. 이런 상황을 간파한 것인지, 김 수석도 첫 인사말에서 언론과의 가교 역할을 맡겠다고 밝혔다.

한편 이메일로 받아보는 뉴스레터의 인기가 심상치 않다. 매일경제신문에서 발간하는 미라클레터는 벤처 캐피탈과 디지털 콘텐츠 분야에 특화해서 성공한 사례이다. 소규모로 시작한 어피티(UPPITY) 뉴스레터는 25만 명의 구독자를 확보하면서 기성 언론에 충격을 주고 있다. 어피티의 구독 신청은 광고성 정보의 수신 동의가 필수인데도 말이다. 조간과 유사하게 어피티는 월요일부터 금요일까지 아침 6시에 뉴스를 이메일로 발송하는 시스템이다. 어피티는 '코주부' 이른바 코인 주식 부동산 등 돈이 되는 흥미로운 금융 및 재테크 뉴스를 모아서 특유의 소프트한 시각으로 풀어 쓴다.

흥미롭게도 '디지털 뉴스 리포트 2022 한국' 보고서에 따르면, 뉴스레터에 돈을 지불하고서라도 구독은 원하는 응답자가 3분의 1이 넘었다. 조사대상이 되는 11개국 가운데 한국이 2위로 나타났다. 열 명 중 네 명 이상의 남성이 지불 의사를 밝혀, 남성이 여성보다 10% 가량 더 많았다. 40대는 46%가 20대, 30대, 50대 연령층에서도 37% 넘게 뉴스레터에 대한 지불의사를 밝혔다. 이메일 뉴스레터의 선호 이유는 뉴스 접근의 용이성, 다양한 관점의 제공, '다른 곳에서 얻을 수 없는 콘텐츠, 작성자의 개성, 격식없는 어조의 순서로 나타났다.

윤 대통령은 온라인으로 운영된 '국민청원' 사이트를 폐지하고 실명제기반 '국민제안' 제도를 신설했다. 그러나 57만 명이 투표한 첫 번째 국민제안을 무산시켰다. 어뷰징(중복·편법 투표), 해외 인터넷 주소에서 접속, 방해 세력이 있는 느낌 등을 이유로 제시했다. 미국식 도어스텝핑(출근길 문답)의 소통 효과에 대하여는 여전히 논란이 많다. 이것은 계층별, 연령대별차이에 따른 차별화된 전략이 없는 'One size fits all'(한 사이즈로 모두 입는다)이 되었다. 설상가상으로 보수 언론마저 대통령에 대한 비판적 입장과관련 뉴스를 보도하고 있다.

이런 와중에 윤 대통령은 김은혜를 홍보수석으로 임명해 임기 초반 낮은지지율을 해결할 의지를 보였다. 환영할 일이다. 그렇지만 90년대 언론학전공자에 전통 언론사 출신으로 기존 관행에 익숙한 김 수석이 새로운 미디어 문화에 유연하게 적응할지 의문이다. 그럼에도 불구하고, 김은혜가뉴스레터라는 틈새 미디어를 통해서 윤(Y) 대통령의 용산(Y)발 국정철학을국민 다수에 적극적으로 스며들게 할 수 있기를 강력하게 기대한다.

당이 공천하면 유튜버가 대통령을 만든다 12

맘 카페에는 "엄마가 아이를 낳으면 유튜브가 키운다."라는 말이 돌고 있다. 서점 아동 코너에 가면 '오떡순 유튜버'라는 책을 쉽게 찾을 수 있다. 2020년 출판된 김현태의 단행본이다. 오뎅, 떡볶이, 순대를 엄청 먹는 오덕수이라는 아이가 등장한다. 친구들이 이런 덕수에게 먹방 유튜버가 되면 좋아하는 오떡순을 실컷 먹고 유명해질 수 있다고 말하자, 유튜버로 겪는 덕수의 좌충우돌 이야기를 담은 책이다.

유튜브는 영어로 당신의 뜻하는 'You'와 텔레비전을 뜻하는 'Tube'의 합성어이다. 유튜버(YouTuber)는 유튜브를 통해서 개인 방송을 하는 사람을 뜻한다. 유튜브가 처음 시작된 2005년에는 사람들이 놓친 재미나거나 이슈가 된 동영상을 인터넷에서 유통하는 공짜 재방송 채널 같은 것이었다. 구글이 인수한 이후에도 한동안 기존의 운영 모델로부터 벗어나지 못하고 관련 비즈니스도 기대만큼 성과를 거두지 못했다.

구글이 2012년 무렵부터 유튜브에 사회적 관계망에 기초한 알고리즘을 도입하면서 전혀 다른 모습을 보여주었다. 유튜브는 신기한 동영상을 단순히 올리고 내려받고, 지상파 프로그램을 재방송하는 인터넷 VCR을 벗어났다. 창작자와 팬을 이어주는 소셜 미디어, 유사한 관심을 지닌 사람들의 커뮤니티, 관련 정보를 쉽게 찾는 포털과 검색엔진으로서 기능하게 되었다. 온라인에서 메타 비즈니스가 가능한 플랫폼으로 재탄생하였다.

기성 언론에 비견할만한 영향력 커진 유튜버가 다수 등장하면서 언론으로서의 유튜버 현상과 문제점도 등장하고 있다. 선거 기간에는 정치 유튜버들의 활동으로 유튜버들 상호간에서 뿐만 아니라 기성 언론과의 과열된 취재 경쟁으로 팩트 체킹을 거치지 않은 뉴스가 쏟아지고 있다. 정보홍수와 가짜뉴스 그 자체보다 더 커진 역기능이 있다. 유튜버가 대중의 주목과 관심을 최대화하기 위해 공정하고 중립적 태도보다 특정 정파에 편향적 태도로 동영상을 편집하고 있다. 이 과정에서 상대방 진영에 대해서 비판과 풍자가 아닌 인신공격성 비난과 비인간적 조롱 등 적대적 감정을 가득 담은 내러티브 전략을 자주 사용한다.

해외 논문인 '무엇이 사람들로 하여금 소셜 미디어 공간에서 정치적 콘텐츠를 공유하도록 만드는가?'(What makes people share political content on social media?)를 보면, 흥미로운 결과가 있다. 527명의 글로벌 인플루언서가 보낸 10,141개 트윗을 분석하니 인기 있는 정치 콘텐츠는 정서, 권위, 이데올로기적 요소가 지배적이었다. 논증적으로 소구하는 콘텐츠보다 정서적 요소로 가득 찬 트윗이 공유될 가능성이 더 높았다. 이 경우에도 부정보다 긍정 감정이 팽배할 경우에 더 널리 퍼질 가능성이 높았다. 추종자가 많고 확신에 찬 어조로 말하는 콘텐츠가 더 많이 공유됐다. 그렇지만 사람들이 이념적 극단에 위치했을 때, 부정보다 긍정이 더 높은 콘텐츠는 점유율을 높이는데 오히려 덜 효과적이었다.

박세정 부경대 교수 등이 해외 학술지에 발표한 유튜브 이용에 대한 연구 결과도 이를 뒷받침해 준다.[13] SBS 유튜브 채널인 비디오머그에 올라온 북한 관련 동영상들과 2만 개가 넘는 댓글을 조사했다. 비디오머그가 뉴스의 오락화 즉 인포테인먼트와 인간적 관심 프레임을 가장 많이 사용한 것으로 나타났다. 북한 뉴스에 대중의 참여와 관심을 이끌기 위해 유머와 구어체를 사용하는 것이 효과적이었다. 댓글 의견의 절반 이상(59.55%)은 긍정을 약 1/3은 부정적이었으며(31.41%) 중립적 태도는 일부에 불과했다. 댓글 연결망의 중심에 위치하며 권위자로 활동한 소수 집단은 극도로 당파적이었고 다른 의견을 지닌 사람들과 수시로 논쟁을 벌였다.

KBS 질문하는 기자들 Q에서 가로세로연구소 유튜브 운영자가 "시청자들한테 편하게 다가가는 일종의 예능이라고 저희는 생각합니다."라고 말했다.[14] 이것은 유튜브의 궁극적 목적과 보도 방식을 대변해 준다. 기성 언론이 중립성 때문에 제대로 전달할 수 없는 내용을 특정 진영의 입장 만에서 재미삼아 편파적으로 이야기하는 것이다. 대선 후보의 경제 정책을 검증하겠다고 했던 삼프로TV는 '경제의 신과 함께'라는 부제가 무색하게도, 속 빈 공약에 대한 치열한 토론을 찾아보기 힘들었다. 조선일보가 논평했듯이 "현란하고 황당한"15 이 방송이 나라를 구한 채널로 칭찬받지 않는가.

다시 처음으로 돌아가 유튜브로 성장한 아이는 오락이 최고인 편파적 심판이 된다는 말을 한마디 덧붙이는 게 필요하다. 상황이 이렇다보니, 공천권은 정당이 쥐고 있지만 당선 여부는 유튜버에게 달려 있다고 해도 과언이 아니다. 주류 언론도 유튜버의 이야기를 의제로 선택해 재생산하고 나아가, 스스로 유튜버와 유사한 인포테인먼트 접근 방식을 도입하고 있지 않은가.

정치취재와 선거 보도에 있어 실질적 중립성보다 기계적 형평성을 맹신하는 기성 언론에게도 문제는 있다. 그렇다고 해도 열린 시각에서 진지하게 검토해야 할 이슈마저도 유튜버가 특정 진영의 입장에서 감정이 팽배해서 전해도 문제가 없다고 주장할 수는 없다. 편파성을 오락으로 분장한 유튜버가 많아질수록 사회는 분열되고 시청자들은 '유유상종'의 확증편향에서 벗어나기 어렵다. 기성 언론이나 유튜브 등 전체 미디어 생태계 측면에서 볼 때도 이런 경향은 저널리즘 신뢰와 비즈니스 수익 등 어느 것에도 궁극적으로 도움이 되지 않을 것이다.

싸이 강남스타일과 유튜브 제국주의 16

싸이의 강남스타일은 발표 당시 국내에서는 큰 관심을 끌지 못했는데, 유튜브를 통해 세계로 퍼져 나가면서 놀라운 흥행을 일으키고 있다. 강남스타일이 한국이 아닌 미국에서, 국내 포털이 아닌 유튜브에서 급속도로 확산할 수 있게 한 숨겨진 배경을 추적해 봤다.

첫째, 강남스타일은 미국인의 감성 코드와 서로 통했다. 동양 문화가 감성의 조화를 강조한다면 서양은 단일한 감성의 극대화를 추구한다. 싸이 뮤직비디오 영상의 힘은 오락적 감성(fun)만을 효과적으로 구현한 데 있다. 엘리베이터와 관광버스 등 곳곳에서 싸이가 여성 댄서들과 같이한 현란한 춤은 보수적인 사람에게는 다소 유치해 보일 수도 있지만, 오히려 서양 사람에게는 자유롭게 받아들여질 수 있다. 즉 문화 접근성이 높았다. 미국 퓨리서치의 최근 연구 결과에 따르면, 유튜브 인기 비디오의 30%가량이 무엇을 흉내 내고 조롱하면서 노는 스타일로서, 상영 시간으로 보면 32.7%가 121초에서 5분 이하였다. 강남스타일은 내용과 길이 면에서 유튜브 소비자의 문화와 높은 유사성을 보인 셈이다. 강남스타일 동영상의 길이는 4분 13초였다. 짧은 동영상은 스마트폰으로 보기에도 안성맞춤이다.

둘째, 무엇보다 강남스타일은 유튜브 이용자 프로파일과 일치하였다. 웹 보메트릭스 분석회사인 콴캐스트닷컴(quantcast.com)의 최근 자료를 살펴보자. 인터넷 이용자의 평균 속성과 비교하면서 유튜브 이용자의 면모를 들여다보면 강남스타일의 성공 요인을 추론할 수 있다. 유튜브 이용자의 남녀 성비는 거의 동일하다. 인터넷 이용자 평균보다 남성 비율이 조금 높다. 18세 이하 이용자 비율은 26%로 인터넷 이용자 평균(18%)보다 훨씬 높으며, 18~24세 계층 비율도 20%로 인터넷 이용자 평균인 12%보다 높다.

25~34세 비율도 17%나 된다. 대졸 미만은 50%로 인터넷 이용자 평균 45%보다 높다. 백인보다 흑인, 아시아, 히스패닉 이용자 비율이 높은 것도 흥미롭다. 인터넷 이용자의 75%가 백인인 데 반하여 유튜브는 63%에 불과했다. 반면에 흑인 14%(인터넷 평균 9%), 아시아 7%(인터넷 평균 4%), 히스패닉 16%(인터넷 평균 9%)로 나타났다. 강남스타일은 유튜브 1030세대의 소

위 B급 정서를 파고들어 성공을 거두었다.

셋째, 강남스타일은 유튜브의 성격 변화와 잘 맞물렸다. 유튜브는 2011년 연말에 개편되어 트위터, 페이스북에 이어 SNS로 발전 중이었다. 유튜브는 더 이상 뮤직비디오를 보기만 하는 사이트가 아니다. 댓글 달기뿐만 아니라 채널 구독과 비디오 서핑에 이르기까지 이용자들이 보다 쉽게 관계 맺고 적극적으로 참여하도록 설계되었다. 싸이가 보여주는 신나고 재미있는 말춤은 즉각적으로 내용을 알 수 있어 서로 모르는 사람들끼리도 쉽게 소통할 수 있게 한다. 사이버감성연구소 분석에 따르면, 강남스타일 관련 1천여 개 유튜브 비디오들의 가장 중요한 목적은 소셜 네트워킹이었다. 리액션, 리뷰, 리믹스, 패러디 동영상을 통해서 ·강남스타일·에 대한 자신의 의견을 표출하고 특정 이슈에 대해 개인의 주장을 간접적으로 퍼트리고 있다. 따라서 강남스타일의 흥행에는 SNS 서비스로서 유튜브의 성공이 그 배경에 놓여 있다고 할 수 있다.

'유튜브'(youtube)의 저자인 버거스(J. Burgess)와 그린(J. Green)은 유튜브 자체는 콘텐츠를 생산하지 않지만 그것을 수집하고 유통하는 플랫폼이라고 설명했다. 무엇보다 유튜브는 다른 곳에서 제작된 콘텐츠의 가치를 높여서 원작자에게 그 이익이 돌아가도록 하는 메타 비즈니스라고 강조했다. 강남스타일에서 드러났듯이, 유튜브는 이용자들의 고유한 참여 문화와 결합되면서 글로벌 한류 확산의 전초기지가 되고 있다. 제 잇속만 챙기는 국내 포털과 대조적인 매력이 있다. 더욱이 유튜브는 SNS를 넘어 소셜 TV의 길을 걷게 될 것으로 점쳐진다. 이렇게 되면 유튜브 제국주의가 열릴 수도 있다. 그렇지만 유튜브의 초연결 전략에 대비한 디지털 한류의 청사진은 아직 마련되어 있지 않다. 웹보메트릭스와 사이버감성 분석의 활성화가 그 첫걸음이 될 것이다.

포퍼(K. Popper)의 '열린 사회와 그 적들'(The open society and its enemies)은 1938년 히틀러가 포퍼의 고향 오스트리아를 공격하면서 세계대전이 시작될 무렵을 배경으로 하고 있다. 책 제목에 나타나 있듯이, 포퍼는 열린 사회의 보편적 가치는 전체주의가 아니라 자유민주주의라는 점을 역설한다. 대통령 선거를 불과 10여일 앞두고, 이 책의 제목을 빌려서 이른바 열린 SNS 사회를 해치는 적들이 무엇인지 찾아보자.

SNS의 주요 기능은 검색, 소셜, 참여이다. 검색이란 궁금한 문제를 해결하기 위해서 정보를 찾는 행위이다. 소셜은 검색한 정보를 친구들과 교환하고 주변에 유통하는 것이다. 참여란 검색과 소셜 과정을 통해서 획득하고 상호 교류한 메시지를 바탕으로, 특정 이슈에 대해 심리적으로 관여하거나 직접적으로 개입하는 행위를 말한다. 이러한 SNS의 3가지 기능이 유기적으로 작동할 때 따뜻한 디지털 사회가 구현될 수 있다. 그럼 무엇이 열린 SNS 사회를 가로막고 있는가.

첫째 양질의 정보가 검색되기 위해선 무엇보다 그 재료가 되는 메시지들이 균형 있게 생산될 필요가 있다. 컴퓨터 시뮬레이션 분야에서 잘 알려진 원칙으로 GIGO라는 것이 있다. 쓰레기가 들어가면 쓰레기가 나온다(garbage in, garbage out). 인터넷에서도 입력된 정보가 부실하면 당연히 엉터리 정보가 검색된다. 그런데 당장 트위터에서 대선 후보들의 이름을 검색해 보자. 소위 SNS 알바들이 올린 메시지들이 과도하게 많아서 여론이 무엇인지 파악하기 힘들다.

두 번째 기능인 소셜을 구현하는 데는 자유롭고 원활한 네트워킹이 관건이다. 민주적 네트워킹을 위해선 검색한 정보를 공유할 수 있는 다양한 친구들이 주변에 많아야 한다. 그런데, SNS가 지닌 필터링 기술은 자신의 정치적 입장과 유사한 친구와 뉴스 매체만을 구독하는 기능을 제공한다.

이러한 유유상종 현상은 세대 간, 지역 간, 계층 간 갈등과 대립을 낳고 결과적으로 사이버공간의 분열을 초래한다.

마지막으로 참여는 SNS의 가장 중요한 기능이다. 온라인에서의 참여는 시·공간적 제약을 벗어나 이슈를 제기하고 확산하는 데 적극적으로 개입할 수 있다는 장점이 있다. 바쁜 현대인에게는 편리하고 효율적인 방법이다. 그렇지만 참여가 일시적 관심이나 상황적 관여에 그치는 것은 바람직하지 않다. 된장녀, 개똥녀, 국물녀 등의 사건에서 보듯이 책임은 없고 일방적 여론몰이로 SNS 마녀사냥이 될 수 있다. 어떤 이슈에 대한 지속적 관여가 이루어질 때 사회적 자본이 증가한다. SNS에만 의존한 이른바 클릭티비즘(clicktivism, click과 activism의 합성어)은 근본적인 사회 변화와 개혁을 추동하기에 역부족이다.

대선 국면에서 열린 SNS 사회를 위협하는 것은 이뿐만이 아니다. 누리꾼들은 스마트폰을 이용하여 상대방의 주장에 즉각적으로 반응하면서 짧은 메시지로 의사소통하는 경향이 강한데, 이런 경향을 악용하여 허위 정보를 의도적으로 유포하는 사람들이 있다. SNS에서의 메시지는 종종 원래의 상황이나 메시지가 변형되면서 맥락을 고려하지 않은 채 받아들여진다. 보이드(d. boyd) 교수는 이것을 '부서진 전화기 효과'라고 불렀다. 짧은 메시지만이 오가면서 내용은 사라지고 소문만 남는다. 첨예한 대결 구도가 형성된 이번 대선 국면에서 특정 후보에 대한 교묘한 여론 유도 혹은 의도적 비방이 난무하고 있다. 원래의 의도와 다른 내용이 확산되거나 '묻지 마'식 퍼 나르기로 한쪽 편의 주장이 급속하게 퍼질 수 있다.

SNS의 영향력이 커져가자 그 역기능도 증가한다. 어둠을 틈타 침투하는 스파이처럼, 역기능이 우리의 일상에 퍼져 나가고 있다. 특정 후보의 입장을 대변하는 SNS 여론조사가 언론 매체를 통해서 퍼진다. 선거 캠프는 온라인 갈등의 해소보다 오히려 후보에게 돌아올 이득을 먼저 계산한다. 오로지 1등만이 살아남는 선거에서 인터넷 자유를 위협하는 적들은 갈수록 많아진다.

SNS의 고유한 기능을 되살리고 인터넷 자유를 회복하기 위한 첫걸음은 투표이다. 이번에는 마우스만 클릭할 것이 아니라 투표장에 가서 자신의 의견을 표현하자. 대통령 선거에서 이기는 자가 미래가 아니라 투표에 참여하는 자가 미래이다.

스마트폰 중독과 요술 램프 문지르기 [18]

청소년정책연구원이 한국 청소년의 스마트폰 이용 실태 조사 결과를 발표했다. 이 조사는 전국 중·고생을 대상으로 하였는데, 27.6%가 ·잠재적 위험군·에 속했다. 전체 응답자의 7.6%는 전문적인 지원과 도움이 필요한 ·고위험군·이었다. 성별로 보면, 여학생 비율이 42.6%로 남학생 28.6%보다 훨씬 높았다.

대구시교육청 역시 역내 초·중·고 전체 학생 33만 명을 대상으로 스마트폰 중독 검사를 실시했다. 결과를 보면, 일상생활에 장애가 있거나 금단 현상으로 상담과 치료가 필요한 ·특별 지도 대상자군·이 2만 2천 명(6.7%)이나 되는 것으로 드러났다. 학력이 높을수록 특별 지도 대상자 비율도 높아, 고등학생 11.3%, 중학생 10.5%, 초등학생 0.6%로 나타났다.

이 결과를 두고 관계자들은 대책 마련에 분주하다. 국회는 스마트폰의 보유와 이용을 학교 폭력과 게임 중독의 가장 큰 원인 중 하나로 인식하고, 학교장의 재량으로 교내에서 스마트폰 사용을 제한하는 법률을 제정하기 위해 논의하고 있다. 교육청은 스마트폰 이용 습관 및 중독 예방을 위한 상담과 교육을 강화한다고 발표했다. 혹자는 학생에게 스마트폰을 사주지

말아야 한다고 주장한다. 스마트폰 중독이 아동들의 체형을 망가뜨리기도 하니, 아동에게 스마트폰을 사주는 부모에게 아동학대죄를 적용해야 한다는 의견도 있다.

이런 대책을 들을 때면 어른들이 디지털 사회를 살아가는 새로운 세대를 제대로 이해하고 있는지 우려스럽다. 사실 스마트폰과 일상 학교생활의 장애 그리고 금단·비행 현상의 인과관계는 그 선후가 모호하다. 따라서 해당 청소년들을 스마트폰의 노예로 치부하는 접근 태도는 문제 해결에 도움이 되지 않는다. 디지털 원주민이라는 표현에서도 드러나듯이 어린이와 청소년에게 스마트폰은 필수품이다. 이들은 인터넷과 현실이 끊어짐 없이 연결된 이른바 접속된 세상에 살고 있다. 이러한 상황을 심층적으로 고려하지 않은 채 드러난 현상만을 두고 훈계성 상담과 처벌성 사용 중지를 답안으로 내놓은 것은 바람직하지 않다.

카운슬러인 유정식 씨가 펴낸 '착각하는 CEO'에 소개된 사례는 스마트폰 중독의 해결 방향을 다른 쪽에서 찾는 데 시사점을 준다. 콜센터의 생산성에 대한 이야기이다. 콜센터 두 팀을 골라 커피 브레이크를 정식 일과 속에 넣은 팀과 그렇지 않은 팀을 비교해 보았다. 3개월 후 결과를 보니, 커피 브레이크를 일과에 넣은 팀의 평균 콜 처리 시간이 최대 20%까지 개선됐다. 노는 시간을 공식화했더니 오히려 생산성이 높아졌다.

그렇다면, 여학생이, 그리고 고학력일수록 스마트폰 중독 비율이 높아지는 것을 어떻게 해석하고 해결해야 할까. 우선 여학생의 중독 이유를 수다 시간 부족에서 찾을 수 있지 않을까? 영국에서 방송된 '인생의 발자국'(the human footprint)에 따르면, 여성이 하루에 말하는 단어의 수는 6천400~8천 개로 남성의 2천~4천 개보다 최대 4배나 많았다. 이 조사는 여학생의 통제력 결핍과 스마트폰 중독의 인과관계에 의문을 제기한다. 메신저와 SNS에서 벗어나지 못하는 여학생에게 필요한 것은 일방적 상담이 아니라 수다방일 수 있다.

다음, 고학력일수록 중독자가 많아지는 이유. 중·고 전환기인 중3과 고1 학생들 사이에 특별 지도 대상자가 많은 것을 보면 이를 짐작할 수 있다. 청소년들은 진학 전후에 스트레스와 불안감이 증가하는데, 이를 해소하기 위해 스마트폰을 통한 관계 맺기에 집착하게 된다. 이때 스마트폰은 정보 획득과 친구 관계 형성의 주된 매체로 기능하기 때문에 이들에게 스마트폰 을 빼앗는 것은 역효과를 낳는다. 이들에게 필요한 것은 모바일 세상에서 자아 정체성을 확립하도록 하기 위한 참여와 협력의 훈련이다.

오늘 청소년들에게 스마트폰은 알라딘의 요술 램프와 같다. 중독을 방지 하려고 '지니'를 빼앗으면 더 심각한 상황이 초래될 수 있다. 모바일과 현실 세상을 연결하는 착한 지니를 많이 만들어 선택의 다양성을 넓히는 것이 더 효과적이지 않을까.

페이스북과 안티프래질 19

페이스북이 국가별 사용자 현황을 처음 공개했다. 페이스북이 밝힌 수치 를 살펴보면, 한국에서 페이스북에 접속하며 글을 읽거나 올리는 월간활동 사용자(monthly active users, MAU)는 1100만 명이었다. 이 중 60%에 이르는 680만 명은 하루 최소 한 번 이상 페이스북에 접속하는 것으로 나타났다. 흥미로운 것은 MAU의 90%인 990만 명이 스마트폰과 같은 모바일 미디 어를 통해 접속한다는 사실이다.

페이스북 이용의 효과에 대한 학계의 입장은 나누어진다. 먼저 페이스북 의 순기능을 강조하는 학자들은 페이스북이 오프라인에서 사회적 자본이 부족한 사람들에게 긍정적 영향을 미친다고 주장한다. 사회적 자본이란 사람들이 서로 만나고 교류하면서 맺은 연결망과 상호 간 신뢰와 공동체 규범이다. 호주의 그리브(R. Grieve)와 동료들이 'Computers in Human Behavior'에 게재한 연구를 보자. 페이스북이 사회적 연결감을 강화할 수 있는지를 실험한 이 연구에서, 페이스북 친구와의 관계를 중요하게 생각한 이용자는 우울감과 불안감이 낮으며 생활에 대한 만족감이 높은 것으로 나타났다. 오프라인과 별개로, 페이스북 친구와의 상호작용을 통해서도 정서적 안정감 및 사회적 연결감이 증대될 수 있다는 것이다.

'PLoS ONE'에 게재된 미국의 크로스(E. Kross) 연구팀의 결과는 이와 상반된다. 크로스 팀은 하루 5회씩 2주간 페이스북 이용자들에게 문자를 보내어 질문 순간의 정서적 상태와 생활 만족감을 조사했다. 흥미롭게도 참여자의 성별과 정서적 상태, 페이스북의 친구 수에 상관없이 페이스북 이용 시간은 정서적 안정도와 인생의 만족도를 감소시키는 것으로 나타났다. 독일의 크라스노바(H. Krasnova) 팀이 발표한 '페이스북 속의 부러움과 질투: 이용자의 생활 만족감에 숨겨진 위협'의 결과도 이와 유사하다. 페이스북 이용자 600여 명을 대상으로 한 조사에서, 참여자들은 페이스북 친구가 게시한 여행, 레저 생활 등을 담은 사진과 자신의 모습을 비교하면서 자신의 인생에 불만족을 느끼는 것으로 나타났다. 정보통신정책연구원이 한국의 페이스북 이용자를 조사한 결과에서도 이용자들은 페이스북 친구를 통해 친밀감을 얻기도 하지만 연결망으로부터 파생된 여러 압력으로 인해 부담스러워 하는 것으로 나타났다.

이런 상반된 결과를 어떻게 이해해야 할까? '블랙스완'(Black Swan)의 저자 탈레브(N.N. Taleb)가 펴낸 '안티프래질'(antifragile)의 개념은 페이스북 이용에 대한 서로 다른 연구결과를 통합적으로 이해하고 이에 대한 현실적 대안을 찾는 데 시사점을 준다. 프래질이란 유리컵이나 도자기와 같이 작은 자극이나 충격에도 쉽게 깨지는 속성을 말한다. 이런 점에 착안한 탈레브는 안티프래질 개념에서 외부의 위기나 내부의 실패에 탄력적으로 대응하는 속성이 불확실성 시대의 생존법이라고 강조한다. 다시 말해, 성공은 주변 상황과 상관없이 항상 견고한 존재에게 주어지는 것이 아니라 시행착오로부터 스스로 학습하는 유기체에게 찾아간다는 것이다. 그에 따르면 블랙스완이라고도 불리는 2008년 글로벌 금융위기가 다시 온다 하더라도 안티프래질 전략으로 대응하면 충분히 생존할 수 있다.

페이스북을 할 때 사회적 연결감이 느껴지고 정서적 안정과 인생에 대한 만족도가 높아진다고 해서 페이스북에만 의존하면 위험하다. 그렇다고 페이스북 친구들이 올린 행복한 이야기와 사진을 보고서 고독과 우울증이 생긴다고 당장 중단할 필요도 없다. 안티프래질 이론을 적용하면, 자신의 사회적 연결망을 마치 분산투자를 하듯이 작게 쪼개어 유연하게 만드는 것이 현명하다. 오프라인과 비슷하게 인터넷에서도 사회적 교류과정에 위기는 발생할 수 있다. 하지만 위기를 혐오하거나 회피할 것이 아니라 위험요인(프래질)을 인식하고 제거하는 노력을 하는 것이 더 낫다.

SNS 집착에 따른 부작용과 네트워킹 피로감으로 페이스북을 떠나는 이들이 생겨나고 있다. 이는 페이스북 이용 과정에서 생길 수 있는 질투심이나 사회적 긴장감을 피하고자 하는 태도이다. 하지만 이런 태도는 바람직하지 않다. 부작용을 무작정 피하기보다는 자신의 사회적 관계망을 지속적으로 관찰하여 SNS에 더 강해질 수 있는 활동을 찾는 것이 더 현명하다.

멘탈 인프라의 중요성 20

연구년을 보내기 위해서 지금 영국 옥스퍼드 대학에 있다. 이곳에 있으면서 영국과 한국, 보다 작게는 옥스퍼드와 대구 사이에 어떤 차이가 있는

지를 유심히 살펴보고 있다. 특히 필자의 전공이 인터넷이기에 디지털 문화에 큰 관심을 두고 있다. 영국 정부는 2012년까지 2메가(M)의 속도를 지닌 고속 인터넷을 유·무선을 통해서 모든 가정에 보급하겠다는 디지털 영국(digital Britain) 계획을 발표했다. 하지만 한국은 이미 100메가(M)에 이르는 초고속서비스를 대부분의 가정에서 사용하고 있으며 2007년 12월 국제비교조사에서 100인당 초고속인터넷 가입자가 10.4명으로 세계 1위를 차지했다.

그런데 우리는 첨단 네트워크 기반을 보유하고 있지만 이를 창의적으로 활용하여 선진복지사회로 나아가는 데 아직 부족한 것이 있다. 특히 디지털 기술을 이끌 수 있는 풍부한 멘탈 인프라(mental infrastructure)가 부족하다. 멘탈 인프라는 여러 관점에서 정의될 수 있겠지만 필자는 디지털 네트워크의 하부구조를 원활하게 작동시켜서 인간적 경험을 널리 확장하는 인터넷 신경·정보망이라고 생각한다. 멘탈 인프라가 강화된다면 정보통신 기술이 시민들의 일상 경험을 지원·확장하고 다양한 분야에 경제적 활력을 낳고 사회 발전을 추동하여 궁극적으로 삶의 만족도를 높일 수 있을 것이다.

우리 사회의 멘탈 인프라는 다섯 가지의 중요한 속성을 좀 더 강화하도록 노력해야 한다. 첫째, 멘탈 인프라는 연결적 속성을 지녀야 한다. 시민들이 지닌 개별 경험을 연결시킬 수 있어야 한다. 둘째, 통합적 속성이다. 사람들의 경험을 사회 발전의 중심축으로 설정하여 구조적으로 통합할 수 있도록 설계되어야 한다. 셋째, 복합적 속성이다. 서로 다른 이념, 가치, 활동을 지닌 사람들의 복잡다기한 상호 작용을 지원하는 체제가 되어야 한다. 넷째, 미래적 속성이다. 초자연적 재해를 비롯한 사회적 위기 발생시 시민 안전을 도모하고 불확실성의 감소를 촉진할 수 있도록 구성되어야 한다. 다섯째, 유연한 속성이다. 법제도적 및 시·공간적 경계를 넘어선 시민들의 사이버 활동에 원활하게 대응할 수 있도록 구성되어야 한다.

예를 들어 옥스퍼드에서 사람들이 가장 많이 찾는 웹사이트는 데일리인포(dailyinfo.co.uk)와 검트리(oxford.gumtree.com)이다. 애초에 이 웹사이트들은 지역 주민과 중소기업의 광고 활동을 무료 혹은 저렴한 비용으로 지원해 주기 위해서 만들어졌다. 그런데 지역 사람들의 요구에 부응하여 웹사이트 디자인과 운영 방식을 재설계하면서 옥스퍼드의 대표적 포털사이트가 되었다. 이곳에 가면 구인 및 구직, 주택, 중고품, 영화 및 연극, 남녀교제, 자원봉사 등 사람들이 필요한 모든 정보가 있으며 방문자들 사이의 의사소통도 활발하다. 필자 또한 옥스퍼드에 오기 전에 한국에서 이 웹사이트들을 이용했으며 지금도 많이 참고하고 있다.

그렇지만 한국은 어떠한가? 지금까지 지역·국가 정보화 조성을 위해서 많은 정부 예산을 소비했지만 여전히 서울 중심적인 거대한 상업 포털만 존재할 뿐 지역의 의사소통을 촉진하는 작고 알찬 웹사이트는 거의 전무하다. 한국에서 옥스퍼드 웹사이트에 비교할 만한 곳을 찾는다면 옥천인터넷신문일 것이다. '기술 사회'(Technological Society)의 저자 엘룰(J. Ellul)에 따르면, 이상적인 기술은 우리의 일상적 삶을 편리하게 만들면서도 업무 과정의 효율성을 높일 수 있는 사회·기술적 체제라고 한다. 엘룰의 주장은 멘탈 인프라의 중요성을 다시 한 번 느끼게 한다. 어려운 경제 상황에서 새로운 발전 기회를 포착하고 지역의 성장 동력을 활성화하기 위해서 멘탈 인프라의 강화는 매우 중요한 것이다.

인터넷과 민주주의 21

영국 옥스퍼드인터넷연구소(Oxford Internet Institute)에 와 있다. 이 연구소는 미국 하버드대학의 인터넷사회 연구소인 버크만센터(Berkman Center),

옥스퍼드대학의 저널리즘 연구소인 로이터센터(Reuter Center)와 공동으로 인터넷과 민주주의에 관한 전문가 워크숍을 개최했다. 이 워크숍에서 지난 해 치러진 미국 대통령 선거 기간 동안 캠페인 웹사이트, 블로그(Blog), 페이스북(Facebook)의 영향을 비롯하여 여러 국가를 대상으로 인터넷의 정치적 역할과 효과에 대해서 논의하였다.

워크숍에서 발표된 영국의 그들에게 편지 쓰기(WriteToThem.com) 웹사이트 분석은 큰 주목을 끌었다. 시민들이 이 웹사이트에서 자신의 우편번호를 입력하면 주거지를 대표하는 지역 의원, 국회의원, 유럽 의원들에게 간단하게 이메일을 보낼 수 있다. 시민들은 이메일을 통해서 지역의 당면한 중요한 문제에 대해 정치인의 관심을 촉구하고 조속한 해결을 요청할 수 있다. 연구 결과에 따르면, 이 웹사이트를 통해서 이메일을 보낸 사람들의 약 3분의 2가 정치인들로부터 답장을 받았다고 한다. 나아가, 웹사이트 이용자 가운데 45%는 과거에 한 번도 지역의 정치인들에게 어떤 접촉도 시도하지 않은 정치 무관심 계층에 가까운 사람들이었다. 더욱 흥미로운 것은 시민들은 연구팀과의 인터뷰에서 이메일에 답장을 보내지 않은 정치인을 다음 선거에서 지지하지 않겠다고 밝혔다.

영국의 사례에서 보듯이, 인터넷을 비롯한 새로운 디지털 매체 덕택에 시민의 정치 참여는 개선되고 있다. 그리고 최근에 확산되는 맞춤형정보배달(RSS)과 이용자제작콘텐츠(UCC)의 활성화는 정치 담론과 시민 참여를 촉진하며 인터넷이 이상적인 공적 영역(public sphere)으로 기능할 수 있는 가능성을 제공한다. 빠르게 발전하는 인터넷 매체는 시민들이 민주주의 과정에 참여하도록 견인할 뿐 아니라 합리적인 시민 담론을 촉진하는 역할을 할 수 있다. 그렇지만 인터넷의 긍정적 역할을 비판하는 입장에 따르면, 인터넷은 다양한 정치적 의사소통 행위를 위해 사용되기보다 오히려 사회적 양극화를 낳는다고 한다. 나아가 인터넷이 기존의 위계 질서와 정보 독점을 제거하고 이질적인 집단들 사이의 상호 작용을 증대시키는 공간이라는 주장은 실제보다 훨씬 과장된 것이라고 주장한다.

이처럼 인터넷의 정치적 효과와 영향에 대해서 서로 다른 접근이 존재하는 가운데, 영국에서 전개된 정치인에게 이메일 보내기 캠페인 성공 사례의 시사점은 적지 않다. 무엇보다 인터넷의 첨단적 기술적 특징을 굳이 이용하지 않더라도 시민들의 참여를 유도한다면, 기본적인 인터넷 매체인 이메일을 통해서도 정치인과 시민들 사이에 과거보다 가깝고 직접적인 커뮤니케이션을 도모하면서 민주주의를 획기적으로 개선할 수 있다.

이제 대구 경북을 둘러보자. 한국인터넷진흥원에 따르면, 2009년 2월 현재 대구의 인터넷 이용률은 73.5%, 경북은 대구보다 약 8% 적은 65.9%, 인터넷 이용자 수는 대구는 177만 명이며 경북은 169만 명, 가구당 컴퓨터 보급률은 대구가 79.0%인 반면에 경북은 66.6%이다. 더 중요한 사실은 거의 모든 사람들이 초고속서비스(broadband)를 사용한다는 것이다. 영국의 초고속인터넷 보급률이 전체 가구의 절반을 조금 넘는 것과 비교하면 우리의 디지털 네트워크는 인터넷 민주주의 활성화를 위한 최적의 환경임에 틀림없다. 그렇지만 지역 주민의 인터넷을 통한 정치 및 행정의 참여도는 저조하다. 대구경북연구원에 따르면, 2006년도에 대구 시민들이 인터넷을 이용하여 민원을 청구한 경우는 29%에 불과했다.

대중의 지혜(The Wisdom of Crowds)의 저자 서로위키(J. Surowiecki)가 주장하듯이, 디지털 기술을 이용하여 여러 사람들의 의견과 지식이 모이면 어려운 사회적 문제를 쉽게 해결할 수 있으며 궁극적으로 경제 발전을 이룩할 수 있다. 따라서 인터넷 시대에 걸맞게 대구 경북에도 정치인과 시민들 사이의 의사소통을 위한 디지털 채널이 더 많아지고 온라인 정치 활동에 참여하는 시민들도 증가하기를 바란다.

해외에 있으면 한국과 체류국의 제도와 문화를 자연스럽게 비교하게 된다. 그런데 한국의 인터넷과 관련된 뉴스는 즐거운 소식도 있지만 때로는 마음을 무겁게 하기도 한다. 국제통신연합(ITU)의 2008년도 정보통신발전지수에서 한국은 154개국 가운데 2위를 차지했다. 한국은 인터넷에 연결된 가구 수와 무선 초고속인터넷 가입자 수에서 다른 국가보다 훨씬 앞섰다. 그렇지만 국제 언론감시 단체인 국경없는 기자회가 발표한 보고서에 인터넷을 탄압하는 국가로 북한, 중국을 비롯한 12개국이 지목되었으며 한국은 호주와 더불어 인터넷 자유가 위협받는 잠재적 국가그룹으로 포함되었다. 또한 한국은 세계인이 가장 많이 이용하는 인터넷 서비스인 구글에 세계 최초로 인터넷 실명제의 도입을 요구하였다. 중국 정부가 구글에 특정 단어의 검색 중지를 요청하여 많은 네티즌의 항의를 받는 상황에서, 우리나라의 이번 조치가 불러올 국제적 파장이 우려된다.

정부는 현재 33위의 국가 이미지 순위를 2013년까지 15위까지 끌어올리겠다고 발표했다. 사실 해외에 있으면 한국과 일본의 국가 이미지에 큰 차이가 있음을 자주 느낀다. 일본 관광을 즐기는 외국인에게 이웃 국가인 한국 방문을 권하면 대부분이 일본은 안전하지만 한국은 위험하다고 말한다. 그들은 일본에 대해 한국보다 정서적으로 편안함을 느낀다고 한다. 이러한 상황에 중국과 북한의 인터넷 검열을 경고하는 부정적 국제보고서에 한국이 언급되면 국가 이미지 개선은 어렵다. 특히 인터넷 여론의 강한 영향력을 생각하면 국가 브랜드 고양을 위해서도 인터넷 자유는 존중될 필요가 있다.

인터넷과 국가 발전에 대한 상념이 교차하는 가운데, 옥스퍼드인터넷연구소장인 더튼(W.H. Dutton) 교수가 최근 발표한 '인터넷 오적' 논문은 시사점이 크다. 인터넷을 위협하는 첫 번째 敵(적)은 인터넷을 아마추어의 공간으로 폄하하는 지식인 집단이다. 두 번째 적은 인터넷 정보의 독점화와 상업화를 주도하는 경제 엘리트 집단이다. 세 번째 적은 인터넷의 자유로운 접근을 가로막는 정부다. 네번째 적은 인터넷의 독창적 정보유통 방식을 모방하며 경쟁하는 기성 언론이다. 다섯 번째 적은 인터넷을 악용하여 인터넷에 대한 공공 신뢰를 결국 무너뜨리는 스팸머, 해커, 충동적 시민들이다. 그는 인터넷을 위협하는 디지털 오적에 맞서는 효과적 방식으로 『자율적 인터넷 거버넌스』를 강조한다. 하지만 다른 어떤 위협보다 정부의 과도하거나 부적절한 규제가 인터넷 생동성을 저해한다고 지적한다.

어려운 경제 상황에서 정부는 강력한 규제보다 인터넷 자유를 촉진하여 대중의 지혜가 증폭되고 국부가 창출되도록 노력해야 한다. 대표적 정책이 크라우드소싱(crowd-sourcing)이다. 크라우드소싱이란 인터넷의 유휴 노동력을 모아서 산업적으로 유용하게 활용하는 것이다. 예컨대 기업이 직접 해결하기 어려운 과제를 이노센티브(innocentive.com)에 가격과 함께 올리면, 인터넷 이용자들이 여유시간에 그 문제에 도전하고 대가를 받는다. 이 것은 인터넷의 잠재력과 순기능을 극대화하면서 국가발전의 동력으로 전환할 수 있는 사례이다.

세계적인 경제 위기 상황에 직면하여 모든 정부가 경제 살리기에 여념이 없다. 경제 재생을 위한 정답을 찾기는 어려워 보인다. 하지만 미국 오바마 정권에서 중용된 선스타인(C.R. Sunstein) 교수가 최근 저서인 '넛지'(Nudge)에서 암시하듯이, 정부가 현재의 인터넷 시스템을 살짝만 변경해도 시민들의 삶과 국가 경제가 달라질 수 있다. 정부가 이용자 친화적이면서 인터넷의 생산적 활용을 도모하는 온화한 정책을 펼친다면 디지털 경제의 활성화로 이어질 것으로 믿는다.

인터넷의 설계와 효과 23

영국 옥스퍼드대의 인터넷 연구소의 큰 장점은 저명한 학자들의 강연이 수시로 개최된다는 점이다. 얼마 전에 참석한 반 덴 호번(J. van den Hoven)과 보우커(G. C. Bowker)의 강연은 여러 점에서 흥미로웠다. 호번은 철학과의 초청인 반면 보우커는 경영대학에서 주최한 행사의 강연을 맡았고, 두 교수의 학문적 배경은 응용윤리학과 기술혁신학이라는 점에서 다르다. 그런데 한 달 간격으로 이루어진 강연에서 호번과 보우커는 공통적으로 인터넷의 설계방식과 사회적 가치를 논의하였다.

학문의 경계를 넘어서 인터넷의 설계와 가치 문제가 중요한 이유는 어떤 가치를 추구하는지에 따라 인터넷의 사회적 효과가 달라질 수 있기 때문이다. 세계적 검색엔진인 구글(Google)은 특정 웹사이트가 링크를 많이 받을수록 검색 결과에서 잘 보이도록 설계되어 있다. 여기에는 링크를 인터넷 이용자의 투표 행위로 간주하는 구글의 민주주의적 가치가 숨겨져 있다. 따라서 수많은 개인들과 기관들은 링크를 획득하기 위해 자신의 웹사이트의 콘텐츠와 서비스를 강화하고 네트워킹하기 위해서 노력한다. 이것은 구글의 검색 결과에서 상위에 언급되기 위한 것이지만 장기적으로 인터넷 생태계 전체를 활성화시킨다.

선스타인(C. Sunstein)의 저서 '넛지'(Nudge)에는 인터넷 시민의식 점검 소프트웨어가 나온다. 우리들은 누구나 한 번쯤 무언가에 화가 잔뜩 나서 친구나 직장 동료에게 이메일을 보내거나, 아무 이유 없이 인터넷에서 나도 모르는 상대방을 비방하고 인격을 모독하는 댓글을 쓰고 싶은 충동을 느낀다. 그렇지만 정부가 직접 나서 이것을 규제하려고 한다면 개인의 자유가 심각하게 구속될 수 있다. 하지만 정부가 부적절한 인터넷 의사소통을 자동적으로 경고하는 교양 소프트웨어를 설계해서 확산하면, 개인의 자유를 보장하면서 공익도 지킬 수 있다.

이 외에도 자유를 존중하면서 공익을 도모하는 인터넷의 설계 방식은 많다. 미국과 유럽의 학자들이 이 문제에 집중하는 것은 부적절한 설계가 가져올 결과를 회복하기 위한 사회적 비용이 너무 크기 때문이다. 무엇이 부적절한 설계인가. 월드와이드웹을 창안한 베르너스-리(T. Berners-Lee)에 따르면, 인터넷의 기본 가치는 정보의 자유로운 유통이라고 한다. 사이버 공간의 열린 접근을 제한하는 법제도와 문화는 특정 국가의 인터넷 고립화를 야기할 뿐만 아니라 세계 전체의 디지털 경제 기반을 위축시킬 수 있다. 사실 최근 몇 년간 인터넷 경제 부흥의 견인차 역할을 하는 웹 2.0 서비스의 아이디어도 이용자의 참여와 정보의 개방이다. 이러한 관점에서 하버드대의 허딕트 웹(herdict.org) 프로젝트는 국가에 따라 접속이 제한되는 웹사이트들을 조사하여 그 결과를 생중계하고 있다.

그러면 한국의 인터넷 설계에는 어떤 가치가 내재되어 있는가. 그리고 인터넷 자유를 고양하면서 동시에 공공 이익을 높이기 위해서 어떻게 노력해야 하는가. 필자가 판단컨대 한국의 인터넷은 이용자의 다양한 접근 통로를 확대하기 위해서 설계되어야 한다. 학교, 기업, 관공서 등 거의 모든 웹사이트는 마이크로소프트 인터넷브라우저를 통해서만 이용이 가능하도록 제작되어 있다. 아울러 정부가 시민들의 익명적 의사소통을 직접적으로 제한하는 것은 바람직하지 못하다. 익명성 때문에 포털 사이트의 역기능이 증가한다고 판단한다면, 정부는 웹사이트의 신뢰성을 평가하여 운영기업에 세금 혜택을 조정하는 방식으로 인터넷 설계에 개입해야 한다. 결론을 대신해서 말하면, 미래 전문가인 레온하드(G. Leonhard)는 과거에 성공한 조직이 치밀한 관리와 통제로 부흥했지만, 앞으로는 통제를 효율적으로 줄이는 기업과 국가만이 살아남을 것이라고 강조한다.

소셜미디어시대 인터넷윤리교육패러다임의 전환이 필요하다 24

최근 언론에 보도된 뉴스 중 상당수는 인터넷과 직·간접적으로 연관돼 있다. 이들 뉴스는 사회연결망인 소셜네트워크서비스(SNS)를 통해서 제기, 확산, 증폭된다. 이제 인터넷과 관련되지 않은 사회적 이슈는 찾기 힘들게 됐다. ○○녀 사건, 게임 중독, 불법복제 등에 관한 뉴스가 그 예이다. 이런 문제가 발생할 때마다 정책당국이나 전문가들은 항상 인터넷윤리교육의 강화를 주장한다. 그런데도 인권을 침해하는 게시물은 넘쳐 나고 소셜미디어의 역기능은 여전하다.

사실 인터넷 윤리교육은 이용자의 편에서 있지 않다. 디지털 원주민이라는 표현에도 드러나듯이 우리는 좋든 싫든 스마트폰과 소셜미디어 등 새로운 미디어 환경에서 벗어날 수 없다. 지금의 젊은 세대들은 디지털 매체와 함께 성장했다. 그들은 인터넷을 활용해 소통하고 정보를 교환하며 사회적 교류를 하도록 배웠다. 따라서 인터넷 윤리도 변화된 환경과 사용자의 필요에 발맞추어야 한다. 이런 점에서 인터넷을 범죄도구로, 학생들을 스마트폰의 노예로 치부하는 접근 태도는 문제가 있다. 기본적인 법률사항을 교육하는 데서는 하지말아야 할 것을 강조해야겠지만 그 밖의 문제에 대해서는 디지털 매체를 적극 활용하도록 하는 데 교육의 초점을 맞추어야 한다. 학생들에게 인터넷은 자주 어울려야하는 친구이지 두려움을 갖고 피해야 할 대상이 아니기 때문이다.

라인골드는 최근 저서 '넷스마트(NetSmart)'에서 주의력(attention)을 인터넷 정보해독력의 핵심으로 꼽았다. 스마트폰의 확산으로 우리는 항상 '접속'돼 있다. 이제 우리는 늘 온라인 상태에서 일상생활을 한다. 사이버공간과 현실공간의 경계는 모호하다. 강의시간에 노트북과 스마트폰에 빠져있는 학생들에게 전원 끄기를 강요하는 것은 현실적이지 않다. 눈앞의 상대방은 아랑곳없이 SNS에 집중한 10대들. 이들에게 면대면 만남의 중요성을 말하는것은 공허하다. 지금과 같은 디지털 사회에서 다중 미디어 이용은 보편적 현상이라는 점을 인정하자. 소셜미디어 시대의 인터넷윤리교육은 주의력 훈련방법을 중심으로 새롭게 구성해야 한다.

정보가 개울처럼 끊임없이 흐르는 소셜 스트림(stream)에 대응하려면 주의력이 필요하다. '소셜' 공간에는 엉터리 소문부터 정제된 메시지까지 여러 종류의 정보가 뒤섞여있다. 이제는 이용자가 스스로 정보의 유용성을 판단해야 한다. 그런데 판단해야 할 정보가 쉴 틈 없이 계속 생산된다. 모든 것을 확인할 수도 없지만 입맛에 맞는 정보만을 골라서도 안 된다. 자신의 주의력을 효과적으로 분산해 관련이 높은 것을 선별해야 한다. 라인골드는 이것을 '헛소리 탐지(crap detection)'라고 불렀다. 이러한 능력을 활용함으로써 네트워크 속에서의 '참여'와 '협력'을 통해 생산성을 높일 수 있다는 것이다.

이제 인터넷 소셜미디어에서 드러나는 역기능의 원인과 그 대책에 대해 다시 생각해야 할 때다. 무엇보다도 인터넷윤리의 교육내용이 디지털 기술과 보조를 맞추지 못해 발생하고 있는 문화지체 현상을 극복해야 한다. 규범적 관점에서 위법적이고 비윤리적 행위를 열거하고 이를 주입하는 교육에서 벗어나 새로운 방법을 모색해보자. 교육의 수혜자인 디지털 원주민의 입장에서 접근해보는 것은 어떨까.

글로벌 인터넷 연구를 향하여 25

지난 수년에 걸쳐 우리는 한국인들 사이에서 인터넷 사용의 현저한 증가를 목격해왔다. 학교, 직장, 공공 기관에서 인터넷 없이 생활하기 힘들 정도로 한국 사회에서 인터넷은 광범위하게 확산되어 있다. 특히 초고속 인터넷의 높은 보급률, 저렴한 비용의 인터넷 카페, 흥미로운 온라인 게임, 신속한 댓글 달기는 초국가적 기업들이 한국을 정보기술의 시험장으로 선택하는데 큰 영향을 미치고 있다.

그러나 인터넷의 국제적 강국, 대~한민국!에서 인터넷에 대한 사회학적 연구는 아직 걸음마 단계이다. 인터넷 기술의 발전 속도를 학술적 연구가 따라가지 못하는 일종의 문화지체(cultural lag) 현상이 나타나고 있는 것이다. 이런 가운데, 영남대 언론정보학과 <뉴미디어와 사회> 연구실에서 수행하는 인터넷 연구는 국내에 머물러 있지 않고 글로벌화를 지향하며 세계와 호흡하고 있다.

첫째, 연구의 대상이 한국의 인터넷에 국한되지 않고 지구촌 전체로 확대되어 있다. 먼저 연구실에서는 한국의 정치, 대학, 상업 웹사이트를 대상으로 다양한 사회관계망분석(social network analysis)을 실시중이다. 연구결과는 한국의 인터넷 커뮤니케이션 현상을 세계 학술공동체에 알리기 위해서 해외에서 그 성과를 지속적으로 발표하고 있으며, 지금까지 여러 국제 저명저널에 10여 편을 출판하였다. 이러한 결과는 국내의 어떤 기관과 비교해도 결코 뒤지지 않는 업적이다.

다음으로 국내 인터넷 모습을 세계 과학계에 알리는 것과 동시에 세계 각국의 인터넷 문화를 탐구하기 위해서 노력중이다. 최근에는 아시아 및 유럽 25개국의 대학교 웹사이트 분석을 통하여 사이버 학술공간에서 국가 간 정보격차(digital divide)를 발견하였다. 또한 지난 필리핀 총 선거에서 인터넷의 정치적 역할을 연구하였다. 현재는 일본 쓰쿠바 대학과 공동으로 한국과 일본의 정치인 웹사이트의 컨텐츠 및 서비스의 특징과 함께 하이퍼링크 이용방식을 연구 중이다.

셋째, 정치 웹사이트를 대상으로 한 웹 공간 분석은 <국제 인터넷과 선거> 프로젝트의 한국 부분으로 채택되어 외국에서 단행본으로 출판될 예정이며, 한국학술진흥재단의 다년연구과제로 선정되는 등 국내외에서 좋은 평가를 받고 있다. 무엇보다 인터넷과 정치 연구는 디지털 민주주의와 시민사회의 성숙에 기여할 뿐만 아니라 아시아 지역에서 온라인 정치 커뮤니케이션의 작동방식을 이해하는데 이론적 기초자료를 제공해 줄 것으로 기대된다.

마지막으로, 연구에 참여하는 구성원들이 국제적으로 널리 알려진 인터넷 학자들이다. 지금까지 가장 많은 연구를 함께 한 영국의 떠월(M. Thelwall) 교수는 국제학술정보원(ISI)의 '가장 향상된 사회과학자'로 선정되는 등 연구 활동이 아주 왕성하다. 이외에도 싱가폴 인터넷 연구센터의 클루버(R. Kluver) 교수, 네델란드의 라이데스도르프(L. Leydesdorff)와 얀코프스키(N. Jankowski) 교수, 블로그 검색엔진인 블로그덱스(Blogdex)의 개발자인 미국 야후의 말로우(C. Marlow) 박사 등이 파트너로서 전문가 자문을 수시로 제공하며 연구 및 개발 정보를 교환하고 있다.

국기지식포털, 대학문헌도 관리 26

인터넷이 지식을 전달하는 효과적인 커뮤니케이션 채널인지에 대해서는 여전히 논란이 있지만 현대 사회 정보미디어로서 인터넷이 지닌 영향력을 부인하기는 쉽지 않다. 인터넷은 일상 생활정보의 탐색뿐만 아니라 건강식품과 같이 과학적 연구와 관련된 고급정보의 추구에도 보편화되고 있다. 그러나 인터넷에서 제공되는 정보의 신뢰성은 아직 충분히 검증되지 못했다. 매체의 기술적 속성에 따라 콘텐츠 제작·전달방식·수신단말기 등에 차이가 있는 것처럼 웹사이트의 운영주체에 따라 정보의 차이가 야기될 수 있기 때문이다.

상업용 웹사이트의 목표는 이윤의 극대화다. 따라서 현재 검색엔진과 포털 웹사이트는 수익창출에 도움이 되는 웹문서를 전략적으로 위치시켜, 인터넷 이용자의 주목도를 높이기 위해서 애쓰고 있는 실정이다.

이런 상업 웹사이트의 역기능과 부작용을 방지하는 방법으로 정부는 국가지식포털(http://www.knowledge.go.kr)을 개설, 서비스중이다. 국가지식포털은 지난 2001년부터 추진해 온 국가지식 정보자원 관리사업의 일환으로 국가 기관들이 보유한 디지털 지식자료를 온라인으로 공유할 수 있도록 하는 통합검색 시스템이다.

현재 국가지식포털 제공기관에는 국사편찬위원회·정보통신연구진흥원·한국교육학술정보원·한국과학기술정보연구원·법제처 등이 포함돼 있다. 국가지식포털은 도서관·면담회의·워크숍·심포지엄·학술대회 등을 직접 오가면서 획득한 지식을 인터넷을 통해 해결하자는 것이다. 그러나 국가지식포털 사업에서 대학 웹사이트는 다른 지식 자원들과 비교해 상대적으로 소홀히 다뤄지고 있다. 대학은 연구소와 함께 지식의 공급 및 관리 기관 역할을 해 왔다. 선진국에서는 대학에서 생산되는 정보와 지식을 다양한 산업 환경에 적용하고 실생활에 구체화하면서 국가의 성장 동력으로 기능할 수 있도록 심혈을 기울여 왔다. 국가지식포털은 한국교육학술정보원과 제휴해 대학 도서관에 소장된 학술정보를 서비스하고 있다.

그러나 대학 웹사이트에는 백색문헌(white literature)에 못지않게 이른바 회색문헌(grey literature)도 적지 않은 게 사실이다. 회색문헌은 비공식적인 문서로 일반인에게 쉽게 공개되지 않는 기술보고서·회의내용·프로시딩·강의자료·미완성원고·출판직전 연구결과 등이다. 회색문헌은 저작권 문제 등으로 인해 백색문헌에 비해 외부 이용자 열람에 폐쇄적인 형태를 취하며 내부 보고서로 간주돼 이를 공유하기가 어려운 게 현실이다. 회색문헌의 잠재적 가치와 비교해 일반 시민의 활용도는 매우 낮은 실정이다.

그러나 국가지식포털이라면 회색문헌을 효과적으로 수집, 처리 및 서비스할 수 있는 정보 시스템을 개발해 일반인이 장애 없이 이용할 수 있도록 최선을 다해야 한다. 참여정부에서 청와대가 내부에서 작성된 보고서를 인터넷에서 일반 시민과 공유하는 것은 회색문헌의 활용을 보여주는 좋은 사례라 할 수 있다.

국가지식포털은 사람들에게 국내외에 퍼져 있는 학술, 연구, 전문 정보의 광범위한 이용가능성을 보장해 주기 위해서 대학 웹사이트와 지금보다 효과적으로 연계하는 방안을 고안할 필요성이 있다. 또한 국가지식포털은 제공하는 지식과 전문 정보의 분량과 유형, 특정 이슈에 대한 분석의 깊이, 지식 전달방식에서 일반 수용자의 눈높이에 맞추도록 좀 더 노력할 필요가 있다.

국가지식포털이 상업적인 검색엔진과 포털의 능력을 능가하기 위해서는 정보를 좀 더 쉽게 탐색할 수 있도록 인터페이스를 개선하고 신뢰할 수 있는 콘텐츠를 구비해야 한다. 또 빠른 속도로 디자인과 내용을 갱신하는 것이 중요하다.

스마트폰 시대의 재난복지 정책·서비스 27

세월호 특별법 제정이 국회에서 난항을 겪고 있다. 여러 이유가 있겠지만, 근본적인 이유는 세월호 참사를 재난복지의 관점에서 접근하지 못하는 데 있다. 재난복지란 재난 전과 재난 중, 재난 후에 피해가 발생한 국민의 생명과 신체에 대해 행정적 지원과 물질적 보상, 더 나아가 정신적 충격을 완화할 수 있는 방안을 제공하는 정부-시민 간 소통 거버넌스이다. 세월호 참사를 재난복지의 시각에서 이해할 때 특별법 제정을 둘러싼 여야 간의 정쟁을 넘어설 수 있다.

국회는 우선 내년도 국가연구개발 예산에서 6천685억원을 투자하기로 한 재난재해·안전 R&D 분야의 실효성에 대해 집중 심의해야 한다. 아직 재난재해·안전 분야에 배정된 연구개발비의 세부 내역은 구체적으로 나오지 않았지만, 스마트폰 시대에 적합한 재난복지 정책을 구현하는 데 사용되어야 한다. 재난은 본질적으로 예측 불가능한 속성을 지니고 있다. 그렇지만 스마트폰 애플리케이션(앱)을 적극 활용함으로써 재난발생 시 반응속도와 복구대책을 혁명적으로 변화시킬 수 있다.

왜 스마트폰인가? 정보통신정책연구원(KISDI)의 발표에 따르면, 스마트폰의 확산 속도는 놀라울 정도로 빠르다. 2011년과 2013년을 비교하면 10대 28.4%에서 85.5%, 20대 57.9%에서 96.2%, 30대 45.5%에서 94.2%, 40대 23.6%에서 81.3%, 50대 7.0%에서 51.3%, 60세 이상 1.6%에서 10.9%이다. 그리고 스마트폰은 다른 장치들과 연결하기 쉽고, 모든 서비스의 허브가 될 수 있고, 여전히 개발 잠재력이 많은 열린 기술이며, 무엇보다도 누구나 이용할 줄 안다. 따라서 앱을 통하여 재난재해·안전 분야의 복지서비스 정책을 수립하고 실행해야 한다.

미국의 사례를 보자. 대형 허리케인 샌디(Sandy)가 미국 동부해안을 강타하였다. 이때 재난관리청(FEMA), 퇴역군인국, 적십자사 등이 운영한 스마트폰 앱은 재난 대응 및 복구 과정에서 피해자와 관련 커뮤니티의 요구를 신속히 파악하고 소통을 용이하게 해 주었다. 특히 적십자사 앱은 정전 상태에서 핸드폰 활용방법, 대피소와 구급상자 위치 제공, 고립상황에서 음식물 보관방법 등을 체계적으로 알려주어 재난 전후로 약 40만 명의 시민들이 폭풍우 경로 파악과 재난 모니터링을 위해 다운로드하였다.

허리케인 샌디가 발생한 후 미국 정부는 재난복지 정책을 끊임없이 추진하고 있다. 지난달 29일에는 미국 백악관에서 재난의 대응과 복구를 위한 혁신서비스 시범일을 개최하였다. 재난과 안전 분야와 관련된 시민, 사회복지기관, 기업을 모두 초청하여 대규모 응급 상황 발생 시 생명 구조에 효과를 보일 수 있는 모바일 앱을 비롯한 여러 디지털 도구들을 시연하는 것이 목적이었다.

이날 소개된 모바일 앱 가운데 Lantern Live가 주목을 끌었다. 이 앱은 에너지부서에서 디자인한 것으로 정전, 전력케이블 추락, 주유소 사고 등이 발생하면 생존자들이 자신이 지닌 정보를 다른 사람들과 쉽게 공유할 수 있도록 한다. 그리고 크라우드소싱 지도 앱 Waze는 이용자들이 주유소 정보에 쉽게 접근하도록 하고 위치정보를 구글위기지도 서비스와 연동하여 공유하도록 도와준다. 이러한 혁신적 재난 기술들은 인터넷 생중계, 트위터 @SafetyDataGov와 @DHSscitech 계정과 #DisasterTech 해쉬태그를 통해서 미국 전역에 널리 홍보되고 있다.

재난이 발생했을 때 가족과 일대일로 교류하는 것은 위기해결에 큰 도움이 되지 않는다. 오히려 유사한 상황에 처한 사람들과 전문가들을 실시간으로 만날 수 있는 스마트폰 앱이 재난 대응과 복구에서 가장 가까운 이웃이 될 수 있다. 따라서 우리나라의 재난재해·안전 서비스도 스마트폰 앱을 통한 혁신소통형 정부3.0 정책으로 추진되어야 한다.

U-캠퍼스 역기능은?[28]

개강이다. 방학을 마치고 다시 돌아온 학교에서 가장 먼저 눈에 띄는 것은 중앙도서관 1층 복도에 설치된 유비쿼터스 캠퍼스 체험관이다. 그 내부를 둘러보니 금년 2학기부터 새롭게 변화하게 될 영남대학교의 모습을 홍보하고 있다. 학생과 교직원의 기존 신분증을 스마트카드로 대체하여 강의실 출석, 차량 주차, 건물 출입, 컴퓨터 사용, 도서관 좌석 선택, 자판기 이용, 식권 구입 등에 사용하는 것이 유비쿼터스 캠퍼스의 주된 내용이다. 예컨대 학생의 출석 여부를 확인하기 위해서 교수가 직접 점검할 필요가 없다. 왜냐하면 학생이 소지한 카드와 리더기 사이의 통신에 의해서 가능해지기 때문이다. 마찬가지로 컴퓨터 로그인, 자판기에서 음료수 구매, 강의실 소등과 같이 교내에서 이루어지는 생활의 상당 부분이 수작업 없이 이루어진다.

오늘날 유비쿼터스화를 추동하는 핵심은 무선 주파수 기술인 RFID(Radio Frequency Identification)이다. 이것은 대규모 유통회사인 월 마트에서 제품의 손실을 방지하기 위한 새로운 관리 시스템으로 도입되었다. 하청 업체로부터 들어오는 상품에 태그를 부착하여 재고 관리를 철저히 함으로써 수입을 극대화하는 것이 목적이었다. 물론 이 과정에서 매장의 도우미, 계산원과 같이 비전문직 노동자의 업무가 불필요하게 되면 인건비 절감의 효과가 있게 될 것이다. 이처럼 물류 부문에서 시작된 RFID가 유비쿼터스화를 앞당기면서 한국 사회에 화두로 떠오르고 있다. 유비쿼터스는 제록스사의 마크 와이저가 제안한 개념으로 인간을 둘러싼 모든 환경이 컴퓨터 테크놀로지를 내재한 디지털 시스템으로 변화한다는 것이다.

이러한 배경을 지닌 유비쿼터스는 한국에서 디지털 정보화를 의미하는 참여정부의 정책 슬로건이 되었다. U-코리아, U-경북, U-영남대에서 볼 수 있듯이, 여러 조직이 앞을 다투며 유비쿼터스화를 내세우고 있다. 중앙 및 지역 정부 차원에서 유비쿼터스화를 주창하는 배경을 살펴보면 다음과 같다. 우선 RFID를 구성하는 태그, 리더기, 네트워크 기업들에게 새로운 시장을 창출하여 국가 및 지역 경제에 도움을 준다. 또한 유비쿼터스를 통한 디지털 테크놀로지의 일상화를 강조하면서 포화 상태에 있는 유선 인터넷과 휴대폰 시장의 새로운 수요 조성에 기여한다. 이것은 공급자 위주의 정책이라는 측면에서 비판받아 마땅하지만, 한국 경제의 버팀목인 정보통신 산업의 활성화를 위해서 불가피한 선택이라 여겨진다. 추정컨대 영남대가 유비쿼터스 캠퍼스를 추진하는 이유는 지역에 위치한 본교가 첨단 캠퍼스를 조성함으로써 신입생 유치와 재학생의 이탈을 방지하는 긍정적 효과를 기대하기 때문이다. 유비쿼터스화를 위한 장비 설치 및 시설 개보수는 짧은 시간에 큰 홍보 효과를 획득하는데 도움이 된다.

그러나 학교 당국이 유비쿼터스 캠퍼스의 구축에 따른 역기능에 대해서 충분한 사색과 토론의 시간을 가졌는지 궁금하다. 무인 자동화된 시스템에서 식당 점원과 관리인의 역할은 축소될 것이며 장기적으로 기술이 그들의 노동력을 대체할 수 있다. 이러한 시나리오는 기능직뿐만 아니라 학생, 직원, 교수에게도 시간과 방식의 차이는 있겠지만 궁극적으로 나타날 여지가 있다. 학생이 학교에서 이용하는 웹사이트, 선호 좌석, 구매 물품, 출석 현황 등과 같은 정보는 하나의 파일로 만들어져 유비쿼터스 시대의 생활기록부가 된다. 그런데 이번 리니지 사건에서 볼 수 있듯이, 보안에 문제가 생긴다면 개인정보는 상업적으로 악용되어 인권을 침해할 수도 있다. 보안 전문가인 안철수 씨도 주민번호를 도용당한 것이 한국의 현실임을 상기하자. 사무자동화와 함께 행정직의 전문성은 점차 사라질 것이며, 강의실 관리 시스템은 교권을 부분적으로 무력화시킬 것이다. 유비쿼터스 캠퍼스의 팡파르 앞에 어두운 미래의 모습을 언급하는 의도는 간단하다. 정보기술이 감시와 통제를 위해서 더 많이 사용될 수 있다는 것에 대해 대학 구성원들은 한편으로 두려워하고 있기 때문이다. 학생, 직원, 교수가 자유롭게 학교생활을 영위할 수 없다면 영남대의 미래가 어떻게 밝아질 수 있겠는가?

인터넷은 초창기에 과학자 간 학술정보의 교환과 연구의 협력을 촉진하기 위하여 발전되었다. 이러한 인터넷의 특징이 월드와이드웹의 시대에 가장 잘 나타나고 있는 것 가운데 하나가 위키피디아(Wikipedia)이다. 위키피디아는 모든 사람이 참여하는 온라인 백과사전으로서 협동적 집단 지성을 촉진한다. 나아가 위키피디아는 최근 선진국에서 전개되는 전자연구가 일반 이용자 간 지식-정보의 교류에까지 점차 확산되고 있음을 보여주는 좋은 사례이다.

전자연구란 디지털 매체를 사용하여 연구와 개발의 효율성을 높이는 것이다. 주지하다시피, 인터넷과 같은 디지털망의 확산은 연구 활동의 형태, 내용, 규모를 빠르게 변화시키는 원동력이 되고 있다. 예를 들면 연구자는 도서관의 원문 서비스를 이용하여 참고자료를 수집하고, 작성한 논문을 디지털화된 투고시스템에 접수하고, 심사 진행사항을 웹사이트에서 파악하고, 논문게재가 확정되면 전자저널에 링크를 설정하여 다른 사람들과 공유한다. 나아가 첨단 연구망을 활용한다면, 시간과 경비가 많이 소요되는 해외 출장을 하지 않고도 온라인으로 외국의 연구기관과 공동연구를 수행하거나 참여할 수 있게 된다. 현대 과학의 복잡한 측면은 연구자 간 협동을 강하게 요구하고 있다. 선진국에서는 국내뿐만 아니라 세계 도처에 흩어져 있는 연구자와 기관을 연결하는 의사소통망을 디지털 매체로 점차 교체하고 있다. 풍부한 커뮤니케이션 환경을 제공하는 디지털 매체를 활용하여 선진국은 여러 학문 영역에 있어 개인, 기관, 국가 간 협동을 가속화하고 있다.

영국에서는 에든버러와 글래스고 대학의 주도로 전자과학센터(NCeS)가 설립되었다. 이는 자연, 이공 분야에서 그리드를 비롯한 디지털 매체를 이용한 연구, 개발 활동을 촉진시키기 위한 것이다. 최근 미국에서는 자연과학뿐만 아니라 인문학에서도 네트워크 과학의 중요성이 증대되자 일리노이 주립대학이 주도하고 국립과학재단(NSF)이 후원하여 ·사회 네트워크와 사이버 인프라·(SNAC)를 구축하기 시작했다. SNAC는 네트워크 과학에 관심 있는 미국의 대학과 연구기관의 구성원뿐 아니라 세계의 연구자들이 온라인 공간에서 필요한 자료에 접근하고 협업을 할 수 있도록 하는 지식-정보의 글로벌 유통을 위한 플랫폼이다. 이와 같이 전자연구는 개별 분야의 경계를 벗어나 다양한 유형의 사회적, 과학적 문제를 해결할 수 있는 새로운 데이터 처리방식과 원거리 협동 작업의 탄생에 기여하고 있다.

우리 정부는 과학기술부를 통해서 그리드와 연구망의 확산을 위한 정책을 추진하고 있다. 그러나 아직 대학을 비롯하여 연구기관들은 전자연구에 대한 인지도가 높지 않으며 참여도 또한 낮은 실정이다. 국내외 연구자 간 협동연구를 위한 고급 정보망 서비스 또한 부재한 상태다. 더욱이 전자연구를 정보의 생산적 이용을 통한 고급 지식의 창조와 확산의 관점에서 보지 못하고 있다. 따라서 전자연구의 활성화를 도모하고 정보를 생산적으로 활용할 수 있도록 국가지식정책을 개선할 필요가 있다.

행복 네트워크 사회의 대통령 30

바야흐로 정치의 계절이다. 대선이 오늘로 딱 67일 남았다. 언론은 여러 조사를 활용해 각 후보의 지지도를 파악하기에 분주하다. 지난달 27일자 매일신문에 보도된 대선 후보 여론조사 분석을 보면 우리 지역에서도 특정 후보 쏠림 현상이 많이 퇴색되고 있음을 알 수 있다. 하지만 선거까지는 많은 시일이 남아 있어 각 후보 진영이나 여론조사 기관들은 시시각각 변하는 여론 추세를 확인하면서 선거 지형을 가늠하고 당선자를 예측하는 데 온

힘을 쏟고 있다. 주목할 만한 현상은 국내에서 사회 네트워크 분석을 활용하여 여론의 숨겨진 형성 과정을 찾는 방법이 부상하고 있다는 점이다.

당신은 당신과 연결된 사람들로 정의된다. 이것이 네트워크 분석의 이론적 논거이다. 따라서 유권자의 투표 행위를 알기 위해서 유권자가 지금 어떤 사람들과 연결되어 있으며, 사람들의 관계와 소통의 대상이 누구인가를 추적하는 것은 유용한 접근법이다.

네트워크 방법론은 1967년 하버드대학의 밀그램(Milgram) 교수가 창안한 것으로, 무작위로 선택한 미국인 두 사람 사이의 거리가 6단계라는 것을 발견하면서 시작되었다. 6단계의 분리 법칙은 아무리 많은 사람이 모여 있더라도 그들 사이의 연결고리를 찾으면 좁은 세상이 존재한다는 것을 시사한다. 최근 밀그램의 연구에 도전하는 새로운 결과가 제시되면서 일반인에게 더욱 많이 알려지게 되었다.

보건사회학자인 크리스타키스(Christakis)와 정치학자인 파울러(Fowler)는 30년에 이르는 방대한 자료를 이용하여 사람들이 6단계의 절반인 3단계만큼 떨어져 있음을 찾아냈다. 두 학자는 내 친구가 비만일 경우에 내가 비만일 가능성이 45% 높아졌으며, 친구의 친구이면 20%, 친구의 친구의 친구면 10%라는 결과를 내놓았다. 나아가 음주, 금연, 그리고 행복을 전파하는 경로 거리도 3단계 정도로 나타났다.

3단계 이론에서 주변 사람은 매우 중요한 역할을 담당한다. 크리스타키스와 파울러의 행복 네트워크 조사를 보면, 1단계 거리에 있는 사람이 행복할 경우 내가 행복할 확률은 15% 더 높아진다. 2단계의 행복 확산 효과는 10%, 3단계는 6%, 4단계에서 행복 확산 효과는 사라진다. 주변 사람들이 나에게 미치는 행복 영향력도 다르게 나타났다. 이웃 사람 34%, 친구 25%, 형제·자매 14%, 남편·아내 8%. 요컨대 이웃 사람이 행복해야 나의 행복이 증가한다는 것.

그렇다면 이웃 사람의 행복과 나의 행복 사이의 연관성은 투표 행위에 어떤 영향을 미칠까. 이 물음에 명확히 답한 연구는 아직 없는 것 같다. 그렇지만 내 인생의 즐거움 정도가 나와 연결된 사람들의 행복 수준에 좌우된다면, 그리고 대선 후보와 나와의 행복 네트워크가 3단계에 불과하다면, 사람들은 불행과 증오의 인물 대신 환한 미소와 푸근함을 지닌 후보를 자신의 이웃으로 선택할 가능성이 높지 않을까.

오늘날 스마트폰과 SNS의 출현으로 우리는 네트워크 사회를 더욱 실감하고 있다. 사회적 관계 맺기는 매우 빨라지고 쉬워졌다. 이에 따라 선거 캠페인 방식도 변화하고 있다. 대선 후보들은 페이스북과 트위터를 이용한 SNS 선거 캠페인 활동에서 우세한 위치를 차지하기 위해 치열한 경쟁을 펼치고 있다. 거리 곳곳을 누비며 악수하는 것만큼이나 SNS에서 젊은이들과 대화하고 접촉하는 것이 중요해졌다. 우리는 스마트폰과 SNS을 통해서 대선 후보들과 연결되어 있으며 끊임없이 정보를 받고 있다. 선거 기간 동안에 대선 후보들은 우리들의 이웃이나 마찬가지다.

지금 우리는 대선 후보들을 가까운 친구, 가족보다 더 자주 만나고 접촉하고 있을지도 모른다. 그리고 대통령 당선자가 정해지면 우리는 앞으로 5년 동안 새로운 대통령과 관계를 갖게 된다. 이처럼 우리가 대선 후보와 네트워크로 연결되어 있다면 네트워크 방법론으로 대선 결과를 예측해 볼 수 없을까? 사람이 행복 바이러스를 감지하는 유전자를 지니고 있다면, 매일 반복되는 일상을 놀이공원처럼 즐겁게 만들어 주는 후보를 찾고자 할 것이다. 그리고 다양한 사회 네트워크를 통해 행복을 표출하고 그것을 여러 사람에게 전염하는 후보가 있다면, 투표함을 열어 볼 필요도 없을 것이다.

거대 소비세력 부상 '시니어 붐'[31]

최근 미국에서는 안락사 문제가 사회적 이슈다. 최근 안락사 문제가 사람들의 관심이 되어 가고 있는 이유는 노령사회로의 전환이 급격하게 진행되고 있기 때문이다. 즉 노령인구가 새로운 사회세력으로 등장하는 것이다.

미국인들의 평균 수명은 1940년 이후로 지속적으로 증가하고 있다. 미국의 허드슨 연구소(Hudson Institute)에 따르면, 1945년 무렵부터 1965년 사이에 태어난 소위 베이비붐 세대들은 현재 매17초마다 50세가 되고 있다. 이런 추세라면 50세를 기준으로 그 앞과 뒤의 연령층의 비율은 2010년 4대 1, 2020년에는 3대 1이되고 2030년에는 2대 1이 된다. 이러한 예측은 향후 미국사회가 과거에 볼 수 없었던 새로운 사회로 접어들게 될 것이라는 것을 암시한다. 그리고 이러한 평균연령의 증가에 따른 사회계층의 역 피라미드화 현상은 비단 미국에만 국한된 것은 아니다. 유럽에서는 50세가 넘은 인구가 이미 1억2천만명으로 전체 인구의 3분의 1을 차지하고 있다. 이런 비율로 증가한다면 2040년에는 유럽의 어느 나라든지 전체 인구 가운데 약 50%가 50세를 넘을 것이다.

과거에 볼 수 없었던 새로운 사회의 문전에 서 있는 것이다. 50세 이상의 연령층이 사회 각 부문에서 중심세대로 등장하는 사회다. 젊은이들은 이제 소수가 될 것이다. 이러한 노령사회의 도래는 기업의 마케팅전략에도 근본적인 변화를 초래하고 있다.

사회활동 활발···구매욕구 자극

세계대전 이후에 태어난 베이비붐 세대들이 2000년대가 되면서 시니어 붐을 만들고 있다. 베이비붐 세대들은 과거 50세 이상의 사람들과 구분되는 특징이 있다. 20세기 초에, 사람들은 은퇴하면서 『남자는 죽고, 여자는 요리를 하러 갔다』고 말했다. 그러나 현재는 그렇지 않다.

프랑스에서는 최근 15년 동안에 50세 이상의 연령층의 소비력이 64% 증가했다는 연구결과가 있다. 이는 전체 인구의 소비력이 22% 증가한 것의 3배나 되는 수치다. 또한 프랑스의 노령인구는 유럽에서 판매된 새차의 45%를 구입했으며, 최고급 브랜드의 매출액 가운데 80%를, 커피의 55%를, 미네랄 워터의 50%를, 스킨케어의 50%를, 관광의 35%를 소비한 것으로 나타났다.

유럽의 50세 이상의 사람들이 유럽의 어떤 국가에서든지 금융 시장의 거의 75%를 차지하고 있다는 분석도 있다. 특히 유럽의 노년층은 대부분 빚이 없고 최소 1개 이상의 주택을 보유하고 있으며 연금까지 받고 있다. 이러한 상황은 사회에 진출하여 경제활동을 해온 여성들이 퇴직금을 받고 은퇴하면서 더욱 가속화될 것으로 보인다.

정보통신 기술의 발달로 인해 가정에서도 케이블 텔레비전, 인터넷 등을 통해 홈쇼핑이 가능해진 것도 노령층의 사회활동을 활발하게 하는 요인이다. 가정에서 적지 않은 시간을 보내는 50세 이상 사람들의 구매욕구를 자극하게 돼 그들의 소비활동은 더욱 증가하게 될 것이기 때문이다.

즉 노령인구가 거대한 시장수요세력으로 떠오를 수 있는 여건이 마련된 것이다. 노인들을 대상으로 효과적인 마케팅 활동을 펼치기 위해서는 우선 시장을 세분화하면서 노인들이 중요하게 여기는 가치를 파악할 필요가 있다.

노인마케팅전문가인 트레귀어씨는 연령, 건강, 돈, 직업, 시간적 여유 등 5개의 기준으로 분류할 것을 제안하고 있다. 이 가운데 연령이 사용하기 편한데 50~60세, 60~75세, 75~85세, 85세 이상으로 나눌 수 있다. 노인 마케팅 전문가인 뢰스와 밀리아시오는 『50~60세의 연령군은 사적인 일에서는 개인적인 성향이 강한 편이나 사회생활에서는 보수주의자에 가깝다』고 지적한다. 60~75세 그룹은 전통주의자들로 저축과 투철한 직업윤리를 중요시한다.

이러한 소비자들의 가치는 그들의 구매방식에 영향을 미친다. 물론 상품과 서비스에 대한 각 집단의 가치와 욕구를 단정적으로 말할 수는 없다. 하지만 트레귀어씨는 『일반적으로 노인들에게 중요한 것은 안전, 유용성, 질, 정보, 시간』이라고 주장한다.

노인마케팅은 지속적 관계 유지 중요

노인들은 건강을 유지하게 위해 스포츠를 즐기고 있으며, 다이어트 등에 많은 관심을 기울인다는 연구결과도 있다. 노인들은 점점 더 젊어지고 새로운 경험을 즐기기를 바라고 있다. 노령인구 그룹에 속한 약 75%의 사람들이 50세 이후의 시기가 새로운 것을 배우고 지적인 만족을 추구하는데 적당한 기간이라고 생각한다는 조사도 있다.

노인전문가 클레이만씨는 『50세가 되는 베이비붐 세대의 경우 미국 역사상 어떤 다른 집단보다 수적으로 우세하며, 활동적이며, 고등교육을 받았으며 질 높은 정보를 추구하고 있다』고 말한다. 특히 이들은 건강과 관련된 분야들에 정보추구 욕구가 높다. 젊은 사람들에 비해 동료집단에 의해 영향을 적게 받으며 주요 물품을 구입하기 전에 여러 정보들을 검토하는 완고한 소비자라는 분석도 있다. 따라서 노령인구를 대상으로 한 마케팅은 지속적인 관계유지가 중요하다고 볼 수 있다.

트레귀어씨는 노인마케팅을 위한 16개의 법칙을 제시하면서 『노인들은 다른 어떤 소비자들 보다 따뜻하게 대해주는 것이 민감하므로 그들 자신을 존경하고 이해하는 회사를 선택할 것』이라고 강조했다.

즉 노인들은 노인들만의 특화된 상품과 서비스를 원한다는 것이다. 예컨대 월스트리트저널은 은퇴자를 위한 부록지(Focus on Retirement)를 계간으로 발행하여 55세 이상의 독자들에게 직접 배포했다. 타임지 또한 50세 이상의 독자층을 골드그룹으로 분류하여 특별섹션을 발행했다. 노인그룹과 커뮤니케이션을 하는 가장 효과적인 방법의 하나는 그들과 같은 세대의 사람들을 고용하는 것이다. 그들은 고객과 동일한 욕구와 경험을 지니고 있기 때문에 보다 용이하게 커뮤니케이션을 할 수 있다.

노인들은 또한 서로를 존중하는 경향이 강하다. 유에스에이투데이는 70세의 은퇴한 뉴스특파원이 작성한 시니어 리포트를 발행한 적이 있다.

노령화는 인간의 감각기관에 중요한 영향을 미치므로 마케팅담당자는 제품의 생산, 포장, 광고에 이를 고려해야 한다. TV광고의 경우 짧은 시간에 많은 컷을 보여주는 방식은 적합하지 않다. 노인들은 인지처리 속도가 젊은 사람들에 비해 다소 느린 경향이 있기 때문이다. 또한 광고내용 역시 반복적이고, 이성적으로 호소하고, 그림을 담고 있는 것이 가장 효과적이라는 연구결과도 있다.

개인정보의 두 얼굴 32

1993년 7월 5일 뉴요커지(誌)는 강아지 두 마리가 ·인터넷에서는 누구도 우리의 정체가 강아지라는 것을 모른다·며 즐거워하는 만평을 게재해 인기를 끌었다. 이 만평에서 보듯 인터넷 도입 초창기에 개인정보의 수집과 활용은 지극히 제한돼 있었다. 그렇지만 이를 패러디한 2000년 만평에서 다시 출연한 강아지들은 경악했다. 왜냐하면 그들이 방문한 웹사이트가 강아지의 품종, 방문 시간, 채팅 기록 등 자신의 개인정보를 수집하고 있었기 때문이다.

미국에서는 정부의 트위터 모니터링 문제로 큰 논쟁이 일어났다. 영국 대학생 두 명이 로스앤젤레스행 비행기를 타면서 공항을 폭파하겠다고 트위터에 적었는데 이 트위터 메시지가 미국 정보기관에 적발돼 이 청년들의 입국이 거부된 것이다. 트위터 메시지의 진실성 여부보다 미국 정부가 일상적으로 시민들의 트위터를 감시했다는 점이 첨예한 논쟁거리가 됐다.

기업도 저인망 어선처럼 개인정보를 수집한다. 자사가 운영하는 플랫폼에 이용자들이 게시한 콘텐트를 마케팅 목적에 적극 활용하고 있다. 기업은 우리가 별 의도 없이 친구들과 공유한 영화감상평, 여행 사진, 짧은 느낌들을 자동으로 수집한다. 접속한 스마트폰의 종류와 접속 위치도 찾아낸다. 이 정보를 활용해 이용자 프로파일링을 거치고 맞춤형 광고를 한다. 일반 기업들도 예외가 아니다. 소셜미디어에서 소비자들의 제품 비평뿐만 아니라 일상적 대화를 대규모로 수집해 마케팅에 활용하고 있다.

최근 미국 포브스는 재미난 사례 하나를 보도했다. 중소형 마트인 ·타겟·이 미네소타주의 중년 남성에게 10대 딸의 성생활을 알려줘 이 중년 남성을 당황하게 만든 것이다. 타겟은 딸의 쇼핑 패턴과 인터넷 등에서 수집한 개인정보를 종합해 그의 임신을 예측해냈다. 인터넷에서 대용량의 데이터를 수집하는 빅데이터 기술이 발전하면서 개인정보의 유출과 같은 부작용 심각해지고 있음을 잘 보여주는 사례다.

개인정보 수집에 따른 위험에 어떻게 대처해야 하는가. 인터넷 기업의 사생활 보호를 의무로 정해 개인정보가 유출될 경우 서비스를 폐쇄하도록 명령하면 어떨까. 우리 모두가 소셜미디어에 자신의 사생활을 갑자기 올리지 않는다면 문제가 해결될까. 소셜미디어에 자신의 사생활을 공개하는 것을 자제해야 한다고 말하는 것은 오히려 소셜미디어의 본래 목적에 반한다. 일상의 소소한 느낌과 사진을 올리면서 주변 사람들과 교류하는 것이 소셜미디어의 본질이다. 개인정보의 침해 때문에 소셜미디어의 확산을 위축시키는 것은 그야말로 교각살우(矯角殺牛)다.

오늘날 프라이버시는 '혼자 있을 권리'에서 '개인정보의 공개여부 결정권'으로 확대됐다. 소셜미디어에 자신의 사생활을 공유하면 네티즌이 올린 개인정보의 보호 여부는 해당 정보를 알게 된 상대방에 달려 있게 된다. 자비스 뉴욕시립대 교수의 표현처럼 디지털 시대의 개인정보는 '공중의 부속물'(public parts)로 전환됐다. 인터넷 공간에서 사적인 것과 공적인 것은 반드시 상호 배치되는 것이 아니다.

과거보다 사람들이 더 고립되는 것처럼 보이지만 지금은 소셜미디어가 스마트폰과 만나면서 네트워크화된 개인주의가 발현 중인 시기다. 앞으로 트위터와 페이스북의 타임라인을 도배하는 사람들의 과도한 사적 공개를 오히려 규제하는 세상이 올 수도 있다. 공개된 사적정보를 공공 윤리의 범위에서 사용한다면 인터넷 개인 정보는 사회를 더욱 풍성하게 만드는 중요한 자산이 될 수 있다. 이러한 개인정보의 두 얼굴을 이해하고 이를 적절히 활용할 때 우리는 비로소 인터넷이 지닌 무한한 가능성에 한걸음 더 다가설 수 있다.

개인정보보호, 멀지만 가야할 길 33

온라인 공간에서 소비자들의 연령, 수입, 혼인여부, 신용카드 번호와 같은 개인정보는 안전한가? 결론부터 말하자면, 아직 그렇지 않다. 최근 미국 조지타운대학이 주요 웹사이트의 개인정보 보호에 관심이 늘고 있다는 연구 결과도 있지만 실상은 부정적이다.

조지타운 대학은 지난해 연방거래위원회(FTC: Tedral Trade Commision)가 실시한 웹사이트의 이용자 개인정보 보호 준수 현황에 대한 조사의 후속으로 3월 8일부터 「인터넷 개인정보 보호정책」 연구를 시작했다. 이 연구에서 소비자들이 자주 방문하는 3백 54개의 웹사이트중 65.7%가 개인정보 보호정책을 공지하고 있는 것으로 나타났다. 이는 지난해의 14%에 비해 증가한 것이다. 이를 두고 대부분 온라인 공간에서 소비자의 사생활 보호를 위한 민간의 자율적인 노력이 증가했다고 해석했다.

그러나 전자 정보 개인정보 보호 센터(Electric Information Privacy Center)의 대표 마크 로텐버그씨는 『인터넷에서 소비자들의 개인정보 보호에 대한 산업계의 자율규제는 불완전할 뿐만 아니라 강제되지도 않는다는 것』이라며 개인정보보호를 위한 의회의 입법을 요구하고 있다. 실제로 조지타운 대학의 연구 결과 조사대항이 된 웹사이트 가운데 약 12% 만이 △공지(notice) △선택(choice) △접근(access) △보안(security) △접촉(contact) 등과 같은 주요한 개이정보 보호의 요소를 모두 포함하고 있었다.

미국, 자율적으로 규제

전통적으로 미국 정부는 소비자들의 개인정보 보호에 대해 자율 규제의 입장을 견지하고 있다. 그러나 최근 온라인 공간상에서의 보호에 대해서는 법률적인 수단을 강구하려는 움직임도 부분적으로 나타나고 있다. 콘라드 번스 상원의원과 에드 마키 하원의원은 조지타운 대학의 연구 결과에 상관없이 개인정보 보호 입법을 추진하고 있다. 또한 연방거래위원회는 조지타운 대학의 연구결과가 상당히 고무적임에도 불구하고 개인정보 보호 입법을 위한 위원회의 권고를 철회할 것 같지는 않다. 현재 미 의회에는 약9개의 개인정보 보호 관련 법률들이 계류중에 있고, 이 숫자는 앞으로 더 많아질 것으로 보인다.

그러나 미국 정부의 이러한 노력은 미국과 유럽 연합의 대륙간 기준 마련이 실패한 것에서 알 수 있듯이, 유럽의 엄격한 개인정보 보호에는 따라가지 못한다. 지난 6월 21일에 미국과 유럽연합은 온라인 상에서 이용자들의 개인정보 데이터를 보호하는 대륙간 기준을 마련하고자 했으나 성공하지 못했다. 여기에서 잠시 온라인상에서 소비자의 프라이버시를 보호하기 위한 유럽연합의 지침을 살펴보자.

유럽은 지난 95년 10월에 개인정보 보호를 위한 지침을 수립, 98년 10월부터 유럽연합의 15개 회원국들이 참여하고 있다. 지침의 주요 내용은 경제적 혹은 행정적 활동을 위해 개인의 정보를 수집, 보유, 전송하는 경우에 개인정보의 남용 방지와 보호를 위해 처리절차를 각 개인에게 공지해야 한다. 특히, 명백히 합법적인 목적으로만 개인정보를 수집해야 하며 필요하다면 정확한 정보를 항상 갱신해야 하는 의무가 있다. 또한 각 개인은 자신의 정보제공에 대한 선택권을 갖으며, 정보를 수집하는 단체의 정체와 정보수집 목적에 대해 알 자격이 있다.

이외에도 지침은 정보 제공자에게 다음과 같은 몇 가지 중요한 권리들을 보장하고 있다. △정보에 대한 접근권 △부정확한 정보 대한 개정권 △불법적인 정보이용에 대한 보상청구권 △마케팅을 목적으로 배달되는 전자메일 등과 같이 원하지 않는 분야에 정보사용의 유보권 △정치적 성향, 종교적 신념 △노조가입 여부 △성생활과 같이 민감한 사안인 경우 그것이 공공의 목적에 부합되는 것을 제외하고는 정보제공 동의권 등이다.

유럽연합은 미국 기업들이 이러한 지침을 따를 것을 요구해왔다. 만약 미국 기업들이 유럽연합의 지침을 따르는 기준을 마련하지 않는다면, 유럽연합은 영내에서 미국으로 나가는 모든 정보를 통제할 방침이라고 밝혔다. 그러나 미국 기업들은 지침의 내용을 모두 따르는 것은 기업활동에 대한 막대한 짐이 된다고 주장해왔다.

이러한 미국 기업들의 반대를 의식하여 미 상무성(Dept. of Commerce)은 「안전한 항구(Safe Harbor)」라는 절충선을 제시해왔다. 안전한 항구란 기업들에 개인정보 보호 문제에 대해 스스로 책임지도록 하는 것이다. 즉 데이터 보존(data integrity)를 비롯하여 7개의 기본적인 프라이버시 보호 원칙을 준수하겠다는 의사를 자발적으로 밝힌 미국기업들에 안전한 항구를 만들어 준다는 것이다.

안전한 항구 안에 있는 단체들은 유럽 연합 지침의 적정수준을 지킨다는 전제 아래 영내의 정보수집을 허락하는 것이다. 하지만 미국과 유럽연합이 공동 기준을 마련하기 위해 지난 18개월 동안 실무협상을 벌여왔지만, 결국 이러한 노력은 빛을 보지 못했다.

기술 발달로 해결책 모색

한편, 미국은 개인정보 보호를 인증제도를 통해 해결하고 있다. 비영리로 운영되는 온라인 인증 단체인 트러스트이(TrustE)는 지난 10월부터 회원사들에 공정한 정보 관행을 준수하도록 설득하면서 동참을 약속한 단체들에는 인증마크를 부여하고 있다.

트러스트이의 인증을 받은 웹사이트는 수집하는 정보의 종류가 무엇이고, 정보가 어떻게 사용되며, 수집한 정보를 누구와 공유하는지를 이용자에게 반드시 공표하고 동의를 받는 프라이버시 정책을 채택하고 있다.

온라인 공간상에서의 소비자들의 프라이버시 문제는 그 발단이 기술의 발달에 있는 만큼 그 해결책도 기술적으로 풀어나갈 수 있을지 모른다. 주지하다시피, 지난 수십년 동안 공개키(Public Key) 시스템과 같은 암호기술은 개인정보 보호 문제의 해결에 큰 역할을 해왔다. 그런데 이것은 서버에 기반한 암호기술이라는 비판을 받아왔다. 이에 익스플로러나 넷스케이프의 최근 버전은 이용자 개인정보의 내용을 설정하고, 쿠키들을 관리하고, 내용을 걸러내고, 안전한 디지털 서명을 확보하는 등 웹상에서 자신에 대한 정보를 자동적으로 제공하는 것을 이용자들이 스스로 제한하는 포괄적인 옵션을 갖추기 시작했다.

또한 인텔의 펜티엄Ⅲ의 시리얼 번호에 대응하여 월드와이드웹(W3) 컨소시엄의 P3P(Platform for Privacy Preferences)가 등장했다. 이것은 P3P의 호환하는 브라우저, 플러그 인, 서버를 통해여 웹사이트와 이용자간의 상호작용을 자동화하기 위해 전자적인 폼, 에이전트 이용자 친화적인 보안수준을 결합하는 것이다.

또한 인텔은 온라인 공간상에서의 전자상거래, 커뮤니케이션, 콘텐츠 제공 등에 필요한 응용프로그램을 사용할 때 이의 운영 기반이 되는 컴퓨터를 안전하게 하기 위해서 공통 데이터 보안 아키텍처(Common Data Security Architecture)를 개발했다.

이처럼 산업계, 공공부문, 시민단체 등 각 분야에서의 온라인 공간에서 이용자들의 프라이버시를 보호하기 위한 노력은 조금씩 나아지고 있다. 물론 관련 집단의 지향점과 이해관계에 따라 프라이버시 보호를 위한 방법에 조금씩 차이가 있다. 그러나 어떤 그룹이든지 온라인 공간에 대한 소비자들의 신뢰감 없이는 전자상거래의 활성화도, 디지털 경제의 부흥도, 전자민주주의도, 그 어떤 것도 성공적으로 달성할 수 없다는 것을 인식하고 있다.

해외 학계는 지금, 코끼리 SNS로 이사 중 34

국제커뮤니케이션학회(ICA, International Communication Association)의 2022년 12월 뉴스 레터는 신구(新舊) 학회장의 재미난 대담을 실었다.35 ICA가 트위터(Twitter)에서 마스토돈(Mastodon)으로 이동할 때가 되었는지에 대해 논의한다. 그리고 SNS 이전에 대한 회원들에게 각자의 생각과 아이디어를 제시하면서 토론에 참여할 것을 요청했다.

미디어 전문가들에게 소셜미디어 계정의 선택에 대해 공개 토론까지 제안한 것을 보면, 뭔가 중요한 일이 전개되는 것은 분명한 것 같다. 인터넷은 군사적 이유였지만, 중앙의 장치를 매개로 작동하는 네트워크를 벗어나기 위한 목적으로 미국에서 개발된 소통 매체이다. 그리고 기존 대중적 매체와 비교하여 인터넷을 통한 수평적 정보 흐름은 지난 30년 동안 전 세계에서 민주화 촉진에 기여해 왔다.

그렇지만 자유주의 국가인 미국의 인터넷 기업도 사회주의 중국과 큰 차이 없이 의사소통과 지식의 독점 현상을 최근에 낳고 있다. 더구나, 미국에 소재한 빅테크 기업은 수정헌법 1조와 통신품위법(CDA) 230조의 덕분에 법적 위험을 감수하지 않고도 플랫폼의 자유를 누릴 수 있다. 수정헌법 1조는 다양한 표현과 의견의 자유로운 경쟁을 보장하는 조항이며, 통신품위법 230조는 소셜미디어 기업이 이용자가 올린 허위 조작 콘텐츠와 관련하여 면책을 부여한 규정이다.

한편, 금융계에서는 '나쁜 돈이 좋은 돈을 몰아낸다'의 유명한 '그레셤의 법칙'이 있다. 이것을 요즘 인터넷에 적용하면 가짜뉴스, 편향뉴스, 불량뉴스 때문에 양질의 콘텐츠가 설 자리를 잃어가고 있지만 중앙으로 집권화된 플랫폼은 수익을 이유로 부정적 메시지를 방치하고 있다. 그러나 수정헌법과 통신품위법에 의존하면, SNS 서비스 제공자는 광범위한 자유 보장과 면책을 부여받고 있다.

트위터에서 볼 수 있듯이 플랫폼의 주인이 바뀌게 되면, 표현의 자유와 콘텐츠의 공정성에 대해 새로운 주인의 영향력으로 과거와는 다른 기준이 설정되기도 한다. 예컨대, 일론 머스크는 트위터 인수 뒤에 트럼프 전 대통령의 트위터 계정을 복원했다. 트럼프의 트위터는 지금까지 콘텐츠의 진실성과 편향성 때문에 논란의 중심에 있었다. 트럼프의 트위터 팔로워 차단에 뉴욕지법은 트럼프에게 표현의 자유 침해를 판결했으며, 트럼프가 지지자들의 의사당 폭동과 관련된 가짜뉴스를 퍼뜨렸다는 이유로 그의 트위터 계정이 영구 정지를 받기도 했다.

일론 머스크의 트위터 인수와 후속 조치는 수익만을 추구하는 기업으로부터 독립적인 정보교환과 의사소통을 위한, 새로운 소셜미디어에 대한 억제할 수 없는 욕구를 분출시키고 있다. ICA 현직과 전직 회장의 대화는 이러한 경향을 포착하여 웹을 '다시 탈집중화'할 절실한 필요성에서 글로벌한 논의를 위한 출발점을 제시한 것이다. ICA는 학습된 사회적 기구로서 기능하는 학자들간의 교류단체이다. 따라서 상업적 소유주의 마음에 따라 콘텐츠의 우선순위가 달라지고 강력한 제한을 받는 플랫폼에 대한 의존은 열린 자유로운 교류를 방해할 수 있다.

소셜미디어가 처한 어려움과 불확실성은 새로운 대안적 플랫폼을 모색하게 했고, '마스토돈'은 본질적 취약성이 있는 기존 서비스의 대체재로 떠오른 것이다. 일단 마스토돈을 소개하면, 코끼리와 비슷한 모양으로 생긴 동물의 이름이다. 독일에서 2016년에 설립된 마스토돈은 다른 SNS와 달리 비영리 단체이며, 주주가 아닌 이용자들에게 이익을 주는 것이 목표라고 알려져 있다. 마스토돈도 작은 화면에서 짧은 메시지를 주고받으므로 '마이크로 블로깅'에 속한다.

처음 접속하면 타임라인을 비롯해 트위터나 페이스북 등처럼 보이기에 대체재가 아닌 보완재로 생각할 수 있다. 하지만 마스토돈 플랫폼 뒤에 있는 기본 시스템은 오픈소스 기반으로 트위터나 페이스북을 비롯한 다른 소셜미디어보다 훨씬 더 복잡하다. 서비스 방식이 블록체인은 아니지만, 분산형으로 작동한다. 테크크런치에 따르면36 마스토돈은 자신의 서비스 자체를 "이메일과 유사한 방식으로 작동하는 연합 네트워크"라고 설명한다. 나아가 마스토돈이 기술적인 요소뿐만 아니라 경영적 측면에서도 탈집중화된 분산형이라는 사실이 미디어 전문가 집단이 이것을 주목한 가장 큰 배경이다.

수익 극대화에 몰두하는 사업자들의 입맛에 따라 소셜미디어 공간의 뉴스와 콘텐츠의 유통과 알고리즘이 변덕스럽게 바뀌는 것을 더 이상 참기 힘들다. 플랫폼이 영리 기업이고 시장 자유의 원칙을 상기한다고 할지라도, 콘텐츠의 관리 방식에서 발생하는 잠재적 문제가 의견과 사상의 자유로운 시장체제를 본질적으로 위협한다면 이건 그레셤의 법칙이 낳은 저주일 뿐이다.

코끼리 모양의 마스토돈이 시장의 자유를 악용하는 극단의 상업주의 플랫폼에 대한 모범적 대안이라고 말하기는 성급하다. 그렇지만 길이 2m에 뼈나 관절도 없이 수천 개의 근육으로 이뤄진 코끼리 코를 생각하면, 마스토돈이 다양한 목소리가 균형적으로 들릴 수 있는 착한 분산 플랫폼으로 자리 잡을 것으로 기대한다.

암호화폐와 가상자산 NFT

크립토 추락과 달러 부상, 2023년에 주도권은 누구에게 [1]

2022년을 앞두고 전문가조차 미국 달러의 양적 완화와 이에 따른 실질 가치의 추락은 계속될 것으로 전망했다. 코로나로 인한 장기간 경기 침체에 정부가 할 수 있는 일이라곤 돈을 계속 찍어내서, 지원금이 마르지 않게 하는 것 이외에 새로운 묘책이 없었기 때문이다. 하지만 더 큰 관심은 기축 통화로서 달러의 지위 그 자체의 변동 가능성 여부였다.

넷플릭스에서 방영한 한국판 SF 영화 승리호는 2092년을 배경으로 펼쳐지는 우주 생활권을 상상한 모험 드라마이다. 지금부터 70년 이후 미래의 이야기이다. 주목할 점은 주인공 역할을 맡은 배우 송중기가 인질을 넘겨준 대가로 받은 돈이 우리나라 원화가 아닌 달러였다. 다시 말해서, 2092년에도 달러는 기축 통화임을 보여준다. 하지만 세계적 통화로서 달러의 지위가 바뀌지 않는다고 해서 그것의 위상과 가치가 지금과 같을 수는 없다.

송중기 손에서 우르르 쏟아지는 돈다발은 현재 최고 액면가인 1백 달러가 아닌 5백 달러 지폐였다. 이것은 달러의 가치가 1/5로 감소한다는 것을 시사한다. 지금의 속도로 달러의 양적 완화가 지속되면 5백이 아닌 1천 달러가 최고 지폐가 되어도 놀라운 일이 아닐 수 있다.

화폐는 희소성을 가질 때 본연의 기능을 할 수 있다. 유동성을 명분으로 공급량이 늘어나는 달러에 비교해서, 비트코인의 총 발행량은 2천1백만 개에 불과하다. 비트코인의 탄생은 2008년이지만 대중적으로 거래되기 시작한 것은 2012년이다. 미국 나스닥에 상장된 코인 거래소 코인베이스가 2012년에 설립되어, 일반인도 쉽게 비트코인을 구매할 수 있게 되면서부터이다.

전문적 거래소가 나오면서 비트코인의 희소성은 가격 상승을 견인하는 가장 큰 요인이 되었다. 특히 코로나 기간에 시장에 나온 투자금과 밈코인 및 NFT 콘텐츠 열풍으로 활성화된 소위 '코인판'에서 천문학적으로 오른 비트코인과 알트코인 등의 가격은 큰 화제가 되었다. 하지만, 미국의 금리 인상과 함께 2022년 여름부터 하락세로 접어든 코인판은 루나와 FTX 사건과 맞물리면서 출구 없는 아수라장이 되었다.

한편, 코인 신동으로 알려진 저스틴선(Justin Sun)에 따르면, 지구에 살아가는 모든 인류를 위한 진정한 의미의 포용적 화폐 금융 기반시설은 무제한(unlimited), 분권화(decentralized), 그리고 무장벽(thresholdless)이 되어야 한다. 저스틴선은 중국 국적의 1990년생으로 트론(TRX), 비트토렌트체인(BTTC), 아펜프트(APENFT) 등을 개발하고 주도하는 청년 사업가이다. 그는 비트코인이 매우 초기인 시절에 온라인과 SNS에서 지금의 일론 머스크(Elon Musk)와 비교될 만큼 큰 영향력을 지닌 적도 있었다. 1990년생 아시아 청년의 관점에서 달러 본위의 재정 인프라를 넘어선 이상적이고 유토피안 지향의 순진한 주장일 수 있지만, 귀 기울여 들어볼 필요가 있다.

달러는 집중화되어 있으며 제한적이고 장벽이 여전히 높다. 아프리카를 비롯해 아직도 많은 국가들이 은행이 부족하거나 매우 비싼 서비스 비용으로 달러를 보내거나 받을 수가 없다. 그래서 블록체인 옹호론자들은 전송 속도와 결제 편의성만 갖추게 되면, 코인이 법정 통화를 무력하게 하는 대체재는 반드시 아니더라도 보완재로는 충분히 채택될 수 있다고 생각한다. 그리고 여러 정부에서 조용히 추진하는 블록체인 기반 중앙은행 디지털 통화시스템이 완성되면, 코인과 법정 통화의 호환성이 높아질 것으로 본다.

하지만 세계의 경찰이자 지갑인 미국이 가진 보스(boss)적 사고방식은 자국에서 발행하는 법정 통화가 무기력해지는 상황을 마냥 지켜보고 있지 않는다. 미국 정부는 오랜 기간 동안 달러 발행과 유통의 절대권 권한을 지니고 있으며, 달러의 지위를 위협하는 국가에 대해서 전쟁도 불사할 태세를 보이고 있다. 독점을 자본주의 시장경제의 가장 큰 해악이라고 여기는 미국이지만, 달러의 독점적 역할만큼은 절대 내줄 수 없다는 초강경한 입장이다. 코로나 기간에 달러의 힘을 미국 스스로 약하게 만들면서 자살골을 향해서 달려가고 있는 듯했지만, 2022년의 금리 인상은 달러가 글로벌 금융시장에 미치는 효과를 단적으로 보여주었다.

2022년에 달러의 강세와 함께 코인은 벗어나기 힘든 나락으로 떨어졌다. 그런데 면밀히 살펴보면, 비단 코인뿐만이 아니다. 우리나라 원화와 유로 등 달러 이외의 모든 법정통화의 가치 하락이 끝나지 않고 있다. 불교의 '중아함경'을 보면, "과거를 좇지 말고 아직 오지 않은 미래를 염려하지 말라. 과거는 이미 지나갔고 미래는 아직 오지 않은 것. 오로지 현재 일어난 것들을 관찰하라. 어떤 것에도 흔들리지 말고 그것을 추구하고 실천하라."라고 나와 있다.

따라서 2023년에도 달러 시장과 코인판에 어떤 일이 전개될지 아무것도 걱정하지 않은 편이 낫다. 세계적 금융회사들은 비트코인 투자 상품을 제도권으로 진입시키는데 계속 노력할 것이며, 미국 정부는 코인판을 무시할 수 없다면 차라리 규제 가능한 영역에서 움직이도록 할 것이다. 코인판이 규제 관할권을 지닌 중앙 정부와 국제기구와의 보다 조화로운 관계를 구축하게 되면, 시장은 안정화될 것이다. 물론 '국적 없는 화폐'로 알려진 비트코인과 이더리움 등이 미국 등의 품으로 들어가면서 통화 국가주의는 다시 힘을 지닐 것이다.

포털 해방일지, 디웹과 메타블록 탐색기 [2]

1990년을 전후해 시작한 월드와이드웹이 대략 15년 주기로 기술적 대혁신(breakthrough)을 보이고 있다. 웹1.0은 1990~2005년, 웹2.0은 2006~2020년, 웹3.0은 2021~2035년으로 대략 구분할 수 있다. 월드와이드웹 사이즈닷컴(worldwidewebsize.com)에 따르면, 2022년 6월 3일 현재 색인된 웹페이지의 규모는 2십3억 개로 알려져 있다. 웹의 역사를 돌아보면, 포털과 검색엔진이 없었다면 수많은 인터넷 사용자가 실제로 방문할 수 있는 홈페이지와 소셜 미디어 수는 손에 꼽을 정도로 작았을 것이다.

웹3.0 개막을 앞두고 미래 포털과 검색엔진의 모습과 개발 동향 등을 살펴보자. 웹3.0 포털은 두 개 유형으로 나누어서 발전할 것으로 보인다. 첫째, 개별 블록체인에서 작동하는 탈중앙화 웹사이트와 애플리케이션 즉 디웹(DeWeb)과 디앱(DeApp) 등을 검색하는 방식이다. 이 유형의 웹3.0 검색엔진은 이더리움네임서비스(ENS)를 통해 닷이더(.eth) 도메인으로 끝나는 디웹과 분산저장 시스템인 IPFS(InterPlanetary File System)의 결합물에 초점을 맞추고 있다. ENS(Ethereum Name Service)의 역할과 기능은 웹1.0과 웹2.0의 주소서비스인 DNS(Domain Name Service)에, IPFS는 웹사이트를 호스팅하는 서버와 비교할 수 있다.

최초의 웹3.0 포털로 알려진 알머닛(Almonit.eth/)은 2020년 1월 14일에 공개되었다. 알머닛은 메타마스크 지갑과 연결되어서 작동하므로, 브라우저에서 메타마스크를 설치하고 로그인을 먼저 해야 한다. 혹은 웹3.0 브라우저인 브레이브(Brave)를 이용하면 된다. ENS 운영 책임자인 brantly.eth에 따르면, 알머닛이 공개된 시점에 디렉토리에 106개의 디웹사이트가 있었다.[3] 그런데 brantly.eth가 2019년 11월 22일 웹3.0 생태계를 조사했을 때는 79개의 디웹사이트가 발견되었다. 이 두 시점을 비교하면, 매일 또는 이틀에 걸쳐 새로운 디웹사이트가 수시로 성장하고 있다.

다음으로 에스테로이드(Esteroids.eth.limo/#/)가 있다. 에스테로이드의 소개란에도 서비스 시작일이 나와 있지 않았다. 하지만, 공식 트위터 계정인 twitter.com/e_steroids가 2021년 3월에 개설되었다. 따라서 알머닛보다 최근에 세상에 나온 것으로 판단할 수 있다. 구글과 유사하게 하얀 색 네모 박스에 예를 들어 Korea라고 입력하면, 해당 검색어가 포함된 .eth 웹사이트를 찾아준다. 에스테로이드는 신규(new) 인기(popular) 갱신(recently updated) 등의 3개 메뉴를 통해서 색인된 디웹과 디앱을 제공하고 있다. 그런데 디렉토리 목록인 알머닛 방식이 아니어서, 에스테로이드가 색인한 웹3.0의 규모를 정확히 파악하기는 어렵다.

둘째, 웹3.0 포털의 또 다른 유형은 코인과 토큰 등 자산(asset) 데이터의 보유와 거래 현황 등을 찾아서 보여주는 형태가 될 것이다. 미디엄닷컴의 웹3.0 랩에 따르면, 검색엔진이 웹사이트를 색인화하는 방식과 유사한 맥락에서 블록 탐색기(explorer)가 블록체인의 거래를 가시화하고 있으므로 차세대 포털은 탐색기의 개선된 형태라고 주장한다.[4] 블록 탐색기와 검색엔진의 목적은 사용자가 원하는 정보를 찾기 위한 포털 즉 진입점이라는 것이다.

개별 블록체인은 네트워크에서 데이터 검증 역할을 하는 노드(node)의 활동을 추적하기 위해 블록 탐색기를 운영한다. 예를 들어, 이더리움에서 작동하는 이더 스캔이 대표적이다(https://etherscan.io/address/0x283af0b28c62c092c9727f1ee09c02ca627eb7f5). 이더 스캔은 이더리움 사용자의 지갑 보유고 변동과 이더리움 기반 NFT 토큰의 활동상황을 실시간으로 보여준다. 이더리움 블록에서 만들어지는 거래와 스마트 계약 등이 일단 실행되면 이더 스캔에 모두 기록되기 때문이다. 이더 스캔의 인터페이스는 디렉토리 검색엔진과 유사한 모습이다.

미디엄닷컴의 웹3.0 랩에 따르면, 차세대 포털과 검색엔진의 설계는 서로 다른 블록체인을 원활하게 연결하는 것이 핵심이다.[5] 다시 말해서, 웹3.0 검색엔진 작동의 전제조건은 교차(cross) 블록체인을 지원하는 플랫폼이 존재해야 한다. 예컨대, 서로 다른 블록체인을 가로지르는 비트토렌트 체인(BTTC) 구조를 참고하면 된다.[6] 비트토렌트(BTT)는 처음에는 트론(TRON) 거래를 지원하기 위해 도입되었다. 그렇지만 개발자들은 이더리움 등 다른 블록체인들을 매개할 수 있도록 노력 중이다. BTTC는 루트 계약, 검증기, BTT 체인의 3개의 계층으로 구성된다.

웹3.0은 포털과 검색엔진 분야의 지각변동을 일으킬 수 있는 파괴적 혁신이다. 웹1.0과 웹2.0에서 뒤처졌다면, 새로운 형태의 웹3.0 기반의 포털과 검색엔진을 놓쳐서는 안 된다. 이제는 콘텐츠뿐만 아니라 이 세상의 모든 자산까지 데이터가 되어 거의 실시간으로 정보를 검색하고 받을 수 있게 될 것이다. 스스로 파괴적 혁신을 선도할 준비가 되어 있지 않다면, 주변에서 협력할 파트너를 찾아야 한다. 죽은 물고기만이 흐르는 물에 자신을 맡기는 것이다. 정부도 지역 대학과 민간 영역이 확장된 교류와 협력을 통해 웹3.0 포털과 메타블록 시대에 낙오되지 않도록, 강력한 재원 지원과 정교한 정책을 실행해야 한다.

메타버스에서 극단적 팬덤 정치가 사라질까 [7]

오락용 게임으로만 여겨졌던 '메타버스'가 마케팅, 이벤트, 캠페인뿐만 아니라 제조, 의료, 건축 등 다양한 산업 분야로 확산되고 있다. 이에 사회적 문제이슈의 대두 가능성이 생기자, 과학기술정보통신부는 선제 대응 수단으로 메타버스에서 적용할 윤리 원칙을 발표했다. 온전한 자아, 안전한 경험, 지속 가능한 번영의 3대 가치와 진정성, 자율성, 호혜성, 사생활 존중, 공정성, 개인정보 보호, 포용성, 책임성 등 8대 실천 원칙을 제시하고 있다.

홈페이지(웹1.0)와 소셜미디어(웹2.0)의 공간에서 발생했던 디지털 정보화의 역기능과 비윤리적 행위가 메타버스(웹3.0)에서도 재현되는 것을 미연에 방지하려는 목적이다. 나아가 이 원칙은 새로운 형태의 유해한 콘텐츠 노출 및 유통을 차단하여 건강한 메타버스를 만들고자 하는 정부의 정책과제를 담고 있다.

한편, 정보 전달형의 웹1.0에서 관계지향형의 웹2.0으로 전환하면서 시민사회의 민주적 역량과 정치적 자율성을 위협하는 역기능의 사례를 꼽자면, 팬덤 정치를 빼놓을 수 없다. 팬덤(fandom)은 무언가를 열성적으로 지지하는 사람인 팬(fan)이라는 영어단어에 영토를 뜻하는 돔(dom)이 합쳐진 단어이다. 연예인을 광적으로 좋아하는 집단을 일컬었으나, 이제는 온라인으로 매개된 팬덤 정치가 사회적 양극화를 부추기고 있다.

팬덤 정치가 갈등 원인이 되는 이유는 현실 정치가 지지층에게 만족감을 주지 못하자, 사람들이 대체재로서 온라인 공간에서 익명성 기반 비(非)윤리적 팬덤 행위를 보이기 때문이다. 특정 정치인이나 정당을 공통으로 좋아하고 관심사를 공유하는 것은 나쁜 것이 아니다. 김한길 국민통합위원장도 "팬덤은 국민의 능동적 정치 참여 기회를 확대하는 긍정적 기능도 있으나, 극단적 팬덤으로 인한 국민 분열과 정치 양극화는 자유와 민주주의를 위협하고 우리 사회의 발전을 가로막는다"라고 밝혔다.

미국에서는 팬덤이 촉발한 정치적 양극화가 결혼까지 영향을 미치고 있다. 예컨대 민주당과 공화당 지지자들은 자녀 결혼에 있어 상대 정당 성향의 배우자를 만나는 것을 꺼린다. 제도적 시스템에 대해서도 민주당은 언론, 과학기술, 고등교육을 믿지만, 공화당은 종교기관, 군대, 경찰을 신뢰하고 의지한다.[8] 이러한 양극화는 국가경쟁력의 원천인 창의와 혁신의 협력적 생태계 조성을 요원하게 만든다.

디지털 팬덤 정치의 현재 모습과 소통 구조가 메타버스에서 3차원의 거울 세계처럼 더 복잡한 형태로 나타날지 우려스럽다. 메타버스 내에서 가상 자아인 아바타는 정치적 성향에 따라 누군가를 의도적으로 배제하거나 특정한 장소에 접속할 기회를 차단하여 갈등을 부추기를 행동해서는 안 된다.

해외에서는 메타버스가 세대, 계층 및 지역 간의 갈등과 양극화를 해소하고 시민 참여도를 증진하도록 학술적 성격의 정책연구가 한창 진행 중이다.

아시아에서는 싱가폴대(NUS)에 소재한 국책연구소(IPS)에서 '시민 관여를 통한 싱가포르의 사회적 합의 과정을 새롭게 하기: 구현 방식, 도전적 과제, 가능성' 연구보고서를 2022년 8월에 발행했다.9 원문 제목은 Refreshing Singapore's Social Compact Through Citizen Engagement: Modalities, Challenges and Possibilities이다.10 싱가포르는 메타버스가 공공 서비스 제공과 시민 참여방식과 같은 거버넌스 구조의 변화에 미치는 효과에 주목했다. 메타버스가 공공 영역에서 시민 참여의 개선과정에 지닌 기회와 이점을 조망했다.

독일, 오스트리아, 스위스로 구성된 다국적 연구진은 '묶는 유대감: 현대 유럽 민주주의의 정치적 연대에 대한 실험적 분석'을 2021년부터 2025년까지 유럽연합(EU)의 후원으로 진행 중이다. 영어 제목은 'The Ties that Bind: Experimental Analyses of Political Solidarities in Modern European Democracies'이다.11 연구팀은 메타버스에 가상의 국가인 노발랜드(Novaland)를 개방형 기술을 통해 구축 중이다.

노발랜드 참가자는 매달 소득을 받고 세금을 내고 선거에 참여할 수 있다. 이 시뮬레이션의 주요 목적은 정치적 연대, 즉 자신 이외의 사람들에게 도움이 되는 공공 재분배에서 발생하는 비용을 참여자들이 기꺼이 분담하려는 자율적 의지를 조사하는 것이다. 또 다른 단계로, 그들은 현실 세계의 정치적 연대를 조사하여 비교할 계획이다. 이를 위해 독일 뒤스부르크시와 협력하여 유치원 학비에 대한 공문과 지급 요청을 실험적으로 다양화한다.

현재 메타버스의 개념은 마치 임박했다는 듯이 다소 과장된 측면도 있다. 그렇지만 우리는 의심의 여지없이 머지않은 미래에 메타버스에 몰입하게 될 것이다. 따라서 디지털 팬덤 정치와 승자독식 원칙이 메타버스에서는 유효하지 않도록 노력해야 한다.

과거의 정치 풍토 때문에 메타버스 환경이 제공하는 많은 기회와 이점들로부터 국가적 이익을 놓쳐서는 안 된다. 극단적 정치 팬덤 같은 반사회적 행동으로부터 메타버스 사용자를 보호하기 위한 학술연구 기반 정책 해법을 만드는 데 나서야 한다.

메타버스와 가상자산 시대 NFT 이슈 12

왜 가상자산과 메타버스로 시작하는가?

2010년 초에 아르헨티나에서 대학 생활을 하면서 2012년경에 블록체인의 탈중앙화체제(Decentralized Autonomous Organization, DAO)에 빠져든 청년들이 있었다.13 바로 아리와 에스테반이다. 이 청년들은 2017년에 아날로그와 디지털이 만나는 쌍둥이 세상을 구현하기 위해서 디센트럴랜드(MANA)라는 벤처회사를 설립했다. 그리고 디지털커런시그룹(DCG, Digital currency group)은 디센트럴랜드 초창기부터 디센트럴랜드에서 유통되는 마나(MANA) 코인에 투자했다. DCG는 가상자산 분야에서 파괴적 혁신을 일찍부터 선도하며 암호화폐 전문 벤처캐피탈을 운영한 글로벌 투자회사다.

한편 2021년 10월말에 페이스북은 메타버스가 최우선 사업이고 새로운 미래가 될 것이라고 밝히며, 새로운 로고와 사명을 메타로 바꿨다. 메타버스(metaverse)는 추상적인 세계이지만 디지털로 접속되는 가상공간을 의미하는 영어 meta와 우주와 같은 광대한 현실 공간을 뜻하는 universe의 합성어이다. 가상이 현실과 만나면서 오로지(only) 현실 세계보다 더 큰 비즈니스를 가져다주는 세상이 오고 있다고 여겼기 때문이다. 페이스북은 처음부터 실명 기반 소셜 네트워킹 서비스로 시작했다. 이제 텍스트 위주의 대인 커뮤니케이션에서 아바타가 관계를 맺도록 이끄는 메타버스의 시대의 본격적 도래가 시작하는 것이다.

그런데 페이스북이 메타로 사명 변경을 발표하는 시점과 거의 동시에, DCG 창업자인 베리 실버트(Barry Silbert)가 자신의 트윗에 마나 코인을 언급하며 마나가 메타보다 성장 가능성이 더 크다고 언급했다. 그는 아리와 에스테반의 디센트럴랜드가 훨씬 이전부터 메타버스를 구축하기 시작했다는 것이다. 다시 말해서, 페이스북의 비전과 상관없이 현실과 가상세계의 공진화는 블록체인 세상에서 이미 시작됨을 강조한 것이다.

한 발 더 들어가, 비탈릭 부테린(Vitalik Buterin)도 페이스북이 추진하는 메타버스에 대해 부정적 입장을 나타냈다. 그는 현실 세계와 유사하거나 짝을 이루는 가상공간인 메타버스가 사람들의 사회적, 경제적, 문화적 행위가 이뤄지는 미래라는 점을 부인하지 않았다. 그렇지만 진정한 3차원 사이버 세계를 구현하기에는 시기상조라며 회의적인 입장을 보이고 있다. 특히 페이스북 등을 직접 언급하며, 메타버스가 뜻하는 개념적 정의와 이용자의 수요를 구체적으로 파악하지 못한 시도는 성공하지 못할 것이라고 말했다.[14] 부테린은 다른 어떤 것보다, 메타버스 구현의 공간적 방대함과 기술적 제한점으로 중앙집중식 구조의 불완전함을 지적했다.

NFT, 블록체인, 웹 3.0으로 이어달리기

NFT(Non-Fungible Token)에 대한 이야기를 시작하기에 앞서, 메타버스에 대한 논쟁을 시작한 것에 의아함을 느낄 수 있다. 비탈린 부테릭이 촉발한 메타버스에 대한 핵심적 비판인 블록체인의 작동원리와 탈중앙화 구조는 NFT와 불가분의 관계이기 때문이다. 비탈린 부테릭은 디지털 원유로 불리는 이더리움(ETH)의 개발자이다. 플랫폼으로서 이더리움은 ERC-20, ERC-1155, ERC-721 등의 네트워크로 구분된다. ERC-1155와 ERC-721 등에서 발행한 디지털 자산이 NFT가 된다.[15] ERC-1155와 ERC-721 모두 이더리움에서 NFT를 생성할 수 있지만, 개발자 선호나 사용 사례에 따라 차이를 보이고 있다. 예컨대 ERC-721에서 발행한 NFT가 더 권위 있다고 생각하는 수집가들이 있는 반면, 소위 네트워크 전송비용인 가스 값이 저렴한 ERC-1155를 원하는 개발자도 있다. 가장 최근에 NFT 임대 표준인 ERC-4907이 승인을 통과하여, 이더리움에서 NFT가 대여 가능하게 되었다.

NFT를 우리말로 번역하면 대체불가 혹은 위조불가이어서 상호교환이 안 되는 토큰이다.[16] 한국어 표현이 영어보다 더 난해하게 들린다. T는 영어로 토큰(token)이다. 토큰은 가치를 담은 사물 혹은 징표이다. 백 원 동전도 토큰의 한 종류이다. NFT에서 토큰은 자산으로서 가치를 지니는 사진, 영상, 작품, 콘텐츠 등 어떤 것이든 가능하다. 자본주의 경제에서 대체 가능한(fungible) 자산이 실생활에 유용한다. 예를 들면 현금, 골드바, 비트코인, 이더리움, 마일리지 포인트는 동일한 자산끼리 교환을 한다고 해서 그 가치가 증가하거나 감소하지 않는다. 다시 말해서 내 돈 1,000원을 상대방에게 주고 상대방이 가진 1,000원을 받아도 무방하다. 그런데, 첫 사랑과 주고받은 연애편지, 반 고흐의 그림, 우리 집 고양이 사진, 웹사이트 주소 등은 이 세상에 1개 혹은 제한적으로 존재할 수밖에 없으니 대체불가 자산이다. 여기서 주목해야 할 것은 반 고흐의 그림, 고양이 이미지 등이 대체

불가 자산이자 창작물의 성격을 지니고 있는데, 디지털 기술을 악용하여 무한히 복제되어 싼 가격에 유통된다는 점이다. 그런데 블록체인 네트워크에서 작동하는 NFT 형태로 만들면, 원본을 복제품으로부터 보호하거나 기술적으로 구별하여 인증할 수 있다는 점이다.

오늘날 우리 사용하는 인터넷과 웹사이트는 서킷스위칭(circuit switching)을 패킷(packet) 방식으로 전환하여 데이터를 목적지까지 효율적으로 전달하는데 비교적 성공한 기술이다. 그렇지만 이 과정에서 중앙의 데이터 저장소 즉, 특정한 서버(server)에 과도하게 의존해 외부의 해킹 등 보안에 취약할 수 있다. 그래서 블록으로 불리는 개별 노드(node)를 연결한 병렬적 저장 공간과 실시간 확인 절차를 통해 데이터 보안성을 높이고 궁극적으로, 인터넷 생태계 전체의 신뢰성을 높이는 기술인 블록체인이 등장했다. 이러한 블록체인 기반에서 교환되는 것들은 그것이 예술작품, 이미지, 뉴스 기사 등 무엇이든 NFT가 될 수 있다. NFT로 제작된 디지털 콘텐츠와 창작물이 블록체인 상에서 운영되는 복수의 노드에 일단 기록을 남기면, 그 자체가 원본 인증서이자 위조 방지의 역할을 하기 때문이다. 특히, 비트코인과 이더리움클래식 등의 이른바 작업증명(Proof of Work, Pow) 블록체인은 정답이 비밀스럽게 숨겨지거나 감추어진 수학적 문제 즉 해쉬(hash)를 풀어서 얻게 되는 보상이 있어야 NFT를 블록체인에 기록할 수 있다.

한편, NFT가 블록체인 환경에서 생산, 유통, 판매가 가능하도록 된 배경은 다소 우연적이다. 몇몇 이용자들이 ERC-721 기반의 온라인 게임에서 고양이 캐릭터를 수집, 교배, 거래하기 시작했다. 이것이 NFT에 대한 관심이 생겨난 배경이다. 고양이 NFT 이후 얼마 지나지 않아, 수작업이 아닌 컴퓨터 프로그래밍으로 창작한 우스꽝스러운 이미지들인 크립토펑크(CryptoPunks)가 만들어졌다. 크립토는 '암호화'라는 뜻이다. 이 맥락에서 크립토는 가상자산 분야를 의미하는 접두사로 사용된다. 놀랍게도 크립토펑크가 고가에 판매되면서 NFT 창작에 대한 사람들의 관심이 폭발적으로 증가했다. 더 구체적으로 들어가면, 크립토키티(CryptoKitties)는 P2E(Play to Earn) 게임형식으로 만들어진 NFT이다. 그런데, Jiang & Liu(2021)는 3년 동안 크립토키티의 관련된 10만 개의 주소 중 500만 개의 거래 기록을 추출했다.[17] 그들은 크립토키티가 제공한 고양이 놀이를 수행한 사람들의 이력을 활동 상황별로 초기, 상승, 하강 및 고요의 네 단계로 나누었다. 그리고 고양이 소유권 거래 네트워크를 구성하여 단계별 네트워크 지표를 분석했다. 흥미롭게도 초기에 게임의 빠른 성장은 미디어로 인한 대중의 관심의 증가 덕분이었다. 하지만 이후 몇몇 빅 플레이어들이 점차 게임을 장악하면서, 그들은 게임 자원을 자신들 중심으로 집중하였다. 설상가상으로 게임의 급격한 하락의 주된 이유는 블록체인 시스템의 한계, 고양이 공급 과잉, 플레이어 수익 감소, 그리고 빈부격차 확대였다.

블록체인 기술과 NFT의 만남이 의도하지 않았듯이, 메타버스에서 NFT 로의 이어달리기도 예측되었다고 보기는 어렵다. 마인크래프트와 같은 온라인 게임에서 이용자는 자유롭게 자신만의 세상을 창조할 수 있었다. 이용자는 게임 공간에서 자신의 아바타를 만들어 그 안에서 다른 사용자들과 어울려서 소통하거나 교류하는 것이다. 그리고 3차원 공간정보 기술의 발전으로 아날로그의 현실 세계를 온라인으로 확대하여 다양한 활동을 경험할 수 있는 디지털 트윈 세상이 생겨났다. 2021년은 실재와 가상이 동전의 양면처럼 혼재하는 이러한 공간이 메타버스라는 용어로 본격적으로 명명된 시기이다.[18] 흥미롭게도 사람들이 메타버스에서 사용할 수 있는 캐릭터의 스킨과 패션 아이템 등에 관심을 갖게 되자, 아바타용 의류 및 잡화를 디자인하고 판매하는 상거래가 생겨났다. 유명 브랜드도 메타버스에서 디지털 콘텐츠와 상품을 NFT로 출시해 화제가 되었다. 이러한 일련의 이벤트와 함께 새로운 수요가 생겨나면서 NFT 창작물 시장이 커지게 되었다.

이러한 상황에서 메타버스와 NFT를 서버 중심의 중앙 집중화된 인터넷으로 구현하려는 게임과 빅플랫폼 회사와 NFT의 애초 탄생배경과 작동원리에 충실하려는 블록체인 진영이 충돌하게 된다. 웹 1.0은 운영자가 콘텐츠를 제작해서 유통하고 관리와 소유에 대한 절대권 권한을 지닌다. 웹 2.0은 운영자가 아니라 해당 서비스를 사용하는 이용자들이 콘텐츠를 만들어서 공유한다. 하지만 생성된 콘텐츠는 이용자가 아닌 서비스 제공자인 기업에게 귀속된다. 웹 1.0과 웹 2.0 시대에 포털, 페이스북, 유튜브 등은 개인이 생성한 콘텐츠와 아이템 등을 활용해 광고를 유치해 막대한 수익을 얻었다. 그렇지만 콘텐츠 생성자인 개별 이용자에게 보상은 없었다.

웹 1.0과 웹 2.0의 인터넷에서 메타버스와 NFT를 운영하려는 진영에 대응하여, 웹 3.0의 블록체인을 옹호자들은 PoW 기반의 완전한 탈중앙화이나 최소한 PoS(Proof of Stake) 기반의 매개자가 있는 모델을 주장한다. 웹 3.0의 NFT 콘텐츠의 보관과 공유를 위해서 특정 기업에 반드시 항상 종속될 필요는 없기 때문이다. 그렇다고 이용자 본인이 데이터와 콘텐츠를 저장할 서버를 구입해서 관리하는 것이 의무가 되지 않는다. 특히 NFT가 경제적 영역과 만나면서 대중의 관심이 폭발하고 있다. 이제는 스마트 계약으로 가능해진 자체 인증 프로토콜 덕분에, 코인이나 토큰 등으로 이용자 활동에 대한 보상이 가능하다. 많은 사람들이 인터넷에 접속하기 위해서 엣지와 크롬을 사용하고 자신도 모르게 광고에 노출된다. 하지만 웹 3.0 브라우저인 브레이브 등을 이용하면 개인정보 누출 차단과 광고노출을 자율적으로 선택하고, 가상자산인 BAT(Basic Attention Token)를 지급받아 거래소에서 법정화폐로 교환할 수 있다.

그렇지만 앞서 크립토키티 NFT에 대한 경험적 데이터를 수집한 학술연구가 밝힌 것처럼, 블록체인 기반 웹 3.0이 웹 1.0과 웹 2.0과 다르게 운영될지 아직 의문이다. PoS 기반 웹 3.0은 속도와 확장성을 구실로 중앙 서버에 사용자 정보를 저장하고, 은행(bank) 노드의 역할을 하는 대형 밸리데이터(validator) 이른바 위임자 중심으로 검증이 이루어지고 있다. 그리고 NFT와 가상자산 서비스를 운영하는 회사가 아닌 이용자들이 권한을 위임받아 자율적으로 DAO가 작동할지도 이슈이다. 세계적 이슈가 됐던 루나와 테라(UST) 사태 발생 때를 돌아보면, 일반 투자자 커뮤니티는 실질적 의사결정에 참여하는 것이 불가능했다.[19]

결론 및 정책적 제언

2020년경에 시작된 NFT는 2021년도에 대중의 관심이 최고조에 올랐다. NFT를 바라보는 관점 또한 다양하게 나타나고 있다. 이제 NFT 예술과 콘텐츠 및 가상 자산은 피해갈 수 없는 시대적 화두가 되었다. 그러나 새로운 기술이 등장할 때마다 기존의 규범과 문화로는 해결할 수 없는 사회적 이슈가 발생한다. 아날로그에 익숙한 예술가와 창작자 집단이 NFT와 가상 자산이라는 새로운 디지털 세상에서 소외되거나 불이익을 받아서는 안 된다. NFT 콘텐츠 시장은 아직 시장의 초기 단계이므로 합리적 프로토타입의 설계와 포용적 정책방향에 따라 사회적으로 유익한 지능정보 기술이 될 수 있다. 따라서 NFT의 사회적 수용성을 높이고 블록체인과 가상자산 기반 콘텐츠의 흥미와 유용성을 모두 증진시킬 수 있는 방향성에 대해서 몇 가지 제언을 하면 다음과 같다.

첫째, 중앙정부와 지자체 및 공공기관의 디지털 리터러시 교육 프로그램은 NFT 콘텐츠의 이용과 효과와 관련된 정보 소양 커리큘럼을 반드시 포함해야 한다. 기존의 정보화 교육은 하드웨어로서의 컴퓨터와 정보 접근 기기로서의 스마트폰 사용법에 초점이 맞추어져 있다.무인 키오스크의 확산으로 최근에는 스마트 디바이스를 통한 주문 예약 쇼핑 결제 등 생활에 필요한 디지털 리터러시 프로그램까지 포괄한다. 이제는 메타버스를 통해서도 디지털 라이프가 가능하므로 NFT 콘텐츠와 가상 자산을 이해하는 것이 필요하다. 탈중앙화된 인터넷 세상에서도 디지털 격차를 해소하기 위해서는 먼저, 사람들의 인식 저변을 확대하고 접근성을 개선하며, 활용 방법을 공유해서 남녀노소를 가리지 않고 NFT 세상에 적응할 수 있도록 하는 것이 중요하다. 메타버스와 NFT가 열어가는 새로운 디지털 트윈에 대한 막연한 두려움을 제거하고 웹 3.0의 인터넷을 쉽고 저렴하게 이용할 수 있는 역량이 필요한 시점이다.

둘째, 과거 우리는 "산업화는 늦었지만 정보화는 앞서가자" 구호를 내세워 컴퓨터 보급에 적극적으로 나섰다. 정보화 사회가 지능화로 고도화되면서 메타버스와 NFT 및 가상 자산이 새롭게 등장하였다. 따라서 메타버스의 가상 콘텐츠 마켓을 단순히 신기술로만 접근할 것이 아니라 국가의 성장 동력을 위한 산업적 차원에서 바라볼 필요가 있다.[20] 이것은 공공분야의 창업 지원 프로그램에 메타버스, NFT 콘텐츠, 가상자산 등을 반드시 포함할 것을 요구한다. 웹 2.0 소셜미디어 세상에서 크리에이터 인플루언서 등과 같이 새로운 직업이 생겨났다. NFT 기반 웹 3.0 메타버스 공간에서 사업에 대한 전혀 엉뚱한 아이디어가 세상에 혁신시키는 비전으로 다가올 수도 있다. 그러므로 NFT 예술가와 창작자 집단과 연계된 이해 관계자 및 공동체 집단이 도전 정신을 발휘하고 혜택을 받을 수 있도록 포괄적 지원금을 초기에 마련해야 한다. 지원금을 안정성 확보를 위해 정부는 공적 기금 형태로 조성하여, NFT와 가상 자산의 인프라가 원활하게 구축되는데 사용해야 한다.

셋째, 메타버스와 NFT 사업이 가능한 많은 이에게 혜택이 돌아갈 수 있도록 분산적 인터넷 환경을 조성해야 한다. 인터넷은 1990년대 초 탄생 무렵의 의도와 상관없이 이제 빅 테크와 플랫폼 기업이 독점적으로 지배하고 있다. 국내에서도 소수 통신사와 포털를 중심으로 데이터와 콘텐츠가 유통되는 비대칭적 생태계를 발생하였다. 메타버스와 NFT 기반 정책과 사업을 집행에 가장 크게 신경 써야 하는 분야는 서울권이 아닌 지역의 중소 규모 언론이다. 웹 3.0에서 NFT 콘텐츠를 제작하고 유통하는 것은 많은 미디어 회사들이 계획하고 꿈꾸는 디지털 정보 사업을 하나이다. 그렇지만 실제 NFT와 코인과 토큰을 상호 연결하여 운영하는 것은 생각보다 쉽지 않은 초기 투자가 필요한 영역이다. NFT가 가장 많이 활성화된 이더리움 네트워크는 진입 비용이 상당하고, 폴리곤 등과 같이 확장성 레이어2.0 기술도 중소 지역 언론사에 게는 장벽이 존재한다. 지역 언론이 지닌 NFT 자산으로서 가치가 높은 창작물을 발굴하여 유통할 수 있는 모든 과정을 지원해야 한다.

넷째, 역사는 첫 단추가 중요하다. 처음부터 제대로 기록 보관하지 않으면 다시 돌아가는 것이 매우 어렵다. 메타버스 공간의 사회적 의미가 있는 NFT 창작물과 인류의 과거, 현재, 미래의 소중한 순간과 중요한 미래전망을 아날로그 출판물에서 꺼내서 NFT로 변환해 아카이빙 하는 것이 시급하다. 특히 전국 곳곳의 숨겨진 물건과 장소 등을 촬영한 사진과 관련된 미담을 NFT 콘텐츠로 제작하고 전시한다면 관광 콘텐츠로도 기능할 수 있다. 지자체가 주도하는 축제 등의 기념품을 NFT로 변환하여 이른바 크립토 굿즈로 변환해 판매하는 공공형 비즈니스도 아카이브 설립과 확산의 영양분이 될 수 있다. 이렇게 되면 지역 창작자 집단이 디자인에 참여하고 지역 업체가 NFT 콘텐츠와 가상자산 관련 비즈니스 역량을 자연스럽게 습득할 수 있다. 이때 중앙정부는 지역 NFT 창작물이 해외 시장에서 경쟁력을 지닐 수 있도록 한국형 NFT 마켓 플레이스를 구축해야 한다.

다섯째 오늘날 우리 사회의 가장 큰 문제는 갈등이다. 갈등은 제한된 자원을 두고 벌어지는 경쟁에서 나온다. 물론 가치관과 의견의 차이가 정치적 갈등을 낳기도 한다. NFT는 무한정 복제가 가능한 디지털 세상에 희소성이라는 개념을 도입했다. NFT 생산자는 발행량, 유통량, 수명주기를 기술적 네트워크인 블록체인과 연동하여 결정한다. 개인적 호기심과 취미를 위해 발행하는 NFT에 대해 공적인 규제와 가이드라인을 제공하는 것은 지금 시장 상황에서는 적합하지 않다. 다른 한편에서 디지털 세상에서도 국가가 보호하고 관리해야 할 문화재 성격의 NFT가 있다면, 향후 발생할 소유권과 저작권에 대한 논의가 필요하다. 메타버스 세상에서도 자유롭고 원활한 콘텐츠 교류와 평등한 네트워킹이 관건이다.그런데 누군가가 사회 문화적 의미가 깊은 NFT 콘텐츠를 독점하여 자신을 정치적 입장과 유사하거나 가까운 친구하고만 교류한다면, 이것은 메타버스 공간을 분열을 초래한다. 이러한 유유상종 현상은 메타버스와 가상 자산을 매개로 세대 간, 지역 간, 계층 간 갈등과 대립을 낳고 결과적으로 국가 경쟁력을 떨어뜨린다.

여섯째 메타버스 시대의 NFT 콘텐츠와 가상 자산 분야를 선도할 인력 양성이 무엇보다 시급하다. 반도체 인력 부족과 빅데이터, 인공지능 개발자 품귀 현상에서 보았듯이, NFT 콘텐츠와 탈중앙화 인터넷 보안 교육을 제도권으로 하루 빨리 편입 시켜야 한다. 초중고뿐만 아니라 대학들과 협력하여 기존 미디어 커뮤니케이션 및 정보 관련 학과에서 학문후속 세대와 전문 인력 양성을 추진하여야 한다. 한편, 새로운 디지털 분야의 인력이라고 하면 일반적으로 기술 엔지니어만을 생각하기 쉽다. NFT 1.0 시대의 가장 필요한 사람은 공학 계열의 인재임에 틀림없다. 하지만 NFT 2.0으로 전환되는 시점이 오기 전에 인문 사회학적 기획자와 마케팅을 이해하는 인력을 배양하는 것이 선제적 대응이다. 예컨대, 혼재된 한글 용어와 개념 정의를 통일하는 NFT 백과사전 등은 블록체인 호환성과 코인과 토큰의 표준화 못지않게 긴요한 일이다. 순수하게 메타버스에서 거래하고 가치를 지닌 NFT의 저작권 증명, 소유권 양도, 민팅(minting) 권한 등 능동적으로 자문해 줄 수 있는 법조 및 행정 인력도 필요하다.

일곱째 인터넷의 영향력이 커져 가자 그 역기능도 증가하였다. 이와 유사하게 메타버스 도입과 확산을 틈타 과거에 보지 못한 새로운 부작용이 나타 날 수 있다. 지금의 인터넷은 문서가 서로 연결한 정보의 네트워크이다. 소셜 미디어가 사회적 교류의 핵심으로 자리 잡으면서 인터넷이 사람의 네트워크로 바뀌었다. 우리는 온라인에서도 오프라인에 상호 조응하는 물건이나 대상이 존재하는 디지털 트윈에 익숙하다. 하지만, NFT는 순수하게 디지털에서만 가치를 지닐 수 있는 자산이 될 수 있다. 이제 인터넷이 경제적 가치의 네트워크로 대전환하는 것이다. 이것은 결국 부익부 빈익빈의 매튜(Matthew) 효과가 나타날 수 있는 배경이 된다. 인터넷이 지닌 다양성의 고유한 기능을 NFT와 가상자산이 결합된 웹 3.0 생태계에서 기대와 달리 위협받을 수 있다는 점이다. NFT는 1.0이지만 웹은 3.0에서 더 심각한 역기능 상황이 초래될 수 있다. 정부는 (경제적) 가치의 인터넷 세상의 순기능과 역기능을 초기부터 체계적으로 조사하고 신뢰성을 지속적으로 모니터링 체제를 마련하는 것이 바람직하다.

메타버스 시대의 NFT 창작과 크립토 아트
: 지역 예술 활성화를 위한 정책 방향 [21]

2021년 말 페이스북이 사명을 메타(Meta)로 변경했다. 가상이 실재보다 더 큰 비즈니스를 가져오는 세상이 오기 때문이다. 페이스북은 실명 기반의 소셜 네트워킹 서비스로 처음부터 시작하였다. 이제는 텍스트 위주의 의사소통에서 아바타가 관계 맺기를 주도하는 메타버스가 지배하는 시대가 온다. 바이든 미국 대통령은 닌텐도 이용자들과 소통하기 위해 게임 메타버스에 들어가 아바타로 등장해 선거 캠페인을 시도했다.[22] 2022년이 시작되자 마이크로소프트도 게임회사 블리자드를 인수하면서 메타버스 비즈니스를 위한 미래 기차에 탑승했다. 월마트 역시 메타버스 쇼핑에 대비하여 상표출원 등을 계획하고 있다. 메타버스는 가장 많이 등장하고 주목받는 단어가 되었다.

메타버스 시대가 되면 전통적 방식의 예술 행위는 NFT(Non-Fungible Token) 기반의 디지털 예술로 대전환될 것이다. NFT를 우리말로 번역하면 대체 불가 토큰이다. 번역하고 나니 한국어가 영어보다 더 난해하다. 현금, 골드바, 내 자동차, 반 고흐 초상화, 우리 집 등은 실체가 있는 유형의 (tangible) 자산이다. 하지만 비트코인, 이더리움, 마일리지 포인트, 고양이 이미지, C자 로고 등은 물리적 형태가 없이(intangible) 존재한다. 그리고 현금, 골드바, 비트코인, 이더리움, 마일리지 포인트는 동일한 자산끼리 교환을 한다고 해서 그 가치가 증가하거나 감소하지 않는다. 다시 말해서 내 돈 1,000원을 상대방에게 주고 상대방이 가진 1,000원을 받아도 무방하다. 따라서 대체 가능한(fungible) 자산이다. 그런데 고양이 이미지, C자 로고, 내 자동차, 반 고흐 초상화, 우리 집은 이 세상에 1개 밖에 없으니 대체불가한(infungible) 자산이다.

여기서 주목해야 할 것은 고양이 이미지와 C자 로고가 예술가의 창작물인데 디지털 기술을 악용하여 무한히 복제되어 싼 가격에 유통된다는 점이다. 그런데 NFT 기술을 적용하면, 원본을 복제품으로부터 보호할 수 있다는 점이다. 앞에서 NFT의 NF는 설명했지만, T는 아직 말하지 않았다. T는 영어로 토큰(token)이다. 토큰은 가치를 담은 사물 혹은 징표이다. 1백원, 5백원 동전도 토큰의 한 종류이다. NFT에서 토큰은 자산으로서 가치를 지니는 사진, 영상, 작품, 콘텐츠 등 어떤 것이든 가능하다.

아날로그와 비교해 디지털 콘텐츠의 장점이자 단점이 무한복제이다. 그런데 NFT로 제작되면 대체 불가라니 또 이해하기 힘들다. NFT에서 대체

불가는 위조 불가에 가까운 표현이다. 그렇다고 고양이 이미지와 C자 로고 파일을 복사(CTRL-C)해서 붙여넣기(CTRL-V)가 불가능하다는 것은 아니다. 사실 NFT는 현재 사용 중인 인터넷이 아닌 블록체인 특히, 이더리움 기반의 네트워크에서 유통되는 자산이다.

비트코인은 디지털 골드로 불리는 반면에 이더리움은 디지털 원유로 간주된다. 플랫폼으로서 이더리움은 ERC-20과 ERC-721 네트워크로 구분된다. ERC-721에서 발행한 디지털 자산이 NFT가 된다. 몇몇 이용자들이 ERC-721 기반의 온라인 게임에서 고양이 캐릭터를 수집, 교배, 거래하기 시작했다. 이것이 NFT에 대한 관심이 생겨난 배경이다. 고양이 NFT 이후 얼마 지나지 않아, 수작업이 아닌 컴퓨터 프로그래밍으로 창작한 우스꽝스러운 이미지들인 크립토펑크(CryptoPunks)가 만들어졌다.

크립토는 '암호화'라는 뜻이다. 비트코인과 이더리움은 정답이 비밀스럽게 숨겨지거나 감추어진 수학적 문제 즉 해쉬(hash)를 풀어서 얻게 되는 보상이다. 이 맥락에서 크립토는 암호화폐와 가상자산 분야를 의미하는 접두사로 사용된다. 놀랍게도 크립토펑크가 고가에 판매되면서 NFT 창작에 대한 사람들의 관심이 폭발적으로 증가했다). 이 과정에서 2017년에 설립된 이더리움 기반 오픈씨(opensea.io)는 세계적 NFT 시장으로서 큰 역할을 하였다.

NFT가 창작물이 블록체인 환경에서 생산 및 판매가 가능하도록 하면서 그 활용법도 다양화해지고 있다. NFT가 블록체인에 기록된 위조 방지 꼬리표 즉 원본 인증서 역할을 하고 있다. 상황이 이러다 보니 ERC-721에서 처음 만들어진 창작물이 아니더라도, 기존에 보유하고 있던 자산과 작품을 NFT로 변환하는 것도 유행이다. 이번 대통령 선거에서는 후보들의 활동과 공약 등도 NFT로 만들어지기도 했다. 최근에 실재와 가상이 동전의 양면처럼 혼재하는 메타버스 공간이 등장했다. 사람들이 자신을 표현하고 싶은 욕구에서 캐릭터 이미지, 아바타용 의류와 액세서리 등을 구매한다. 새로운 수요가 생겨나면서 NFT 창작물 시장도 커지고 있다.

2021년에 메타버스와 함께 비트코인과 이더리움으로 대표되는 암호화폐와 가상자산의 폭등도 NFT 예술의 도입을 앞당기는 기폭제가 되었다. 이제 NFT 창작과 크립토 아트는 피해갈 수 없는 시대적 과제이다. 우리 지역의 예술가와 창작자 집단이 NFT가 열어가는 새로운 세상에서 소외되거나 낙오되어서는 안 된다. 크립토 아트는 아직도 시장의 초기 단계이다. 따라서 지역 예술의 미래 방향성에 대해서 몇 가지 제언을 하면 다음과 같다.

첫째, 대구시와 공공 기관의 지원 프로그램에 크립토 아트를 반드시 포함해야 한다. 크립토 아트는 NFT 창작자만을 의미하지 않는다. NFT 시장과 연계된 이해관계자 집단이 혜택을 받을 수 있도록 포괄적 지원금을 마련해야 한다. 법 제도적 안정성 확보를 위해서 시의회에서 지역의 크립토 아트 발전을 위한 구체적 조례를 신설해야 한다.

둘째, 한 발짝 더 구체적으로 들어가 제언하면 치맥 페스티벌 등 지역 축제가 NFT 굿즈(goods)를 의무화하도록 제도적으로 강제해야 한다. 지금까지 물리적 형태로만 제작한 굿즈의 크립토 쌍둥이가 필요한 시기이다. 이 과정에서 지역 예술가 집단이 디자인에 참여하고 지역 업체가 굿즈 제작과 유통을 맡도록 해야 한다. 지역 예술계가 크립토 분야의 경험을 축적하여 전국 및 세계 시장으로 진출할 수 있도록 대구시는 조력해야 한다.

셋째, 지역 예술과 관련된 신문 기사, 방송영상, 역사적 사진, 미술 작품, 웹 페이지 등에서 자산으로서 가치가 높은 창작물을 발굴해야 한다. 그리고 이러한 콘텐츠를 NFT로 만들기 위한 크립토 아카이브 프로젝트를 시작해야 한다. 대구의 과거, 현재, 미래의 소중한 순간과 중요한 전망을 아날로그 인쇄물과 디지털 파일에서 꺼내서 NFT로 변환해 전시하고 나아가,

비즈니스화하는 것이다.

넷째, 크립토 아트를 선도할 인력양성이 무엇보다 시급하다. 대구시 교육청은 초중고 교과과정에 NFT 강좌를 적극적으로 채택해야 한다. 대구시청은 대구권 대학들과 협력하여 크립토 아트 전문학과를 신설하도록 지원하고 독려해야 한다. 크립토 아트를 통해서 새로운 경제활동을 할 수 있다. 따라서 제도권 교육이 아니어도 좋으니, 남녀노소를 가리지 않고 크립토 아트를 배울 수 있는 장소를 제공해야 한다.

마지막으로 NFT와 관련된 지적 재산권과 소유권에 관련된 법적 이슈가 산재해 있다. 기존의 디지털 콘텐츠 거래를 뒷받침한 법률과의 상충 등을 해결하지 못하면 NFT 시장은 난관에 봉착할 수 있다. 지역 예술가 집단은 크립토 아트의 저작권 증명, 소유권 양도, 민팅(minting) 권한 등 능동적으로 자문해 줄 수 있는 법조인이 필요하다. 따라서 법률적 지원이 관련 정책에서 배제되어서는 안 된다.

비트코인과 앵그리 2040 [23]

정부가 비트코인 거래를 사전에 규제한다면서 정책 방향을 제시한 지 얼마 되지 않았다. 그럼에도 최근 해킹당한 한 가상화폐(암호화폐) 거래소가 파산했다. 그로 인한 투자자 손실이 발생하는데도 정부는 나 몰라라 식으로 대응하고 있다. 애초에 하지 말라고 했으니 정부는 책임이 없다는 논리다.

비트코인에 쏠린 사람들 관심에 비춰 볼 때 정부의 태도는 이해하기 어렵다. A회사가 지난해 11월 초에 실시한 설문 조사 결과에 따르면 비트코인 인지도는 31%, 보유(경험)자는 4.7%였다. B회사의 12월 초 조사 결과에 따르면 인지도는 35.1%로 나타났다.

정부 규제가 지지를 받고 나아가 집행력의 정당성을 얻기 위해서는 어떻게 해야 하는가. 비트코인으로 대표되는 암호화폐 현상을 과학 체계로 수량화하고 분류해야 한다. 그리고 관찰된 사건들 사이에서 상관성과 인과성을 찾아야 한다. 그 후 비트코인 거래의 부작용과 역기능에 대처하기 위한 여론 수렴 과정을 거쳐야 한다. 그러나 정부는 기업이 시장 조사를 위해 편의로 실시하는 마케팅 여론조사 수준의 노력도 하지 않았다. 부랴부랴 규제책만 내놓고 모르쇠로 일관하고 있다.

해외 상황은 어떤가. 캐나다은행은 최근 비트코인 거래 활동을 객관화시킨 통계 자료를 제시했다. 체계화한 샘플링을 통해 캐나다인 1997명을 2단계로 조사했다. 그 결과를 보면 캐나다 인구의 약 64%가 비트코인을 들어봤지만 단지 2.9%만 소유하고 있었다. 비트코인 보유자는 조사 대상자 가운데 58명에 불과했다. 재미있는 것은 실업자들 사이에서 비트코인 인지도가 높았다는 것이다. 근로자 인지도는 51%였으나 실업자는 73%가 알고 있었다. 근로자들 가운데에는 은퇴자의 63%가 비트코인을 알고 있었다. 비트코인 소유 여부를 보면 젊고 고학력일수록 많이 갖고 있었다. 즉 지식 수준과 비트코인의 채택은 양의 상관성이 있었다.

미국은 유력 언론사 CNBC가 소셜 빅데이터를 이용해 측정했다. 트위터 데이터를 수집해 비트코인과 여러 알트코인의 전국 현황, 사람들 내면의 감정과 동기를 조사했다. 지난해 1~11월 미국 내에서 이더리움과 라이트코인에 쏠린 관심은 1000% 이상 증가했다. 비트코인 언급도는 단지 300% 증가한 반면에 리플 언급도는 1800% 이상 치솟았다. 흥미로운 결과는 암호화폐 관심이 미국 중부 지역에서 많이 상승했다는 점이다. 미국 중부는 금융과 기술 허브와 꽤 떨어진 지역이다. 특히 1~11월 텍사스와 오하이오주의 비트코인, 이더리움, 라이트코인, 리플 관련 총 언급도는 각각 670% 및 890% 올랐다. 시카고 선물거래소가 위치한 일리노이주 지역의 관심도는 1048%로, 가장 빠르게 증가하는 지역이었다.

캐나다와 미국의 동향을 보면 가상화폐 정책 마련을 위한 현황 조사가 선행돼야 함을 시사한다. 예를 들어 비트코인 인지도와 보유 현황을 성별, 연령별, 계층별로 검토해야 한다. 그리고 가상화폐 거래를 시작하게 된 동기를 찾아내고, 인구의 사회 속성에 따른 구매 계기 차이 비교가 필요하다. 당장 포털에 개설된 관련 카페에 들어가서 현장의 목소리를 들어보는 것부터 시작해야 한다. 게시된 글들을 읽어 보면 구매 계기와 목적이 돈벌이로 분류되는 사람이 많은 것이 사실이다. 그렇지만 이러한 동기를 그저 사행심으로 치부할 수는 없다.

20대 대학생, 30대 독신녀와 경력 단절 주부, 40대 직장인 집단이 높은 위험성을 감수하고 가상화폐를 시작한 이유는 뭘까. 그저 수익성만 무작정 좇는 이른바 한탕주의일까? 비트코인에 몰리는 2040세대 집단의 마음에는 부모 세대와 비교되는 보상 심리가 내재돼 있다. 청년들만 취업을 우려하는 것이다. 2040세대는 누구나 고용 불안에 시달리고 있다. 이들에게는 기성 세대가 누린 부동산 대박도 없다.

이번 정부는 스마트폰으로 무장한 2040세대의 촛불집회를 기반으로 탄생했다. 바로 그들이 비트코인을 거래하고 투자하다가 피해를 봤다. 그리고 지금도 앵그리 2040세대가 투자 목적뿐만 아니라 단순한 호기심과 새로운 기회 창출을 위해 거래소에 접속하고 있다. 거래소는 하루에도 억대의 수수료를 챙기지만 이용자 보호에는 별다른 관심이 없다. 더욱이 사람들은 이른바 CCM으로 불리는 가상화폐 채굴과 관리회사의 악성 마케팅에도 노출돼 있다. 이런 상황에서 암호화폐 보급과 인식률부터 시작하여해 사회 역기능과 부작용에 대한 과학 측정 및 분석을 서둘러야 한다.

가상화폐(암호화폐)인 리플(XRP)은 지난 연말 거래시장에서 가장 주목받았다. 암호화폐 거래소인 업비트에 따르면 리플이 거래총액에서 암호화폐 시장에서 기축통화 역할을 하는 비트코인에 이어 2위로 부상했다. 영국 유력 언론인 가디언은 리플이 비트코인을 제치고 2018년에 가장 주목받는 암호화폐가 될 수 있다고 보도했다. 일본에서 이미 비트코인 다음으로 가장 인기 있는 가상화폐로 자리 잡았다.

리플의 가장 큰 장점은 블록체인 보안기술을 바탕으로 결제 서비스를 저렴하게 제공할 수 있다. 리플넷 글로벌 송금을 하게 되면 결제 시간이 비트코인과 이더리움에 비해 훨씬 빠르다고 알려져 있다. 현재 우리가 사용하는 국제결제시스템망(SWIFT)을 대체할 새로운 대안으로 주목받고 있다.

기술의 미래 가치를 현재 기준으로 가늠하기는 매우 어렵다. 오늘의 잣대로 불확실한 내일을 평가하는 것이기 때문이다. 우리에게 익숙한 벤츠 자동차를 보자. 1895년 벤츠가 4기통 엔진을 지닌 조악한 자동차를 선보였다. 당시의 가장 혁신적 교통수단은 기차였다. 기차 회사의 한 고관은 아마도 이렇게 말했을 것이다. 자동차가 길 위를 다니려면 땅 위에 홈을 파서 바퀴가 통과해야 한다. 그리고 땅속에서 석유를 뽑아야 하고 다시 가솔린으로 변환시켜야 한다. 가장 우스꽝스러운 것은 자동차는 겨우 두세 명만 탈 수 있다. 누가 자동차에 대해서 관심을 갖고 투자하고 구매하겠느냐. 그런 조롱을 받았을 벤츠 자동차였다. 그런데 우리는 2017년 상반기에만 벤츠 자동차가 독일 본토보다 한국에서 더 많이 팔렸다는 소식을 듣고 있다.

일본에 이어서 한국에서도 리플이 비트코인과 쌍벽을 이룰지는 아직 미지수다. 그렇지만 한국의 리플 열풍을 누가 주도하는지 추적하면 미래 예측이 조금이라도 가능하지 않을까. 리플 거래장에서 큰손의 존재와 개미의 역할에 대한 구체적 통계자료는 찾아보기 힘들다. 그래서 포털 네이버의 검색 트렌드 빅데이터를 활용했다. 검색은 관심을 반영하고 관심은 행동을 낳는다. 예상과 다르게 리플 검색 빈도는 12월 22일에 98로 최고점을 기록하고 23일부터 26일까지 수직 급락했다. 이것은 네이버를 모바일로 접속한 사람들로 성별과 연령을 구분하지 않은 결과이다. 그래서 이번에는 접속매체를 모바일에서 PC로 변경하고 연령층은 2040세대로 제한했다. 성별은 남녀 모두로 그대로 두었다. 그랬더니 흥미로운 트렌드가 발견되었다. 지난해 12월 24일과 25일의 검색지수 값은 10이었다. 하지만 26일에는 2배 가까운 19로 상승했다.

빅데이터 조사에 기초하면 한국에서 리플은 2040세대와 샐러리맨이 주도하는 것으로 볼 수 있다. 한국 사회에서 2040은 어떤 계층인가. 20대는 취업과 결혼을 포기했고, 30대는 직장에서 슈퍼맨이기를 강요당하고, 40대는 IMF 직격탄을 맞은 구제금융 세대이다. 이러한 2040세대에게 비트코인과 리플은 새로운 인생을 시작할 수 있는 투자기회로 다가선 것이다. 직장잡기와 내 집 마련이 언감생심인 이들에게 가상화폐는 탈출구인 셈이다. 이런 상황을 두고서 김프(김치 프리미엄의 줄임말: 해외와 비교해 현저히 높은 한국의 가상화폐 가격을 풍자하는 용어)라고 비난하는 것은 적절치 못하다. 정부는 우울한 2040세대가 리플노믹스에서 흔들리지 않고 중심을 유지할 수 있도록 도와줘야 한다. 주식과 부동산을 평가하는 공기관이 있는 것처럼 디지털 화폐의 가치를 제대로 조사하고 평가할 수 있는 정책을 펼쳐야 할 때이다.

비트코인은 규제기관과 공존할 수 없는가? [25]

비트코인이 등장한 지 얼마 지나지 않아, 사람들은 개인 간 간단한 거래를 넘어 새로운 무언가를 더 원하게 됐다. 프로그래머들은 비트코인에 구체적인 속성을 삽입할 방법을 고안하기 시작했다. 비트코인 블록 안에 특정한 자산을 기록하고 시도했는데, 이것이 바로 '토큰'(token)으로 발전하게 됐다.

이렇게 비트코인은 토큰의 형태로서 주식뿐만 아니라 집과 같은 부동산 자산까지 담을 수 있게 됐다. 토큰경제의 작동원리에 대해 금융계도 그 혁신성에 탄성을 자아냈다. 2013년 11월 벤 버냉키 전 미국 연방준비제도 (Fed) 의장에 이어서, 2015년엔 신용부도스와프(CDS)를 발명한 마스터스가 비트코인이 금융 혁명일 수 있음을 언급해 세상을 놀라게 했다.

그러나 규제기관이 토큰의 발행과 분배 과정엔 제도권의 승인이 불필요하다는 사실을 깨닫는 데 그리 오랜 시간이 걸리지 않았다. 그래서 전통 조직들은 자신의 존재를 인정받을 수 있는 소위 '허가된' 혹은 '하이브리드' 모델을 찾기 시작한다. 대표적으로 체인코어(Chain Core)다. 비트코인과 유사하게 체인코어는 자산의 생성, 통제, 이전을 참여자 간 탈 집중화된 네트워크에 저장한다. 현재 나스닥이나 씨티은행 등 전통 금융채널이 체인코어와 파트너십을 맺고 있다.

선진국일수록 디지털 혁신에 대처하는 방식이 유연하다. 영국·캐나다·호주 등은 '샌드박스(sandbox)' 접근법을 택했다. 샌드박스 규제란 제도권이 불확실하지만 잠재성 높은 기술에 '탐색과 학습'의 태도를 지니는 형태다. 아이들이 안전하고 자유롭게 뛰어놀 수 있도록 모래함을 설치해 두는 것에서 유래했다. 반면 한국은 암호화폐 규제 방식을 두고 표류 중이다. 규제 혹은 탈규제만을 생각하기 때문이다. 정책 집행의 편리성을 높이려는 해묵은 관료주의에 불과하다.

그러나 암호화폐 과세 방식만 해도 샌드박스를 설치하는 마음에서 쌍방향으로 대화한다면 생각하지 못한 해결책이 나올 수 있다. 예를 들어 비트코인의 애초 가격은 블록체인 운영에 소비된 전기요금을 고려해 매겼다. 비트코인 수수료는 거래금액이 아니라 처리해야 할 데이터 규모에 따라 변하는 편이다. 이건 암호화폐의 과세대상이 금전적 결과물이 아니라 제조와 유통에 이르는 과정(알고리즘)임을 시사한다.

하지만 알고리즘 과세의 형식과 내용에 대해서 아직 특별히 알려진 바가 없다. 그러면 정부가 먼저 알고리즘 과세의 계약 방식을 제시하는 게 맞다. 암호화폐 산업을 구성하는 채굴업자, 거래소, 결제회사, 개발자, 투자자 모두와 대화하고 배워서 공존하는 똑똑한 정부가 될 순 없나?

가상통화, 신성장동력으로 삼아야 [26]

이스라엘에서는 비트코인 거래와 유통과 관련된 스타트업이 늘어나면서 디지털 암호화폐 창업생태계가 조성되고 있다. 한 발 더 나아가, 이스라엘 정부가 2019년부터 국가공인 암호화폐를 만든다고 선언했다. 오스트리아에서는 아더·엔엑스티 기술을 이용하여 시민소통 게시판을 개선하겠다고 발표했다. 이런 상황에서 우리나라 정부가 비트코인에 대한 정책 초점을 규제에서 진흥으로 옮겨갈지 궁금증이 커지고 있다.

이스라엘이 말한 국가형 암호화폐는 기존 디지털 가상화폐와 어떤 차이가 있는 것일까. 먼저 비트코인 기반 암호화폐는 크게 2가지로 분류된다. 첫째, 원조인 비트코인 알고리즘을 부분 수정한 알트코인들이다. 대표적으로 이더리움과 지캐쉬 등이다. 이들은 비트코인의 아류로서 블록타임, 통화공급, 발행원칙 등 패러미터 값의 변경에 주안점을 둔다. 둘째, '디앱'(de-centralized application)으로 불리는 그룹이 있다. 이들은 기존 공개된 블록체인 시스템의 상단에서 새롭게 레이어를 추가하여 작동한다. 카운터파티와 어거 코인 등이다.

전통적 금융회사들과 재정기관들은 알트코인이든 디앱이든 어떤 것도 반가워하지 않는다. 왜냐하면 그것들이 비트코인 중심의 블록체인에서 운영되므로 중앙의 허락을 받지 않기 때문이다. 소위 비트코인 가족화폐들은 인터넷 뱅킹과 달리 이체시 금융기관으로부터 지급, 청산, 결제 기능이 자유롭다. 그리고 바로 그 장점 때문에 거래자들은 비트코인을 구입한다. 하지만 미국 월가의 금융기관들은 비트코인 없는 블록체인 혹은 '허가된' 블록체인 모델에 관심이 더 많다. 발행 및 거래 승인을 담당하는 중앙기관의 존재에 강조점을 둔다.

우리 정부는 방향성도 없이 표류하고 있다. 가상통화 과세방안을 마련한다고 분주할 뿐이다. 이것은 비트코인이 법정통화와 상호교환되는 것에 반대하지 않는 것으로 읽혀진다. 그런데 비트코인은 금융 분야 그 이상의 영향력을 지니고 있다. 따라서 비트코인과 블록체인 기술에 대한 온전한 이해만이 대담한 혁신정책을 낳을 수 있다.

암호화폐 산업은 거래소, 지갑, 결제, 채굴의 4가지로 구성된다. 캠브리지대 '글로벌 암호화폐 벤치마킹'에 따르면, 최소 1,876명의 전일제 근로자가 암호화폐 산업분야에 있다고 한다. 하지만 비공개된 채굴회사 종사자와 거래 및 결제의 서비스 복합기업의 종사자 수까지 포함하면 암호화폐 분야에서 일하는 사람들은 더 많을 것이다. 암호화폐 산업의 규모와 융합화를 고려하면 우리 정부는 비트코인을 통화나 자산으로만 취급하는 협소한 시각에서 벗어나야 한다.

비트코인의 급등락이 언론에 대서특필되면서 많은 사람들이 디지털 전자화폐에 대해 큰 관심을 가지게 되었다. 이것은 정책효과를 최대화시킬수 있는 호기임에 틀림없다. 그렇지만 우리 정부는 비트코인을 일시적 투기현상으로만 접근할 뿐이다. 암호화폐를 융합산업으로 분류하여 거래소, 지갑, 결제, 채굴 관련기업을 육성하고 해당 분야의 고용창출과 함께 국가의 디지털 동력으로 삼아야 할 때이다.

비트코인과 이더리움에 자주 붙는 별명이 '국적 없는 화폐'다. 중앙정부가 발행한 법정통화를 무력하게 하고 궁극적으로 국가주의를 부정한다는 것이다. 하지만 암호화폐 세계에 국가의 존재와 의미가 부여되는 점을 눈여겨볼 필요가 있다.

비트코인의 경쟁상대인 이더리움은 러시아 출신이지만 캐나다 대학을 다닌 비탈릭 부테린이 개발했다. 이더리움 본부는 스위스에 있다. 2014년에 설립하여 종업원 수는 160여명이다. 스위스를 암호화폐의 중심지로 만드는데 견인차 역할을 한다. 법인 소재지를 살펴보면, 리스크와 스테이테스네트워크토큰은 스위스에, 오미세고는 태국, 라이트코인과 퀀텀·뉴이코노믹무브먼트는 싱가포르, 웨이브 플랫폼은 러시아, 아더와 블록틱스·그로스톨은 네덜란드에 본부를 두고 있다. 뉴이코노믹무브먼트 법인은 싱가포르에 있지만, 일본팀이 주도해 일본에서 5대 화폐로 뽑힌다. 에이다도 일본팀이 개발하고 일본 자본으로부터 투자받아서 일본에서 인기가 높다. 리플은 일본의 이더리움으로, 리플을 '미스터 리플'로 존칭한 전용 거래소도 생겼다. 네오는 중국팀이 개발해 중국의 이더리움으로 불린다.

한 국가에서 개발이나 투자를 주도한 암호화폐가 그 국가에서 대중적 인기를 끄는 이유는 그리 놀랍지 않다. 암호화폐가 앞으로 활성화되면 자국 기반의 가상통화가 없을 경우 국가적으로 큰 손실이 될 것이다. 암호화폐가 법정통화를 대체하지 않는 한 현실공간에서 교환대상은 바로 현금이기 때문이다. 우리 정부가 암호화폐와 블록체인이 분리가능하다며 규제론을 내세우는 동안에 원화의 가치는 떨어지게 될 것이다. 케임브리지대가 조사한 글로벌 현황에 따르면, 결제회사에서 지원되는 국가별 통화는 달러 56%, 유로 56%, 파운드 42%, 위안화 33%, 엔화 23%로 나타났다.

비즈니스 뉴스커뮤니티인 크런치베이스는 전 세계 2천900여개 관련기업의 ICO(Initial Coin Offering) 현황을 조사했다. 2017년에서 2018년 2월까지 투자받은 스타트업의 38%가 미국에 집중되었다. 영국이 8%로 뒤를 이었다. 특징적인 현상은 싱가포르와 스위스가 각각 4%를 차지했다. 싱가포르는 중국계 관련기업이 많이 찾고 있다. 일본과 말레이시아도 관련기업이 선호하는 아시아의 인기국이다. 암호화폐 비즈니스를 허용하는 규제환경이 투자자와 기업을 유인하고 있다. 유럽에서 스위스는 '크립토 밸리'를 조성하고 ICO 친화적 가이드라인을 제정하면서 선호도가 더 높아졌다.

이런 상황에도 한국 정부의 규제 분위기는 쉽게 바뀔 것 같지 않다. 한국에선 ICO도 불가능하다. 규제가 잇따르면 지난해 12월에 우려하던 '김치 프리미엄'이 오히려 '햄버거 프리미엄'으로 변할 수 있다. 한국 거래소의 거래대금이 줄어들면서 역프리미엄이 나타난다. 국내 자본이 이웃 국가에 둥지를 틀고 국부 유출로 이어질 수도 있다. 장기적 관점에서 한국은 암호화폐로 재구축되는 경제질서에서 외톨이가 될 수 있다.

이더리움은 전 세계에서 한국 투자자들이 가장 많이 보유한 암호화폐로 알려져 있다. 평창올림픽에서 한 벤처기업이 이더리움 지불서비스를 선보이기는 했지만 아직 채굴, 결제, 지갑, 거래 분야에서 세계적 한국 기업은 없다. 리치토피아닷컴이 조사한 디지털화폐에서 가장 영향력 있는 100명을 보더라도 한국 기반의 개발자, 투자자, 기업가는 없다.

유엔도 지속가능한 발전이라는 고유목표를 달성하기 위해 영국 결제회사와의 협력계획을 밝혔다. 자연자원 보전과 민주주의 보호에 암호화폐의 긍정적 역할을 기대하기 때문이다. 프랑스와 독일은 아르헨티나에서 개최되는 G20 정상회담에서 암호화폐 규제이슈를 논의하자고 제안했다. 국경이 없다던 암호화폐에서도 총성 없는 전쟁은 계속되고 있다. 급변하는 트렌드에 한국의 법제도적 환경과 사회문화 인프라가 따라가지 못하고 있다.

대구경북 지자체 차원에서라도 암호화폐 개발자, 투자자, 기업인을 유인할 수 있는 경제자유구역을 만드는 것이 어떨까.

'플러그&플' 암호화폐, 정부 아직 뒷북 28

불과 수년 전만 해도 프린터 등을 새로 구입해 사용하려면, 내 책상 위 컴퓨터에 소위 드라이버(driver)라는 구동장치를 설치했어야 했다. 그런데 이제는 컴퓨터 윈도우즈(Windows) 시스템이 새로운 하드웨어를 자동적으로 인식하면서 이러한 번거로움이 사라졌다. 소위 플러그 앤 플레이(Plug & Play·PnP) 세상이 된 것이다. 컴퓨터를 잘 모르더라도, 인간의 개입이 최소화되면서 컴퓨터가 하드웨어 변화에 스스로 적응할 수 있도록 발전된 세상이 된 것이다.

4차 산업혁명의 선도국인 독일에서 2021년 4월 하노버 박람회가 온라인으로 개최됐다. 김인숙 과학기술정책연구원 박사에 따르면, 독일은 제조업 분야에서 미국과 중국의 거세지는 경쟁을 따돌리기 위해 혁신적 시도를 추진하고 있다. 눈에 띄는 것이 바로 유럽의 데이터 생태계인 가이아-엑스(GAIA-X) 프로젝트를 선도적으로 추진하면서 이를 제조업에 접목하는 것이다. 이 과정에서 데이터 기반의 맞춤형 스마트팩토리(Smart Factory KL)를 선보이고 있다. 기존의 스마트팩토리보다 수요자 요구에 부응한 주문생산을 효율화하기 위해 플러그 앤 프러듀스(Plug & Produce) 시스템을 도입한다. 홈컴퓨팅에서 플러그 앤 플레이가 스마트팩토리에서 플러그 앤 프러듀스로 진화하면서, 공장의 기계장치와 생산설비가 주문생산에 맞도록 모듈(module)화되고 유연하게 변화하는 것이다.

이제는 암호화폐와 가상자산 세계에서도 플러그 앤 플레이 시대가 도래하고 있다. 비트코인과 이더리움 등으로 대표되는 블록체인(blockchain) 기술을 생각하면, 수많은 컴퓨터 장비가 가득 찬 소위 채굴장이 떠올랐다. 하지만 이제는 스마트폰으로 암호화폐를 채굴하는 세상이 되었다. 사실 내 휴대폰에서도 지금 서너 개의 암호화폐가 매일 채굴되고 있다. 블록체인 세상에서 플러그 앤 플레이가 플러그 앤 풀(Plug & Pool)로 그 이름을 바꾸고 있는 것이다.

플러그 앤 풀이라는 용어는 내가 여기서 처음 쓰는 것이다. 영어 알파벳 P로 시작되는 것에서 암호화폐 비즈니스와 관련된 용어를 생각하다가 나온 것이다. 영어 단어 pool은 누구나 알고 있듯이 수영장이라는 명사로 사용되고 있다. 그런데 이 단어가 세계적 거래소인 바이낸스(Binance)가 암호화폐 채굴과 비즈니스 등과 관련해 사용하면서 블록체인 분야에서 널리 알려지게 됐다. 명사 이외에 동사로서 pool은 여러 사람들이 공동 활용의 목적을 갖고서 지식, 금전 등 여러 자원들을 모으다라는 뜻이 있다. 따라서 스마트폰에서 사용하고 남는 컴퓨팅 자원을 암호화폐 채굴에 동원하고 그 대가로 블록체인 코인이나 디지털 토큰을 보상으로 받는 것이다.

휴대폰으로 획득한 토큰과 코인 등이 당장 금전적 수익을 주는 것은 아니다. 어쩌면 22세기 범용 기술인 블록체인이 비트코인이라는 이름의 옷을 입고 21세기에 깜짝 등장해 사람들을 잠깐 놀라게 하고 사라질 줄 알았는데, 이제는 사회 전체를 혼란과 공포에 빠뜨리고 있다. 아니다. 2017년부터이니 사실 이런 현상은 시간이 꽤 지났다. 그럼에도 불구하고 우리 정부는 4차 산업혁명 시대의 변화된 플러그 앤 풀 체제에 수동적으로 구동장치를 설치하려고 시도하는 것처럼 보인다. 이런 구시대적 발상이 계속된다면, 발명도 진보도 혁신도 한국 사회에서 더 이상 찾기 힘들 것이다.

지역사회와 의사소통

지진스마트거버넌스(ESG)는 경상북도가 선도해야 [1]

사회·자연 재난은 전국적으로 일어나지만 일단 안전사고가 발생하면, 언론을 비롯한 한국 사회의 이목은 서울 중심주의에 빠져 있다. 서울과 가까울수록 국가적 위험과 중대한 위기 상황이 되면서, 시민에 대한 보호책임에 있어 정치인 및 공무원의 역할론이 대두된다.

다른 한편에서 재해·재난이 서울로부터 멀어져 발생할수록 단순한 사건·사고 위주의 사회부 뉴스거리로 처리된다. 설상가상으로 지방 재난은 피해 지역과 주민에 대한 꼬리표 붙이기 즉 미디어의 낙인(烙印)효과도 있다. 한국 사회에서만 볼 수 있는 희생자 책임론이 부각되며, 비난의 부메랑은 피해자에게로 돌아온다.

일반적 사회·자연 재난과 다르게 지진에 대한 관심은 전국적이어야 한다. 경주, 울산, 포항 일대는 원자력 발전소, 화학공장, 제철소 등의 밀집지역이기 때문에 방사능 누출 및 방재 사고의 위험이 국토 전역으로 퍼질 수 있기 때문이다. 그런데도 2016년 9월 경주 지진이 발생했을 때를 상기하면, 재난주관방송사인 KBS 1TV는 이날 오후 7시 44분 규모 5.1의 전진에 이어 8시 32분 규모 5.8의 본진으로 전국이 공포에 휩싸였을 때 정규편성인 '우리말 겨루기'와 드라마 '별난 가족'을 방송했다. 중간에 자막과

4분짜리 특보를 내보냈지만 그게 전부였다.

따라서 재난에 대한 한국 사회 전체의 복원력을 높이고 지역 시민의 자발적 참여와 공동체적 신뢰를 높이기 위해서는 중앙부처와 KBS에만 의존한 재난 소통 거버넌스를 개선해야 한다. 특히 서울 기반의 공공기관과 미디어는 지방에서 발생한 위기와 위험을 이벤트로 접근하면서 선정적이고 개인화하는 경향이 있다. 이러한 문제점을 해결하기 위해서 그 어떤 대책보다, 지진 분야의 재난 안전 거버넌스를 경상북도와의 긴밀한 협력으로 구축하는 것이 정책 성공의 관건이다.

한편 「재난 및 안전관리 기본법」 제12조에 따르면, 지방자치단체(지자체)는 관련 조례를 제정하여 지역 재난방송협의회를 운영하고 이 협의회가 재난방송 내용의 효율적 전파방안과 중앙 부처, 지자체, 방송사업자 간의 역할 분담과 협력 체계 구축에 관한 사항 등을 심의하도록 할 수 있다.

그러나 2022년 12월 12일 자 국회입법조사처에서 발간한 '이슈와 논점'을 보면[2] 지역 재난방송협의회 설치 근거를 마련한 곳은 강원도, 경상남도, 경상북도, 대구시, 대전시, 서울시, 인천시, 제주도 및 충청남도의 9개 지역으로 17개 지자체의 절반 수준이다. 그런데 한 발짝 더 들어가 보면, 지역 재난방송이 재난방송온라인시스템까지 연계된 지자체는 경상북도, 대구시, 강원도에 불과하다. 사실 경상북도는 17개 지자체로는 처음으로 긴급 재난 상황을 지상파와 유선방송을 통해 도민에게 10초 안에 전파하는 재난 상황 자동 시스템을 구축하기도 했다.

이것은 경상북도가 지역 차원에서 재난의 예보, 경보, 통지나 응급조치 및 재난 관리를 위한 재난방송뿐만 아니라 온라인시스템이 원활히 수행될 수 있도록 각별한 노력을 기울이고 있음을 시사한다. 나아가, 경북은 자연 재난과 연계하여 지역 차원의 재난 특수성을 반영한 맞춤형 대응 방안을 강구하기 위해서 지속해 노력하고 있다.

경상북도와 대구경북연구원이 서로 협력하여 2017년에 '재난안전연구센터'를 개소하여 산학연관의 쿼드러플(quadruple) 헬릭스 공조 체계의 구축과 강화를 선도하고 있다. 대구교통방송은 지난 2016년 경주지진이 발생했을 때 일반 언론사들보다 2분 먼저 뉴스를 송출하는 등 재해재난에 특화되어 있다. 대구 성서 공동체 FM은 지역 재난방송으로서 공동체 라디오의 역할에 대한 특집 세미나를 2022년에 기획했다.

경상북도는 주민의 자발적 재난 안전 대응력을 높이기 위한 새마을운동 등 기존의 풀뿌리 공동체 조직과 연결한 지진 문제 해결형 실행공동체(Community of Practice, CoP)를 활성화하기 위해서도 노력하고 있다. 나아가 기존의 관광산업과 연계한 자연환경 기반 다크(dark) 투어리즘을 통한 지역 상권 활성화도 가능하다. 지진 관련 현장을 제주도 화산지대와 같이 지질공원으로 특화하여 지역 이미지 개선 및 저변 확대를 위한 비즈니스 소재로 활용할 수 있다.

지진스마트거버넌스(Earthquake Smart Governance, ESG)는 관례대로 서울에 소재한 공공기관, 미디어, 정치인 등이 주도해서는 성공할 수 없다. 재난 현장 지역이자 지진 발생 시 대응과 복구의 전문역량을 갖춘 경상북도가 ESG를 선도할 수 있도록 예산과 인력을 대폭 지원하는 것이 합리적이다. 이를 위해서 중앙부처는 경상북도가 주도하는 관련 국책사업을 예산에 적극 반영하여 지자체와 도민의 자발적 준비성을 높이기 위한 실질적 지원을 수행해야 한다.

지역신문발전에 모르쇠하는 대통령 후보들 3

대통령 선거가 목전이다. 그렇지만 지역신문발전에 대한 후보들의 관심이 턱없이 부족하다. 대선 토론회에서도 윤석열과 안철수는 여당의 징벌적 손해배상 위주의 언론중재법 개정시도를 비판하는데 몰두할 뿐이었다. 이재명이 내 놓은 지역신문 발전방안은 바우처 제도이외에 새로운 정책이 안 보인다. 자치분권과 지역 공동체 공론의 실질적 활성화를 위한 특단의 대책이 앞으로 필요하다.

그동안 지역 언론계에서 줄곧 요구했던 '지역신문발전지원 특별법 개정안'(지역신문발전법)이 지난 2021년 12월 9일 국회 본회의를 통과했다. 개정안의 핵심 요점은 2022년 12월까지로 규정된 유효기간을 삭제해 지역신문발전법을 상시화하는 것이다. 늦었지만 환영할 일이다. 그렇지만 이번 법안 통과는 균형적 언론 생태계 조성을 위한 첫걸음에 불과하다.

지역신문이 겪는 대내외적 어려움은 어제오늘의 일은 아니다. 신문사의 경영이 안정되어야 건강한 저널리즘을 구현할 수 있다. 하지만 포털과 SNS 매체의 확산으로 유료 구독을 통해서 뉴스를 접하는 사람들은 거의 없다. 뉴스 소비의 방식이 과거와 비교하여 완전히 바뀐 것이다. 뉴스 편집권을 지닌 포털이 언론과 수용자 사이에서 군림하다시피 하고 있다. 포털의 뉴스 스탠드나 콘텐츠 제공자로 등록하기 위한 심사 과정을 보면 지역 언론에 대한 홀대가 이만저만이 아니다.

지역신문의 경영을 어렵게 만드는 또 다른 요인은 광고 수주이다. 지역에 본사를 둔 몇 안 되는 기업들마저 수도권으로 이전하면서 아파트 분양 광고 이외에 광고주 구하기는 하늘의 별 따기 수준이다. 상황이 이러다 보니 기자들이 비판과 감시해야 할 대상인 지자체와의 제휴, 협찬 등이나 공공 기관의 광고를 얻기 위해서 동분서주하는 것이 현실이 되었다.

서울의 메이저 신문사와 비교해서 1인당 인건비는 절반 수준에 불과하다 보니 지역 대학이 배출한 인재를 적극적으로 채용하기 힘든 실정이다. 사실 지역신문의 발전과 성장을 저해하는 가장 큰 원인은 서울 집중화에 따라 국토의 균형발전이 불가능해졌기 때문이다. 이서현 제주대 교수는 9개 지역신문을 대상으로 2003년 7월부터 2021년 9월까지 균형발전에 관한 사설을 분석했다. 그 결과를 보면, 균형발전 이슈에 대해 시기에 따라 약간의 차이는 있지만 중앙 정부의 일관성 없고 신뢰 없는 정책에 대한 호소, 요구, 책임이 나타나 있었다. 특히 경제와 관련한 촉구형 논조가 압도적으로 많았다.

이서현 교수에 따르면, 지역신문의 사설들이 균형발전의 핵심으로서 정치, 행정, 복지, 교육보다 경제 영역을 주목하고 있다. 이것은 지역 언론계의 입장에서 무엇보다 재정적 이슈를 중심에 두고 지역신문발전법이 앞으로 개정되어야 함을 시사한다. 서울 언론사에 비해 열악한 경영 상황을 개선하는 것이 곧 균형발전을 의미하는 것이다.

악화된 지역 언론계의 재정 상황을 제도적으로 실현하기 위해서 어떤 조치와 정책이 필요한가? 이중(dual) 전략을 통해서 지역신문이 우리 이웃 공동체의 참된 공론장으로서 역할을 할 수 있게 견인해야 한다. 하나는 국내 언론사와 콘텐츠 기업의 불공정 관행을 개선해야 하고 또 다른 하나는, 글로벌 시장에서 활동하는 빅테크와 플랫폼 서비스를 상대로 해서 반드시 무언가 성과물을 획득해야 하는 것이다.

골목 상권까지 침해하는 대기업을 규제했듯이 포털의 지역신문 홀대와 서울권 신문사와 통신사의 저인망식 취재와 보도관행에 대한 개선책을 마련해야 한다. 동시에 지역신문이 자립적 경영 기반을 마련하도록 인프라 기반의 균형발전 정책을 기획하고 신속히 집행해야 한다. 중앙정부와 정치권이 앞장선다면 지자체가 수수방관하면 안 된다. 이서연 교수가 지적했듯이 균형발전 이슈에 있어 지방정부의 '무능'이 상황을 더 악화한 측면도 있다.

이제는 공영방송(KBS), 종편뉴스(JTBC), 포털(네이버)을 제치고 유튜브가 뉴스를 가장 자주 접할 뿐만 아니라 가장 영향력 있고 또 신뢰할 수 있는 매체 1위로 올랐다. 이에 지역신문에서도 생존을 위해서 지면 제작과 홈페이지 운영에서 벗어나 유튜브에 TV 채널을 개설하고 영상으로도 뉴스를 제작하고 있다. 그렇지만 지역신문의 유튜브 저널리즘의 활성화와 저작권 보호를 위한 맞춤화된 정책을 찾기 힘들다. 나아가 블록체인과 엔에프티 (NFT, Non Fungible Token) 등 첨단기술이 지역 언론계를 조만간 대변혁시킬 것으로 예상되지만 이에 대한 특단의 대책이 부재하다.

한편 호주 통신미디어청(ACMA: Australian Communications and Media Authority)의 이 주도한 2021년 2월의 '뉴스미디어협상법'((News Media Bargaining Code)은 시사점이 크다. 구글과 페이스 등의 글로벌 플랫폼 기업이 호주 언론사가 생산한 뉴스와 콘텐츠를 게시하거나 사용하려면 그 비용을 지불하도록 명령하고 있다. 당사자 간 협상이 원활한 협의에 이르지 못할 경우, 강제조정이 가능하도록 했다. 이 법에 따르면 호주 언론사가 글로벌 디지털 기업을 대상으로 사용료 협상을 하기 위해서 통신미디어청에 사전 등록을 신청해야 한다. 일정 기준을 충족한 언론사는 온라인 및 오프라인을 통해서 유통되는 다양한 콘텐츠에 대해 구글과 페이스북에 사용료를 청구하고 협상할 수 있다.

중앙정부가 적극적으로 나서서 거대 글로벌 플랫폼과 자국 미디어 기업 간에 상업적 거래가 성사되는 인프라 환경을 만드는 호주의 사례는 매우 모범적이다. 이 과정에서 호주의 지역 언론사 역시 뉴스 사용료를 받게 된다. 이와 비교하면, 우리 정부와 정치권은 글로벌 서비스로부터 지역신문 보호와 관련해 '모르쇠'로 일관하는 편이다. 특별법의 상시법 통과에 자족할 것이 아니라 균형발전 정책실현을 위해 더욱더 분발해야 한다.

지방시대위원회, 교수 채용에 지방대 할당제 실시에 앞장서야 [4]

최근 몇 년간 뉴스에서 고령화와 인구 유출 등으로 지방의 많은 소도시가 사라진다고 수시로 보도했다. 벚꽃 피는 순서대로 문 닫는 지방대 이야기는 이제 뉴스도 아니다. 이렇다 보니 사람들이 지방 소멸이나 지방대 위기라는 말이 나오면, 공감의 표정보다 오히려 해당 이슈에 피로감을 내비친다. 서울이 아닌 지방 사람이라고 반응이 크게 차이가 나는 것도 아니다.

가끔은 피해자 책임론도 제기되곤 한다. 지방대의 입학정원 미달에 관해서 과거에 이미 정해진 출산율이 암울한 미래를 이미 예측을 했었다. 그런데 지방대가 자구책을 마련하기 위한 노력을 하지 않고 있다는 논리이다. 설상가상으로 서울권 언론사는 지방대에서 작은 문제라도 나오면, 해당 사례를 통해 부정적 이슈를 과대 보도하는 경향도 있다.

그런데 지방이 정말 사라지면, 한국 사회 전체가 심각해질 수 있으니 이 문제를 진지하게 토론하자는 반응도 있다. 예컨대 KBS창원이 '소멸의 땅, 지방은 어떻게 사라지나' 프로그램에서 이 주제를 빅데이터 기반 탐사보도로 제작해서 주목을 받았다. 해결책으로 자주 제시되는 것이 수도권 집중을 줄이고 국가 균형 발전을 해야 한다는 대응이다. 지방 분권을 헌법에 명시하여 격차를 해소하자는 시민운동 단체까지도 나왔다. 교수단체는 고등교육재정교부금법 제정과 지역고등교육위원회의 공공성 확보 방안이 시급함을 주장했다.[5]

KBS창원이 시도한 것처럼 미디어가 저출생, 고령화, 수도권 집중 때문이라고 보도하는 경향을 주제 프레임이라고 한다. 광범위하고 추상적인 방식을 통해, 사라지는 지방과 지방대 등의 이슈를 제시하는 미디어의 경향을 의미한다. 주제 프레임은 특정한 이벤트에 초점을 맞추는 에피소드 프레임에 자주 대비된다. 입체적으로 조명하는 주제 프레임이 특정한 사건이나 일화 기반의 에피소드 프레임보다 숨은 맥락을 더 잘 전달할 수 있기 때문이다.

지방을 위한 최선의 프레임이나 정책이 구체적으로 무엇인지 아는 사람은 거의 없다. 그렇지만 격차 해소론이나 균형 발전론 같은 거시적 틀에서의 주제적 접근도, 지역 특성화와 지방대 지원론 같은 다소 전략적 프레임도 정답이 아닌 것은 분명하다. 지금 단계에서는 당장 효과를 가져올 혁명적 제안에 귀를 기울이고, 담대한 정책 결정을 내려야 한다.

조영달 서울대 교수와 우동기 지방시대위원장(국가균형발전위원장) 등이 서울대와 수도권 대학의 학부를 폐지하라는 파격적인 주장이 대표적 사례이다. 서울권 대학이 학부를 폐지한 이후에 연구중심 대학원으로 개편하는 것만이 지방 소멸 해소뿐만 아니라 교육 체제 혁신, 과학기술 강국, 전문연구 내실화 등으로 이어진다는 것이다. 이러한 파격적 제안에 한 발짝 더 들어가 보자. 당장에 '교수 채용에 지방대 할당제'가 시급히 필요하다.

서울경제 2022년 2월 24일 보도에 따르면, 서울대 이공계 교수 75%가 모교 출신이다.[6] 이러한 현상은 연세대, 고려대 등 서울권 대학의 보편적 현상이다. 정부는 지난 1999년 서울대 교수 채용에서 특정 대학의 학사학위 소지자가 모집 단위별 채용 인원의 3분의 2를 넘지 않도록 법으로 규정했다. 하지만 여전히 서울대 이공계열 교수 4명 중 3명은 모교 출신이다. 글로벌 차원에서 보면 이러한 인력구조는 외부의 환경 변화에 유연하게 전혀 대처할 수 없는 시스템이다.

서울대가 서울권 비(非)서울대 출신도 뽑지 않은 순혈주의 상황이 계속 나타나는데, 지방대 출신 할당제는 파격적 정책일 수 있다. 하지만 지방대 출신 박사가 비서울대 연구자 집단에서 가장 차별받고 소외당하는 계층이다. 졸업한 학부가 지방대라고 연구역량 전체를 자동 반사적으로 부정되는 것이 오늘날 현실이다. 교수 채용에 지방대 할당제야말로 학문적 동종 교배를 막고 임용 과정의 문화적 다양성을 확보할 수 있는 길이다.

이 제도가 도입되면, 지방대 교수들의 연구와 교육 활동에도 큰 영향을 미칠 것이다. 사제 간 의기투합으로 강의실과 연구실의 불이 꺼지지 않으면, 지방 전체가 희망으로 가득 찰 것이다. 지방대는 학생과 교수 모두 집단적 패배주의에 빠져 있는 형편이다. 대학 본부도 연구와 교육의 품질 경쟁보다, 서울권 대학과 비교해 소위 생활비와 등록비가 저렴하다는 비용 논리를 갖고서 대외 홍보를 하고 있는 실정이다. 창의적이고 비판적인 캠퍼스 문화는 먼지로 가득 찬 유품과 마찬가지인 상황이다.

교수 채용의 지방대 할당제가 모교 출신과 서울권 대학 졸업생에 대한 역차별이 될 수 있다는 반박은 어불성설이다. 미국과 유럽의 선진국 대학을 보라. 그들은 세계 대학 랭킹이 자신보다 훨씬 낮은 서울대 출신을 교수로 차별 없이 채용한다. 출신 학부가 아닌 국제 학술지에 게재한 논문 실적이 평가 기준이기 때문이다.

지방대 중심의 이종교배를 강화하면 궁극적으로, 정실주의를 탈피해 국가 경쟁력을 높일 수 있다. 여성과 외국인에 대한 개방에서 한 걸음 더 나아가, 지방대 할당제를 도입하여 임용의 다양성을 확보하는 것이 국가 시스템을 획기적으로 뜯어고칠 수 있는 길이다. 법으로 명시적으로 규정해서 교수 채용에 자유로운 시장경쟁 체제를 도입해야 한다.

이준석 주목도 호남이 대구 서울보다 2배 많아 [7]

이준석 대표의 8월 13일 기자회견 후폭풍이 아직 뜨겁다. 그는 당시 윤석열 후보를 대통령으로 만들기 위해 자신이 누구보다 더 열심히 뛴 사람임을 강조했다. 자신이 대표로 있었기에, 보수정당 혁신에 대한 기대감으로 8090년대생인 MZ 세대의 당원 가입도 문전성시를 이루었다고 한다.

국민의힘의 불모지 호남에서도 그는 역대 어느 보수 정치인에 비교가 안될 만큼 큰 역할을 했음을 시사했다. 이 대표의 이러한 노력이 윤 후보와 국민의힘에 대한 2030 세대와 호남 유권자의 인식과 태도 등에 긍정적 영향을 미쳤는지를 과학적으로 분석한 연구를 찾을 수가 없었다.

그렇지만 이 대표가 국회에서 기자회견을 하던 오후 2시~3시 사이에 구글에서 "이준석 기자회견"을 가장 많이 검색한 지역은 전라남도(100), 전라북도(76), 광주(67), 강원도(63) 등으로 나타났다. 호남 지역에서 회견 내용을 가장 많이 찾아본 것이다. 반면에 대구(50), 부산(49), 서울(48) 등은 호남의 절반 수준이었다. 8월 14일 수집 기준으로 최근 7일 이내의 구글 트렌드 결과이다. 구글 검색 빈도는 관심도를 반영한다. 연관 검색어는 '국민의힘' '이준석 나이' '윤석열 지지율' 등이었다. 빅데이터 결과를 고려해 회견의 영향을 해석한다면, 호남에서 이 대표에 대한 주목도가 국민의힘과 윤석열 정부에 대한 호의적 참여를 끌어내 지지율까지 견인할 확률도 존재한다.

대선 당시 캠페인 분위기를 돌아보면, 정권교체라는 거대 프레임 이외 국민의힘이 선거 과정에서 내세울 만한 중소 규모의 이슈가 부재한 상황이었다. 이런 맥락에서 보면, 정권교체로 달려가는 자동차에 이 대표의 남성 연대론과 세대 분리론이 가속 기어의 역할을 한 것은 부인할 수 없다. 정부 예산의 0.24%밖에 차지하지 않는 초미니 부처인 여성가족부의 폐지를 둘러싼 논쟁은 유권자의 성(性) 정체성에 맞춤화된 캠페인을 낳았고, 투표 결과에서도 확인되었다.

"대통령도 사람이다"라는 홍준표 시장의 논평에 "대통령만 사람이냐"라는 이 대표의 항변은 선거 이후 변화된 징계 상황에 대한 반발심을 보여준다. 그에게 아직 시간이 많으니, 와신상담하며 도전의 시간을 기다리라는 것은 꼰대의 상투적 문구로밖에 들리지 않는다. 그와 뜻을 함께하는 같은 세대의 청년 집단에게 기다림의 미덕이란 애초 없기 때문이다. MZ 세대에게 역경 극복의 메시지는 성장과정에서 일상적으로 들었지만, 오늘 당장이 최고의 선물이라는 것을 깨닫는데 얼마 걸리지 않았다.

85년생 이준석은 윤핵관의 중심인물로 권성동(1960년)과 장제원(1967년) 등을 지목했다. 그들은 86세대의 직속 후배인 70년대생을 다뤘던 유사한 방식으로 이 대표가 대변하는 MZ 세대를 접근했던 것이 아닐까. X세대로 불린 70년대생은 선배 세대로부터 시키면 시키는 대로의 방식으로 행동한 경향이 컸다. 이 대표는 86세대의 그늘 아래에서 위축되어 집안 삼촌 격인 X세대가 목소리를 내기조차 힘든 것을 보고서, 이번에 물러나면 국민의힘에서 숨조차 제대로 못 쉬고 사라진다고 생각했을 것이다.

이런 관점에서 본다면, 이준석의 무모하리만큼 과감한 행보는 MZ 세대가 보일 수 있는 정상적 반응이다. 하지만 분명한 것은 그의 남성 연대론은 여성 혐오론으로, 세대 분리론은 세대 배제론으로 작용한 측면이 있었다. 진보 진영은 그를 꼬마 트럼프라고 부르며 국민 분열의 정치를 하고 있음을 지적하기도 했다. 황정미 서울대 여성연구소 연구원에 따르면, 지난 선거 과정에서 2030 여성들이 느낀 불안감은 대선 직후 스프레이, 경보기, 가스총 등 여성 안전과 호신용품 주문량의 급격한 증가로 나타났다고 한다.[8]

한편, 무엇보다 이번 징계 문제의 시작은 그의 신상 이슈에서 나왔으니 더 이상 논의할 가치조차 없다는 여론도 있다. 그리고 최고 권력자는 선거 과정에서 희생한 일꾼일지라도 오늘 새로운 동지가 나오면 언제든지 대체할 수 있다. 이런 상황에서 이번 인터뷰는 청년 정치인의 윤리 문제, 선거 기간 공신의 토사구팽, 가신 그룹의 권력 독점화, 대통령 초기 지지율의 추락, 차기 총선의 공천 주도권, 해결책이 안 보이는 민생과 코로나 재유행 등이 복합적으로 뭉쳐져 있다.

이 대표가 이번 대선을 손익분기점으로 자기 정치의 로드맵을 작성했는지 모르겠다. 그런데 이 대표가 갑자기 막다른 골목에 몰렸다. 그래서 자신의 위치와 역할에 대한 위협을 느끼고 자신을 보호하기 위한 불가피한 행보였다는 입장에도 공감한다. 하지만 정치란 하루하루가 모험이다. 서로 다른 이해관계자를 설득하거나 만족시킬 수 있는 스토리와 자원을 항상 준비해야 한다. 끝으로 이 대표가 혐오주의를 집권을 위한 선거 전략으로 이용한 것은 팬덤 정치보다 민주주의에 더 나쁜 행위임을 잊지 않기를 바란다.

파워풀 대구, 시민 욕구 충족하는 혁신 우선해야 [9]

홍준표 시장의 파워풀 대구가 출발선을 떠났다. 앞으로 4년의 성과는 시장에 대한 지지여부와 상관없이, 우리 모두의 삶의 질에 영향을 미칠 것이다. 특히 산업정책과 기술혁신의 방향은 일자리와 경제 문제와 관련되기에 중요한 분야이다. 그런데 주변의 이야기를 들어보면, 위에서 아래로의 정책집행에 익숙한 것으로 보인다. 하지만 기술혁신은 제품과 서비스의 최종 수요자 입장에서 기획과 개발이 이루어져야 한다.

미국 라스베이거스에서 매년 열리는 CES(소비자가전전시회)에 참여하는 기업을 보면, 이용자 관점에서 기술력을 과시하는 것이 인상적이다. 이 전통은 CES가 1967년 뉴욕에서 처음 열렸을 때, 당시 크고 무거워서 들기조차 힘들었던 라디오의 포켓용 제품을 출시했을 때부터 시작되었다. 언제 어디서나 듣고 싶은 소통 욕구의 충족을 라디오 개선의 최우선 목표로 삼은 것이었다.

기술기획과 산업재편 과정에서 정책 담당자와 공학자 집단은 1943년에 발표한 매슬로우(Abraham Maslow)의 '인간 욕구 5단계 이론'을 귀담아 들을 필요가 있다.[10] 인간은 누구나 생리적 욕구, 안전과 보안의 욕구, 소속과 사랑의 욕구, 존중과 인정의 욕구, 자아실현 욕구로 순차적으로 이어지는 내재된 동기가 있다는 이론이다.

가장 최근에 열린 CES2022에서도 근본적 욕구를 해결하는 기술이 눈길을 끌었다. 1단계인 생리적 욕구를 만족시키는 전시품으로 '조루 방지 기구'와 '코골이 베개'이다.[11] 약 70퍼센트의 남자가 실제 조루이거나 염려증을 갖고 있다고 한다. 그래서 뇌파 조절 장치를 통해서 성교(性交) 시간을 연장하는 제품이다. 베개는 2년 연속 혁신상을 받은 우리나라 기업의 출품작이다. 고객의 코골이 데이터를 인공지능으로 학습한 이후 베개 높이가 자동으로 조절된다.

인간이 지닌 차원별 욕구를 이해하면 지자체의 신산업 유치나 산업구조 재편에서 기존에 생각하지 못한 시사점을 얻을 수 있다. 예컨대 매슬로우의 2단계 욕구의 관점에서 보면, 산책로나 둘레길에 밝은 조명이나 재난이나 위험시 대피시설 등이 잘 구비되어야 있어야 많은 사람들이 찾게 된다. 이런 관점에서 보면, 대구가 구축한 스마트시티 플랫폼은 산업적인 측면에서도 관광객 유치에서도 적절한 선택이었다.

코로나 전염병 기간에 전통적 신문과 방송 등 소위 레거시(legacy) 미디어 이용이 많이 증가했다고 한다. 그렇다고 온라인 게임이나 소셜 미디어 사용이 줄어든 것도 아니다. 위축된 외부활동에 대한 보상으로서 장·노년층이 미디어를 통해 '준사회적 상호작용'(para-social interaction)을 했을 가능성이 높다. 이 작용은 사람들이 미디어에 나온 연예인이나 정치인 등과 대화와 관계를 맺고 있다는 느낌이다. 소속감을 갖거나 사랑을 받고 싶은 3단계 욕구에서 나오는 것이다.

4단계가 되면 소속감을 넘어 존경받고 싶어진다. 언제부터인가 모든 디지털 제품과 서비스에는 맞춤화된 알고리즘이 자리매김하고 있다. 기술이 극도로 개인화되는 것은 인간과 가장 최적화된 교류를 하기 위해서이다. 최종 소비자가 자신이 구매한 물건을 사용하면서 어떤 의미 있는 경험을 가질 때, 비로소 고객으로서 제대로 인정받았다고 생각하기 때문이다.

매슬로우가 말한 마지막 단계는 자아실현의 욕구이다. 앞선 단계들과 비교하면 5단계에서 인간은 정신적으로나 신체적으로 자신의 활동이 재미있고 유익한 뭔가로 끝나기를 원한다. 예컨대 자신이 방문하거나 여행한 장소의 사진과 감상을 SNS에 포스팅하거나 댓글을 작성하는 것이다. 텃밭 가꾸기는 코로나 기간에 사람들이 많이 한 대표적인 활동으로 뽑힌다. 식물이나 농작물을 키우고 그 기록을 남기면서 해방감과 성취감을 얻는 것이다.

사람이 가진 다양한 감정과 행동방식을 순차적으로 해결하는 기술혁신만이 4차 산업혁명에 제대로 대응하는 길이다. 나아가 포그(BJ Fogg)는 저서 '설득 테크놀로지'(Persuasive Technology)에서 기술은 인간에게 도구, 미디어, 행위자의 역할을 과거보다 더 효과적으로 수행하기 위해서 발전 및 진화한다고 주장한다.

빅테크와 플랫폼 기업들은 매슬로우와 포그의 이론을 새로운 기술의 연구개발 과정에 능동적으로 적용하고 있다. 단순히 도구와 미디어로서만 기능하던 기술은 시장에서 자연스럽게 도태된다. 텔레비전, 냉장고, 세탁기, 자동차, 전화기, 에어컨처럼 소멸되지 않고 오랜 시간 생존하는 범용기술이 되려면 인간이 지닌 원천적 욕구를 해결하는 또 다른 행위자가 되어야 한다.

대구시도 시민의 동기와 욕구의 관점에서 기술혁신을 접근하고 산업구조 개편에 예산을 사용하자. 대구시는 최근 몇 년간 산업정책이 새로운 용어들 따라잡기에 치중한 나머지, 언어적 유희와 구호성 말잔치에 그친 것이 아닌지 돌아봐야 한다. 중요한 것은 지방 정부가 산업정책에서 하드웨어의 표면적 변화상만을 보지 말고 도구, 미디어, 행위자가 통합되는 새로운 기술의 본질을 간파하는 것이기 때문이다.

제주와 경북, 지방살이의 멍청한 산만함 [12]

　최근 몇 년 전부터 특정 지역에서 한 달 살기가 시대적 트렌드로 떠올랐다. 짧은 일정으로 유명 관광지에 가서 많은 사진을 찍고 바로 떠나는 패키지 투어의 효율성을 거부한 문화적 움직임이다. 한 달 살기는 거주하는 여행이다. 제한된 시간과 꽉 찬 일정이 주는 불안감 없이 정신적으로 편히 쉬는 슬로우 투어이다. 특히 일을 놓을 수 없고 효율적으로 업무처리를 원하는 사람들에게 인기가 많다. 한두 달 외지 살기는 오히려 마음이 편안한 여행이자 원격 근무이기 때문이다.

　효율적 집중력이 아닌 멍청한 산만함이 시간 낭비가 아닌 새로운 가치로 부여받고 있다. 이러한 시대적 흐름은 인구감소로 소멸할 우려가 있는 지방의 기초지자체에 새로운 기회이다. 예컨대 소멸 지수가 높은 경상북도는 두 주소 갖기 운동을 통해 관계 인구를 늘리는 정책을 펼치고 있다. 멍때리기, 슬로우 투어, 외지 살이를 원하는 사람들이 점차 생겨나고 있다는 건 그래서 반가운 일이다. 햇빛도 비추지 않는 지하철에서 사무실로 바쁘게 돌아가던 서울 생활에서 탈출한 사람들을 위해 지방이 해방의 공간이 되는 것이다.

　이런 점에서 제주MBC가 기획한 '나는 제주로 출근한다' 프로그램은 인상적이다.[13] 제주도는 국내외 사람들에게 휴가지의 대명사이다. 그런데, 지자제가 아닌 방송사가 육지에 살고 있는 아홉 명을 선발하여 제주에서의 워케이션 체험기를 기획했다. 워케이션(workcation)은 일(work)과 휴가(vacation)의 합성어로 일하면서 즐기는 삶을 의미한다. 휴가지에서 일까지 함께 하는 제주도 실험은 그 성공 여부와 상관없이, 많은 지자체가 벤치마킹할만한 가치 있는 시도이다.

　경상북도에서 적극적으로 구축하는 메타버스 플랫폼은 지방살이를 위한 이동성(mobility)의 부담을 줄여준다. 경북도는 최근 중앙 정부의 '메타버스

플랫폼 개발지원 공모'분야에 서울·전북과 함께 선정됐다.14 이에 경북의 한옥마을과 독도가 메타버스로 재탄생한다. 안동 하회마을, 경주 양동마을, 의성 고운사 등이 3차원 공간으로 만들어진다. 자신의 뜻과 다르게 당장에 지방살이를 못하는 사람들은 경북형 메타버스를 통해, 의사 결정에 대한 선택의 다양성을 높일 수 있다. 사람들은 디지털트윈 공간에서 단기적이지만 이동성을 연습하면서, 지방살이의 순환적 삶을 더 탄력적인 것처럼 느낄 수 있다.

코로나 사태로 재택근무가 급격히 확산하고, 두 번째 거주지에 대한 수요도 많이 생기고 있다. 서울정주가 지방살이보다 생산성과 창의성을 억누른다는 연구결과를 찾지 못했지만, 실제로 두 지역을 오고 가는 사람들이 자연과 조화를 이룬 환경에서 참신하고 창의성 있는 아이디어를 상대적으로 많이 생산한다고 말한다. 도시살이는 화상회의와 유사하게 특정 주제에만 집중하는 환경이 조성되고, 창의력을 확장하지 못하는 결과를 낳을 수 있다. 반면에, 지방살이는 주변의 여러 사물들에서 단서를 찾으며 광범위한 탐색을 가능하게 하므로 독창성을 발휘하는데 좋을 수 있다.

한두 달 살이 사람들이 쉬어도 괜찮고, 일해도 괜찮은 일시적(ad-hoc) 프로그램을 만들자. 일시적이라는 것은 임시적이라는 의미가 아니다. 그들이 자발적으로 자신의 특기를 등록하는 시스템을 만들어서, 현지에서 봉사든 업무를 할 수 있는 매개 고리를 마련하자. 워케이션 체험을 통해서 지방살이의 성취도와 만족도가 높아지면 관계인구는 자연스럽게 증가할 것이다. 그들을 이방인이나 잠시 스쳐 지나가는 방문객이 아닌 진정한 관계인구로 만들기 위한 느슨한 공동체 행사를 기획하자.

워케이션에는 식자재 구매가 필요하다. 소위 SNS 맛집 중심의 단기 여행족하고 다르기 때문이다. 해당 지역에서 생산 및 유통하는 재료로 간단하게나마 무언가를 요리하고 싶은 욕구가 동반될 수밖에 없다. 캐나다에 가면, 식료품을 실은 대형 트레일러가 전국을 투어한다. 특정 장소에만 열리는 주말 장터에 이동성 개념을 부여한 것이다. 그로서리 네이버(Grocery Neighbour)라고 불리는 이 회사는 전 세계에 20여개의 프랜차이즈를 운영 중이라고 한다. 방문자가 트레일러 내부에서 카트를 중간에 두고 한 줄로 쇼핑하기 때문에, 거리두기도 자연스럽게 가능하므로 코로나 예방 효과도 있다.

서울과 지방 사이를 연결하는 새로운 라이프 스타일이 대세이다. 효율성 높은 집중력과 명청한 산만함을 동시에 추구하는 이중욕구의 틈새계층이 생겨나고 있다. 소멸위험의 지방자치단체는 멍 때리고자 서울을 떠나 변방을 찾는 사람들에게 무엇을 해 줄 수 있을까? 로컬 푸드와 핫 플레이스 등 전형적 관광정보에서 벗어나 독창적 서비스를 고안해 보자. 일시적 여행이 아닌 한두 달을 보내는 사람들을 거주민까지는 아니지만, 중간 계층으로라도 만들어 보자. 일과 놀이의 공진화는 오늘날 인류가 더 높은 곳으로 나아가기 위해 뛰어넘어야 할 과정이다.

전환기 시대, 엑스코와 컨벤션뷰로 역할 15

홍준표 시장의 인수위원장이었던 이상길 전 부시장이 엑스코 사장으로 선임됐다. 이제 '파워풀 대구'를 향한 고속열차의 새 기관장 임명이 끝나가고 있다. 이 사장이 코로나로 처절하게 망가졌던 전시 및 컨벤션 산업이 새로운 도약을 준비해야 하는 시기에 위기 경영을 어떻게 헤쳐 나갈지 기대가 크다.

한편 코로나 재유행이 본격화되는 듯하다. 하지만, 국제적 행사들이 하반기에 대면으로 개최할 계획을 발표하고 있다. 정보과학기술학회인 ASIS

&T(Association for Information Science & Technology)는 10월 총회를 실질적 교류를 명분으로 온라인 옵션 없이 전면적 대면으로 개최할 예정이다.16 ASIS&T는 펜실베이니아 피츠버그에서 개최되며 데이터 사이언스와 문헌 정보학 분야에서 가장 큰 국제회의이다. 독일 콘라트 아데나워 재단 (Konrad-Adenauer-Stiftung)의 아시아 미디어 사무국에서도 싱가폴에서 10월에 200명 내외가 참여하는 ACPC(The Asian Conference for Political Communication)의 대면 개최를 결정하였다.

이른바 4차 산업혁명에서 학술적 환경이 변화되는 흐름을 4C로 정리할 수 있다.17 첫 번째 C는 지식의 성문화(codification)이다. 성문화는 연구논문의 출판을 통해 이루어진다. 두 번째 C는 다른 사람의 연구 업적을 인정하는 인용(citation)이다. 지금까지는 개인이나 기관 그리고 국가가 지닌 학술연구의 수준을 파악하거나 평가할 때, 양적인 활동을 보여주는 논문 편수와 질적인 영향력을 측정하는 피인용 횟수가 중요했다.

하지만 앞으로는 세 번째 C인 소통(communication)이 새로운 디지털 기반의 학술 활동에서 가장 영향력 있는 혁신적인 요인으로 등장할 것이다. 특히 소통 과정에서 소셜 미디어를 통해서 온라인 기반으로 학술적 콘텐츠를 코디네이션하고 큐레이션하는 행위가 중요하다. 마지막 C는 협력 (cooperation)이다. 앞서 언급한 세 유형의 C가 순차적으로 이루어지는 것이 아니므로, 협력은 모든 유형에 걸쳐서 필요하다.

사실 과거 학계를 지배했던 유명한 경구인 논문을 출판하느냐 망하느냐 (publish or perish)는 이제 다른 연구자와 협력하느냐 뒤처지느냐(collaborate or fall behind)의 패러다임으로 전환하고 있다.18 지금까지는 전통적 출판을 통한 연구결과의 성문화와 참고문헌의 인용 행위에 초점을 맞췄다. 그러다 보니 웹오브사이언스(WoS), 구글스칼라(GS), 펍메디(Pubmed) 등 연구정보 데이터베이스가 학계에 미치는 영향력이 대단히 컸다.

그렇지만 협력하느냐 뒤처지느냐로 학계의 환경이 전환되면서, 국제학술회의가 지닌 의미와 역할이 과거보다 더 커지고 있다. 새로운 개념인 연구동원(research mobilization)도 등장했다.[19] 동원이란 용어는 선거캠페인 등 정치적인 맥락에서 많이 언급되었다. 이제는 국제학술회의를 말할 때 같이 등장한다.

과거에는 새로운 지식을 발견하고 지식의 우수함을 정당화하는 폐쇄적 시스템에 사로잡혀있었다. 동일한 학교나 연구실로 매개된 학맥이 주된 통로였다. 그런데, 이런 방식으로는 충분한 연구동원을 가져올 수 없다. 인접 분야나 거리가 먼 지역과도 상호작용성이 있어야 사람들로부터 큰 반응이 생길 수 있다. 다시 말해서, 열린 소통과 협력이 없으면 아무리 우수한 논문이라도 사람들이 잘 읽지 않는다. 인터넷이 처음 나왔을 때 온라인으로 되어 있느냐 아니면, 인용되지 않느냐(online or invisible)와 유사한 맥락이다.

연구동원이란 여러 복합적 과정을 포괄하는 개념이다. 연구동원은 지식 생산자가 자신의 성과를 전달하고자 하는 목표 공중(target audience)을 정확하게 찾는 것에서 시작한다. 그리고 새롭게 발견된 결과를 원하는 공중에게 잘 도달하도록 조력해야 한다. 예를 들어, 이메일과 소셜 미디어 등을 통해서 학술 커뮤니티 내부뿐만 아니라 관련 정책과 비즈니스 담당자와의 관여도를 높여야 한다. 연구자와 목표 공중을 원활하게 연결해야 하는 것이다. 적절한 채널에 최근 결과를 올려서 목표 공중이 해당 연구를 쉽게 이해할 수 있도록 도와주는 것이다.

국제학술회의는 연구동원에서 전문가들이 수행한 최근 성과의 확성기 역할을 할 수 있다. 세미나와 컨퍼런스는 주최자인 학회와 협회 등의 주도로 이루어진 공식적 미팅이다. 글로벌 차원에서 학술적 세미나와 비즈니스 컨퍼런스 등을 하는 목적은 특정 분야의 연구자, 정책담당자, 전문가 등이 모여서 새롭게 생산해내는 지식과 정보를 공유하는 것이다. 연구자도 국제회의에서 교류가 많아질수록 후속 출판과 인용의 기회가 많아진다. 나아가, 국제회의 등을 통해서 각자의 업무를 업데이트하고 소속한 조직, 도시, 국가에 선한 영향을 주기 위함이다.

국내외 여러 도시가 컨벤션 전담조직을 신설해서 국제회의를 유치하기 위해서 발 벗고 나서고 있다. 대구시는 이러한 흐름에 가장 빠르게 대응했다. 대구컨벤션뷰로는 2003년에 문화관광부가 허가한 국내 제1호 국제회의 전담기구로 탄생했다. 대구시는 2007년에 대구종합무역센터를 엑스코로 이름을 변경하여 전시·컨벤션에 적합한 브랜드를 획득했다. 이후 컨벤션 불모지가 될 뻔했던 대구가 세계 최상위급 국제회의와 관련 산업 전시회 도시로 발돋음하고 있다. 하지만 아직 할 일이 산적해 있다.

대구는 전통문화와 첨단과학과 소프트웨어 산업이 조화를 이룬 도시이다. 그렇지만 서울과 제주와 비교하면 관광자원이 월등히 부족한 것이 현실이다. 그런데 국제회의 개최자와 참석자의 수요는 대구를 찾는 관광 목적의 방문객과 큰 차이가 난다. 따라서 엑스코와 대구컨벤션뷰로는 관광마케팅의 시각에서 벗어나야 한다. 세계적 전시회와 국제회의 개최를 위해 가장 효과적 장소를 찾는 비즈니스맨과 연구자 커뮤니티와의 원활한 의사소통을 통해 전문화된 시설과 서비스를 제공하도록 해야 한다.

컨벤션뷰로와 엑스코는 디지털 대전환기에 학회와 협회 등이 외부 세계와 원활한 의사소통을 할 수 있도록 특화된 서비스를 제공해야 한다. 쿠도스(KUDOS), 리서치게이트(ResearchGate.com) 아카데미아(Academia.edu) 등 연구동원 분야의 전문기업과 글로벌 MICE 얼라이언스를 맺는 것도 필요하다. 지역의 컨벤션과 전시 분야의 작은 기업들이 PCO(Professional Convention Organizer)라는 이름에 걸맞도록 연구동원 비즈니스 역량을 갖추도록 적극 지원해야 한다. 엑스코와 컨벤션뷰로가 앞으로 대구 MICE산업

생태계뿐만 아니라 한국과 아시아의 관련 기업과 협력하면서 새로운 학술적 가치와 비즈니스 영역을 창출하는 선도기관이 되길 바란다.

야누스 홍준표와 보수의 정치적 자살 [20]

홍준표 시장 취임 이후의 시정 개편이 일사천리로 진행되고 있다. 여당인 국민의 힘이 대구시 의회의 전권을 쥐고 있으니, 일 처리에 거침이 없다. 중앙 정치 무대에서 일어나는 여러 사건에 대한 시장의 구두 브리핑과 페이스북 포스팅도 연일 대서특필되고 있다. 지지층은 홍 시장을 중심으로 대구가 보수의 황금시대를 열어갈 것이라는 기대감으로 가득 차 있다.

중도층은 그의 모든 행보가 만족할만한 것은 아니지만, 허니문 기간이니 일단 두고 보자는 입장이 우세하다. 한편, 최근 연합뉴스 구독해지 전격 결정으로 언론계는 피할 수 없는 그 무언가의 상황이 왔다는 분위기다. 민주당 진영은 시장의 나 홀로 독주 행정에서 결국 어떤 일이 발생할 것이고, 그 일은 대구 시민의 신뢰와 기대감을 자빠뜨릴 것으로 보는 듯하다.

그럼 무엇이 다음 차례일까. 이번에 도입된 어떤 새로운 정책이 대구 경제를 달로 쏘아 올릴 수 있을까. 아니면, 천문학적 금액의 예산 줄이기 시도가 대구 복지를 벼랑 끝으로 떨어뜨리면 어떡할까. 시장의 새 정책과 후속 행보의 방향이 시정 전반에 미치는 영향과 효과에 대한 궁금함이 하늘을 찌른다. 그럼에도 불구하고, 앞으로 4년의 대구 미래에 대한 사람들의 이해가 제한적이다.

야누스의 얼굴을 가진 홍 시장의 스타일이 확신과 불안의 공존을 초래하는 것이 아닐까. 야누스(Janus)는 로마 신화에 나오며, 건물의 문을 지키는 수호신에 가깝다. 그런데 앞뒤 서로 다른 얼굴을 지니고 있다. 전쟁과 평화와 같이 상충하는 두 가지의 꿈이나 욕망을 지닌 사람을 비유한다. 흥미롭게도 야누스는 그리스에 상호 조응하는 신이 없을 만큼, 로마 신화에서도 독특한 캐릭터이다.

검사, 국회의원, 대통령 후보, 시도지사 경력 등이 보여주듯이 홍 시장의 활동 영역은 야누스를 뛰어넘는 수준이다. 그는 특유의 스피치로 잘 알려져 있다. 말 그대로 콜라처럼 현안의 핵심에 대한 논평과 제안을 하는 능력이 탁월하다. 대선 후보가 되지 못했지만, 경선 기간에는 청년들로부터 인정받았다. 정치적 관심과 욕구가 상반된 것처럼 보이는 연령층으로부터 지지를 받았으니, 이 또한 야누스와 유사하다.

그런데 불안과 초조함을 토로하는 시민은 왜 있는 것일까. 그의 트레이드마크인 상대방에 대한 거침없는 비판과 즉각적 대응이 문제를 발생시키는 원인이다. 구체적으로 말하면, 스피치의 내용에 못지않게 생각의 속도가 문제다. 지지층을 매료시키는 무엇보다도 영감을 주는 순간적 언변도, 주변을 깊이 살피기보다 선과 악의 이분법에 기초한 쾌도난마 논리에서 나오는 경향이다.

산하기관 구조조정과 도시브랜드 교체 등을 보더라도, 홍 시장은 중간층을 인정하고 그들의 관심사에 대해 묻고 배우려고 하지 않는다. 시정을 성공적으로 이끌기 위해서 관계를 맺어야 하는 사람들과 집단들에 대해 생각하지 않기 때문이다. 좌파 운동권과 기득권 옹호 집단이라는 프레임으로, 중간층이 존재한다는 것을 애써 부인하는 것 같다.

이러한 맥락에서 이혜정 중앙대 교수가 부시 정부의 실패를 둘러싼 미국 보수 진영의 논쟁을 검토한 논문을 보자,[21] '미국 공화당의 위기: 보수의 역사적 정체성과 정치적 과제'에서, 이 교수는 "전통 보수의 시각에서 공화당의 미래는 보수주의의 이념적 전통인 작은 정부로 회귀하는 데 있고, 이는 개혁 보수의 시각에서는 '정치적 자살'일 뿐이다."라고 말한다. 권력 투쟁의 합법적 수단이 선거이다. 선거 승리와 국정 운영의 지지 기반은 중산층에게서 나온다. 따라서 중산층의 이익을 보호하고 미래 비전을 제시하는데 실패한 것이 공화당 위기의 원인이라는 입장이다.

젊은이와 노년층의 지지는 홍 시장이 의원직 중간 사퇴의 비난을 감수하고 대구 시장으로 나서게 된 원동력 중 하나였다. 정치인 누구나 그렇듯이 그도 지지층의 요구와 이익에 가장 크게 신경 써야 한다. 그런데 그의 지지층은 어쩌면 서로 반대편을 보고 있는 두 머리가 있는 야누스의 모습이다. 두 머리는 연령과 정치 성향에서 중간층의 목소리를 들으려고 하지 않는다. 1월을 표현한 영어 January는 야누스에게서 유래하였다. 그리고 야누스는 태양의 상징이 되었으며, 다른 신에 앞서 의식을 받는 최고신들에게 편입하였다.

야누스는 한 해가 끝나고 다른 한 해로 전환하는 매개체이다. 홍 시장의 영향력 있는 다중표현이 통합적인 접근법으로 들어가기를 바란다. 불가능할 정도로 짧은 속도와 재치 있는 반응만큼이나, 분야 전문성을 가진 대구 시민들과 다시금 여러 관계를 맺기 위해 노력했으면 한다. 중간층에게 정치적 판단의 혼란을 계속 던져준다면, 대선 후보의 길을 다시 밟기 어려울 수도 있다. 그의 다재다능함은 지지층을 널리 퍼지게 만드는데 절대 모자라지 않는다.

메타경북과 강제혁신 22

경상북도는 메타버스를 축으로 세상이 재편되는 것이 시대적 흐름임을 인식하고 메타경북을 미래방향으로 발표하였다. 빅데이터팀을 확대 개편하여 메타버스 정책을 추진할 전담 조직을 신설하였다. 메타경북은 산업, 문화, 사람의 세 가지 관점을 지향한다. 첫째, 메타산업 클러스터 조성 둘째, 전통문화 메타콘텐츠 전환 셋째, 메타기반 리빙랩 구축 등이다. 메타버스 공간을 지탱하는 개별 산업군 발굴을 시작으로, 가상세계를 채워나갈 콘텐츠를 생산하고, 기술변화와 지역발전을 주도할 디지털 인재양성까지의 로드맵을 제시한 것이다.

경북의 새로운 비전에 대한 전문가와 일반인의 반응 정도에 차이가 보인다. 시민들이야 뉴스에서 자주 언급된 이슈가 슬로건으로 나오니 일단 환영하는 듯하다. 경북이 신기술을 먼저 시작한다는데 굳이 반대할 이유가 없지 않은가. 그렇지만 꼼꼼히 들여다보면, 메타경북이 그저 선언만으로 시작이 절반이 되는 정책이 아님이 전문가 집단의 견해이다. 더욱이 기존 스마트 산업단지, 3차원 지도구축, 게임 관련 예산의 표지 갈아 끼우기로 우려먹기 해서도 안 된다. 그럼 중앙정부도 아닌 지자체가 메타버스를 플래그쉽 정책으로 추진하는 맥락과 이슈를 다각적으로 검토해 보자.

경북은 국토에서 가장 큰 면적을 차지하고 있지만 지방소멸 위기의 풍전등화 상황이다. 인구절벽에서 탈출하는 최근 정책이 '두 주소 갖기' 즉 '관계인구' 전략이다. 2003년 세컨드라이프와 비교하면 현재 메타버스는 디지털 트윈을 강조한다. 아날로그-디지털 짝을 만들어 가상공간에 삶의 터전을 마련한다. 따라서 메타경북을 통해서 누구나 두 주소를 오프라인을 넘어 온라인 정주 공간에도 등재 가능하다. 시공간적 장벽을 넘어서 누구나 메타경북을 찾고 소속감도 높일 수 있다.

2015년 에스토니아는 외국인이 직접 방문하지 않고도 전자주민증을 발급받아 법인설립 등 경제활동이 가능하도록 했다.[23] 인도엑스(IndoEx)는 에스토니아와 영국에 본사를 두고 2019년에 설립된 거래소이다.[24] 후발주자인 경북이 에스토니아를 뛰어넘기 위한 방향은 무엇인가? 규제를 풀고 인센티브를 높여서 진정성을 보여야 한다. 메타버스 경제활동은 블록체인과

가상자산 없이 불가능하다. 이런 점에서 비트코인 채굴기업과 거래소를 지역에 유치한다면 메타경북의 조기실현도 어렵지 않다. 미국은 가상자산을 산업적으로 접근해서 지방정부들이 채굴장 유치경쟁에 뛰어들었다. 텍사스 주는 보수 공화당 후보들이 비트코인 육성정책을 내걸었다.[25]

경북은 전통장인과 부농이 많기로 유명하다. 그렇지만 한류 문화자산을 이어갈 후속세대가 거의 없다. 한글, 한복, 한식의 지적 자산이 사라지기 전에 대체불가토큰(NFT)에 기록해야 한다. NFT 큐레이터 인력 없이 불가능하다. 관계인구 유동성을 확보하고 원격협업이 가능한 외부자원을 최대한 활용해야 한다. 6차 산업이 된 농업도 메타버스를 중심으로 국내외 마케팅을 시작할 때 선도적 위치를 유지할 수 있다. 라이브 커머스를 메타버스에 올려야 한다.

메타버스는 발 없는 플랫폼이다. 메타경북의 방문객이 많다고 지역이 북적거리지 않는다. 따라서 메타버스 산업 클러스터를 조성해서 국내외 구분 없이 인재고용에 나서야 한다. 하지만 메타버스는 범용기술의 복합체이어서 죽음의 계곡이 여러 번 있었다. 구글 글라스도 기술한계가 아닌 시장진입에 실패했다. 잘못하면 빠져나갈 수 없는 블랙홀과 같다. 기존처럼 공장을 짓고 저임금의 근로자를 고용해서 생산단가를 낮출 생각을 버려야 한다.

경북형 메타버스 산업은 시뮬레이션과 보조기술의 고급화와 실증화를 겨냥해야 한다. 할리우드 영화세트장 같이 시뮬레이션 시설을 대규모로 만들어야 한다. 여기서 공정관리, 품질 유지, 작업 안전, 노동 친화성을 높이는 몰입환경을 통해 제조업의 해외 협력 등을 지원한다. 고령자가 아바타를 통해 메타버스 보조기술을 실제로 체험할 수 있도록 지원해 준다. 소위 리에종(liaison) 클러스터이다. 서로 다른 주체들을 연결해 주는 리에종 산업은 숙련공과 전문가 중심의 컨설팅을 필요로 한다.

메타경북은 혁신이다. 혁신은 불완전한 모습으로 시작한다. 칼보다 총이,

마차보다 자동차가 처음부터 더 나은 기능을 제공하지 않았다. EBS '강제 혁신'26 다큐멘터리가 보여주었듯이, 혁신의 성공조건은 반짝이는 아이디어도 정책구호도 아니다. 매력적이지도 완벽하지도 않지만, 혁신적 기술의 가치를 실현시킬 수 있는 제도적 장치와 공적 권력이 절대적이다. 제도적 장치는 리빙랩(디지털사회혁신센터)를 통해 만들고, 공적 권력은 도지사의 리더쉽에서 나온다.

리빙랩은 정보과학 기술을 활용해 생활 속의 문제를 해결하자는 디지털 새마을운동이다. 자발적 커뮤니티가 형성되기를 무작정 기다릴 수 없다. 혁신은 주어지는 것이 아니기 때문이다. 메타버스 내외부에서 참여하고 활동할 소위 앞선(early) 사용자, 큐레이터, 숙련공, 전문가 등에 파격적 보상을 지급하더라도 하루빨리 조직해야 한다. 재원 마련은 도지사의 역량에 달려있다. 애향심에 호소하는 계몽적 접근은 혁신을 강제하는 최고 책임자의 자세가 아니다.

앞으로 지방소멸은 오프라인의 이슈로 끝나지 않을 것이다. 지금 메타버스를 향한 강제혁신에 성공하지 못하면, 가상공간에서도 경북은 없다. 사람, 문화, 산업의 트리플 메타버스가 경북의 미래비전이다.

디지털 시대, 대구경북에서 멍 때리자 27

스마트폰으로 쇼핑 상품을 스캔만 하면 관련 정보들이 쏟아진다. 카페에서 흘러나오는 음악의 제목과 연주자가 궁금하거나 주변 식물의 이름을 알고 싶으면, 검색창에 입력하지 않아도 쉽게 찾을 수 있다. 구글이 최근에 텍스트 기반에서 음성과 이미지 등을 지원하는 방식으로 탈바꿈하고 있다. 영상인식 기술의 새로운 발전은 포털과 플랫폼 회사에게 또 다른 시장 창출의 기회를, 사람들에게는 또 다른 편리함을 주고 있다.

사실 우리 뇌가 주의를 기울여 처리 가능한 정보는 입력 분량의 약 0.0004퍼센트에 불과하다고 알려져 있다.[28] 따라서 디지털 정보기기의 도움 없이 시시각각으로 쏟아지는 스마트폰 속의 문자 내용, SNS 게시 글과 사진과 동영상을 체계적으로 정리하는 것은 사람의 의지만으로는 불가능하다. 우리의 이런 부주의함과 불완전함을 해결하기 위해 컴퓨터가 나온 것은 어쩌면 당연하다.

컴퓨터는 복잡한 계산을 빨리하기 위한 계산기 즉, 유용한 도구로 처음 발명되었다. 컴퓨터들이 인터넷으로 연결되면서 사람들은 시간과 공간의 장애 없이 온라인에 접속한 누구와도 통신할 수 있다. 그뿐만 아니라 컴퓨터는 사람들이 새로운 세상을 체험하는 실감 미디어가 되었다. 나아가 유발 하라리(Yuval Harari)가 말했듯이, 컴퓨터는 인공지능과 만나면서 다른 누구보다 사람들을 잘 이해하고 시시각각 반응해 주는 사회적 행위자로 재탄생하고 있다.

또 다른 한편에서, 사람들이 세상과 거리두기를 하고 정보의 홍수를 차단하도록 도와주는 디지털 서비스도 나오고 있다. 클라우드, 사물인터넷(IoT), 센서 등 데이터 저장과 움직임 추적 기술의 비용도 저렴해지고 나날이 혁신 중이다. 불과 얼마 전까지도 우리는 비즈니스 출장에서 레저 활동과 여행지에서 하나라도 놓치는 정보가 아까워서 열심히 기록하던 시대에 살았다. 그렇지만 이제 망각하는 것이 기억하는 작업보다 더 어려워진 세상이 된 것이다.

상황이 이러다 보니, 알 권리(right to know) 못지않게 잊혀질 권리(right to be forgotten)도 중요하게 되었다. 누구나 자신의 일거수일투족이 감시되고 온라인 공간에 영원히 돌아다니는 것을 즐겁게 생각하지 않는다. 물론 디지털 족적이 지적 자산 등 재산권 행사와 연관된다면 다를 수도 있겠지만 말이다. 이러한 맥락에서 사람들에게 정말 필요한 것은 정보의 효율적 관리가 아니라 데이터 미니멀리즘이지 않을까.

멍 때리기는 탈데이터화, 탈정보화, 탈디지털화 등에 유용한 방법이다. 스마트폰에서 해방되기 위해서 우리는 의도적으로 산만해지거나 정신적 활동을 멈출 필요가 있다. 한강공원에서 개최된 멍 때리기 대회는 누가 스스로 편한 상태로 멈춰있을 수 있는지 겨뤄보는 놀이터이다. 우리가 보리수나무 아래에서 해탈한 석가모니 부처님이 되지 못할지라도, 번아웃 되기 전에 세상의 번잡한 활동으로부터 잠시나마 잘 벗어나자는 것이다. 번아웃은 영어 'burn out'에서 나온 용어로 특별한 질병이 없는데, 무기력증을 느끼며 정상적 활동을 하기 힘든 상태를 말한다.

멍 때리기는 참신한 아이디어를 얻으려는 사람들에게도 효과적인 전략일 수 있다. 세계에서 가장 영향력이 높은 학술지인 네이처(Nature)에 따르면[29], 온라인보다 대면 회의에서 창의적 아이디어가 더 많이 나온다고 한다. 602명 대상으로 실험한 결과이다. 연구진은 참가자에게 포장지 등의 물건을 나눠주고 활용 방법에 대해 5분간 아이디어를 내게 했다. 두 팀 사이의 아이디어 개수는 20퍼센트 차이가 나타났다. 참여자들이 대면 회의보다 화상회의에서 상대방에만 집중하고 여러 공간적 정보들을 활용할 수 없게 되는데, 이러한 환경이 창의성을 오히려 억제한다는 것이다.

멍 때리기와 창의성 효과를 확실하게 증명한 학술적 논문을 찾지 못했다. 그렇지만 사람들은 멍 때리기를 명상으로 일반적으로 간주한다. 명상 즉, 마음챙김과 창의성의 관계를 실증적으로 조사한 기존 연구들이 비교적 많다. 예를 들면, 2020년에 국제학술지 'Thinking Skills and Creativity'에 발표된 논문 'Mindfulness and creativity: Implications for thinking and learning'의 주요 연구결과를 정리하면 다음과 같다.[30]

마음챙김도 연습을 필요로 한다. 그리고 마음챙김 연습은 창의력을 뒷받침할 수 있는 기술(skill)이나 마음의 습관을 향상시킨다. 마음챙김과 창의성의 관계는 복잡하지만 일반적으로 긍정적 상관성이 존재한다. 나아가 의도적인 마음의 방황과 챙김은 창의성을 오히려 지원할 수 있다. 학습 환경에 의도적으로 마음챙김을 포함시켜야 한다. 마음챙김이 학생들의 학습, 창의성 및 복지에 도움이 될 수 있기 때문이다.

대구경북을 멍 때리기의 핵심지역으로 육성하자. 이러한 주장이 생뚱맞고 낯설다고 느끼는가? 대구는 학생 저자 10만 명 양성 사업을 통해 초등학생도 책 쓰기를 동참하게 했다. 어릴 때부터 멍 때리기 연습을 시작하면 명상과 마음챙김을 통해 참신하고 창의적 글쓰기가 가능할 것이다. 경북은 멍 때리기 생활화가 가능한 동네와 소도시뿐만 아니라 해변과 휴양림 등이 많다. 대구경북이 협력하면 도심에서 멍 때리기를 시작하고, 가까운 교외로 벗어나서도 대구에서 하던 멍 때리기를 경북에서 연결해 지속할 수도 있다.

동네 석학이 사라지고 있다 31

석학(碩學)은 지식이 많고 학문적 조예가 있는 사람을 뜻한다. 그렇다고 모든 분야에 척척 답을 하는 백과사전 같은 사람을 말하지는 않는다. 지식의 분량 즉 넓이보다 어떤 주제에 깊은 경지에 이른 사람을 뜻한다.

언론에서는 석학 앞에 '세계적'이라는 수식어를 자주 붙인다. 우리나라를 넘어 해외에서도 유명함을 강조하기 위해서이다. 세계적으로 인정받은 석학의 경험과 지식을 전수받기는 쉽지 않다. 석학의 분야가 일반인의 관심과는 거리가 먼 전문적이기 때문이다. 그리고 연구실 밖에서 활동하는 석학을 폄하하는 분위기도 존재하다 보니 사회에서 고립화된 경우도 있다.

사실 뚜렷한 연구 성과가 없이 TV에 자주 출연하는 교수들에게 석학이라는 호칭을 남발하면서 신뢰성을 잃어버린 측면도 크다. 설상가상으로 TV 석학집단은 진영논리에 빠져서 정치적 입장이 다른 사람들에게 비판이 아닌 비난을 퍼붓는 게 일상이 되고 있다. 석학이라면 내편과 적을 구분하기에 앞서 주어진 현상과 이슈에 대해 냉철한 분석과 대안 모색을 선도해야 한다.

그래서 세계 석학과 TV 석학이 아닌 동네 석학이라는 신조어는 재미있고 유용한 표현이다. 동네 석학은 2016년 대구 북성로에서 시작되었다.[32] 동네 석학은 대구 사람들의 생활과 문화에 귀를 기울이고 공부해 온 지식인 집단이다. 동네 석학의 연구 분야는 대학원생은 되어야 들어봤을 만한 전문적 용어와 난해한 이론으로 가득 차 있지 않다. 동네 석학은 우리 주변에서 자주 접하는 골목길, 주택 양식, 연애 이야기 등에서 역사 속 사건과 시대정신을 밝혀낸다.

수년 동안 정부에서는 사회문제 해결 기반 연구과제, 시민 과학자 지원 사업, 과학의 대중화와 확산 프로그램 등을 추진했다. 사실 이러한 사업의 목적과 기대효과를 읽어보면, 동네 석학의 취지와 유사하다. 동네 석학은 유명한 국제 학술지에 게재된 연구 성과가 부족하거나 없어도, 세계적으로 검증된 연구를 소개하지 않아도 좋기 때문이다. 시민들은 우리 동네에서 쉽게 만날 수 있고 우리 동네를 가장 잘 알고 있는 전문가를 원하기 때문이다.

대다수 사람은 동네 석학이 온라인 공간의 의견 선도자인 '인플루언서'와 비교하면 그 영향력이 미미할 것이라고 생각한다. 그러나 센토라(D. Centola)는 과학적 근거를 제시하며 동네 석학의 연결망 즉 네트워크 효과를 주장하였다.[33] 센토라는 미국 펜실베니아대 네트워크 역동성 연구그룹을 이끌고 있는 책임교수이다. 2021년에 발행한 저서 '변화: 큰 사건을 일어나게 하는 방법'(Change: How to Make Big Things Happen)이 기존 이론에

도전한 결정적 전환점이 됐다.34

센토라는 보편적으로 받아들여진 혁신, 네트워크, 확산 메커니즘에 대한 반증(falsified)을 시도한다. 선거와 마케팅에서 사람들의 신념과 행동을 바꾸고 싶다면, 영향력 있는 소셜 스타를 활용하라고 알려져 있다. 하지만 인플루언서는 네트워크에서 항상 과대평가되어 있고 이들이 말하는 제품과 이슈에 대한 정보가 퍼지는 것 같지만, 사람들의 믿음과 행동은 그대로 유지되는 세상이라는 점이다. 센토라에 따르면, 느슨한 연결 수가 많은 소셜 네트워크의 중심에 있는 인플루언서는, 주변에 위치한 중복되고 강하게 연결된 네트워크보다 '덜' 중요할 수 있다는 것이다.

동네 석학집단을 중심으로 형성된 사회적 연결망의 모양은 올망졸망 뭉쳐있는 포도송이 같다. 이런 유형의 네트워크는 동네 석학과 직접적으로 연결된 사람들 사이의 견고함과 상호신뢰가 존재한다. 인플루언서가 왕인 거대하지만 느슨한 네트워크와 비교하면 동네 석학의 포도송이 집단은 변화를 주도하는데 더 효과적이다. 동네 석학이 획기적이고 패러다임을 바꾸는 새로운 이론을 제시하지 않더라도, 끈끈한 유대만으로도 세상을 개선할 수 있는 힘이 충분하기 때문이다.

그렇다고 동네 석학이 지역의 조선시대 양반 집단처럼 행세해서는 안 된다. 잡스(S. Jobs)의 2005년 스탠퍼드대 졸업식 연설은 "넌 네가 사랑하는 것을 찾아야 해"로 시작해 "배고파라, 어리석게 지내라"로 끝났다. 동네 석학은 자신이 애착을 느끼는 주제에 관심을 갖고 시작해 전문가의 자리에까지 올랐다. 그렇지만 잡스의 마무리 문구에 나와 있듯이 있는 그대로의 것에 절대 만족하지 말고, 스스로 전문가라고 생각해서도 안 된다. 지식에 대해 배고픈 자세를 유지하고 더 많은 것을 배우기 위해서 자신이 어리석을 수 있음을 인정해야 한다.

동네 석학이 인재로 자산화하지 못할 상황이다. 윤 대통령이 반도체 인재 양성을 지시하자, 교육부는 서울권 대학의 학생 증가를 위한 법 개정을 시사했다. 현재도 서울 쏠림 현상이 극심한데, 법을 개정해서라도 학생을 더 모집하겠다는 것이다. 지방 대학이 붕괴하면, 지역 사회는 해체되고, 동네 석학은 신기루처럼 어디론가 사라질 것이다.

정부는 동네 석학의 역동적 성장을 위해서 법제도적 지원을 확대해야 한다. 동네 석학이 지역의 침체된 분위기 상승과 기술혁신의 확산을 일으킬 수 있다. 동네 석학의 전문성이 어떻게 지역민의 삶에 파문을 일으키고 산업 규모를 높이는지에 대한 설득력 있고 흥미로운 증거자료를 모으는 일에서부터 시작하자. 인재양성에 대해 우리가 알고 있는 진부한 이론들에 반기를 들고 동네 석학에 한번 집중해 보자.

대구 사람이 실패의 선구자일까 [35]

대구대 인문과학연구소는 동아시아 도시인문학 세미나를 2022년 8월 12일에 온오프라인을 병행해 개최했다. 여기서 권상구 시간과 공간 연구소 소장이 발표한 '조선 후기 한국전쟁기 역병 이후 대구 사회의 계층변화와 보수화 과정'이 눈길을 끌었다. 그는 대구 북성로의 건축물과 골목의 역사와 발전과정을 일찍부터 소개하면서 대구가 근대특별시가 되는데 많은 기여를 한 전문가이다.

권 소장의 발표문은 정통 학문적 각도에서 대구 상황을 조명하는 학술 논문과는 차이가 있었지만, 대구 내부의 계층 변화의 역사적 과정을 문헌연구와 인문학적 접근이라는 방법론을 통해 조사했다. 대구의 보수화가 어떻게 형성되었는지를 도시가 가진 오랜된 경험에서 탐구하고 있다. 1690년과 1858년의 대구 호적에 나타난 신분 구성 비교를 보자. 양반 9.2%

상민 53.7% 천민 37.1%의 구성 비율이 (준)양반 계층 70.3% 상민 25.2%, 천민 1.5%로 계층 역피라미드화가 나타났다.

한 발짝 더 들어가, 권 소장은 '1958년 경북대관'의 자료를 바탕으로 1950~1958년까지 관료 등 화이트칼라 계층과 상업인 비율을 합치면 대구 전체 인구의 2/3에 가깝다는 결과를 제시했다. 행정계, 교육계, 법조계, 의료계와 적산기업 소속 인력 등을 합하면 거의 절반인 40.9%이며 기업과 상점 등을 운영하는 상공인 계층은 34.9%이었다. 당시 대구가 부의 생산을 책임지는 상인과 규제를 담당하는 관료로 구성되었다는 것이다.

권 소장은 이번 발표 이전에도 근대 시절로 돌아가면 대구는 보부상이 결집한 조선의 시장이었음을 언론 인터뷰 등에서 수차례 언급했다. 그리고 한국 전쟁 이후에 대구 상권은 우리나라 전체 경제를 떠받치는 교두보 역할을 했으며, 대구시가 공단보다 상단(商團) 육성에 나서야 함을 여러 차례 주장하였다.

이러한 사항을 종합하면, 현재 대구의 엘리트 보수주의가 우연히 유발된 것이 아니라는 점을 보여준다는 점에서 권 소장의 연구결과는 도전적인 발견이다. 나아가 대구가 오래전부터 유통과 상업이 활성화된 도시라는 주장도 현재의 대구의 정치 지형과 산업 구조를 이해하는 데 도움을 준다.

한편, 2015년도 Journal of Marketing Research에 게재된 '실패의 선도자들'(harbingers of failure)라는 논문은 대구와 관련하여 흥미로운 결과를 제시한다.[36] 노스웨스턴대의 유명한 켈로그 마케팅 스쿨의 앤더슨(Eric Anderson) 팀은 2년 동안 소비자 상품을 판매하는 체인형 마트에서 약 128,000명의 고객이 결제한 1,000만 건 이상의 거래를 분석했다. 고객은 111개의 서로 다른 상점에서 자주 쇼핑하는 사람들의 무작위 표본이었다.

신제품을 구입한 사람이 해당 제품의 판매 성공에 어떤 영향을 주었는지를 조사하였다. 그들은 어떤 소비자 계층이 인기 없는 제품을 구매하는 데

확실한 요령을 지니고 있는지가 궁금했다. 그래서 특정한 특성을 지닌 고객 그룹과 신제품의 판매간 규칙적 연관성이 있었는지, 그리고 시간이 지남에 따라 새 품목이 여전히 잘 팔렸는지 여부를 추적했다.

놀랍게도 빅데이터로 찾아보니, 기껏해야 최대 3년 정도 살아남을 수 있는 신제품과 비인기 '틈새' 제품을 지속적으로 구매하는 중복적 고객 집단의 출현을 발견했다. 이 집단에서 인기 있는 신제품들 가운데 40%만 3년 동안 살아남았다. 이 결과가 특정한 체인형 마트의 고객 기반에서 우연히 발견한 것이 아니라는 것을 확인하기 위해, 더 큰 데이터 세트를 사용하여 분석을 반복했다. 주요 미국 식료품, 마켓 등의 6년 기록을 했더니 결과가 유사했다. 제품 유형도 식품에만 그치는 것이 아니라, 종종 건강과 미용과 같은 다른 품목에서도 발생하는 것으로 드러났다.

일반적으로 이야기하는 신제품 성공의 지표는 초기 판매량으로, 얼리어답터(early adopter) 이른바 혁신자가 주도한다. 마케팅팀은 얼리어답터의 행동이 일관적이기 때문에, 이 집단에서 성공한 신제품을 유행의 신호로 파악하고 매장에 전면 배치한다. 하지만 기대와 다르게, 이 선구자들이 주도한 기분 좋은 초기 판매는 제품 파멸을 예고했다. 조기 판매를 주도한 선도자가 누구이며 왜 이런 소비를 했는지 알고 있었다면, 수익 손실을 오히려 방지할 수도 있었을 것이다. 실패의 선도자는 누구였을까. 다른 고객보다 가족 구성원이 많고, 부유하고 교육 수준이 높은 계층이었다. 그런데 이 사람들의 모험적 성향이 인기 없는 품목을 포함하여 신제품 구매결정을 좀 더 쉽게 할 수 있도록 유도했다.

이제 권 소장의 대구 이야기로 다시 돌아가 보자.37 대구는 현대로 들어와서 대형마트 최초 입점, 치킨 등 요식업 프랜차이즈 성공 도시로 알려져 있다. 권 소장에 따르면, 유통업과 요식업 등이 성공한 이유는 대구 소비자는 엘리트주의와 보수주의가 결합한 복합적 성향 때문이다. 앤더슨 팀이 발견한 소비자 계층과 다르게, 대구 사람들은 제품 선택에 매우 신중하다. 따라서 혁신적 제품의 초기 판매가 어려울 수 있지만, 보수적 성향이 있는 대구에서 매출이 오르면 서울에 가면 대박이 보장된다는 것이다.

엘리트 보수주의와 상업 도시로서 발전한 대구의 계층 구성이 상업적 마케팅과 정치적 의견의 다양성 영역에서 도시 문화에 어떻게 적용되었는지에 대해 후속 연구에서 좀 더 체계적인 검토가 필요하다. 하지만, 대구시의 정책 초점이 공단에서 유통업 등으로 전환해서 골목상권을 중심으로 구매의 외부효과를 발생시켜야 한다는 주장은 귀담아들을 필요가 있다.

당근마켓의 올드 보이즈와 성숙 사회 [38]

지방 선거를 앞둔 대구시 분위기가 심상치 않다. 대구는 '보수 깃발만 꽂으면 당선'되는 곳이다. 그런데 이번엔 다르다. '국민의 힘' 내부 경쟁이 치열하다. 대선 후보였던 홍준표가 시장에 도전했다. '홍'을 막기 위해 쟁쟁한 경쟁자들이 출사표를 던졌다. 대표적으로 경선 기간 내내 대통령 당선인을 지지했던 김재원 최고위원이 있다. 이번 대선에서 보여주었듯이 민주당 후보에 대한 지지세도 만만치 않을 것이다. 대구 시장 선거에서 보기 힘들었던 여성과 청년 후보도 나섰다. 민주주의 축제인 '찐' 선거를 대구에서 볼 수 있어서 벌써부터 신난다.

선거에서 새로운 후보는 언제나 유권자의 호기심과 기대감을 부른다. 정치입문 1년도 되지 않아 당선된 윤석열 후보를 보더라도, 새 얼굴에 대한 유권자의 갈증이 정말 크다는 걸 새삼 느낄 수 있다. 대구는 지금껏 공무원 출신이 시장과 국회의원으로 많이 당선됐다. 그래서인지 여러 경력을 지닌 후보들이 이번 선거에 출마한 것은 새로운 변화의 바람을 반영한 것이다.

신선한 상상력으로 가득 찬 후보들을 보고 싶은 시민들의 열망이 그대로 드러난 것이다.

이번 선거는 상대방에 대한 네거티브와 선심성 묻지 마 공약이 난무하지 않았으면 좋겠다. 구태의연한 선거판을 다시 보고 싶지 않기 때문이다. 후보들이 우리들 삶을 개선할 어떤 정책을 준비했는지 검토하고 이에 대해 논쟁하고 토론하는 판을 만들어 보자. 새로운 작가적 상상력이 결핍된 예술가는 과거 작품을 더 크게 만들어서 자신의 초라함을 감추려고 애쓴다. 그래서 이번 선거에서 퇴색된 명성과 일기장 업적에만 의존하는 후보는 만나고 싶지 않다.

다른 시각에서 보면, 새롭다! 혁신이다! 전략은 성장주의 사회에 효과적인 구호였다. 소득 격차, 계층 격차, 지역 격차의 해소를 열망하는 사람들의 목소리가 투영된 것이었다. 성장을 통해 경제 규모를 확장해야 더 많은 분배를 할 수 있다는 논리이다. 그런데 놀랍게도 부유층과 빈곤층 사이의 불평등은 여전한데, 사람들의 인식이 흥미롭게 바뀌고 있다.

한국행정학회의 2021년도 조사에 따르면 '소득이 적고 출세하지 못하더라도 여유로운 삶을 살고 싶다'라고 응답한 사람들이 45.3%이다. 반면에 '다소 바쁘고 피곤하더라도 돈을 많이 벌고 출세도 하고 싶다'라는 사람들은 28.5%에 불과했다. 국회미래연구원 박성원 박사는 고려대 도시미래 연구센터의 최근 강의에서 이러한 현상을 '성숙 사회'의 징후로 해석했다.

성장 사회의 미덕은 무조건 열심히 하는 것이었다. 개인 건강과 사회 복지도 조직과 국가의 목표 달성을 위해서 희생되어야 했다. 하지만 이러한 성장주의적 선거 전략만으로 사람들의 마음을 사로잡기는 힘든 시대이다. 효율성 기반의 성장과 지속가능성이라는 서로 모순된 체제가 양립해야만 하는 것이다. 이에 동반되는 자원과 예산을 다룰 수 있는 전천후 시장이 요구된다. 설상가상으로 국가라는 큰 시스템 안에 존재하는 지방자치단체의 권한과 역할은 생각보다 많지 않다. 대구시도 중앙 정부의 예산 지원 없이 지탱할 수 없는 것이 현실이다. 대통령과 국회 등과 협력하지 않고서 지역 균형 발전은 불가능하다.

대구 시장은 성장+성숙 사회에 어울리는 도시산업을 찾는 혜안이 필요하다. 예를 들면 싱가포르의 유명 관광지로 높은 빌딩 속 실내 식물원이 있다. 자연에 있어야 할 식물을 건물 안에 가두고 있으니 이것이야말로 성장 사회의 그늘이다. 하지만 도시 사람들도 멀리 이동하지 않고도 아름다운 꽃과 나무를 감상하고 싶다. 양립되기 힘든 모순적 현상이다. 싱가포르는 첨단 기술을 통해서 식물원을 야생처럼 유지하고 사람들도 삶의 여유로움을 느끼도록 만들었다. 이 과정에서 소위 '식물과 대화하는 전문가' 영어로 plant whisper라는 새로운 직업도 생겨났다. 싱가포르는 생육에 최적화된 기온, 조명, 바람 환경을 만드는 도시산업을 육성하는 데 성공했다.

싱가포르가 해낸 것을 대구가 못할 리가 없다. 자동차 부품 제조는 성장 사회의 상징이지만, 전기차는 성숙 사회의 징후이다. 우스개로 시작해 퍼져버린 고담 대구는 성장 사회의 꼬리표이지만, 스마트 시티 대구는 성숙 사회로 가는 방향 지시등이다. 1인당 지역내총생산(GRDP) 꼴찌는 성장 사회의 낡은 지표이지만, 탄소중립 건강도시 미래비전은 성숙 사회로 가고자 하는 결연한 의지의 표현이다. 세계는 지금 성장주의 지표로 도시와 국가를 평가하던 시대에서 벗어나고 있다.

지금껏 대구시가 해왔던 모든 정책들이 대단한 성공을 거둔 것은 아니었다. 그럼에도 불구하고 성장+성숙의 모순적 시기에 어렵게 도전해서 성과를 보이기 시작한 정책들이 꽤 있다. 누가 시장이 되더라도 이 사업들을 계속 진행해야 한다. 말하자면, 생활 속 실험실로 알려진 '리빙랩' 육성과 청년대구 지원과 국제컨벤션 개최 등이 대표적 사례이다. 마라톤에 반환점이 있듯이 이 정책들도 성숙의 전환점을 이제 지나고 있다.

이번 선거는 어쩌면 '당근마켓'과 유사하다. '브랜드 뉴' 신제품을 구매할지 집 근처의 중고품을 찾을지 고민이다. 국민 5명 중 약 1명이 일주일에 1번쯤 당근마켓을 거래한다고 한다. 성장+성숙 사회의 이중적 욕구가 당근마켓에 투영된 것이 아닐까 싶다. 물론 중고품 구매의 이유는 좋은 가성비다. 슬리퍼 신고서도 거래할 수 있는 편리한 접근성도 있다. 시민들이 대구로 돌아온 올드 보이즈의 가성비를 어떻게 계산하느냐에 따라 선거 벽보에서 만나게 될 얼굴들이 결정될 것이다.

'공룡급' 대구세계가스총회와 오스틴 효과 [39]

전염병 감염의 우려로 지난 2년 동안 사람들이 모이기 힘들었다. 오미크론 공포가 정점을 지나가는 것으로 보이지만, 국제행사에 대한 2022년도 계획과 방향은 아직 뚜렷하지 않다. 1월 라스베가스에서 개최된 CES(소비자가전전시회)는 오프라인으로 추진했다가 반쪽짜리 행사가 되었다. 2년간 온라인로만 개최하다가 3년 만에 3월에 하이브리드로 재개한 텍사스 오스틴의 SXSW는 꽤 많은 사람들이 대면으로 참여해서 화제가 되었다.

5월에 대구에서 열리는 세계가스총회도 백퍼센트 오프라인 개최를 결정하였다. 대구경북연구원의 정군우 박사에 따르면 가스총회에 따른 생산유발액은 4499억 원, 취업유발효과는 4185명으로 집계됐다. 세계가스총회 개최에 따른 경제적 파급효과는 예년과 유사한 규모로 오프라인 참석자가 등록했을 상황을 전제한 것이다. 외국인 참가자 6200명과 내국인 참가자 5800명의 소비액 538억 원 등을 근거로 했다. 전례 없는 초대형 행사를 위해서 대구시도 184억 원의 예산을 책정했고, 엑스코 제2전시장 건립에 2694억 원을 투입했다. '공룡급' 예산이 들어간 컨벤션이니 대구의 숙박,

식사, 관광 업계의 코로나 침체기를 한 방에 날려 버릴 수 있을만한 경제효과가 파생되기를 바란다.

코로나 위기를 대(大)회복으로 전환하기 위한 복원력은 새로운 상상과 질서에서 시작해야 한다. 컨벤션을 통한 오프라인 정보교류는 현대 사회에서 중추적인 역할을 한다. 그런데 오늘날 사회는 실재와 가상의 경계가 명확한 아날로그로부터 멀어지면서, 유연하고 탄력적인 환경을 조성할 필요성이 커지고 있다. 컨벤션에서 장소(venue)는 행사에 참여하는 살아 움직이는 정보와 다양한 사물을 담는 형식적 그릇이다. 대면 혹은 비대면, 온라인 혹은 오프라인의 인위적 경계 짓기가 아니라 적응을 위한 최적의 해결책을 찾는 것이 목표이다.

대구세계가스총회도 대면으로만 추진해 나간다고 해서, 디지털 체험과 참여와 전시라는 새로운 분야의 도전적 이슈의 해결을 피해 가면 안 된다. 이번 총회는 천연가스와 에너지 시장의 상업적 또는 정책적 관여를 원하는 사람들을 위한 무역 전용행사이다. 이번 기회에 자동차 2차 전지와 디지털 데이터 산업의 거점으로서 대구의 잠재력을 알릴 수 있어야 한다. 최적화된 모바일 소통으로 파티 효과를 촉발할 상징적 이벤트를 준비해야 한다.

2012년 SXSW 행사에서 '트위터'가 공식 채널처럼 사용이 되었다. SXSW 덕분에 2006년에 나온 트위터는 글로벌 서비스로 확장할 수 있는 계기를 마련하였다. 개최지인 오스틴은 디지털 신제품과 온라인 비즈니스의 미래를 볼 수 있는 도시로 자리매김하였다. 며칠 전에 테슬라가 오스틴 공장 개관 기념으로 '사이버로데오 및 기가텍사스' 행사를 대면으로 개최했다. 일론 머스크는 텍사스의 상징인 카우보이 모자를 쓰고 등장했다. 그는 오스틴 밤하늘에 폭죽을 터트리며 테슬라의 '메이드 인 텍사스' 시대를 힘주어 강조했다. 기가팩토리 쇼는 구독자 217만명의 테슬라 공식 유튜브에서 중계되었고, 한국어 등으로 해설하는 위성 채널들도 있었다.

4월 11일 기준으로 대구세계가스총회 홈페이지(wgc2022.org)에서 소셜 미디어 현황을 조사해 봤다. 유튜브 구독자 78명, 페이스북 팔로워 439명, 인스타그램 팔로워 497명, 링크드인 팔로워 1879명, 트위터 팔로워 4915 명로 나타났다. 링크드인과 트위터가 비교적 잘 운영되고 있지만, 다른 채널들은 아직 많이 미진한 편이다. 대구세계가스총회의 투어와 참여와 전시 프로그램도 여전히 레거시(legacy) 지향적이다. 도심 투어는 계산성당, 청라언덕, 서문시장 등이다. 과거와 비교해서 획기적으로 달라진 것이 없다.

이러한 보수적 태도는 새로운 질서 생성에 조응하는 것이 아니라 가로막고 서 있는 것이다. 사람들의 정서가 여전히 아날로그의 따뜻한 만남과 온화한 표정에 익숙하다는 점을 부정하자는 것이 아니다. 미래 사회를 주도할 코로나 네이티브 세대의 관점에서 보자면, 대면 중시 컨벤션은 구(舊)세계의 관습에 뿌리박혀 있는 불완전한 적응자 집단의 유물로 치부될 수 있다. 전환기 시대인 지금 당장에 겪는 딜레마 해결 방법이 없는 것이 아니다.

예컨대, 정보과학기술학회인 ASIS&T(Association for Information Science & Technology)는 최근에 도시별, 국가별 시차가 주는 불편함을 없애기 위해서 24시간 운영하는 온라인 컨벤션을 홍보하고 있다. ASIS&T는 미국에서 시작하여 현재, 데이터 사이언스와 문헌정보학 분야의 세계에서 가장 큰 학회이자 협회이다.

대구세계가스총회는 무엇보다도 참가자들에게 즐거움을 제공하는 것이 목표이다. 행복한 경험이 주어진다면 배타적으로 특정 모드를 반드시 선택해야 할 필요는 없다. 혼종(hybrid) 모드를 통해서 국내외 각지에서 직접 오거나 접속한 사람들에게 최적의 경험을 제공하면서 해당 행사의 소속감과 만족감을 높일 수 있다. 그런데 온라인에만 치중하면 외부 관광객의 유입으로 얻을 수 있는 경제효과가 신기루처럼 사라질 수 있다고 알려져 있다. 하지만 다시 생각해 보면, 이것은 아날로그에 익숙한 공급자 논리일 수 있다.

대구세계가스총회가 두 달도 채 남지 않은 상황에서 디지털이 매개된 투어와 체험 전략을 준비하는 것이 어려운 과제임은 부인할 수 없다. 그렇지만 코로나로 인해 패러다임이 바뀌고 있음도 직시해야 한다. 기존 개념에서 벗어나지 못한 채 새로운 대응 방식을 피하거나 다루려고 노력하지 않는다면 뒤처질 수밖에 없다. 아날로그-디지털 연결을 통해, 사람들이 가스총회가 지닌 독특한 의미의 네트워크를 구성하는 것이 관건이다. 정보, 기술, 공간을 통해 하나로 연결된 세계가 만들어지고 디지털플랫폼 컨벤션이 많아지기를 기대한다.

지능정보사회 선도하는 대구시 블록체인 워킹그룹 [40]

윤석열 대통령이 암호화폐와 가상자산 등에 대해서 과거와 다른 정책 방향을 보이고 있다. ICO 및 IEO를 허용할 방침이어서 국내에서 신규 코인을 등록하여 자본을 모집할 수 있다. 일반 투자자 입장에서 반가운 일도 있다. 주식과 유사하게 거래 수입에 대해 5천만 원을 과세 기준으로 설정했다. 우리 정부는 2018년 1월 소위 '박상기의 난'을 통해 블록체인 분야에 대해 지극히 좁은 시야를 드러낸 바 있다. 하지만 새로운 리더쉽과 함께 관련 부처의 입장이 유연하게 확장되는 것 같아 기쁘다.

블록체인 분야는 지난 10여 년간 큰 발전을 거듭했다. 2009년에 작업증명(PoW) 기반의 공개형 블록체인의 대명사인 비트코인이 등장했다. 이제 비트코인은 시가 총액이 전통적 안전자산으로 불리는 '금'을 위협할 정도로 커졌다. 2015년에 선보인 이더리움은 스마트 계약이라는 신개념의 확산을 견인했다. 메타버스와 NFT 콘텐츠와 밈(meme) 코인은 2021년을 대표하는 키워드로 자리 잡으며, 탈중앙화 애플리케이션의 등장을 가속화하고 있다.

대구시는 급변하는 시대적 흐름을 감지하고 블록체인 초기부터 대응한 선도적 지자체다. 2018년에 전문 업체에 대구시 블록체인 수요조사와 행정 서비스를 주제로 컨설팅을 맡겼다. 컨설팅 결과를 논의하기 위해 그해 12월 말에 권영진 시장이 전문가 간담회를 직접 주재했으며, 블록체인 워킹그룹(working group)의 운영을 관련 부서에 지시하였다.

일반적으로 자문회의 목적은 공무원들이 어느 정도 방향을 정하고, 전문가와 이해관계자들의 의견을 더 듣기 위함이다. 그러나 기존에 없었던 새로운 현상이나 복잡한 이슈가 발생하면, 공무원과 관련 집단이 모여서 서로의 역할과 범위를 논의하는 것이 필요하다. 이 경우에 워킹그룹이 적합하다. 워킹그룹은 우리말로 풀어쓰면 작업반이다. 정책의 큰 그림부터 구체적 사항까지를 포괄적으로 토론하는 형식을 취한다.

워킹그룹은 2019년 발족과 함께 대구 소프트웨어 기업 대상으로 블록체인 수요조사를 실시하는 등 왕성한 활동을 진행하였다. 하지만 지난 2년간 코로나 재난은 워킹그룹의 발목을 잡았다. 그럼에도 불구하고, 지난 3월 29일에 2022년 첫 번째 회의를 개최로 4기 워킹그룹의 업무가 시작하였다. 1기부터 참여한 (주)이튜와 (주)우경정보기술 등을 비롯해 사회적 기업인 (주)참스틱스와이드 등이 4기 워킹그룹에 합류했다. 대학-기업-공공기관의 트리플 헬릭스 협업체제가 다시 시동을 걸었다.

대구디지털산업진흥원(DIP)에 따르면, 대구시 자체 블록체인 구축과 탈중앙화 소프트웨어인 디앱 육성을 두고 워킹그룹 내부에서 초기부터 논쟁이 있었다. 전자는 소위 메인(main) 네트워크 개발이 우선이며, 후자는 블록체인 시스템에서 작동하는 서비스용 프로그램에 초점을 둔다. 이들은 동전의 양면과 같아서 정책의 우선적 순위를 정하기가 매우 어렵다. 하지만 워킹그룹은 하이퍼렛저 기반 대구공동망과 대구ID 앱의 동시 개발을 통해 이러한 딜레마를 해결했다. 편리하게도 시민들은 대구ID 앱을 설치하고, 한 번의 본인 확인만으로 여러 서비스를 이용할 수 있게 되었다.

우리는 1995년쯤부터 홈페이지와 이메일에 접속하기 시작했다. 2010년 전후부터 스마트폰을 사용했다. 그 후 신기술에 대한 우리의 인식이 얼마나 크게 바뀌었는지를 생각해 보자. 이제 스마트폰과 소셜 네트워킹 서비스 없이 생활하려는 것은 어쩌면 미친 짓일 수 있다. 스마트폰이 가져온 2세대 인터넷이 정점을 지났다. 3세대 인터넷으로 불리는 웹 3.0이 2030년쯤에 상용화된다. 니어프로토콜(NEAR)이 운영하는 아카데미에 따르면, 세계적으로 2021년에 7,000개 이상의 기업이 웹 3.0이 가능한 인터넷 기반구조를 구축 중이다.[41]

비트코인은 디지털 암호화폐로서 블록체인의 존재감을 부각시켰다. 10여 년이 지나서야 암호화폐와 가상자산이 제도권으로 천천히 진입하고 있다. 그렇지만 여전히 정보통신 분야에서 블록체인은 경쟁 우위에 있지 않다. 최근 공공사업 발주자들이 빅데이터와 인공지능 시스템의 구축과 통합과 연계한 개인정보 보호를 매우 중요하게 여기고 있다. 이에 3세대에 적합한 탈중앙화된 신원인증 시스템(DID)에 대한 기업의 관심이 미약하지만 생겨나고 있다.

2세대 인터넷이 레거시(legacy) 기술로 서서히 밀려나면서, 컴퓨팅 및 소프트웨어를 둘러싼 시장 환경이 급변하고 있다. 대구시는 블록체인 워킹그룹의 활동이 기업을 위한 마중물 정책으로서 실효성을 보였다고 자체적으로 평가하고 있다. 예컨대 3세대 인터넷 시대가 열리면, 개별 비밀번호 없이도 상호 운용 가능한 디지털 시스템이 보편적으로 가동된다. 그리고 워킹그룹이 주도한 대구ID 앱은 이미 탈중앙화 접속 서비스를 보여준 모범 사례라는 점이다.

새로운 시장이 선출되었다고 기존의 경험과 지혜와 인적 네트워크를 모두 버리는 것은 비효율적인 일이다. 블록체인 워킹그룹은 웹 3.0을 위한 트리플 헬릭스 협업 체제를 성공적으로 매개했다. 민선 8기 집행부는 워킹그룹의 성장과 가치에 대한 합리적 인식을 바탕으로 해야 한다. 워킹그룹을 통해 새로운 커뮤니티가 창출하도록 설계하는 것이 바람직하다. 다양한 형태의 시민과 기업과의 관계를 촉진하고 소프트웨어 생태계와 교류하는 채널로 기능하도록 할 수 있다.

용학도서관이 쏘아 올린 빅데이터와 미디어 교육 [42]

대구 수성구 용학도서관은 빅데이터 이용과 미디어 교육으로 유명하다. 빅데이터 특강과 세미나의 개최뿐만 아니라 사서들이 빅데이터 기반의 도서관 서비스를 제공하기도 했다. 문화체육관광부가 이 공로를 대외적으로 인정하는 큰 상을 수여하기도 했다. 데이터는 정보, 지식, 지혜로 발전해야 한다. 이에 용학도서관은 50세 이상의 장노년층을 위한 미디어 리터러시도 발 벗고 나서고 있다. 데이터와 미디어가 첨단 기술과 만나면서 가짜 뉴스가 어느 때보다 심각하다. 어른 세대가 제대로 역할을 해야 하기에, 용학도서관의 특화 전략은 큰 의미가 있다.

가짜 뉴스가 범람하면서 학계에서는 '실용적(pragmatic) 미디어 신뢰'라는 개념이 주목받고 있다. 우리 사회에는 권위와 명성과 진실성 등 여러 형태의 신뢰 유형이 존재하고, 이것들은 서로 다른 검증 관행을 지니고 있다. 실용적 신뢰의 개념은 크리스티안 슈워제네거(Christian Schwarzenegger)가 제안했다.[43] 이 개념은 일반적으로 말하는 미디어에 대한 믿음, 냉소, 회의보다 더 구체적이고 맥락을 중요시한다.

슈워제네거는 미디어의 신뢰 혹은 불신의 이분법을 넘어서 현재 뉴스 이용 상황을 정의하고자 노력했다. 실용적 신뢰 개념은 사람들이 특정한 뉴스 출처에 의존하는 습관과 관행에 주목한다. 예를 들어, 사람들이 특정 미디어 채널을 신뢰하지 않는 경우라도 제도(institution)로서 미디어 체제를 믿는 경향이 있기에, 해당 채널에 충성심을 보인다는 것이다. 이런 관점에서, 사람들은 여러 정보 출처를 확인하거나 공식 소식통으로부터 직접 인용을 통해 진실한 설명을 얻을 수 있을 것으로 기대한다.

예루살렘 히브리대 박사과정 올가 파시첼스카(Olga Pasitselska)가 발표한 논문 '이웃에게 물어보는 것이 좋다: 러시아-우크라이나 전쟁 기간 중 미디어 신뢰를 재협상하기'는 실용적 신뢰 개념을 적용하였다. 논문의 영어 제목은 'Better Ask Your Neighbor: Renegotiating Media Trust During the Russian-Ukrainian Conflict'이다.[44] 러시아와 우크라이나의 갈등과 분쟁은 불안정한 정보환경을 만들었다. 그녀는 이 기간에 사람들이 신뢰받을 가치가 있는 정보를 어떻게 결정하는지를 분석하기 위해 증강된 연속적 심층 인터뷰를 진행했다.

흥미롭게도 사람들은 미디어가 어떻게 기능하는지에 대한 일종의 대중적 지혜를 갖고 있었다. 예를 들어 권력이나 기업이 소유한 미디어를 일반적으로 불신하면서, 미디어 메시지에 대한 다른 사람들의 의견을 확인하면서 저널리즘에 대한 비판적이지만 건설적인 평가를 시도하고 있었다. 특히 정치적 위기와 데이터 및 정보 혼란의 시기에 사람들은 모든 뉴스에 도전하는 것이 인지적으로 요구된다. 사람들은 실용적 신뢰 기반의 3개의 검증 과정을 보였다. 첫째, 이념적으로 가까운 출처에 대한 의존 둘째, 미디어를 제도(institution)로써 신뢰하면서 개별 출처에 대한 회의적 태도 셋째, 미디어 제도에 대한 불신과 냉소적인 환멸.

한 발 더 들어가면, 사람들은 주변 이웃하고만 미디어의 신뢰성에 대해 항상 이야기하는 것은 아니다. 스마트폰에 접속하면 빅데이터 알고리즘으로 작동하는 인공지능(AI) 뉴스를 쉽게 만날 수 있다. AI 기반의 뉴스 제공 관행은 포털과 플랫폼 기업에만 한정되지 않는다. 전통적 신문과 방송과 잡지 등도 AI를 활용해 맞춤형 뉴스를 제공하기에, 미디어 이용자와 로봇 사이의 사회적 상호작용 환경과 적절한 정보 검증 관행을 이해하는 것이 필요하다.

최근에 나온 존 바나스(John Banas) 등의 AI 시대의 미디어 신뢰와 사람들의 사회적 이해에 대한 연구는 시사하는 바가 크다.[45] 논문 제목인 When Machine and Bandwagon Heuristics Compete: Understanding Users' Response to Conflicting AI and Crowdsourced Fact-Checking 을 보면 '휴리스틱스'라는 단어가 눈에 띈다. 휴리스틱스는 사람들이 갖고 있는 간단한 의사결정 규칙이다. 예를 들어, 식당에 들어가면 종업원이 손님을 환영해야 한다고 생각한다.

유사한 맥락에서, 사람들은 AI를 활용한 뉴스의 품질 평가에서 컴퓨터는 이데올로기적 편향이 없으므로 신뢰한다는 휴리스틱을 갖는 경향이 있다. 연구진은 AI가 제공하는 단서와 대중적(crowdsourced) 팩트체크 서비스가 상호 간 일치 혹은 어긋날 때, 사람들의 휴리스틱이 미디어를 믿는 과정에서 어떻게 경쟁하는지를 조사하였다. 즉 휴리스틱 촉발 과정에서 AI 로봇과 팩트체크 플랫폼이 사람들의 뉴스 품질 인식과 신뢰성 판단에 어떻게 영향을 미치는지 3가지 실험을 진행하였다.

연구진은 사람들이 인공지능 에이전트와 팩트체크 플랫폼이 불일치하기보다 일치할 때 휴리스틱 믿음의 가능성이 더 높았다. 사회적 부화뇌동 (bandwagon) 휴리스틱이 강한 사람들은 팩트체크 플랫폼이 어떤 주장을 사실 확인했을 때, 해당 주장을 사실로 판단할 가능성이 더 높았다. 비록 확정적인 연구 결과를 제공하지 못했지만, 연구진은 사람들이 AI와 팩트체크 서비스가 서로 상충할 때도 두 가지를 모두 고려하면서도 두 시스템 모두에 점점 더 의존하고 있음을 찾았다.

재난, 전쟁, 환경, 경제 위기의 일상화로 세상이 점점 더 복잡해지고 있다. 사람들은 현재 일어나고 있는 일을 단순히 이해하는 것을 넘어서려고 한다, 자신의 업무와 생활과 어떤 관련성이 있는지 알고 싶어 하고 주변의 데이터, 미디어, AI 로봇, 사람들을 믿고 싶어 한다. 따라서 실용적 미디어 신뢰와 AI 시대의 사회적 휴리스틱에 대한 연구 결과를 종합해서 시사점을 도출해 보자. 도서관 등은 정보 출처와 미디어 제도의 실용성과 맥락성에 대한 뉴스 교육부터 시작해야 한다. 그리고 사람들이 서로 다른 데이터를 처리하는 도구들의 이용 방식과 차별적 역할에 대해서도 설명해야 한다.

이상한 로봇 변호사 우영우라고 [46]

로봇 전문가들이 2025년이 되면 1인 1로봇의 시대가 된다고 전망한다. 불과 몇 년밖에 남지 않아서 정말 이 예측이 현실이 될까라는 의심도 많이 되지만, 기술의 발전 속도와 스마트 기기의 현황을 보면 거짓은 아닌 것 같다. 로봇은 크게 산업용과 서비스용으로 구분된다. 1인 1로봇이라면 아무래도 공장에서 자동화된 작업을 수행하는 산업용이 아닌 생활 주변의 서비스용 로봇을 의미하는 것으로 본다.

물론, 햅틱(Haptic)처럼 산업용과 서비스용이 융합된 하이브리드용 로봇도 나오고 있다. 햅틱은 그리스어로 만지다(touch)라는 뜻을 가진 'Haptesthai'에서 유래한 단어이다. 햅틱 기술을 적용한 로봇은 작업 대상을 만지면서 느끼는 촉각을 통한 진동과 움직임 등을 중요하게 여긴다. 그래서 위험하고 무거운 일부터 미세하고 정교한 정보 인지와 장치 조작 등 다양한 맥락에서 사용된다.

한편 애플이 2007년도에 컴퓨터가 내장된 스마트폰인 아이폰을 선보였고, 2015년에는 스마트워치를 시장에 내놓았다. 2022년 9월에는 애플이 전문가용 고성능 기능을 탑재한 '애플 워치 울트라'를 새롭게 론칭했다. 울트라는 기존 모델에는 찾기 힘들었던 여성용 건강관리 애플리케이션을 특별히 장착하고 스킨 스쿠버용 전문가 기능 등을 구비하여 내 손 안의 로봇이 되어가고 있다. 기존 애플 워치가 5십만 원대인 것과 비교해 울트라는 2배가 넘는 100만 원대이다.

고성능의 스마트 기기를 서비스용 로봇 혹은 하이브리드용 로봇으로 간주할 수 있다면 2025년의 1인 1로봇 시대는 이미 우리 생활에 깊숙이 침투해 있는 것이다. 코로나 전염병 기간에 병원에 직접 갈 수 없어서 유선으로 의료진의 상담을 받았다. 정부가 의사의 환자 진료와 처방에 스마트 기기 사용을 허가하고 강력히 추진한다면, 1인 1로봇은 더욱더 빨라질 것임이 틀림이 없다.

그런데 이렇게 눈 깜짝할 사이에 로봇이 사람들이 수행하기 힘들거나 싫어하는 업무와 표현하고 싶은 정서를 대신해서 처리한다면 휴머니티 이른바 인간다움을 어디에서 찾을 수 있을까? 흥미롭게도 인문사회학자의 시선에서 소통을 연구하는 학술단체인 세계언론학회(ICA, International Communication Association) 2023년 컨퍼런스 주제에서 이 질문에 대한 해답을 암시하고 있다.

2023년 5월 캐나다 온타리오주에서 개최하는 제73차 토론토대회의 슬로건은 '소통에서 진정성을 다시 주장하기'(Reclaiming Authenticity in Communication)이다. 차기 회장으로 선출된 이은주 서울대 교수는 인공지능과 로봇이 보편화되는 시대에 관계적, 사회적, 정치적, 문화적 의미의 맥락에서 진정성을 살펴보는 것이 인간다움을 찾을 수 있는 길이라고 밝혔다.[47]

고객이 기업에 어떤 서비스를 요청하면 더 이상 사람과 대화하는지 알고리즘 에이전트 즉 로봇과 대화하는지 확실히 알 수 없는 시대이다.[48] 상황이 이렇다 보니, 인간다움을 획득하거나 증명하기 위해서 리얼리티 TV 쇼와 같은 프로그램에서 진정성에 대한 환상이 넘쳐나고 있다. 예를 들면, 로봇이라면 보여주는 것이 불가능한 힘든 표정이나 분노의 언어 나아가, 세심하게 만들어진 평범함과 불완전함이 진정성의 표시로 종종 제시된다.[49] 정치인은 토크쇼나 소셜 미디어 게시물을 통해 진짜일 수도 있고 의도적일 수도 있는 은밀한 개인 사항을 공개함으로써 유권자의 관심과 애정을 얻기 위해 경쟁하기도 한다.

다시 말해서, 작업 수행과 애정 표현의 완전함이 아닌 부족함이 인간다움의 상징이며 진실성의 평판을 얻고 대중의 신뢰를 얻을 수 있는 것이다. 많은 전문가의 예상과 달리 한국 드라마 '이상한 변호사 우영우'가 글로벌 비영어권 드라마 1위로 등극한 것도 이러한 맥락에서 접근가능하면 이해가 능하다. 언변만 좋은 유능한 변호사의 주장은 에이전트 로봇도 할 수 있겠지만, 원고에 대한 연민과 증오가 결합된 진정성 있는 메시지가 사실성을 넘어서 인간다움을 드러내는 것이다. 이 드라마는 자폐 스펙트럼 장애를 가진 변호사 우영우가 대형 법무법인(로펌)에 입사하여 겪게 되는 소송 준비와 재판 과정을 그린 작품이다.

1인 1로봇을 넘어서 1인 멀티봇의 시대를 앞두고 있다. 스마트 기기로 촉발된 알고리즘 에이전트와 아바타 채팅 봇은 벌써 곳곳에 존재한다. 인간 고유의 기능과 역할이었던 이성(효율적 업무처리)과 감성(희로애락 드러내기)마저도 디지털 대전환의 이름으로 로봇에게 점차 맡겨지고 있다. 사람임을 증명하기 위해서라도 우리는 억지로라도 실수를 저지르면서 진정성을 인정받아야 하는 세상이 도래하고 있다.

이상한 로봇 변호사 우영우는 없다. 자폐증 변호사 우영우는 실수한다고로 인간으로 존재한다. 그래서 디지털과 로봇 대전환의 장밋빛 전망과 순기능만을 열거하기에는 왠지 머쓱해지는 상황이다.

KBS EBS 공공데이터 제공에 나서야 [50]

행정안전부와 한국지능정보사회진흥원(NIA) 등이 개최한 2022년 7월 28일 오픈데이터포럼 열린세미나의 주제는 흥미로웠다.[51] 2013년에 공공데이터의 제공 및 이용 활성화에 관한 법률(공공데이터법)을 제정한 이후, 우리나라는 세계가 주목하는 공공데이터 선진국 그룹에 올랐다. 하지만 선거관리 및 사법기관 등 이른바 정치와 권력 분야의 공공데이터 개방과 제공은 기대에 못 미쳤다. 이번 세미나는 그동안 가장 진전이 없었던 분야인 선거 관련 데이터와 사법기관 공공데이터의 개방현황 및 개선방안을 살펴보았기에 특별한 의미가 있다.

이는 데이터 개방을 통해서 투명 사회로 나아가기 위해서는 누구도 예외가 없다는 점을 나타낸다. 공공데이터의 목적은 공공기관이 보유하거나 관리하는 데이터의 제공 및 그 이용 활성화를 통해서 국민의 데이터 이용권 보장과 데이터의 민간 활용을 통한 삶의 질 향상과 국민경제 발전에 이바지하는 것이다. 지식의 피라미드에 따르면, 이리저리 흩어져 있는 데이터의 조직된 형태가 정보이다. 그리고 정보는 상황별 해석과 미래 통찰을 거치며 지식과 지혜로 단계별로 발전한다.

한편, 언론의 주요 기능은 의제 설정, 사회화, 감시견 등이다. 의제 설정이란 언론이 국민이 알 필요가 있는 사회적 이슈에 대해 공정하고 객관적으로 보도해야 하는 역할이다. 그리고 의제 설정을 위한 정보전달은 데이터를 수집하고 분석하는 행위에서 시작한다. 그렇다면 언론이 국민의 알권리를 충족해야 하는 과정에서 수집한 데이터의 이용권도 국민에게 있는 것이 아닐까. 나아가 언론의 취재와 보도 등이 공익을 대변하는 것이라면 공적 임무를 수행하는 과정에서 수많은 데이터가 생성될 것이다.

다만, 공공기관 운영법(공운법) 제4조 제2항에 따라 한국방송공사(KBS)와 한국교육방송공사(EBS)는 공공기관으로 지정할 수 없다. 이것은 언론의 독립성을 보장하기 위한 합리적 조치이다. 그런데, KBS와 EBS 등은 공익적 책무를 지닌 언론으로써 민간 기업의 형태를 지닌 기타 미디어 및 콘텐츠 회사와는 구분된다. 미국 뉴욕타임즈와 영국 가디언은 민간 신문이지만, 보도와 취재 관련한 데이터 저널리즘에 앞장서면서 인포그래픽스에 사용한 원(raw) 데이터의 개방에도 적극적이다.

KBS는 한국방송공사법이라는 특별법에 의해 설립되었지만 1990년대 말, 법 개정을 통해 방송법에서 직접 직제를 규정하고 있는 유일한 방송국이 되었다. EBS는 특별법인 한국교육방송공사법에 따라 만들어졌다. KBS와 EBS의 지위는 방송법과 특별법에 의해 일반 공공기관에 비교해 독립적이다. 하지만, KBS와 EBS 모두 직제는 방송통신위원회의 관리·감독을 받으며, 이는 정부조직법의 관할영역이다. 따라서 KBS와 EBS와 같은 특수한 법인은 공공데이터법의 대상이라는 해석도 가능하다.

KBS와 EBS의 독립성을 위해 공공기관으로 지정할 수 없다고 못 박아놓은 것은 논쟁의 여지가 없다. 하지만 KBS 산하의 공영미디어연구소와 재난미디어센터 등이 공적 활동과 관련하여 생성 또는 취득하여 관리하는 데이터까지 예외적으로 다루는 것이 합당한지는 생각해 볼 이슈이다. 특히 재난은 본질적으로 예측 불가능한 속성을 지니고 있다. 그렇지만 데이터 기반의 애플리케이션을 적극 활용함으로써 재난 발생 시 반응속도와 복구대책을 혁명적으로 변화시킬 수 있다.

국가적 재난이 발생할 때마다, 재난주관방송사 KBS가 제 역할을 하지 못한다는 비판이 자주 있었다. 이번 서울과 수도권 집중호우에서 나타났듯이, 자연재난이 발생했을 때 일방적 중계방송으로 위기 해결에 큰 도움이 되지 않는다. 오히려 유사한 상황에 대한 데이터가 재난 대응과 복구에서 해결의 실마리가 될 수 있다. 따라서 KBS가 축적한 재난 데이터를 기계 판독이 가능한 형태로 수집 단계부터 입력하여, 민간기업 등이 해당 데이터를 소프트웨어를 통해 확인하거나 수정, 변환, 추출 등 가공할 수 있게 하는 것이 필요하다.

프랑스는 디지털공화국법에서 공공데이터에서 한 발 더 앞서 공익데이터의 개념을 도입했다. 공익데이터는 데이터 생산 주체의 유형이 중요하지 않다. 공공 혹은 민간 여부와 상관없이, 공적 관심이 높으며 공익 목적으로 활용이 정당화되는 공공재적 성격을 갖는 데이터라면 개방해야 한다. 공공 도로의 최고 속도와 에너지 생산, 공급, 소비 등에 관한 데이터가 대표적 사례이다. 유럽연합 집행위원회는 데이터 이타주의를 도입하여, 과학적 연구목적 또는 공공서비스 개선 등의 목적이라면 정보 주체자의 동의가 없더라도 비(非)개인정보를 활용할 수 있도록 허락하는 정책을 도입했다.

프랑스 등 유럽에서 추진한 공익데이터 개념을 법적으로 제도화하는 것은 아직 신중해야 한다. 프랑스와 같이 정부보조금으로 계약업무를 수행한 모든 용역과제까지 공익데이터 범주에 포함시켜 기업에게 개방을 당장 강제할 수 없다. 우리 정부와 정치권도 민간 영역의 심각한 위축을 고려하여, 관련 법제를 제정하기에 앞서 정책적으로 추진 가능한 범위를 찾아야 한다. 그리고 KBS와 EBS가 지닌 언론으로서의 고유한 역할과 기능을 독립성과 공정성 차원에서 보호해야 한다. 언론이 지닌 콘텐츠 성격의 데이터는 저작권자와의 충돌이 발생할 수도 있다.

공공데이터법에서는 다른 법률에 특별한 규정이 있는 경우를 제외하고는 공공기관이 공공데이터의 이용, 제공, 관리 등에 나서야 한다고 규정하고 있다. KBS와 EBS의 대상기관 포함 여부는 사실 중요하지 않다. 언론으로서 공적 책무가 우선이라면 두 방송사가 취재, 보도, 논평을 위해서 수집한 데이터를 국민이 편리하게 이용할 수 있도록 노력하고 데이터 이용권의 보편적 확대를 위하여 필요한 조치를 자발적으로 나서는 것이 당연하기 때문이다. 특히 두 방송국이 입시와 재난 등 국민의 관심이 높은 분야에서 데이터 복지의 시각에서 공공데이터 제공을 이해할 때 사회적 공감대를 크게 얻을 수 있다.

SNS 소통 두려워하는 후보 누구인가! [52]

선거를 앞두고 대구와 경북 지역의 국회의원 후보들의 정책 공약이 쏟아지고 있다. 그렇지만 지역산업으로서 소프트웨어 활성화를 강조할 뿐, 소통을 위한 소셜네트워크서비스(SNS) 진흥 공약은 쉽게 찾아볼 수가 없다.

오늘날 디지털 사회에서 스마트폰과 SNS의 도입으로 양적, 질적인 정보 격차가 계층 및 거주지별로 심각하다. 양적인 수준은 스마트폰과 SNS의 접근 및 이용과 관련되며 질적 격차는 의사소통 역량과 목적에 맞는 정보 활용 여하에 초점이 맞추어져 있다.

장애인, 장노년층, 저소득층, 농어민의 스마트폰 이용률과 이용수준은 전체 국민에 비교해서 과거보다 그 격차가 줄어들긴 했지만, 여전히 낮다. 정보화 취약 계층에서 프리미엄 스마트폰을 이용하지 않는 주된 이유는 두 가지로 밝혀졌다. 구입 및 이용 비용의 부담, 그리고 스마트폰으로 무엇을 할 수 있는지 모른다는 것.

양적 격차는 질적 격차로 이어지는 악순환을 낳는다. SNS를 이용한 인터넷 심화 활용 수준의 경우 전체 국민의 활용 능력에 이르는 데 비해 취약 계층은 낮은 단계에 그쳤다. 활용 수준은 SNS, 인터넷 커뮤니티 활동, 유료 콘텐츠 구입 등과 관련된 적극적 정보 생산, 공유, 소비 활동으로 측정되는데, 이렇게 보면 취약 계층은 디지털 사회의 혜택을 충분히 누리지 못하고 있는 것이다.

지역 간 정보 격차는 어떨까? 모바일 트래픽 지도를 보면 수도권과 지역의 정보 격차는 놀랄 만하다. 서울을 비롯한 수도권에서 전체의 절반에 이르는 무선 데이터를 사용하고 있는 데 비해 지역은 상대적으로 미미하다. 이는 스마트 기기 시대의 모바일 권력 지도를 보여주는 수치로서, 지역의 열악한 스마트 인프라, 그리고 지역에 특화된 서비스 부족이 가져온 결과이다.

상황이 이러함에도 디지털 소통 진흥을 위한 적극적 공약은 눈에 띄게 보이지 않는다. 무엇보다도 정보 격차를 해소함으로써 디지털 사회를 활성화하는 것이 얼마나 중요한지에 대한 이해가 부족하기 때문일 것이다. 오늘날은 디지털 기술의 사회문화적 영향과 효과를 파악할 수 있는 안목과 식견이 요구되는 시대이다. 따라서 모바일 사회에 대한 전문 지식을 겸비한 후보가 필요하며, 정치인들은 다음 사안에 대해 해법을 제시해야 할 것이다.

먼저 스마트폰의 보급 및 SNS 이용 수준은 지역 경제 활성화와 어떤 관련성을 지니고 있는지, 이를 위해 정부가 할 일은 무엇인지, 그리고 지역 주민을 위한 통신기업의 사회적 책임은 무엇인지에 대한 올바른 인식이 필요하다. 이를 바탕으로 지역의 고소득 부농 인구를 늘리기 위해 스마트폰을 농식품 유통에 활용할 수 있는 전략이 무엇인지, SNS를 활용하여 지역 축제를 효과적으로 홍보할 수 있는 방안은 없는지, 지역의 소셜미디어 전문가를 양성할 수 있는 교육과정을 어떻게 설치할 것인지 등에 대한 공약을 제시해야 한다.

이는 한 걸음 더 나아가 청년 일자리를 늘리는 일과도 관련된다. 청년들이 지역을 떠나는 이유는 일자리가 부족하기 때문이다. 그런데 최근 지역 소프트웨어 진흥 산업 예산을 획기적으로 증대시킬 해법을 제시해야 할 것이다. 우선 지역의 디지털 산업 벤처기업의 현황을 파악하고, 중소기업의 소프트웨어 인력을 확충하기 위한 비용이 어느 정도인지 산출해야 한다. 그리고 이를 위해 지역의 기업과 상생할 수 있는 방안을 찾아내야 한다.

한 예로, 인터넷을 통한 크라우드소싱(crowdsourcing)을 통해 기업의 경영 개선과 청년 일자리 창출을 동시에 이루어 낼 수도 있다. 크라우드소싱은 기업이 직접 처리하기 힘든 과제를 외부에서 참여할 수 있도록 개방하고 참여자의 기여로 얻은 수익을 공유하는 것으로, 시공간의 경계를 넘어선 인터넷 덕분에 점차 확산되고 있다. 이런 모델을 적극 활용해 볼 수 있을 것이다.

디지털 소통 진흥 공약이 부족한 이유는 지역 정치인들이 SNS 정보 격차 해소를 두려워하기 때문이 아닐까? 정보 소통의 활성화는 언론의 자유를 증진하고 정치 참여를 활성화하는 효과가 있다. 기득권 정치인에게 스마트폰을 통한 적극적 정보 공유와 사회적 교류가 반드시 반가운 일만은 아닐 수 있다. 인터넷 카페와 카카오톡, 페이스북, 유튜브, 인스타그램, 틱톡 등에서 투표 참여를 말하는 것은 그들의 선거 캠페인 전략에 반하는 것일까.

대구시·경북도 소통 자화상과 IR 전략 53

정부와 지방자치단체의 정책 홍보 내용과 그 전략이 변화하고 있다. 하지만 대구시와 경북도는 이 변화에 신속하게 대응하지 못하는 것 같다. 지역 지자체의 정책 홍보 전략은 여전히 인터넷 이전의 모델인 일방통행식

정보 전달에 의존하고 있다. 공보·대변인실에서 신문, 방송, 잡지에 보도 자료를 제공하고, 관련 부서는 보도 자료가 기사에 얼마나 반영되었는지 그 여부를 점검한다. 그리고 기사의 논조 분석을 통해 여론의 향방을 추측한다. 이것은 대중사회에 적합한 전략이었지만 분중(分衆)이 주도하는 인터넷 사회에는 더 이상 유효하지 않다.

지자체 홍보의 패러다임이 변화하고 있다. 변화는 두 단계로 나타났다. 먼저 홈페이지, 포털, 카페, 게시판, 블로그에서 나타난 변화. 이 웹 1.0 매체의 확산은 양방향 의사소통 모델의 전환을 요구했다. 수용자 세분화 전략을 수립하여 계층별 생활 가치, 경제 패턴, 이념 정향, 투표 행태 등을 고려한 팔공산(803) 시정홍보와 CLO(chief listening officer)가 효과적인 모델로 제시되기도 했다. 즉 홍보 대상의 여건과 상황을 고려하여 상호작용적(interactive) 소통을 강화하는 것이다.

다음으로, 최근 소셜네트워크서비스가 주도하는 웹 2.0시대로 전환하면서 교호적(交互的·responsive) 모델이 제안되고 있다. 정부 및 지자체는 시민들이 접근할 수 있는 매체 유형에 적합한 메시지를 제작하고, 시민들의 정보 충족 요구를 만족시키기 위해 실시간으로 정보를 전달한다. 그리고 청취형 모니터링과 쌍방향 피드백을 통해 여러 계층의 시민들과 더 좋은 관계를 맺고자 한다. 이처럼 매체의 유형에 부합하는 유연한 소통이 교호적 모델의 핵심이다.

주변을 찾아보면 우수 사례도 있다. 공무원이 홈페이지나 모바일 앱을 통해 민원을 접수하고, 담당자는 그 해결 과정을 전달하면서, 민원이 종결되면 인증샷을 올린다. 물론 국민권익위원회에서 운영하는 국민신문고가 시민의 적극적인 참여를 유도하는 형태로 운영중이다. 민원정보 빅데이터 분석결과를 지자체와 공유한 덕분에 공무원과 시도민 사이를 가로막고 있던 문턱이 낮아지면서 정책에 대한 국민들의 참여가 확산되고 있다.

최고 책임자인 시장과 도지사는 어떤 대응을 해야 하는가? 커뮤니케이션 전공과목에서 자주 언급된 미국의 오바마(B. Obama) 대통령은 다양한 유형의 매체에서 매우 유연하게 반응했다. 개인 트위터 계정인 @BarakObama 에서는 1인칭 화법을 구사하면서 사랑방 대화를 추구했다. 부가적인 정보가 필요한 사람들을 위해서 개인 홈페이지와 링크를 해 놓았다. 대통령 공식 계정인 @White House는 3인칭 화법으로 정책에 대해서 꼼꼼하게 설명했다. 직접 소통하고 있음을 강조하기 위해서 페이스북에서 본인이 직접 작성한 메시지는 버락 오바마의 이니셜인 BO를 남겼다. SNS를 활용한 타운홀 미팅에 적극적으로 참여했다.

웹 1.0이 대중의 분중화를 촉진했다면, 웹 2.0은 대중의 사회적 연결 즉 '네트워크화된 개인주의'를 가져왔다. 스마트 시대에 시민들은 지역 공무원과 끊임없이 연결되기를 원한다. 잠 못 들게 하는 이슈에 대해서 정보를 공개하고 소통하는 단체장을 만나고 싶다. 의료 시설의 서울 집중화, 부동산 거래 침체와 경기 부진, 학교 폭력과 치솟는 사교육비, 지역 대학과 중소기업의 갈등, 지역 언론의 위기, 지역이 처한 문제는 모두 열거할 수 없고 쉽게 해결하기도 어렵다. 하지만 지자체가 직접 나서서 모든 일을 다하지 않아도 된다. 시장과 도지사가 우리를 지켜주는 보안관이 아니어도 된다. 멀리 해외의 사례를 인용할 필요도 없다. 다른 지자체처럼 시민의 목소리를 듣고 사회문제가 자연스럽게 해결될 수 있도록 멍석을 깔아주기만 하면 된다. 우리가 대구시와 경북도에 바라는 것은 상호작용하면서 교호하는 IR(interactive & responsive)의 모습이다.

새로운 시민 계층을 위한 정책은? 54

선거가 끝나면, 대구·경북에서는 이전과 다름없이 보수 정당이 완승하지만 최종 결과만 보고 선거 기간에 나타난 변화의 움직임을 놓쳐서는 안 된다. 그렇다면 숨겨진 흐름이 있다면, 이러한 변화의 움직임을 어떻게 볼 것인가? 먼저 주목할 점은 중도와 진보 정당을 지지한 지역민 중 상당수가 정치적 신념에 바탕을 두고 투표를 반드시 하지 않았다는 점이다.

이들은 전통적 의미에서 특정 이데올로기를 지지한 것이라기보다, 기든스(Giddens) 교수의 말처럼, 인터넷 시대의 시민으로서 생활과 밀접한 주제에 관해 소통하고 싶은 사람들이다. 이들은 대화(dialogic) 민주주의를 목표로 하는 새로운 시민들이다. 이들이 원하는 것은 선거 기간에 갑자기 찾아와 악수하면서 선심성 공약을 내세우는 정치인이 아니라, 지역사회가 요구하는 바람직한 삶의 방식을 찾고 지역민들이 이를 실현할 수 있도록 도와주는, 이른바 생활 정치를 구현하는 정치인이다.

셔키(Shirky) 교수의 관찰처럼 한국 사회는 동방신기와 같은 아이돌 연예인 팬클럽이 거리의 정치 시위에 참여하는 재미있는 나라이다. 이처럼 새로운 시민 계층은 다양한 연령, 성별, 취미, 직업, 문화를 지닌 사람들로 구성되어 있다. 벤클러(Benkler)의 표현을 빌리자면, 이들은 SNS를 통한 의사소통에 능숙한 '네트워크 공중'으로서, 자신들의 디지털 라이프 스타일에 어울리는 지역 정책을 기대한다.

따라서 보수 정당은 선거에서 승리한 것을 자축만 해서는 안 된다. 이번 선거에서 성별, 연령별, 거주지별, 계층별로 중도와 진보 정당의 득표율의 변화를 면밀히 검토해 새로운 네트워크 계층의 출현을 보여주는 현상을 발견하기 위해서 노력해야 한다. 이 새로운 네트워크 계층은 크게 3가지 유형으로 나타난다.

첫째 뷰어태리어트(viewertariat)이다. 뷰어태리어트란 시청자와 프롤레타리아트의 합성어. 이들은 2010년 영국 총선에서 SNS의 영향력이 증가하면서 새롭게 주목받은 계층으로, 방송 프로그램을 시청하면서 실시간으로 의견을 표출하는 온라인 집단을 말한다. 이들은 '카우치 포테이토'가 아니다. 이들은 소파에 누워 텔레비전을 보며 감자칩을 먹으며 빈둥거리기만 하는 시청자이기를 거부하며, SNS를 활용하여 여론을 주도함으로써 스스로 강력한 시민 계층으로서 역할을 담당하고자 한다.

둘째, 프로듀저(produser)이다. 프로듀저는 디지털 콘텐츠의 생산자와 이용자의 합성어. 앨빈 토플러의 프로슈머가 소비자로서 시민을 강조하는 반면, 프로듀저는 이용자가 콘텐츠 제작에 직접적으로 참여하는 과정에 주목한다. 프로듀저들은 기존 콘텐츠를 개선하기 위해서 정보를 공유할 뿐만 아니라 집단적 행동도 마다하지 않는다. 대표적 사례가 온라인 백과사전인 위키피디아다. SNS 애플리케이션의 개방화는 프로듀저가 폭넓게 확산되는 또 다른 계기를 만들어 주었다.

셋째, 캐시 몹(cash mob)이다. 캐시 몹은 SNS 채널을 통해 네트워크를 맺은 사람들이 일시에 같은 가게에 나타나 쇼핑하는 '플래시 몹'의 한 종류이다. 2011년 8월 미국의 한 블로거가 처음 시작한 이후 캐나다 등 전 세계로 급속히 퍼져 나가고 있다. 이들이 주로 하는 일은 서로 모르는 시민들이 SNS를 통해 사전에 약속된 장소에 순식간에 모여 집단적으로 쇼핑을 하는 것이다. 열 사람이 한 술씩 보태면 1인분의 한 끼니 식사가 된다는 뜻인 십시일반(十匙一飯)을 SNS로 구현하는 것이다.

선거는 끝났지만 본격적인 정치는 이제부터 시작이다. 총선이 끝나면, 대통령 선거가 기다리고 있다. 국회의원 및 시·도지사를 비롯한 엘리트 계층은 씨앗을 새싹에서 나무로 키워서 열매를 맺도록 도와주는 역할을 담당해야 한다. 뷰어태리어트를 육성하여 지역 언론사의 콘텐츠를 국내외에 유통할 수 있는 환경을 마련하는 것은 어떨까. 지역의 중소형 디지털 기업이 성장할 때까지 프로듀저 인력 양성을 지원하는 것은 어떨까. 수도권의 대형마트가 지역 상권을 함부로 밟을 수 없도록 캐시 몹을 통해서 지역 경제를 살리는 것은 어떨까.

네트워크 공중, 즉 작지만 강하게 연결된 시민들의 움직임에 주목하자. '우리는 마이크로 소사이어티로 간다'는 책 제목처럼 대구·경북은 변화하고 있다. 정치인들이여! 새로운 사회에 참여하는 사람들을 인식하지 못한다면 승리는 영원하지 않을 것이다. 우리는 지역사회가 좀 더 활기차고 생동감 있는 공동체로 재탄생하기를 원한다.

지자체 재정난과 붉은 여왕 효과 55

지방자치단체 재정력 지수에 따르면, 서울, 인천, 경기 등 수도권과 비교하면 대구시·경북도의 재정자립도는 턱없이 낮다. 인근 울산, 부산 등에도 견주지 못한 경우가 발생한다. 초라한 지역 살림살이를 어떻게 하면 개선할 수 있을까. 그 해법을 디지털 미디어의 적극적 활용에서 찾을 수 없을까. 지능정보화가 진행되면서 지자체들은 시민들과 원활하게 소통할 수 있게 되었고, 재난·위험을 사전에 탐지하여 신속하게 대응할 수 있게 되었으며, 정보의 흐름에 맞게 의사를 결정하고 이에 대한 효과적인 전략을 실행할 수 있게 되었다. 디지털 시대의 지자체 경쟁력은 데이터 정보화 추진 능력에 좌우된다고 해도 과언이 아니다.

국내외의 여러 지자체들은 어려운 환경 속에서도 디지털 기회를 창조하기 위해서 적극적으로 노력하고 있다. 예를 들면, 홈페이지를 보다 개방적인 형식인 블로그 스타일로 개편한다. 이제 공무원과 시민이 정보의 생산에서부터 유통, 교환, 가공에 이르기까지 모든 과정에 자유롭게 참여할 수 있게 된다. 나아가 정부기관이 보유 중인 각종 공공 데이터를 개방하여 관련 산업의 활성화를 도모하기로 결정한다. 디지털 소통 시스템을 통해서 글로벌 자본을 유치한다. 외국인 투자자가 직접 현장에 오지 않더라도 필요한 정보를 파악할 수 있기 때문이다.

첨단 디지털 기술을 활용함으로써 쏟아지는 정보를 기회로 변화시키고 있다. 미국의 지자체들은 인터넷과 SNS에서 실시간으로 올라오는 거대한 정보(big data)에서 가치 있는 정보를 찾는 데 주력하고 있다. 미국 로스앤젤레스(LA) 주 정부는 SNS 분석을 통해 아동 학대를 사전에 감지할 뿐만 아니라 연간 2천600만 달러의 예산을 절감하기도 했다. 미국 시러큐스 시는 주택 정책에 디지털 시스템을 도입하여, 낙후된 지역일수록 남성 실업률이 높다는 점을 발견했다. 따라서 남성에게 특화된 교육 및 직업 훈련 프로그램을 마련하여 낙후된 지역의 활성화를 이끌었다. 독일에서도 빅데이터를 활용한 맞춤형 고용으로 일자리를 창출하고 있다.

바야흐로 세계는 공급자 위주의 정보화 1.0에서 수요자와 소통하는 지능화 2.0으로 급속히 전환하고 있다. 대구시·경북도는 지자체 경쟁력을 높이기 위해서 좀 더 스마트하게 변신해야 한다. 대구시는 의료 관광 및 외자 유치를 위해서 창의적 투자 지원을 위한 온라인 시스템을 구축할 수도 있다. 대구시가 투자한 드라마와 뮤지컬축제(DIMF) 등과 관련된 SNS 빅데이터를 실시간 분석하여 도시 브랜드를 구축하고 평판 마케팅을 할 수도 있다. 경상북도의 낙후된 지역의 문제점이 의외로 다른 곳에 있을 수 있다. 경북도가 보유한 각종 공공 데이터를 개방하여 정책의 과학화를 추진해 보자. 빅데이터 분석에서 과거에 찾지 못했던 의미 있는 결과물이 나올 수 있다.

대구시·경북도보다 재정자립도가 훨씬 높은 지자체들이 있다. 이들은 지금의 자리에 안주하지 않은 채, 다른 지자체에 뒤처지지 않기 위해서 여전히 열심히 뛰고 있다. 이런 추세라면 대구시와 경북도는 디지털 소통을 꾀한다 하더라도 이른바 '붉은 여왕 효과'를 벗어나기 어렵다. 즉, 내가 열심히 달리고 있는데도 주변 세계가 같이 움직이기 때문에 제자리걸음을 계속할 수밖에 없다는 말이다. 붉은 여왕 효과를 극복하려면 경쟁 지자체보다 더 빨리 달리는 수밖에 없다. 지금은 스피드의 시대다.

디지털 사회에서 낙오하지 않고 변화와 혁신을 이끌기 위해서 대구시·경북도는 조금 어렵더라도 더 열심히 뛰어야 한다. 그런데도 대구·경북은 아직 산업사회의 패러다임에 안주해 있다. 디지털 정보사회에 걸맞은 의사결정 과정을 서둘러 도입하고 지능정보화 진흥에 앞장서야 한다. 다양한 디지털 기술을 활용해서 도시 전체의 디지털 생태계를 활성화하면 도시 경쟁력도 높아질 것이다.

망중립성 논쟁과 경북도청의 역할 56

망중립성이란 인터넷 및 통신망 사업자가 특정한 콘텐츠, 서비스, 단말기의 이용을 차별하지 않고 유·무선망을 개방해야 한다는 원칙이다. 최근 통신망 사업자가 스마트TV와 넷플릭스 등의 데이터 트래픽 과부하를 이유로 해당 콘텐츠 사업자의 인터넷 접속을 제한해야 한다고 주장하면서 망중립성 논의가 일반인에게 알려지게 되었다.

한편 국민메신저로 자리 잡은 카카오톡이 모바일음성전화인 mVOIP (mobile voice over internet protocol) 서비스를 제공하는데, 이에 대해 기존 통신사들이 반발하면서 망중립성 논쟁이 새로운 국면으로 접어든 사례도 있었다. 막대한 비용을 들여 무선통신망을 구축한 기존 통신사들로서는 반발하지 않을 수 없었을 것이다. 이러한 일련의 사건은 망중립성 문제와 더불어 유·무선망 투자비 분담 문제를 주요 이슈로 부각시켰다.

경북도의 입장에서도 망중립성 논쟁은 남의 일이 아니다. 상대적으로 농촌 지역이 많은 경북도의 경우 망중립성 논의의 방향에 따라 불리한 입장에 처할 수도 있기 때문이다. 망사업자들의 입장에서 보면 망을 설치하는 것은 재정적으로 큰 부담이 된다. 따라서 가입자 수가 적어 수익을 창출하기 어려운 농촌 지역의 경우 투자를 소홀히 하게 된다. 이렇게 되면 농촌지역의 사정은 더욱 열악해질 것이고, 통신사들의 독점현상은 더 심해질 것이다. 이것은 불공정 시장행위로 나타날 수 있으며, 그 피해는 경북도민들의 일상생활 및 경제활동에 직결될 것이다. 망중립성 논쟁을 계기로 경북도청은 농촌 지역 주민이 피해를 입지 않도록 다음과 같이 보다 적극적으로 대응해야 한다.

첫째, 인터넷 및 스마트폰과 관련된 정보통신 통계조사를 체계적으로 실시해야 한다. 예를 들어, 경북도의 1인당 1개월 인터넷 트래픽, 휴대폰 음성통화, 무선데이터의 사용량 및 그 실질적 용도를 조사·분석한다. 이 데이터를 활용하여 도시와 농촌 지역의 정보 격차를 해소하도록 노력하고, 더 나아가 농식품 SNS 유통을 위한 구체적 정책 방안을 마련할 수 있을 것이다.

둘째, 지역의 우수 콘텐츠 및 서비스에 대한 접속이 차별받지 않도록 디지털 균형발전 프로그램을 가동해야 한다. 더 나아가 경북도에서 생산된 농식품 홍보 콘텐츠가 인근 대도시 지역의 소비자에게 우선 접속될 수 있도록 법·제도의 정비에 나설 필요가 있다. 이러한 정책은 로컬푸드의 소비를 촉진하게 될 것이므로 정부가 추진 중인 친환경 그린 정책에도 부합된다.

셋째, 농촌 지역의 네트워크 고도화에 적극적으로 투자하는 통신망 사업자에게 인센티브를 주는 방안을 중앙정부에 제안할 수도 있다. 경북도는 통신사의 반경쟁적 행위가 도농(都農) 이용자 간 차별화를 가져오지 않도록 중앙정부와 협력 체제를 구축해야 한다.

앞으로 망중립성 논의가 어떻게 진행되든지 간에 도시와 농촌지역은 별개의 문제로 다루어져야 한다. 망중립성은 특히 농촌 주민들에게 보편적 서비스의 성격을 지니기 때문이다. 디지털 사회에서 인터넷은 사회적 의사소통을 위한 대동맥이다. 대중교통과 마찬가지로 공익성·공공성이 담보되지 않는다면 지역의 농촌 주민들은 인터넷·모바일 실향민이 될 가능성이 높다. 잘 알려져 있듯이 전통적 농업은 디지털 비즈니스와의 발전적 융합을 지속적으로 요구한다.

경북도는 억대 고소득 농장가구 수 조사에서 전국 최상위 위치를 항상 차지한다. 여기에 자만하지 말고 디지털 영농으로 아시아 1위를 달성하기 위해 매진해야 한다. 망중립성이 일방적 시장주의 논리로 점철된다면, 도시와 농촌 지역의 정보 격차는 점점 더 커질 것이다. 경북도는 망중립성을 넘어선 '망공존성' 정책을 견인함으로써 농촌 지역 주민들이 따뜻한 디지털 사회를 맞이하도록 지원을 아끼지 않아야 한다.

위의 세 가지 방안을 바탕으로 경북도는 농촌 주민들이 지능정보화 시대에 소외받지 않도록 해야 한다. 경북도의 농업 비중은 다른 어느 지역보다 높기 때문에 다른 광역도보다 경북도가 앞섰으면 한다. 하지만 이는 비단 경북도에만 국한된 것은 아니다. 차제에 전국 농촌으로 확대될 수 있도록 대통령 공약으로 채택해 국가 과제로 추진하는 것도 바람직하다. 지역에 애정을 갖고 있는 전문가들을 모아서, 망중립성이 제대로 추진되지 않을 경우 무슨 문제가 일어나는지에 대한 의견을 경청하는 것에서부터 출발했으면 한다.

다문화 일반인이나 연예인이 출연하는 예능프로그램이 인기를 끌면서, 지방자치단체마다 다문화 가족에 대한 정책을 새롭게 검토하고 있다. 새터민(탈북자), 재한외국인, 결혼이민자 등이 증가하게 되면서 우리는 다문화사회에 성큼 다가섰다. 경상북도의 경우 결혼이민자와 함께 거주하는 자녀들이 지속적으로 증가하고 있다.

바야흐로 디지털노믹스의 시대이다. 컴퓨터 접근, 인터넷 이용, 스마트기기의 활용에서 뒤처지면 삶의 질이 높아지기 힘들다. 다문화가정의 정보화 수준은 어떨까? 신소외계층 정보 격차 실태 조사에 따르면, 탈북자와 결혼이민자 가구의 컴퓨터 보유율은 우리나라 전체 가구의 컴퓨터 보유율보다 종종 낮게 나타났다. 인터넷 이용률도 일반 국민보다 낮은 수준이었다. 더 심각한 것은 정보 활용 부문에서 뒤처지고 있다는 점이다. 탈북자와 결혼이민자 가구의 컴퓨터 및 인터넷 접근성 수준은 일반 국민 대비 큰 격차를 보이지 않지만, 정보 역량·양적 활용·질적 활용 부문은 일반 국민과 비교해 미약한 수준으로 나타났다. 최빈국이나 저개발국 출신 결혼이민자의 경우 모바일 접근, 역량, 활용 수준은 상대적으로 더 낮게 나타났다.

다문화 시민의 정보 격차 해소는 우리 모두가 따뜻한 디지털 세상으로 가는 길이다. 왜냐하면 기술적 네트워크에 비해 사회문화적 네트워크의 유용성은 서로 다른 특성을 지닌 사람들의 참여가 증가하면서 더 빠르게 배가하기 때문이다. 이른바 리드(Reed)의 법칙이다. 따라서 디지털화를 통해 다문화시민들이 사이버공간에 많이 연결될수록 온라인 지역공동체의 활력은 높아진다.

경북도 다문화 인구의 증가는 온라인 지역공동체의 활성화로 이어질 수 있다는 점에서 또 다른 기회가 될 수 있다. 그러므로 경북도는 웹 및 스마트 접근성 향상을 위한 보편적 복지 정보화에 적극적으로 나설 필요가 있

다. 먼저 지역정책연구기관인 경북연구원, 경북테크노파크, 경북여성정책
개발원 등이 인터넷과 스마트폰이 다문화시민의 실생활에 미치는 긍정적
효과를 조사해야 할 것이다. 정책 추진에 필요한 기초자료가 마련되면 다
양한 온라인 활력 증진사업을 추진하여 다문화가정이 신소외계층에서 '신
활력계층'으로 거듭나도록 지원을 아끼지 않아야 한다.

특히 경북도의 다문화 가족은 농촌 지역에 많이 거주하고 있다. 과거에
농촌 지역은 정보화로부터 소외되고 인터넷의 응용 수준도 낮았다. 그렇지
만 최근 정보기술을 활용한 강소농이 많아지면서 농촌 지역 주민이 꼭 디
지털 약자로 분류되는 것은 아니다. 미국 나파밸리, 네델란드 푸드밸드, 북
유럽의 외레순 푸드클러스터에서는 인터넷과 스마트 기술로 적극적으로
농식품 정보를 유통하고 소비자와 공유하여 부가가치를 창출하고 있다.

이러한 사례를 참고하여 경북도도 정보화 신소외계층의 디지털 역량 제
고를 개인과 민간 영역에만 맡길 것이 아니라 구체적인 정책 수립과 조속
한 집행에 더 적극적으로 나서야 한다. 경북도는 신소외계층의 정보 격차
해소를 위한 실질적 제도를 마련해야 한다. 더불어 숨겨진 취약계층을 찾
기 위하여 정책의 진행 상황을 점검하고 그 성과를 지속적으로 모니터링하
는 등 각별한 노력이 필요하다.

올드 보이스 네트워크와 SAH 모델 [58]

"내가 니거야? 사랑은 움직이는 거야." 몇 년 전에 나온 광고카피다. 정
보소통을 강의하고 연구하는 필자가 보기에 이 한 줄의 카피는 급변하는
정보 환경을 압축적으로 표현하고 있다.

오늘날 우리가 직면한 정보생태계를 살펴보자. 정보원(source)은 유력 매

체와 의견 선도자들을 통해 메시지를 공급한다. 그러면 권위자(authority)들은 1차 콘텐츠들을 각자의 기준에 맞추어 필터링하고 때로는 새로운 시각을 덧붙여 주변에 알린다. 2단계 정보유통모델이다. 물론 소셜미디어 시대에 개인이건 매체이건 관련 분야 권위자들의 기능은 유지된다. 왜냐하면 권위자들은 전문 정보의 수집자인 동시에 지식과 통찰력을 결합하여 1차 콘텐츠를 보강하기 때문이다.

소셜네트워크 분석가인 베버(M. Weber)와 몬지(P. Monge)에 따르면, 정보원(S)에서 권위자(A)로 이어지는 기존의 모델은 한 단계 더 확장된다. 허브(Hub)가 확산 및 소통의 핵심으로 등장한다. 이른바 S→A→H 모델이다. 복잡해지는 온라인 정보 환경에서 허브는 일반 시민들로 하여금 적절한 콘텐츠로 이동하도록 조언하거나 지시하는 감독자의 역할까지 수행한다. 물론 정보가 반대 방향인 H→A→S로 흘러갈 수도 있지만 보편적 사례는 아니다.

그렇다면, 권위자와 허브의 역할을 하는 이는 누구인가? 미국의 사례를 보면, 전문 저널리즘 기관들이 권위자의 역할을 수행한다. 예컨대 보수지향인 폭스(Fox)뉴스와 중도진보적 성향의 엠에스엔비씨(MSNBC)는 신뢰받는 방송매체이다. 신문의 경우는 LA타임스와 뉴욕타임스가 고급정보를 수집하고 여과한다. 이어서 UCC 공유사이트인 유튜브, 스마트폰의 각종 앱 등이 시민들에게 정보를 확산하는 기능을 수행한다. 특히 구글 및 야후에서 운영하는 뉴스포털, 허핑턴포스트를 비롯한 인터넷신문은 온라인 소통의 중핵이다.

지금은 정보원이 실시간으로 생산한 콘텐츠가 권위자를 통해서 걸러지고 디지털 미디어에서 대규모로 유통되는 초연결시대이다. 공공기관도 민간기업도 정보의 움직임을 포착하고 그 흐름대로 신속히 소통해야 하는 위키노믹스 시대이다. 그럼에도 불구하고 대구경북지역은 아직 올드 보이스

네트워크(old boy's network)에서 벗어나지 못하고 있다. 올드 보이스 네트워크는 대구경북의 오랜 우리가 남이가, 큰형님, 남존여비 문화에 기초한 방식이다. 소수의 친밀한 가부장적 권위자에게만 의존하는 시스템을 유지한다면, 지역 기관들이 생산한 메시지가 원활히 소통될 수 없으며 민간경제도 살아나기 힘들다.

지역의 기관들은 소수의 중앙집중화된 권위자들, 즉 올드 보이스들에게 정보를 독점적으로 제공하기 위해서 노력하는 관행으로부터 탈피해야 한다. 하지만 더 심각한 문제는 지역의 권위자들이 내외부로 흘리는 콘텐츠의 질과 양이 기대에 훨씬 못 미치고 있다는 사실이다. 직선제로 선출된 국회의원, 도지사, 시장, 교육감, 지방의원이 권위자로 존재하는 사실 자체가 문제 발생의 근원이 되는 것은 아니다. 문제의 초점은 이들이 주어진 권위 덕택에 접근한 실질적 정보의 소통 방식이 SAH 모델과 거리가 멀다는 사실이다. 호우경보가 내려졌을 때 시도지사가 SNS로 시민들과 피해 지역의 정보를 공유하며 위로하는 모습을 상상하는 것은 딴 나라 먼 얘기일 뿐이다.

SAH 네트워크의 효율적 작동을 위해서 좀 더 지역적이고 틈새 지향적 정보원(S), 권위자(A), 확산자(H)의 육성 정책이 필요하다. 하이퍼로컬 시대에 대응하기 위해서 직능별 특화된 정보원 매뉴얼을 제작하는 것도 고려할 수 있다. 정보 생산과 활용을 융·복합적으로 수행하는 프로듀저(produser) 훈련 및 교육 정책도 필요하다. 신(新)확산자인 프로듀저 양성을 서둘러 시행했다면, 첨단 모바일 앱이 우리 지역에서 먼저 개발될 것이다. SAH 네트워크를 활성화하려면 무엇보다 다대다(多對多) 커뮤니케이션을 촉진하여 정보와 콘텐츠가 개울처럼 흐르게 해야 한다. 따라서 지역 공론장의 허약한 체질을 개선, S→A→H의 혈(穴)을 자극하는 정책을 적극적으로 개발하고 조속히 시행해야 한다.

미국 실리콘밸리의 성공 사례를 보고 크게 고무된 우리 정부와 지방자치단체는 지역 기반의 산업 클러스터를 조성하기 위해 테크노파크를 앞다투어 설립하였다. 지금까지 테크노파크는 지역 밀착형 산업을 발굴하고 신제품을 개발하는 데 원동력이 되어왔다. 그런데 그동안 상황을 살펴보면, 운영 과정의 난맥상이 탐사보도를 통해 속속 드러나면서 테크노파크 용도 폐기론까지 제기되기도 했다. 테크노파크가 설립 취지에 맞게 지역 산업의 견인차 역할을 다하려면 어떻게 해야 할까?

글루어(P.A. Gloor) 교수가 제안하는 군집창조성은 테크노파크의 역할을 잘 설명해 준다. 동물의 집단처럼 인간도 비슷한 성향을 가진 사람들이 군집을 형성하게 되는데, 여기에서 종종 기막힌 아이디어가 나오게 된다는 것이다. 테크노파크는 지역 기업이 새로운 지식과 기술 생산의 트렌드를 따라 이동하여 군집을 형성하도록 기여했다. 군집이 창조적이고 혁신적인 방향으로 움직이기 위해서는 공동 혁신 네트워크(COINS·collaborative innovation networks)가 제대로 작동되어야 하고, 여기에서 테크노파크가 주도적인 역할을 해야 한다. COINS는 지역에 있는 이해관계자들 간 원활한 협력을 통해서 기술 혁신을 이끌어내는 연결망으로, 지역 산업 생태계를 지탱하면서 각 부문들이 역동적으로 움직이도록 하는 축이라 할 수 있다. 테크노파크는 COINS를 주도하는 허브 기관으로 자리매김하여 군집창조성을 이끌어 내는 역할을 수행해야 한다.

군집창조성이 발휘되려면 어떻게 해야 하는가? 글루어 교수는 권력 버리기, 지식의 공유 문화, 자기조직화(self-organizing)의 3요소를 제시한다. 네트워크 내에서 권력관계가 만들어지게 되면 군집창조성이 발휘되기 어렵고 네트워크 자체를 파괴시킬 수도 있다. 이는 자연 생태계의 순환 과정을 보더라도 명백하다. 초원의 풀을 초식동물이 뜯어먹고, 이를 잡아먹는 육식동물이 있고, 그 배설물은 초원의 거름으로 순환된다. 약육강식의 논리로 작동되는 동물의 세계에서도 생태계 자체의 파괴를 낳는 권력은 행사되지 않는다. 그런데 테크노파크에서 계속해서 불거지는 사건·사고를 보면 이해 당사자들 사이의 주도권 다툼에서 발생한 경우가 적지 않다. 의사 결정과 정책 지원이 특정 집단에 과도하게 집중되면 지식과 혁신의 공유 프로세스가 만들어지기 힘들다.

테크노파크를 정상화하려면 이를 둘러싼 권력관계를 바로잡는 것이 시급하다. 이를 위해 카스텔(M. Castells)의 저서 '커뮤니케이션 파워'는 많은 것을 시사해준다. 우선 테크노파크의 네트워킹 권력을 모니터링하는 시민협의체가 필요하다. 네트워킹 권력은 누가 그리고 무엇이 COINS에 포함될지를 결정하는 권한인데, 여기에 시민협의체가 참여함으로써 권력의 독점을 막을 수 있다. 둘째, 테크노파크의 일방향 네트워크 권력을 공유형으로 바꾸어야 한다. 지역 산업 생태계의 커뮤니케이션 네트워크는 여기저기로 분절되어 있다. 이것은 COINS에서 군집창조성이 폭발적으로 드러나 지역자립에 기여하는 것을 차단해 왔다. 이런 네트워크 구조에서는 혁신적 아이디어를 공유하고 신제품을 생산, 유통, 확산하기 어렵다. 이 밖에도 네트워크 내에서 중개자의 위치에 있는 권력, 그리고 네트워크의 연결망을 소유하고 운영하는 자본의 권력이 독점적 지위를 갖지 않도록 조정할 필요가 있다.

대구·경북 지역은 대통령 선거 때마다 압도적 비율로 보수 대통령 만들기에 큰 공을 세웠지만, 중앙에서 지원받는 사업의 유형과 규모를 보면 지역이 오히려 홀대받는 생각도 들고 있다. 새 정부가 정권 창출의 일등 공신 지역을 오히려 역차별하고 있는 것이다. 그러나 대통령과 정부 탓만 하고 있을 수는 없다. 하늘은 스스로 돕는 자를 돕는다고 하지 않았던가. 군집창조성의 중요성이 부각되고 있다. 지자체마다 미래경제를 향한 보이지 않는 경쟁은 이미 시작되었다. 대구·경북도 테크노파크의 체질을 개선하고 COINS를 통해서 혁신적 산업의 메가 트렌드 물결에 앞장서야 한다.

대구국제뮤지컬페스티벌과 골디락스 효과 [60]

대구국제뮤지컬페스티벌(DIMF)은 대구시의 대표축제이다. 그런데 신임 집행위원장을 임명할 때마다 조용하지 않다. 특히 대구 문화예술계가 아닌 외부에서 초빙할 때 인사를 두고 뒷말이 많다. 대구시의 예산이 지원되는 행사에 지역 내부에도 역량 있는 인물들이 많은데 굳이 외지인을 공연 업무의 실질적 책임자로 임명해야 했느냐는 것이다. 지역 내부 사정에 밝은 전문가가 집행위원장을 맡으면 여러 장점이 많은 것도 사실이다. 그렇지만 작금의 변화하는 주변 환경을 고려하면 외부 집행위원장 체제가 문화 산업 성장에 더 효과적일 수 있다.

딤프는 우리나라 최초의 국제뮤지컬축제로 지방 브랜드 세계화 시범 사업에 선정되었고, 뮤지컬 투란도트 중국 공연을 개최하는 등 인지도를 높여 왔다. 그렇지만, 아직 글로벌 무대에서 경쟁하기엔 영국의 에든버러국제페스티벌(EIF)과 뉴욕뮤지컬페스티벌(NYMF)의 벽이 너무 높다. 설상가상으로 서울시가 2012년부터 서울뮤지컬페스티벌(SMF)을 개최하면서 국내에서도 강력한 경쟁자가 나타났다. 딤프는 한국 최초 뮤지컬축제에 걸맞은 명성을 유지하면서 명실상부한 국제적 축제로 거듭나야 하는 과제를 떠안게 되었다. 이를 위해 지역의 경계를 벗어나 새 인물을 영입하여 재도약의 발판으로 삼는 것을 부정적 시각으로 볼 것은 아니다.

우찌(B. Uzzi)와 스파이로(J. Spiro) 교수는 2005년에 발표한 미국 사회학 저널 논문에서 흥미로운 결과를 보고했다. 이들은 1945년부터 1989년까지 뉴욕 브로드웨이에서 공연된 뮤지컬들의 협력 관계를 분석하여 프로듀서, 대본가, 안무가, 스태프들 사이의 사회적 연결망을 조사했다. 연구 결과에 따르면, 비평가들로부터 예술적 호평을 얻은 작품들과 티켓이 많이 판매된 공연들은 서로 공통점이 있었다. 성공한 공연의 제작진들은 서로 친분이 돈독한 사이도 아니었고 전혀 모르는 이방인도 아니었다. 다시 말해서 해당 제작진들은 적당히 안면이 있는 정도였다. 뮤지컬처럼 새로운 시도가 필요한 창조문화 분야는 한 분야에 오랫동안 종사해 온 사람들끼리 모이는 것으로는 혁신이 발생하기 힘들다. 반대로 전혀 모르는 낯선 사람들끼리 모여도 팀워크가 잘 발휘되지 않기에 완성도가 떨어지기 쉽다. 적당히 좁은 세상에서 창의성이 효과적으로 발휘될 수 있다.

딤프가 성공하기 위해선 이른바 골디락스(Goldilocks) 효과를 일으켜야 한다. 골디락스 효과란 곰 세 마리 동화에서 착안한 경제학 용어로, 너무 뜨겁지도 않고 차갑지도 않은, 적정한 수준의 성장을 이루고 있는 이상적인 상태를 말한다. 골디락스라는 소녀가 있었다. 숲 속에서 길을 잃은 소녀는 곰 가족이 살고 있는 집으로 우연히 들어갔다. 식탁에는 큰 접시, 중간 접시, 작은 접시에 맛있는 수프가 놓여 있었다. 소녀는 큰 접시와 중간 접시를 제쳐 놓고 작은 접시에 담긴 수프를 모두 먹어 치웠다. 왜냐하면 큰 접시의 수프는 너무 뜨거웠고, 중간 접시의 수프는 너무 차가웠기 때문이다. 이 이야기도 우찌와 스파이로 교수의 연구 결과와 일맥상통한다. 딤프의 성공을 위해서는 너무 뜨겁지도 않고 너무 차갑지도 않은 사람들 사이의 협력이 무엇보다도 필요하다.

지금까지 딤프를 둘러싸고 여러 잡음이 끊이지 않았다. 이사와 집행위원 위촉 과정에서 전문적 식견이나 열정보다 인맥이 우선되기도 했다. 공연된 작품들의 수준은 글로벌 스탠더드에 미치지 못할뿐더러 전국적 주목을 끌기에도 부족하였다. 이러한 문제점은 우리가 남이가, 큰형님, 남존여비 등으로 표현되는 대구경북의 오랜 문화에 기초하고 있다.

따라서 딤프가 외부에서 집행위원장을 선택하는 것을 반드시 부정적 시각으로 볼 필요는 없다. 왜냐하면 지역의 문화예술계와 매우 가깝지도 소원하지도 않으면서 적당한 거리를 유지할 수 있기 때문이다. 이를 계기로 합리적 운영과 양질의 공연으로 딤프가 한 단계 약진하게 되기를 기대한다. 나아가 딤프가 명실상부한 국제적 축제가 되기 위해서는 한국뿐만 아니라 세계인과 소통할 수 있는 채널을 마련해야 한다. 딤프가 일회성 예술 공연이 아니라 한류를 주도하는 킬러 콘텐츠가 되기 위해서는 SNS 소통 역량과 디지털 참여 시스템을 강화할 필요가 있다. 학술포럼을 구성하는 등 체질 개선 노력도 해야 한다.

지역신문사도 구글처럼 미쳐보자 [61]

학술대회나 정책세미나 토론회에서 발표자로 나선 언론 전문가들의 이야기를 듣고 있으면, 지역신문사에 많은 고민거리를 던져준다. 지역 일간지가 신문 전체 매출액에서 차지하는 점유율은 10%가 채 되지 않았으며, 메이저 3개사 대비하면 미약한 수준에 머물러 있기 때문이다. 지역신문의 경영상 어려움은 어제오늘의 일은 아니다. 더구나 지역 일간지의 1인당 인건비는 메이저 언론사 대비 절반 수준에도 안 되는 현실이다.

지역신문의 발전을 저해하는 요인은 무엇인가? 지역신문의 성장을 가로막는 가장 큰 원인은 수도권 집중화에 따라 지방의 사회·문화적 위상이 추락한 데 있다. 따라서 지방분권을 제도적으로 실현하지 않으면 지역신문의 건전한 발전 기반이 조성되기는 거의 불가능하다. 더구나 인터넷과 모바일 매체의 확산으로 뉴스 이용 방식이 바뀌고 있는 것도 지역신문의 성장을 어렵게 하고 있다. 한국 사회의 서울 중심적 정책이 쉽게 개선될 것 같지도 않다. 그렇다고 디지털 세상에 처한 인쇄 신문의 운명을 탓하고만 있을 것인가. 진짜 실패자는 도전하는 것이 무서워서 시도조차 안 하는 사람이다.

시시각각 발전하는 디지털 사회에서 기다리고 있을 시간은 없다. 위기를 기회로 전환시키기 위해선 혁신적인 콘텐츠와 서비스로 독자들을 찾아가야 한다. 차고에서 시작해 세계적 기업으로 성장한 구글의 도전 정신을 배워야 한다. 구글이 "세상 모든 정보를 집대성하겠다"고 선언했을 때 당시 잘나가던 기업들은 황당하다며 코웃음을 쳤다. 그러나 구글은 보란 듯이 검색엔진으로 성공했고 그 이후에도 구글 어스, 구글 북스 등과 같은 소위 킬러 서비스를 시장에 내놓고 있다.

룬(Loon)으로 이름 붙여진 실험적 사업도 흥미롭다. 룬은 여러 개의 거대한 열기구를 띄워서 사람들이 지구 어느 곳에 있어도 인터넷에 접속할 수 있도록 하는 프로젝트이다. 현재 세계 인구의 약 3분의 2는 인터넷에 접속할 수 없는 환경이다. 예컨대 사막, 밀림, 바다, 산맥으로 둘러싸인 지역이 대표적이다. 프로젝트 명칭인 룬이 말하듯 구글 스스로도 이것을 "어리석고 미친" 시도라고 생각하고 있는 듯하다. 하지만 구글이 지금까지 도전한 여러 프로젝트를 생각하면, 룬을 단순한 해프닝으로 치부해 버릴 수는 없다. '구글노믹스'의 저자로 유명한 자비스(J. Jarvis) 교수에 따르면, 구글의 도전 정신은 모든 기업이 신봉해야 할 생존 법칙이다.

이제 지역신문사에도 구글노믹스가 필요하다. 룬 프로젝트를 따라 하자고 말하는 것은 아니다. 한발 앞서 트렌드를 읽고 새로운 콘텐츠를 찾아내자. 기자 수첩 대신에 대구 골목투어에서 만나는 관광객들을 스마트폰을 이용해 실시간으로 보도하자. 이른바 모바일저널리즘이다. 홍콩의 사우스차이나 모닝포스트(South China Morning Post) 기자들은 스마트폰을 방송 장비로 활용하여 취재 내용을 현장에서 인터넷으로 보도한다. 경북은 농어촌과 산간 지역이 많아 기자가 직접 취재하기 매우 어렵다. 이 경우엔 드론(drone) 저널리즘을 과감히 도입하자. 드론은 항공 촬영용 초소형 무인 헬기이다. 드론을 시위와 재난 취재에 활용하면 기자가 직접 접근하기 어려운 장면을 촬영할 수 있는 큰 장점이 있다. 실시간 영상을 전송하면서 신문사 홈페이지와 SNS를 통해서 댓글 형식으로 짧은 기사를 제공하면 독자들은 신선한 감동을 받을 것이다.

아마존닷컴의 베조스(J. Bezos)는 "책은 사라지지 않는다. 다만 디지털화될 뿐"이라고 말했다. 지역 뉴스도 마찬가지이다. 신화를 창조하기 위해선 상상만으로는 안 된다. 모바일과 드론 저널리즘을 시도하여 실시간 위치 기반 광고를 적용해 보자. 지역신문발전위원회도 지역신문이 첨단 기법을 능동적으로 도입할 수 있도록 지원 방식과 규모를 개선하고 확대해야 한다. 대구·경북 국회의원들도 발 벗고 나서야 한다. 지역 신문사의 성장이 반드시 자신의 정치적 영향력으로 돌아오게 돼 있기 때문이다.

위기의 지역언론, 분권형 개헌이 해답 [62]

지역언론은 커다란 위기에 빠져 있다. 원인은 무엇보다 미디어 생태계와 지배구조가 서울 중심적으로 형성되어 있기 때문이다. 지역언론 입장에서 더 많은 사람들과 만날 수 있는 채널은 네이버, 카카오와 협력하는 것이다. 포털이 뉴스 유통의 지배적 사업자임을 부인할 수 없는 상황이다. 검색 제휴는 언론사가 포털에 기사를 전송하면 포털은 검색 결과를 제공한다. 이 방식은 지역언론과 포털의 협력이 상대적으로 쉽다. 이론은 그렇지만 실제론 사람들이 검색하지 않으면 뉴스가 노출되지 않는다. 따라서 지역언론에서 생산한 뉴스가 사람들에게 실질적으로 도달하기 위해선 포털 알고리즘의 획기적 개선이 있어야 한다.

이러한 상황에 대응하고자 국회는 '지역신문발전지원법'이 이미 입안했었다. 지역신문의 발전과 신문산업으로서의 기반을 강화하기 위하여 지역신문발전위원회의 의견을 들어 지역신문의 발전지원계획도 수립하고 있다. 특히 지역신문발전위원회의 의견을 미리 듣도록 의무화하는 내용을 법률에 직접 규정해 지역신문의 발전 기반을 안정적으로 조성하려고 노력하고 있다. 그런데 지역의 중소신문 입장에서 실질적 발전을 위한 충분한 지원금 따기는 어렵다. 관련된 위원회의 구성이 무늬만 지역 중심적으로 이뤄지다보니 누구도 지역언론을 진정으로 대변하지 않기 때문이다.

이 법안이 지역신문의 발전을 체계적으로 유도할 수 있는 계기가 되려면 보완될 것이 많다. 가장 시급한 현안은 특별법이 아니라 상시법으로의 전환이다. 그리고 주관부처를 문화체육관광부에서 최소한 국무총리실로 격상하고 시장과 도지사와 협력하도록 개정해야 한다. 지역신문발전법이 지역민주주의와 지역민의 알권리 신장을 위한 것이라면 위원회 구성에서도 단체장 추천을 당연히 포함해야 한다. 지역에 소재한 대학과 시민단체 그리고 지자체 출연 연구소와 협력하도록 의무조항도 삽입해야 한다. 지방 출신 국회의원들은 소속 상임위원회를 떠나 지역신문발전지원법이 제 기능을 할 수 있도록 법제도의 보완에 능동적으로 나서야 한다.

급변하는 미디어 환경 속에서 지역방송도 살아남기 힘든 현실이 됐다. 지역방송의 주요 재원은 중앙방송사의 전파료와 광고료다. 윤석년 광주대 교수는 저서 '한국 지역방송의 생존 조건'에서 중앙·지역 방송사의 전파료와 광고비 배분문제의 불공정성을 제기했다. 중앙의 방송사에서 가상광고와 간접광고 수입을 지역방송에 충분히 돌려주지 않는다고 지적했다. 미디어렙을 통하면 구체적 자료가 있으므로 광고료가 지역방송에 적절히 배분되도록 제도적 보완이 필요하다. 그리고 지방 시청자들도 수신료를 내고 있으므로 지역방송의 공영성 강화를 위한 특단의 대책이 필요하다.

지역언론의 위기는 근본적으로 서울로 기울어진 운동장이 고착화되었기 때문이다. 국회 차원에서 분권형 개헌을 추진하고 이번 지방선거에서 국민투표를 실시해야 한다. 분권형 개헌이 되면 지역언론의 경쟁력 확보를 위한 논리 개발과 장치 마련이 쉬워진다. 균형주의 관점에서, 시장 지배적 플랫폼 사업자가 지역언론의 뉴스와 프로그램을 배제하는 행위를 방지할수 있다. 상호주의 원칙에서, 중앙언론이 지역언론을 통해서 얻는 혜택 등에 맞대응해서 지역언론도 지속가능한 경영에 충분한 이익을 받도록 노력해야 한다. 디지털의 발전으로 사업영역과 전파권역의 구분이 모호해지고있다. 무한경쟁 논리는 민주주의를 지탱하는 중심축인 지역언론을 고사시킬 수 있다. 국민투표를 통해서 지역언론을 둘러싼 규제와 진흥의 거버넌스, 기금 규모와 집행구조 등을 분권형으로 개선하도록 행동할 때다.

축제는 마이스가 아니라 플랫폼이다 63

5월은 축제의 계절이다. 약령시한방문화축제, 컬러풀페스티벌, 치맥페스티벌 등이 대구의 대표축제다. 지자체에서 예산과 인력이 소요되는 축제를 개최하는 목적은 무엇인가. 무엇보다도 시민들에게 즐거움을 제공하는 것이다. 축제를 통해 거주 도시에 대한 소속감과 만족감을 높일 수 있다. 사회가 다원화되면서 이리저리 흩어진 시민들에게 공통의 경험을 제공하여 공동체로서 기능하도록 유도할 수 있다. 외부 관광객의 유입으로 경제효과도 유발할 수 있다.

그러나 전국에서 수많은 축제가 생겨나면서 축제 피로감이 높아지고 있다. 설상가상으로 과다한 예산 지출로 '배보다 배꼽이 더 큰' 상황이다. 몇

몇 지자체에서 무늬만 다른 축제를 전시성으로 추진 중이다. 여러 지자체에서 관(官) 주도형에서 민간 주도형으로 전환하겠다고 밝혔지만 공급자의 논리가 우선되는 게 현실이다.

문제의 원인은 패러다임이 바뀌고 있지만, 축제를 '마이스' 산업으로만 보기 때문이다. 마이스란 미팅(meeting), 인센티브 관광(incentive tour), 회의(convention), 전시(exhibition)를 뜻한다. 마이스라는 용어가 그것을 구성한 활동들을 오히려 상호 간 고립시키고 융복합 산업으로서의 범위를 축소시키며 정책적 혼란을 일으킨다. 4개 활동을 아우르는 축제의 기획과 실행에 걸림돌이다. 마이스로 보면 축제는 그룹여행(패키지투어)의 미끼 상품으로 전락한다. 세계도시마케팅협회 전 회장인 게리 그리머씨도 "마이스란 지식 네트워크 위에 구축되는 창의적 경제활동이지 호텔방 채우기가 아니다"라고 역설했다.

축제는 마이스가 아니라 플랫폼 비즈니스다. 축제란 SNS 타임라인 같이 즐거운 이야기와 창의적 환경이 공유되는 이벤트다. 여기에는 첫 만남(meeting)의 설레는 기분이, 어디론가 떠나는(tour) 즐거운 발걸음이, 새로운 모임(convention)에 참석하는 생동감이, 신제품을 먼저 접하는(exhibition) 뿌듯함이 어우러진 이벤트다. 따라서 축제를 마이스로 협소하게 접근하면 안 된다.

축제를 플랫폼 비즈니스로 바라보면 문화관광과가 담당부서라는 고정관념에서도 자유로울 수 있다. '문화관광형'으로만 여기던 약령시한방축제를 '산업형'으로 전환 가능하고, '산업형'으로 정착한 치맥페스티벌에 '게임놀이형'을 접목할 수 있다. 노면 전차(트램)를 활용한 비슬산과 팔공산의 '지질공원형'도 개발가능하다. 패키지투어의 단조로움에서 벗어나고 싶은 도시 여성과 청년층은 개인자유여행을 선호한다. 특별한 계획 없이 스마트폰으로 무장한 'FIT(free independent tour)'가 대세다. 그런데 개인자유주의라고 해서 이들이 고립된 존재라고 생각하면 안 된다. FIT 세대는 스마트폰을 통해서 다른 사람과 자유롭고 쉽게 연락할 수 있다.

영남대 사이버감성연구소의 컬러풀페스티벌 빅데이터 분석을 보면, 외지인이 대구를 우연히 방문했다가 엄청난 인파에 놀란 후 자신의 페이스북에서 친구를 태그하면서 '같이 가자'고 독려하는 반응을 보였다. 당시 축제기간에 댓글이 4천개 정도 달렸는데 그중에서 연속적으로 반응을 일으킨 댓글이 1천500개나 달렸다. 꼭 축제를 보기 위해 대구를 방문한 것은 아니지만 방문했다가 축제를 보고 재미있어서 댓글을 달고 친구를 '초대'하게 되는 사례가 꽤 있었다. 취향과 목적이 맞는 사람들끼리 일시적으로 그룹을 형성해 저비용 고효율로 미팅과 여행을 즐기는 개인자유형 협동관광 프로젝트인 것이다. FIT에서 한 발 더 나아간 3세대 투어로 진화 중이다. 플랫폼 비즈니스로 축제가 성공하려면 이러한 'DWO(Do it with others)'를 포착하고 대비해야 한다.

FIT와 DIWO를 지원하기 위해선 모바일 플랫폼을 확충해야 한다. 온라인 감성으로 충만한 세대를 수용하기 위한 하이브리드 전략이 필요하다. 전문가가 엄선한 경로도 중요하지만 비즈니스 목적으로 왔지만 자유로운 분위기에서 축제와 관광과 주변시설을 체험할 수 있도록 새로운 축제행정이 요구된다. 축제는 마이스가 아니라 플랫폼이기 때문이다.

치맥노믹스와 위시리스트 64

일본 요코하마에 가면 '아까징끼' 공장을 현대식으로 개조한 건물이 있다. 아까징끼는 일본어로 빨간약이다. 1990년대 중반까지 상처가 났을 때 감염을 막기 위한 소독약이자 치료약으로 많이 사용되었다. 공장이었던 2

개 건물은 쇼핑몰, 미술관, 전시관 등으로 탈바꿈해 내국인과 관광객으로 북적였다. 눈에 띈 곳은 기린 맥주 전시관이었다. 기린 맥주는 요코하마에서 시작되어 아사히 맥주와 함께 일본의 2대 맥주로 꼽힌다. 식음료 전시나 박람회에 가면 시식이나 시음 행사를 하면서 제품 홍보를 하는 것이 의례적이다. 하지만 아까징끼 맥주 전시관은 디지털 기술을 활용, 방문객을 위한 체험형 프로그램이 많았다. 맥주 전시관을 나오면서 가장 먼저 생각난 것이 대구치맥페스티벌이었다.

여러 도시에서 치맥을 관광 상품으로 내세우지만, 대구가 치맥의 성지가 된 것은 이유가 있다. 1985년 대구 효목동에 문을 연 멕시칸으로부터 시작되어 멕시카나, 페리카나, 스머프, 처갓집 통닭이 1980년대에 탄생했다. 1990년대에 교촌치킨, 호식이두마리치킨 등이 뒤를 이었다. 교촌치킨은 프랜차이즈와 대형화의 선두주자였다. 2000년대에 땅땅, 별별, 굽네, 네네, 파닭, 백록담, 윤치킨, 키토랑, 치킨파티 등의 후발 브랜드도 등장했다. 대구·경북 지역은 치킨 산업이 탄생하고 성장한 곳이다.

영남대 사이버감성연구소가 빅데이터 분석을 통해 치맥축제의 5단계 'N'을 추적했다. SNS 게시물 및 영상 조회수와 도달범위 등으로 측정한 결과, 1단계인 사람들의 주목(attentioN)을 받는 것에 성공했다. 게시물에 대한 사람들의 감정표현을 나타낸 좋아요, 공감, 비공감에서도 충분한 반응(reactioN)이 있었다. 개인의 생각과 느낌을 댓글로 표현(expressioN)하는 행위에서도 여러 축제들에서 돋보였다. 3년 연속 100만명 이상의 관람객이 행사장을 찾았다고 하니, 온라인 공간의 친구 추천이 오프라인의 실제 참여(participatioN)로도 이어졌다고 말할 수 있다.

전국적 인지도와 폭넓은 대중성을 확보했음에도 치맥축제는 마지막 단계인 소비(consumptioN)로의 연계 고리가 약하다. 비즈니스와 프리미엄 라운지 운영을 통해 유료화를 시도했지만, 부스 설치와 운영비용을 제외하면 수익은 부족하다. 여타 행사와 다르게 치맥축제는 문화관광이 아닌 산업관광으로 그 방향을 정했다. 따라서 치맥축제는 지역경제 활성화를 위한 촉매제가 되어야 한다. 축제의 산업화를 통해서 '치맥노믹스' 효과를 창출해야 한다.

이슈는 치맥축제가 일회성 행사라는 점이다. 축제의 본질이 소멸성 놀이터임을 부인할 수 없다. 하지만 그 놀이의 경험은 만족감으로 남아서 동네 치맥집으로 모이도록 유도해야 한다. 적어도 산업관광형 축제를 추구한다면 즐겁고 신나는 경험이 재화나 서비스를 창출하는 투자와 소비로 나아가야 한다. 선순환 과정을 확보하려면 요코하마 맥주관처럼 치맥축제가 상설화되어야 한다. 치킨뿐만 아니라 맥주가 만들어지는 전 과정을 체험하면서 축제 경험을 강화하는 물리적 공간이 필요하다.

김정우 교수(고려대)는 '문화콘텐츠와 경험의 교환'에서 경험이 핵심 경쟁력이라고 주장했다. 경험은 개별성이 강하므로 어떤 요소보다 사람을 몰입하게 만들기 때문이다. 대표적인 경험 추구 제품이 바로 음식류이다. 음식 정보를 갖고 있다고 해서 누구나 음식 맛을 동일하게 느끼는 것이 아니다. 음식 맛을 알기 위해선 현장에서 경험하지 않고서 불가능하다. 그런 면에서 치맥축제는 상설화되어야 한다.

대구·경북 지역은 전라도 등에 비해 음식 맛에 대한 경쟁력이 부족하다는 소리를 듣는다. 전시관을 통한 상설화는 치맥축제의 즐거운 경험을 바탕으로 관광객의 입맛을 사로잡을 수 있는 거의 유일한 길이다. 미국의 '버팔로 윙'과 같이 한국을 대표하는 치킨 브랜드가 대구에서 지속적으로 탄생해야 한다. 그러기 위해선 뮤지컬페스티벌과 컬러풀축제에 버금가는 예산이 최소한 확보되어야 치맥 전시관 추진을 위한 동력도 생길 수 있다.

　대구·경북의 민영방송인 TBC가 단독 보도한 수돗물 발암물질 검출이 일파만파로 번졌다. 이 보도가 나오자 대구시장은 사과 성명을 문자로 발송했고, 환경부는 구체적 데이터를 언급하며 팩트에 대한 시민들의 이해를 구했다. 취수원 이전이라는 현안과제를 두고서 중앙정부, 대구시, 경북도, 구미시 간 대립된 입장도 다시 한 번 부각됐다. 시민들이 이 사안에 대해서 SNS에서 이야기하는 것을 넘어서 KBS대구는 자사 페이스북을 통해서 TBC 보도에 대한 '팩트 체크' 카드뉴스를 제작해 배포했다.

　극소수 엘리트층만이 언론을 통해서 자신의 목소리를 내던 시기가 있었다. 하지만 이제는 누구나 SNS를 통해서 뉴스를 이야기하고 유통할 수 있게 되었다. 전문기자의 기사와 아마추어 SNS 뉴스를 구분하는 것이 어려워지고 있다. 주요 언론사들도 더 많은 사람의 관심을 받기 위해 과거보다 논쟁적인 태도로 변했으며 다양한 채널을 통해서 뉴스를 전달한다. 이런 상황은 팩트와 의견의 경계를 모호하게 만들면서 저널리즘 전체를 위기로 빠트리고 있다. 이번 대구시 수돗물 보도와 같이 과학적 증거기반의 뉴스에서 이런 현상이 두드러지게 나타날 수 있다.

　모바일 시대가 되면서 SNS에 접속하고 클릭할 수 있는 사람은 누구나 저널리스트가 되었다. 상황이 이렇다보니 이제는 뉴스 자체가 아니라 뉴스를 분석하는 팩트 체크가 진짜 뉴스가 되었다. 알다시피 '분석'은 저널리스트의 몫이 아니라 연구자의 영역이다. 따라서 팩트 체크는 맹목적 인용주의 보도에 빠지기 쉽다. 고품격의 저널리즘이 되려면 기자의 역량으로 현실을 재구성하고 설득력 있는 주장을 펼쳐야 한다. 원천 정보원의 인용은 불가피하지만 전문가 논평이 많아지면 저널리즘의 품질이 오히려 심각하게 훼손될 수 있다.

　이번 수돗물 보도는 지역 언론이 시민들에게 알려줘야겠다는 의무감을 갖고 시작했다. 그리고 해석이 아니라 사실(팩트)이 무엇인지 계속 알리는 데 초점을 맞추었다. 해당 보도가 미치는 사회적 영향의 범위와 심리적 효과의 깊이를 계량적으로 지금 당장에 측정하기는 어렵다. 워터게이트 탐사 보도로 유명한 번스타인이 말한 것처럼 기자는 '습득할 수 있는 최선의' 팩트를 얻기 위해서 분투하는 것이다. 이런 면에서 절대 진리만이 뉴스로 항상 선택받는 것이 아니다. 적절한 증거의 제시와 전문가 인용을 통해서 진리로 나아가는 과정 자체가 지혜의 저널리즘인 것이다.

이번 수돗물 보도가 특정한 정치적 입장을 입증하려 들거나, 정치적 목적에 따라 객관적인 과학적 증거를 달리 해석하거나, 과학적 증거를 선별적으로 활용하는 것이 아니라면 객관주의 저널리즘에서 벗어나지 않는다. 앞으로 지역에서도 가짜뉴스를 걸러내고 고품격의 저널리즘 환경을 조성할 수 있는 거버넌스가 확립되길 바란다.

대구를 도구로 이용하지 마라 66

요즘처럼 아침에 일어나기 싫은 적이 없다. 눈을 뜨자마자 TV에서 들려오는 대구·경북 코로나 확진자 뉴스 때문이다. 무섭게 증가하는 확진자 숫자를 볼 때마다 몰려오는 불안감을 견디기가 힘들다. 이 와중에 중앙언론의 헤드라인을 보면 등골이 오싹해진다. 수도권에서 확진자가 나올 당시의 보도태도와는 확연히 차이가 난다.

대구시 브리핑을 중계하는 TV 화면에 '대구발 코로나 19 확산'이라는 헤드라인이 눈에 크게 띄었다. 제목을 뽑은 언론사는 아마도 전염병의 근심으로부터 멀어나 일상으로 돌아가려는데 누가 문제를 일으켰다는 점을 시청자에게 전하고 싶었던 모양이다. 그리고 마침 그 곳이 바로 고담대구였다. 대구시가 대형사고와 엽기범죄로 가득 찬 배트맨의 고담시와 완전히 다르다는 팩트체크는 중요하지 않다. 중앙언론에게 수도권을 벗어난 지방은 사건사고의 현장이 되어야만 뉴스 가치가 높기 때문이다.

대구 폐렴, TK 코로나, 한국의 우한, 대구 봉쇄 등은 시작에 불과했다. 종편의 '서초구 상륙한 대구 코로나'를 보는 순간 TV를 끄고 말았다. 중앙언론이 재난재해가 일어날 때마다 발생 지역의 명칭을 사용하는 것을 모르는 바 아니지만, 이번 확산의 주된 원인은 신천지 집회임을 누구나 아는 사실이다.

중앙언론은 지역을 생산의 전초기지가 아니라 재난위험이라는 꼬리표 붙이기를 좋아한다. 아니면 지역을 관광축제의 장소로 소개하며 소비와 휴가의 프레임 안에서 가두어 버리는 것이 현실이다. 이런 연유로 서울 사람들은 지역을 대한민국의 성장동력이 아니라 무기력하고 비활성화된 국토로 생각하는 편이다.

서울권 문화는 우수하며 지역의 행사, 오락, 콘텐츠 등은 주변적 위치에 있거나 열등한 것으로 나온다. 급변하는 디지털 환경에서 지역의 독창적, 전통적, 고유한 문화적 요소가 서울을 중심으로 형성된 상업주의 플랫폼과 통신환경에 일방적으로 종속되거나 상품성이 없다는 이유로 사라져가고 있다.

정보소통의 기반시설에서도 수도권과 지역의 격차는 심각하다. 통신 3사의 5G LTE 속도는 농어촌이 대도시에 비해서 느리며, 경북은 전국서 가장 느리다. 동일요금 동일서비스의 원칙이 지켜지지 않는 것이 현실이다.

1970년대 허버트 쉴러(H. Schiller)가 서구 제국주의의 가장 중요한 부분으로 제기한 '문화 제국주의'가 또 다른 모습으로 대한민국 내부에서도 일어나는 것이다. 우리는 서구 국가들이 방송뉴스와 영화 등으로 제국주의를 강화한 과정의 축소판을 목격하고 있다.

시청률과 클릭률에 미친 중앙언론이 대구의 안타까운 상황을 수익을 올리기 위한 흥미로운 소재도구로 삼는 것이 어쩌면 당연하다. 우리들 스스로 중앙언론에 대해서 무한 신뢰를 보내는 반면 지역언론을 냉대해 왔기 때문이다. 순망치한(脣亡齒寒)의 의미를 되새겨 볼 시기이다. 입술이 없으면 이가 시린 게 이치이다. 지역언론이 망하거나 불행해지면 우리는 서울제국주의에서 헤어날 수가 없다.

스마트폰 세상에서 대구는 약자다 67

대구 사회를 진단하려는 시도는 지금까지 많았다. 기존 논의를 되풀이하고 싶지 않다. 원인은 정치적 보수성, 이기적 꼰대, 올드보이 네트워크 등으로 항상 마무리된다. 처방이 없는 진단은 무용할 뿐이다. 설상가상으로 기왕에 나온 대책들도 아날로그적 아이디어라 디지털 흐름에 실질적 도움이 안 된다. 어르신 세대까지 스마트폰으로 연락하는 요즘이다. 온라인 사회 성격을 분석하고 디지털 정복을 이야기해 보자.

누차 들었겠지만 온라인 공간을 만들어낸 인터넷은 수평적이고 진보적이다. 위계적이고 보수적인 대구와 디지털 세상은 화학적으로 맞지 않는다. 엄격히 말하면 사이버 세상에서 대구는 약자다. 어느 곳이나 그렇듯이 약자의 논리는 배제된다. 약자란 위치를 인정하지 않으면 온라인 외톨이를 벗어날 방법을 찾기 힘들다.

인터넷이 수평적이라고 해서 디지털 기술이 누구에게나 평등하다는 것을 의미하지 않는다. 스마트폰 세상은 익명성이 핵심이기에 현실보다 약자에게 더욱 냉혹하다. 모든 도시가 나쁜 별명을 지니고 있지만 '고담 대구'란 용어는 상대적으로 많이 퍼져있다. 대구가 참고 넘어가는 것을 미덕으로 알고 순응했기 때문이라고 말할 수 있다. 틀렸다. 대구는 스스로를 강자인 줄만 알았던 것이다. 이제라도 거대한 온라인 담론에 맞서 약자의 싸움을 벌여야 한다. 하지만 경쟁 도시와 비교하면 뉴미디어 분야의 조직과 지원은 미약하다.

스마트폰 세상은 공평한 경쟁의 장이 아닐뿐더러 축적의 공간이다. 즉 잊고 싶은 기억이지만 삭제하기 어려운 세상이다. 약자에게 이러한 특징은 치명적이다. 약자가 생존하고 승리하려면 선택과 집중밖에 없다. 먼저 공공기관의 홈페이지부터 검색엔진 노출도를 높이고 소셜미디어 최적화를 위한 예산을 마련해야 한다. 뉴미디어 채널은 다양하고 급변한다. 약자가 모든 채널을 효과적으로 사용할 수 없다. 대구의 성격에 맞는 SNS를 선택해서 목표공중과 소통해야 한다.

온라인 소통의 유형은 전송형(informing) 관여형(involving) 연결형(connecting) 동원형(mobilizing)으로 구분된다. 약자에게 무엇보다 중요한 것은 정보의 비대칭성을 극복하는 것이다. 비대칭적 구도에서 대구가 공급자의 메시지를 전달하는데 집중하는 전송형 전략을 취하는 건 효과적이지 않다. 대구 사람 스스로 다른 사람과 연결하고 제3자의 참여까지 촉진할 수 있도록 연결형과 동원형 전략을 구사해야 한다.

'고담 대구'를 대체할 해쉬태그(주제어)를 확산하거나 친근한 '짤'을 배포하여 사람들이 자유롭게 복사할 수 있도록 해야 한다. 글로벌 명품을 언급한 게시물 분석결과를 보면, 제품을 직접 언급한 사람은 단지 9퍼센트에 불과했다. 하지만 게시물의 91퍼센트는 해쉬태그로 소통하고 있었다. 시각정보 처리가 뇌의 30퍼센트이므로 사람들은 텍스트보다 이미지를 60,000배나 빠르게 처리한다. '짤' 영상을 통한 IR(interactive & responsive) 소통이 유효한 전략이다.

스마트폰 세상에서 약자인 대구가 승리하려면 지역 내부의 협력이 필요

하다. 온라인 홍보에 무관심하던 시민과 기업의 참여가 획기적으로 이루어
져야 한다. 대구의 성장 동력인 물, 자동차, 의료, 에너지, 로봇, 스마트시
티 산업도 대구가 사이버 공간에서 고립되면 성공할 수 없다. 오늘날 소비
자는 가치 지향적이기 때문에 도시의 소프트파워는 제조업의 브랜드와 마
케팅 활동에도 영향을 미친다.

인터넷은 1.0(검색)에서 2.0(SNS)을 거쳐 또 다른 국면에 접어들었다. 블
록체인이 미래의 인터넷이다. 정보화는 늦었지만 블록체인 시대에도 약자
로 남아있으면 안 된다. 지금 혁신하지 않으면 블록체인에서도 대구가 결
국은 마찬가지의 위치를 차지할 가능성이 높다. 블록체인이 여는 새로운
세상에서 퀀텀 점프를 달성해야 한다. 다윗이 골리앗을 이겼듯이 대구가
블록체인 세상에 던져 돌풍을 일으킬 콘텐츠가 필요하다.

아날로그에서 품격이라고 여겨졌던 대구의 사업과 서비스가 스마트폰과
블록체인 세상에서 무용지물이라는 점을 자각해야 한다. 대구가 자랑했던
유무형의 자산이 가상과 현실이 뒤섞인 세상에서 낡은 유산이거나 오히려
진입장벽이 되고 있다. 대구가 과거의 신화에 집착할수록 경쟁자들은 기뻐
한다.

대구시의 조직 개편과 오픈데이터 경제 68

대구시가 조직 개편을 발표하는 것을 보면, 도시의 소통 능력과 시민 행
복의 체감도를 높여서 경제 활성화를 추진하겠다는 의지가 항상 담겨있는
듯하다. 그렇지만 그 내용을 꼼꼼히 살펴보면 여전히 재화 중심의 전통적
패러다임에서 벗어나지 못하고 있다. 바야흐로 데이터가 경제의 핵심이 되
어가고 있다. 따라서 데이터의 적극적 개방과 체계적 유통으로 성장 동력

을 창출해야 한다.

세계은행이 발표한 '경제 성장을 위한 오픈데이터' 보고서를 살펴보자. 세계은행은 데이터 공개정책으로 경제가 활성화된 사례를 구체적으로 발표했다. 유럽연합이 공공 데이터의 재활용에 관한 지침을 여타 규정과 마찬가지로 협의적으로 처리했던 시기에는 관련 시장이 280억유로와 7% 성장에 머물렀다. 그러나 해당 지침을 데이터의 적극적 재활용으로 개정한 이후에는 연간 400억유로까지 증가했다. 컨설팅 회사인 맥킨지는 데이터 공개를 통해서 7개 분야에서만 연간 최소 3조달러, 최대 5조달러의 새로운 수익이 전 세계적으로 발생한다고 주장했다. 교육, 교통, 소비재, 전자, 에너지(원유·가스), 헬스케어, 소비자 금융 분야가 여기에 해당된다.

이제 개별 국가의 상황을 보자. 영국은 오픈데이터가 연간 18억파운드의 직접적 경제 혜택과 68억파운드의 간접적 파급 효과에 이른다고 전망했다. 딜로이트 컨설팅 회사가 영국의 오픈데이터 기업 230개를 조사한 결과, 이 기업들은 15개에 이르는 독자적 비즈니스 영역을 창조하고 있었다. 스페인에서는 오픈데이터 경제의 최상위 서비스인 소위 '정보 중개인' 영역에 최소 150개의 회사가 활동 중이며, 4천명의 신규 고용이 창출되고, 매년 3억3천만유로에서 5억5천만유로의 경제 효과가 나타난다고 발표했다.

뉴욕대가 조사한 바에 따르면 미국에서 활동하는 오픈데이터 기업이 500개이며, 이 가운데 3분의 2는 최근 5년 이내에 설립되었다고 한다. 부동산 회사인 질로(Zillow)는 좋은 사례다. 이 회사는 주택 보유자, 구매자, 판매자, 임대업자, 중개업자, 대부업자, 땅 주인, 감정평가사에게 꼭 필요한 정보의 검색과 공유를 촉진하기 위한 온라인 마켓플레이스를 제공한다. 우편번호만 입력하면 학군과 안전도 등 부동산 관련 정보에 접근이 가능하다. 이 서비스는 1억1천만건이 넘는 미국 주택 데이터를 기반으로 만들어져 현재 30억달러 이상의 자본을 시장에 유통시키는 효과를 가져왔다.

그러나 세계은행은 만약 데이터를 단순히 공개하는 것에 머문다면 시장은 반응하지 않는다고 경고한다. 세계은행은 데이터 공개 정책이 경제 활성화로 이어지기 위해서 정부와 지자체가 최소한 4가지 유형의 중요한 역할을 수행해야 한다고 강조한다.

첫째, 비즈니스가 필요한 데이터의 '공급자'가 되어야 한다. 둘째, 중앙정부·지자체·공기업·민간 영역에 산재한 중요한 데이터를 사회 전체에 원활히 배포할 수 있는 '리더'여야 한다. 셋째, 이용자·프로그래머·애플리케이션 개발자로 구성된 데이터 기반 비즈니스의 생태계를 육성할 수 있는 '촉매자'로 기능해야 한다. 마지막으로 공공기관과 지자체 내외부에 존재하는 데이터 공개의 장벽을 극복하고, 공무원 스스로 데이터를 효율적으로 활용하는 '이용자'로 재탄생해야 한다.

1990년대 우리나라는 "산업화는 늦었지만, 정보화는 앞서가자"란 구호를 외치며 디지털 경제의 초기 정착에 성공했다. 하지만 한국이 초고속 인터넷의 높은 보급률에 만족하며 샴페인을 터트리는 동안에 다른 국가는 정보화에서 데이터 경제로 달려가고 있었다. 구글과 같은 세계적 검색엔진은 진공관에서 탄생한 것이 아니다. 눈 깜박하는 사이에 우리는 북미와 유럽의 선진국보다 10여년 뒤처져 버렸다. '늦었다고 생각할 때가 가장 빠르다'라는 경구를 상기하자. 지금이라도 데이터 시대의 도래에 능동적으로 대응할 수 있는 조직 개편이 무엇인지 꼼꼼히 검토해야 한다.

도시국가 시대, 지역 언론의 역할 [69]

지금까지 도시 미디어는 관-민 갈등, 부정부패, 범죄 등 수시로 일어나는 흥미로운 사건을 보도하는 데 초점을 맞춰 왔다. 상대적으로 도시민들의 실생활과 직결된 정책 현안의 역사적 배경, 장기적 혁신 비전, 지역 숙원사업의 해결방법에 대한 진지한 취재나 기획 보도는 다소 소홀히 했는데, 최근 급속한 도시화 결과 도시 미디어의 역할도 더욱 중요해지고 있다.

1950년 지구 전체에 75곳에 불과했던 인구 100만 명 이상 도시는 지금은 크게 늘었다. 25만명 이상의 도시는 전 세계에 수천 곳에 이른다. 2050년께엔 65억 명이 도시에 거주할 것으로 예상되며, 이는 세계 인구의 70~75%에 해당한다. 이미 도시는 세계 전체 국내총생산(GDP)의 80%를 차지하고 있으며, 지구에서 소비되는 에너지와 깨끗한 물의 60~80%를 소비하고 있다. 도시 내외부의 커뮤니케이션 활성화는 지역뿐만 아니라 국가 및 세계 경제 성장의 필수 요소가 되고 있다.

삶의 터전인 도시에 활기를 부여하고 도시 자체의 고유한 기능을 회복하려면 지역 언론의 역할이 필요하다. '오픈 소사이어티 재단'이 발간한 '디지털 미디어 지도 그리기: 미국 편'을 보면, 미국에선 도시를 기반으로 자생하는 지역 언론이 도시의 활력 증진에 큰 구실을 하고 있다. 미국의 지역 언론사들은 디지털 기술의 쌍방향성을 이용해 시민들에게서 직접 뉴스를 공급받으며 도시 주변 이슈에 대한 추적과 토론 기능을 극대화하고 있다.

보고서에서 집중 조명한 언론 매체를 간략히 살펴보자. 가장 눈길을 끄는 것은 '에브리블록'으로, 시카고에서 시작한 이 매체는 뉴욕을 비롯한 16개 대도시에 확산됐다. 도시 주변의 크고 작은 행사뿐만 아니라 실생활에 유용한 식당, 부동산, 도로 상태 등 거의 모든 정보를 망라하고 있다. 에브리블록은 4개의 주요 메뉴로 구성돼 있다. 이웃에서 일어나는 소식을 전해주는 코너와 지역 정부가 시민에게 전하는 정보 모음, 해당 도시의 뉴스 언급 상황을 추적하고 모니터하는 미디어 멘션, 소셜미디어에서 흥미로운 UCC(user-created contents)를 찾아 소개하는 메뉴 등.

이밖에도 미니애폴리스에서 운영하는 '민포스트'가 있다. 이 신문은 미네

소타 지역의 고품격 저널리즘을 추구하는 비영리·비당파적 매체다. 온라인으로 운영되지만 주중 매일 발행되며 텍스트 이외에 멀티미디어형 뉴스도 제공한다. 이 신문의 운영을 위해 연간 3400명이 넘는 사람들이 미화 10달러부터 2만 달러를 기부한다. 그 밖에 '텍사스 트리뷴'도 도시 발전을 위한 공공 미디어로서 광고를 비롯하여 민간 기업, 회원 기부자에 의해서 운영되고 있다. 아울러 '뉴욕타임스'의 온라인 경쟁자인 '허핑턴 포스트'도 시카고와 뉴욕 등 대도시 시민을 위한 독립 사이트를 운영하기 시작했다.

주목해야 할 또다른 동향은 미국의 인터넷통신사업자인 AOL(American Online)이 운영하는 지역 뉴스매체 '패치'다. 패치는 에이오엘이 온라인 지역광고 촉진 등을 위해 인수했는데, 전국에 걸쳐 800여개 패치 사이트를 운영하며 전문 저널리스트와 시민 기자들이 협력하게 되었고, 그 결과 지역화된 뉴스와 정보 콘텐츠가 확산되는 긍정적인 효과가 나타났다.

21세기는 도시 국가의 시대다. 시공간적 경계를 넘어 도시가 외부 사람들과 소통해야 하는 '하이퍼로컬' 세상이 열리고 있다. 세계적으로 앞서가는 도시들의 공통점이 있다. 사회 구성원들이 도시 발전을 위해 공유해야 할 가치를 지속적으로 생산·유통·확산하는 지역 언론이 중심에 있다는 것이다. 그러나 우리 사회는 아직 도시 중심의 지역 언론을 활성화하려는 노력이 부족하다. 부산시의회가 '부산시 지역신문 발전 지원조례'를 제정했지만 아직 전국적 움직임은 미약하다. 조례 제정이 도시 고유의 성장 동력을 지필 수 있는 첫걸음이 될 수 있다.

모바일 저널리즘, 하와이대 국제미디어회의 후기 70

미국 하와이대 동서센터(East-West Center)가 개최한 국제미디어회의에 참석해 온라인 시민저널리즘을 분석한 논문을 공동 발표했다. 1960년 미국의회의 요청으로 설립된 동서센터는 미국과 아시아·태평양지역 각국의 정책 결정자와 언론인, 지식인들 사이의 균형 있는 정보 교환을 위해 국제회의를 정기적으로 개최한다.

이번 콘퍼런스에서도 여러 주제가 폭넓게 다루어졌다. 미국 대통령선거의 이슈와 현황을 논의하는 것에서 시작하여 유명 언론인들의 패널, 소셜미디어 캠페인 전략가의 화상강의, 디지털전략 담당관의 온라인 외교전략 연설 등 다양한 행사가 있었다. 중국, 싱가포르, 홍콩, 대만, 말레이시아, 필리핀, 인도 등 아시아 국가에서도 많은 언론인이 다녀갔다. 한국 패널에서는 대통령선거, 남·북한 관계, 인터넷상의 자유 등 정치·사회적으로 민감한 현안에 대해 열띤 토론이 벌어졌다.

특히 이번 회의 주제인 '네트워크화된 뉴스: 뉴미디어가 아시아 및 태평양 지역에서 스토리를 어떻게 형성하는가?'에 대하여 다방면으로 뜨거운 토론이 벌어졌다. 사실 나날이 급변하는 디지털 환경은 전통 언론사뿐만 아니라, 인터넷 매체에도 새로운 도전이 되고 있다. 필리핀의 소셜저널리즘 언론사인 래플러닷컴(rappler.com)은 기사 왼쪽에 독자의 감성을 실시간으로 보여주는 무드미터(mood-meter)를 도입한 덕분에 외국인이 트래픽의 절반에 이르는 등 국제적 영향력이 커지고 있다.

그 반대의 경우도 있다. 야후 동남아시아 콘텐츠 편집책임자에 따르면 야후는 미국에서 가장 인기있는 온라인 뉴스사이트이지만 한국, 싱가포르, 중국 등 아시아에서 주목받지 못한다. 야후는 한국어 검색 서비스를 폐쇄하기까지 했다. 따라서 혁신적인 서비스와 차별적인 콘텐츠를 개발하여 디지털 네이티브와 소통하기 위해 노력 중이라고 한다. 이와 관련하여 재한 미국인 교수가 카카오톡의 성공을 언급하자, 참석자에게서 대중화 및 수익 창출에 대한 질문이 쏟아졌다.

또 흥미로운 패널은 모바일저널리즘(MOJO) 워크숍이었다. MOJO란 스마트폰을 이용해 사건을 실시간으로 보도하는 멀티미디어형 뉴스 리포팅 시스템이다. 방송장비로 아이폰을 이용하므로 비디오저널리즘(VJ)에 비하여 장점이 많다. 자신에게 익숙한 휴대전화를 활용하므로 사용이 간편하고, 인터넷에 연결한 뒤 현장에서 텔레비전 뉴스룸이나 신문사 웹사이트로 취재 내용을 전송할 수 있다. 특히 신문사의 경우는 방송용 차량과 기술인력을 대체할 수 있으므로 저렴한 비용으로 방송 저널리즘을 구현할 수 있다.

마케팅 조사에 따르면 온라인 뉴스사이트의 85%가 비디오 동영상을 활용하여 소식을 전하고 있다. 이후에 33%나 증가할 정도로 뉴스에서 영상이 차지하는 비중이 높아지고 있다. 따라서 신문사는 MOJO를 통하여 멀티미디어에 익숙한 신세대 독자를 확보할 수 있다.

저널리즘의 위기를 말하는 사람이 적지 않다. 급박하게 바뀌는 디지털 환경에 효과적으로 대응하지 못하면 위기에서 벗어나기는 더욱 힘들다. 이번 국제미디어회의에서 많은 사람은 저널리즘 환경의 모바일화를 강조했다. 바야흐로 언론사의 경쟁력을 확보하기 위해 새로운 전략이 필요한 시점이다. 그렇지만 아직 모바일 콘텐츠를 성공적으로 운용하여 경영의 어려움을 극복한 사례는 찾기 힘든 것도 현실이다. 오늘날 해답을 찾는 키워드가 네트워크, 소셜미디어, MOJO라는 점에 대부분 공감한 것으로 생각한다.

메디치 효과와 한국 사회 [71]

영남대는 '메디치 개론'이라는 융복합 과목을 2013학년도부터 정식 과목으로 개설해서 운영하고 있다. 서로 전공이 다른 교수들이 함께 개설할 과목으로, 15~18세기 이탈리아 피렌체 공화국에서 가장 유력하고 영향력이 높았던 집안인 메디치 가문의 사회적 역할에 대해 공부하게 된다. 메디치 가문은 과학과 문학 그리고 예술을 적극 후원함으로써 피렌체 르네상스의 탄생과 발전에 크게 기여했다. 분과 학문의 경계를 초월한 융·복합 네트워크를 지원하여 르네상스라는 역사적인 창조의 시대를 여는 데 큰 몫을 한 것이다.

메디치 가문의 정신에 부합한 융합 강의를 위해서 예술(미술, 건축, 음악), 인문학(국문, 일문), 사회과학(언론정보), 자연과학(산림, 식물) 등을 전공한 교수들이 의기투합했다. 이른바 팀티칭 방식이 적용된다. 우리는 각자의 전공에서 메디치 가문의 놀라운 업적을 당시 시대적 배경 속에서 조명하고, 현대적 상황에서 재해석할 것이다. 집중도를 높이기 위해 우리는 공통적으로 메디치 효과에 초점을 맞추기로 의견을 모았다.

메디치 효과는 유력한 가문의 영향력 있는 의견 지도자가 협력적이고 혁신적인 환경을 창조하는 데 앞장설 때 나타난다. 대표적 사례로 미켈란젤로를 들 수 있다. 그가 천재성을 발휘한 것은 잘 알려져 있지만, 그 배경에 메디치 효과가 있었다는 점은 잘 알려져 있지 않다. 하버드 비즈니스 스쿨이 출간한 요한슨(F. Johansson)의 저서인 '메디치 효과'는 메디치 가문의 정신을 기업 경영에 접목하여 주목을 끌었다. 저서의 부제인 '아이디어, 개념, 문화의 교차로에서 새롭게 발견된 통찰력'에서 요한슨이 강조하여 말하듯, 이질적 요소들의 만남이야말로 기발한 생각의 폭탄을 점화할 수 있다.

사실 메디치 가문이 활동했던 당시는 근대성이 지배하던 시기였다. 근대성을 구성하는 중요한 개념과 사상은 동질성, 수직적 관계, 보편주의, 국민국가, 유일신론 등이다. 메디치 가문은 동방과 서방, 아리스토텔레스주의와 플라톤주의를 뒤섞는 이질성을 추진함으로써 근대성을 넘어서고자 하였다. 요한슨의 지적처럼 통신학자가 생물학자를 만나면 새로운 시각으로 세계를 바라볼 수 있다. 예컨대 통신학자는 음식 배달을 위한 가장 효율적 통로를 만드는 곤충의 행위에서 정보시스템 설계의 최적 법칙을 찾을 수 있다.

한편 메디치 개론 강의를 준비하면서 두려움이 생긴다. 학생들은 이 강의를 우리 사회 현실과 동떨어진 따분한 이론으로 생각할 수도 있다. 한국 사회는 여전히 근대성의 모순을 충분히 극복하지 못하고 있기 때문이다. 내가 소속된 대학의 자율전공 계열의 경우, 본래 취지인 융·복합적 인력 양성 기능을 점차 상실하고 인기 학과를 가기 위한 우회 통로가 되고 있다. 대학 밖은 어떠한가. 지방대학을 졸업하고 나면 수도권으로 집중된 경제구조, 이질성에 대한 배타성, 국가주의적 정치 관행, 재벌과 중소기업의 수직적 상하관계에 맞닥뜨리게 된다.

특히 선거를 앞둔 시기가 오면, 탈근대 사회에 어울리지 않는 남녀 분리의 이분법적 프레임이 확산되는 경향이 있다. 이른바 성별에 따른 위치와 역할을 통해 정치적 이득을 취하려는 사람들이 많다. 이러한 프레임은 케이블TV에서 방송한 시사 프로그램의 선정적 비평을 계기로 점입가경이 되고 있다. 다른 한편 낡은 정치 시스템의 변화와 개혁을 외친 후보는 자신이 비판한 기성 정당의 도움 없이는 선거에서 승리하기 어려워 보인다. 모두가 정치공학적인 셈법으로 편 가르기에 여념이 없다.

메디치 효과는 생소한 것처럼 보이는 사물과 현상이 결합할 때 발현된다. 상이한 분야의 수평적 교류가 원활히 이루어지는 것이 좋다. 엉뚱한 생각이 위대한 발견으로 전환되기 위해서는 사회적 관용도 절실히 필요하다. 상대방의 시각이 자신의 가치와 다를지라도 받아들이는 문화가 조성되어야 한다. 우리 사회에서 상대주의는 아직 갈 길이 멀다. 프랑스 사회학자 미셸 마페졸리에 따르면, 여러 페르소나(persona)를 인정할 때 문화적 다원성을 꽃피울 수 있다. 여기에서 페르소나는 생물학적 얼굴이 아닌 사회적 얼굴을 말한다. 한국 사회가 다양한 사회적 얼굴을 인정하는 사회가 되지 않는다면, 메디치 개론은 학생들에게 소귀에 경 읽기가 될지도 모른다.

옥스퍼드가 대구에 주는 교훈 [72]

연구년을 보내기 위해서 영국 옥스퍼드에 도착했다. 캠브리지대와 함께 영국의 대표적인 대학인 옥스퍼드대가 있는 이곳은 교육과 연구의 도시이다. 나아가 오랜 역사를 지닌 고풍스런 대학 건물들을 보기 위해 세계 곳곳에서 관광객이 몰리는 곳이다. 미국과 비교해 아시아 학생의 숫자는 적지만 유럽 여러 국가에서 온 학생들이 많다. 그래서 학생과 관광객을 대상으로 방을 임대하거나 식당을 운영하여 경제활동을 하는 현지인이 적지 않다. 잘 알려져 있듯이 미국의 실리콘밸리는 인근 대학의 연구가 활성화되면서 세계적 과학기술단지가 형성되었다. 옥스퍼드는 집약적 산업단지는 아니지만 대학이 도시에 생기를 불어넣는다는 점에서 주목할 필요가 있다.

이런 관점에서 대구도 여러 지역 대학들을 성장 동력으로 활용하여 과거 제3의 도시로서 명성을 찾을 방안을 강구해야 되지 않을까. 더구나 대구는 서울의 강남 8학군에 버금가는 고교 인재들이 많다. 이러한 어린 인재들이 고향에서 자신의 미래를 설계할 수 있도록 여러 문화적, 경제적 혜택이 많아진다면 충분히 가능하다고 본다.

인터넷 실용화 초기인 1990년대 미국 유학시절과 비교하면 이번 옥스퍼드 생활은 인터넷 덕택에 훨씬 편리하다. 출국 전에 옥스퍼드의 지역 포털에서 부동산 정보를 찾아 구글 맵의 위성사진으로 주변 환경을 살펴보고 이메일로 방을 계약했기에 호텔비도 절약하고 안정된 공간에서 짐을 풀 수 있었다. 인터넷이 물리적 경계를 넘어선 광범위한 규모로 정보와 지식의 생산과 유통을 촉진하고 있는 것이다.

한국서 사용하던 인터넷 전화는 케이블을 꽂자마자 특별한 설치 없이 바로 작동했다. 외국에서 장기 체류 경험이 없는 아내는 인터넷 전화의 작동과 동시에 불안감을 지워버리는 듯했다. 시차의 불편함은 있지만 인터넷 전화를 통해 우리는 한국의 네트워크에 연결되어 있다. 왜냐하면 가족과 지인들과의 통화는 모두 시내 전화이고 한글 문자도 자유롭기 때문이다. 인터넷은 지리적 거리를 무의미하게 함으로써 정보교환과 확산을 위한 커뮤니케이션 채널로 기능할 수 있음을 보여주었다.

영국에서 지상파 방송을 시청하기 위해서는 TV 수상기와 함께 소위 TV 허가증을 구입해야 한다. 그렇지만 인터넷을 통한 영국 공영방송인 BBC를 실시간 시청할 수 있어 텔레비전 시청 문제는 잠시나마 해결되었다. 물론 휴대폰이나 인터넷으로 BBC를 시청하는 것도 허가증이 필요하나 아직 홍보 기간이어서 까다로운 규제는 없는 편이다. 생활용품도 인터넷으로 주문하고 집에서 가까운 가게에서 찾으니 택배 비용 없이 구입할 수 있었다. 정말 필요할 때 도움을 주는 사람이 진정한 친구이듯이, 인터넷은 낯선 옥스퍼드에서 친구 같은 존재로 다가왔다.

이제 지역의 공공도서관으로 화제를 바꿔보자. 서구 선진국을 말할 때 가장 편리한 공공 서비스로 얘기하는 것이 도서관이다. 왜냐하면 우리의 도서관이 입시와 취업을 위한 사설 독서실화된 것과 비교해 이곳은 누구나 지식과 정보를 충전하며 쉴 수 있는 공간으로 알려져 있기 때문이다. 역시 생각했던 것처럼 도서관은 이메일을 보내기 위해서 짬을 낸 중년 부인부터 큰 활자로 제작된 책을 읽는 어르신들, 정기간행물실에서 과제 자료를 찾는 학생 등 다양한 계층의 시민들로 붐볐다.

소장 도서의 현황을 알기 위해서 카스텔의 저서를 검색해 보았다. 카스텔을 선택한 이유는 정보사회에 대한 그의 저서는 사회과학 필독서일 뿐만 아니라 필자가 있는 옥스퍼드 인터넷연구소에 그가 방문 학자로 체류했기 때문이다. 1996년 '네트워크 사회의 도래'를 비롯해 저서까지 총 4권의 책이 검색되었다. 이곳이 대학이 아닌 공공도서관임을 고려하면 자료 갱신은 비교적 빠르게 이루어지는 것 같다. 한 가지 아쉬운 점이 있다면 4층 건물에 화장실이 없었다. 안내데스크에 물어보니 인근의 쇼핑몰을 이용하라고 한다. 이것이 합리적인 사고방식인지, 아니면 인색한 행정서비스인지는 의문이다.

마지막으로 런던과 마찬가지로 옥스퍼드에도 감시 카메라(CCTV)가 건물 및 시내 곳곳에 설치되어 있다. 굳이 조지 오웰이 쓴 '1984년'에 묘사된 감시통제사회의 암울함을 언급하지 않더라도 나의 생활이 하루에 수백회 이상 촬영되는 것은 썩 좋은 느낌이 아니다. 서울 강남지역을 시작으로 우리나라도 감시 카메라 설치지역이 많아지고 있다. 어느덧 우리는 CCTV에 무감각해지면서 모두가 모두를 감시하는 사회에 익숙해져 가고 있다. 새해를 맞이하여 우리를 지켜보는 감시 카메라는 줄어들고 우리를 보살피는 따뜻한 손길과 마음이 사회 전체에 더욱 많아지길 바란다.

아이언맨과 대구시장 73

영화 '아이언맨'의 실제 모델은 머스크(E. Musk)로 알려져 있다. 머스크는 12세 때 프로그래밍을 시작하여 비디오 게임을 만들어 판매했다. 스탠퍼드 대학교를 자퇴하고 24세 때 창업했다. 인터넷을 이용하여 지역 정보를 제공하는 회사였다. 그리고 전 세계 사람들이 직접 송금하고 결제할 수 있는 페이팔을 또 창업해서 은행들을 놀라게 했다. 이후 우주 산업에도 뛰어들었고, 전기자동차 회사 테슬라를 설립했다. 무모한 것처럼 보이지만 대담한 도전은 권영진 대구시장과 닮은 점이 있다.

상식을 깨는 권 시장의 행보는 멀리 갈 필요도 없다. 정당 경선부터 무모한 도전을 했다. 안동과 청구고 출신이지만 소위 서울 TK이기에 지역적 기반이 없었다. 예상하지 못했지만 후보로 선출됐다. 이후 권 시장은 펌 헤어스타일과 노타이 차림으로 패션쇼와 치맥 축제에 나타나 보수적인 대구 사람들을 어리둥절하게 했다. 이런 촌평만 있는 건 아니다. 사회적경제 지원, 시민원탁회의, 중앙로 지하철 추모사업 등도 새로웠다. 한국당의 다른 후보가 당선되었다면 기대하기 힘든 정책들이다. 생소한 물 산업 육성, 통합공항 건설, 전기차 선도도시를 선언한 것은 엉뚱한 모험으로 들렸다.

다시 머스크로 돌아가 보자. 그가 창립한 항공우주회사가 참 재미있다. 우주 장비 제조에는 천문학적 비용이 소요된다. 그런데 기발하게도 추락한 로켓을 재활용하여 비용을 대폭 감축했다. 그리고 미국 항공우주국과 협력해 처음으로 로켓을 재사용하여 성공적 착륙까지 해냈다. 이것은 정부와 민간 기업이 협력하여 예산 혁신을 달성한 사례로 대중의 이목을 끌었다. 우주 산업만큼이나 머스크가 강한 집착을 보인 것이 전기차이다. 사람들의 웃음거리였던 로드스터 자동차의 매출을 2009년 1억 달러에서 획기적으로 증가시켰다. 그리고 이제 로드스터에 로켓 추진기를 장착하겠다고 선언했다. 그리고 로스앤젤레스의 교통체증을 해결하기 위해 지하터널을 만들겠다고 주장하고 있다.

머스크의 인물 탐구를 보면 성공 요인에 대한 여러 분석이 있다. 눈에 띄는 점은 머스크가 일주일에 80시간에서 100시간을 일한다는 것이다. 목표한 일에 대한 끈질긴 열정을 보여준다. 머스크를 따라 하는 것일지 모르지만, 권 시장도 자신의 좌우명이 石田耕牛(석전경우)라고 강조한다. 석전경우란 척박한 자갈밭을 갈고 있는 우직한 소를 뜻하는 말로 근면하고 인내심이 강함을 뜻한다. 머스크의 도박에 가까운 공격적 결정을 보면, 권 시장은 아직 갈 길이 멀어 보인다. 박근혜 대통령 탄핵과 촛불 정국에서 시장 권영진이 보여준 행보는 어정쩡했다. 무대의 배우여야 할 정치인이 관찰자처럼 침묵하고 모호했다. 인사 정책에서 가까운 사람들을 챙긴다는 소문도 있었다. 이게 사실이라면, 권 시장은 제 식구로부터 냉대는 안 받을 수도 있겠다. 하지만 대한민국을 대표하는 정치인으로 성장하는 데 치명적 아킬

레스건이 될 것이다.

머스크가 우주 산업에서 성공한 것은 미국 정부가 민간 기업의 무모한 사업 계획에 능동적으로 호응했기에 가능했다. 권 시장도 시민과 기업의 요구가 간혹 엉뚱하더라도 숨겨진 욕구를 잘 충족시켜 주면 아이언맨이 될 수 있다. 사실 머스크와 권 시장은 한 배를 타고 있다. 왜냐하면 머스크와 권 시장이 주도하는 전기차 사업이 실패하면 둘 다 회복하기 힘든 상처를 입는다. 그런데 이것은 오히려 기쁜 뉴스이다. 둘 다 죽기 살기로 일해야 성공하기 때문이다.

브라보, OUT-서울 [74]

나는 시골대학 교수다. 나는 언론정보학을 전공한 학자로서 경산이라는 작은 도시의 대학에서 강의도 하고 연구도 한다. 경산은 대구에서 불과 30분 거리이고 학교 앞에는 지하철도 새로 개통된다. 어쨌거나 나는 서울 사람들이 흔히 말하는 시골대학 교수이고, 내가 가르치는 학생들은 시골대학 학생들이다. 그리고 언론에서는 우리를 'IN-서울'하지 못한 비주류로 묘사한다.

내가 영남대학교에 처음 온 것은 2003년이었다. 당시 나는 오랜 유학생활 끝에 미국에서 박사 학위를 받은 후, 네덜란드에서 연구원 생활을 막 시작하고 있었다. 한국 생활에 목말라 있었던 터라, 고향과도 가까운 대학에서 전공분야 채용 공고가 난 것을 확인하고는 주저 없이 지원했고, 운 좋게 합격하여 한국으로 돌아올 수 있었다. 유학생활 동안 기울인 노력이 드디어 꽃을 피우게 된다는 생각에 나는 흥분했다. 금융 산업이나 오락 산업도 아닌데, 교육하고 연구하는 데 지리적 위치는 아무 상관이 없다고 생각했다. 너무 순진했다. 그때까지 내가 공부하고 근무한 곳과 한국의 지방 대학은 너무도 달랐다.

그래서 나는 선택해야 했다. 어느 선배의 충고처럼, 'IN-서울'을 위해서, 국내에서 학회활동도 열심히 하고 사회적 관계 맺기에도 소홀히 하지 않는 것이 하나의 선택지였다. 학회교수라는 재미있는 직함이 생겨날 정도로 학회 과잉시대가 되었다. 학회 활동은 여러 연구자와의 인간적 교류를 통해 새로운 직장을 모색할 수 있는 방법이었다. 다른 하나의 선택지는 새로운 연구 분야를 개척하기 위해 진력하는 것이었다.

나는 신생 분야인 '웹보메트릭스'(웹을 계량적으로 조사·분석하는 학문) 연구에 몰두하고 있었다. 지방대학에서 이 연구를 하기 위해서는 국제 세미나에 참석하여 변화하는 동향을 꾸준히 검토하고 논의과정을 귀담아들어야 했다. 인터넷으로도 해외 자료를 손쉽게 구할 수 있지만, 첨단 연구 성과를 직접 접하는 것이 중요했다. 같은 자료라 하더라도 인터넷으로 구한 것과 직접 접하는 것은 마치 명화의 원본과 위작을 보는 감동의 차이만큼 크다. 나는 두 번째 길을 선택했다.

혼자 가면 빨리 가지만, 함께 가면 멀리 간다. 나는 이런 생각으로 글로벌 연구실을 꿈꾸었다. 무엇보다도 내가 가르치는 학생들에게 지적 성취와 환희를 느끼게 해주고 싶었다. 그래서 지역을 넘어 세계와 직접 소통할 수 있는 길을 꾸준히 모색했다. 여러 사업을 추진했지만 글로벌 연구실을 위한 실마리는 금방 풀리지 않았다. 그 와중에 나는 안식년을 맞이하여 옥스퍼드대학에서 연구할 기회를 얻었는데, 그때 마침 '세계 수준의 연구중심 대학사업'(WCU)이 공지되었다. 이 사업의 목적을 읽고 나는 환호성을 질렀다. 오랫동안 꿈꾸고 모색해 온 글로벌 연구실의 길이 거기에 있었다. 그렇게 하여 제출한 '웹보메트릭스' 연구과제는 사회과학 분야 WCU 사업 중 지방대로서는 유일하게 선정되었다.

글로벌 연구실을 꾸려가는 일은 생각보다 어려웠다. 처음 하는 사업인 탓에 연구지원기관과 학교본부의 연구행정이 엇갈려 대학원생, 전임연구원, 해외학자 사이에 갈등과 오해가 자주 일어났다. 그런 중에서도 학생들은 누가 시키지 않아도 밤늦게까지 자료조사와 분석에 매달렸다. 초기 우리 연구실은 문전처리미숙으로 아깝게 골을 놓치는 축구팀과 같았다. 하지만 연구 성과가 쌓이게 되면서 대학원생은 물론 학부 학생까지 국제학술대회에서 발표하고 직접논문도 작성할 수 있게 되었다. 지방대학의 학생이 해외 저널에 논문을 발표한다! 지방대학의 학생들이 국제학술대회에서 발표하고 유명 학자들과 토론한다! 이런 꿈같은 일이 우리 연구실에서는 현실이 되었다.

'지잡대'(지방의 잡다한 대학이라는 속어)라는 사회적 편견을 깨기는 매우 어렵다. 그런데 이제 이 틀마저 가끔은 편안하다. 서울에서 살아남기 위해선 시류에 편승도 해야 되고, 그러다 보면 연구방향을 잃은 채 휩쓸리기 쉽다. 내년이면 경산에 온 지 만 10년이 된다. 지난 시간을 버텨낸 나 자신과, 그리고 이 시간을 함께해온 제자들을 응원하고 싶다. 지방대 교수와 학생이 'IN-서울'을 향한 애달픔 대신 'OUT-서울'의 자부심을 가질 수 있는 시대가 오기를 고대한다.

대구의 '닷 탱크' 포럼 창조도시를 꿈꾸며 75

지난 한 해에 보람 있었던 일을 꼽자면 단연 '포럼 창조도시를 만드는 사람들'(이하 포럼 창조도시)에 참여한 것이다. 포럼 창조도시는 대구를 '창조도시'로 만들기 위한 모임이며 누구나 참여할 수 있는 열린 모임이다. 즉 공식 회의와 캐주얼한 미팅을 적절히 섞은 공동체 채널이다.

포럼 창조도시는 지난 3월 출범 이후 현재까지 1천여 명의 시민이 참여하고 있다. 시민들은 자신만의 스토리를 다른 사람과 교류하고, 대구를 스마트한 도시로 만들기 위한 여러 가지 이슈에 대해 의견을 교류하고 있다.

대구혁신도시에 입주한 공공기관 직원은 포럼 창조도시가 기획한 토크콘서트 '열린 모임 왁자지껄'에 참여한 경험을 이렇게 전했다. "시민의 자발적 활동으로 만들어가는 창조도시를 서울이 아니라 대구가 앞장서는 것이 놀라운 감동이다."

창조는 다양성, 즉 '차이에 대한 인정'으로부터 시작한다. 포럼 창조도시의 1년여간 활동을 되돌아보면 '창조도시 대구'는 가능할 것 같다. 그렇다고 포럼 창조도시의 순조로운 출발에 마냥 기뻐하고 즐거워하고 있을 수만은 없다. 포럼 창조도시가 '창조도시 대구'의 성공 견인차가 되기 위해서는 '닷 탱크(dot tank)'로 거듭 태어나야 한다.

닷 탱크는 필자가 고안한 개념이다. 실천과 대응을 강조하는 '두 탱크(do tank)'와 조사와 분석에 초점을 맞춘 '싱크 탱크(think tank)'의 합성어다. 두 탱크는 공동체가 당면한 시급히 해결할 도시 문제에 이론이 아닌 실천적 차원에서 행동하는 모임이다. 환경오염을 감시하는 세계적 기구인 그린피스와 사이버 외교 홍보단 반크가 대표적이다.

두 탱크로서 포럼 창조도시가 자리매김하려면 '소셜 다이닝 도란도란'(창조도시 이야기모임)이 도시 곳곳에 퍼져나가야 한다. 소셜 다이닝 도란도란은 시민들이 구체적 맥락 속에서 경험 표현을 통해 공통적인 앎을 찾아가는 과정이기 때문이다.

싱크 탱크는 도시 전반에 걸쳐 영향을 미치는 이슈를 조기에 파악해서 대책을 마련하기 위한 조직이다. 도시 문제는 그 원인과 과정이 복잡다기해서 전문적 진단과 체계적 분석이 절실히 요구된다. 포럼 창조도시가 대구의 미래를 만들기 위한 싱크 탱크가 되려면 '포커스 그룹 아자아자'(창조도시 기획모임)를 통한 창조적 정책 마련이 긴요하고 절실하다.

마지막으로 닷 탱크는 물리적 세계뿐만 아니라 사이버 공간에서도 포럼 창조도시의 역할이 크다는 것을 암시한다. 포럼 창조도시가 오프라인과 온라인을 초월해서 각계각층의 일반 시민부터 기업과 관공서의 대표들까지 상호 협력과 제휴하자는 의미가 담겨있다. 오늘날 빅 데이터와 SNS시대의 소통전략으로 O2O(online to offline) 접근법을 중요하게 고려해야 한다.

포럼 창조도시의 당찬 출발이 앞으로 성공적으로 이어져야만 창조도시 대구의 미래가 밝을 수 있다. 닷 탱크로서 포럼 창조도시는 디지털 기회를 활용한 탱크(digital opportunity tank)가 되어야 한다.

즉 시민들이 사회·문화·경제의 생산자이자 감시견으로서 역할을 마음껏 펼칠 수 있는 채널로 도약해야 한다. 그러기 위해선 대구시장과 시의회는 인적·물적·제도적 자원을 지원해 포럼 창조도시의 활동이 뿌리내릴 수 있도록 각별한 관심을 보여줘야 할 것이다.

지진 대응과 재난안전 공공데이터 거버넌스 [76]

행정안전부와 한국지능정보사회진흥원(NIA) 등이 개최한 2022년 9월 29일 오픈데이터포럼 열린 세미나의 주제는 '공공데이터로 살펴보는 재난안전'이다.[77] 우리나라는 여름과 겨울에 재난이 집중되며, 봄과 가을의 재난발생 비율은 낮은 편이다. 이번 세미나는 여름에 연이어 발생한 태풍, 집중호우 등에서 재난안전 공공데이터의 역할을 살펴보고 다가오는 겨울을 대비하여 개선점을 찾는 목적으로 개최되었다.

전통적으로 풍수해가 자연재난의 대부분을 차지하고, 원인별 규모는 태풍에 의한 피해액이 가장 크게 나타나는 편이다. 일본 및 중국 등 세계적으로 대규모 지진이 빈번하게 발생하고 있으며, 국내도 최근에 증가하는 추세이다. 지난 10월 29일에도 괴산군에서 규모 3.5 지진과 4.1 지진이 연이어 발생하기도 했다. 특히 이번 지진은 바다와 가까운 곳이 아닌 내륙 중앙에서 발생했다는 점에서 한반도가 더 이상 지진으로부터 안전한 지역이 아님을 시사해, 국민들이 불안감을 느끼고 있다.

따라서 재난안전과 관련한 공공데이터 제공과 개방, 이용 활성화 방안은 국민의 안전과 재산을 지키고 나아가, 국가 존립과도 연결된 사안이 아닐 수 없다. 특히 공공데이터를 활용한 재난안전 소통체계 및 정보통신망을 구축하기 위해서 먼저 해결해야 하는 과제들이 있다. 무엇보다, 데이터 거버넌스(governance)를 구축하는 것이다.[78] 거버넌스의 사전적 의미는 통치와 관리이다. 그렇지만 정치와 행정 분야에서 거버넌스는 위에서 아래로의 통치와 관리가 아닌 민의(民意)를 반영한 협치(協治)로 적극적으로 해석하는 편이다. 재난안전 분야에서 협치의 거버넌스는 국민의 재산권과도 직·간접적으로 관련되어 있어서 매우 민감한 이슈이다.

미국 로스앤젤레스(Los Angeles, LA)가 위치해 있는 캘리포니아 지역은 지진이 자주 발생한다. 구글(Google.com) 검색엔진에서 'Los Angeles earthquake'라고 입력해 보면, 이 지역이 지진의 위험에 상시적으로 노출되어 있음을 쉽게 알 수 있다. 이번 10월 29일도 구글에서 한글로 '지진'이라고 검색했음에도, 처음에 나온 결과는 10월 26일에 발생한 캘리포니아 산호세(San Jose) 지진 지도였다.

미국 캘리포니아주립대(University of California, UC) 연구자들은 LA 지역의 건물 안전성을 조사하였다.[79] 지진이 발생할 경우에 건물의 붕괴 가능성을 파악한 것이다. 연구자들이 약 1,500개의 노후된 콘크리트 건물들의 목록 정리에만 7년의 시간을 보냈다. 그 결과, 약 75개의 건물들이 강한 지진에 붕괴할 수 있다고 결론을 내렸다. 미국국립과학재단(National Science

Foundation, NSF)는 이 연구과제를 널리 홍보하였다.

LA 시청에서는 지진에 취약한 노후 건물의 명단을 UC 연구자들에게 요청했으나 거절당했다. 연구자들은 이것은 학술적 연구이고 명단 공개는 건물 소유주들로부터 법적 소송을 받을 수 있기 때문이라고 밝혔다. 여러 논쟁을 걸쳐서 결국에는 UC, NSF, LA시청, 건물주 등 이해당사자들 사이의 법적 이슈들을 정리하고 우려 사항을 해결한 이후에 이 데이터가 공개되었다. 이 사례를 통해서 LA 지역은 캘리포니아에서 지진에 취약한 노후 건물의 목록을 보유한 첫 번째 도시가 되었다.

이 사례는 지진과 같은 재난안전 데이터의 공개와 이용에 관한 책임(liability)과 자산(asset)에 대한 거버넌스 문제가 발생하는 맥락을 구체적으로 보여준다. 따라서 중앙 정부와 지자체가 재난안전 거버넌스를 일방적 행정과 규제만으로 밀어붙여서는 안 된다. 정책 수립과 집행에 앞서, 재난안전 데이터의 수집과 공개에 연계된 사람들이 누구인지 파악해야 한다. 그리고 재난안전 공공데이터 정책의 집행 이전에 이해관계자들을 대상으로 관련 이슈에 대한 소통과 컨설팅을 실시하는 것이 긴요하다. 협치의 거버넌스 없이 재난안전 데이터의 사용에 관한 규칙을 만들면, 국민을 규제할 수 있는 권위가 확보되지 않았기 때문에 궁극적으로 실패할 수 없기 때문이다. 데이터 기반 재난안전 소통체계와 정보통신망의 행정집행 및 기술지원은 부처 간에도 협치의 거버넌스를 필요로 한다.

'재난안전통신망 운영 및 사용에 관한 규정'을 보면, 행정안전부와 과학기술정보통신부 등과의 협의를 강조한다. 예를 들어, 제7조(번호 관리)를 보면, 번호 체계에 대한 기준은 행정안전부장관이 정하여 과학기술정보통신부장관의 승인을 받아야 하며, 제9조(주파수 관리) ① 행정안전부장관은 과학기술정보통신부의 재난안전통신망 관련 전파지정기준 등에 따라 주파수를 관리하여야 하며, 제21조(교육 및 훈련) ③ 무선종사자의 양성을 위하여 과학기술정보통신부장관이 지정한 교육기관에 행정안전부 소속 공무원을 대상으로 자격검정 교육 지원 등의 사항이 나와 있다.

10월 29일 지진의 경우에 지방자치단체 등 관계기관을 중심으로 발송되는 지진속보는 23초 만에, 긴급재난문자는 28초 후에 발송됐다. 신속하고 정확한 정보는 국민들이 대응 시간을 확보하면서 피해를 줄이는데 긍정적 영향을 미쳤다. 재난안전 데이터는 개인의 재산권을 침해할 수 있는 요소가 있으므로, 평소에 거버넌스가 투명하게 구축되어 있으면 위급한 순간에 의사결정을 빠르게 할 수 있다. 나아가, 좋은 거버넌스는 재난안전 공공데이터에 잠재된 가치를 충분히 활용한 소통체계와 정보통신망의 구축과 서비스의 원활한 구현에도 기여할 수 있다.

트리플헬릭스와 혁신

신년사에서 드러난 지방대학 성공시대를 기대한다 [1]

윤석열 대통령이 2023년 신년사에서 강조한 노동, 교육, 연금의 3대 개혁에 대한 사회적 관심이 높다. 특히 교육개혁은 대통령의 국정 목표인 '이제는 지방시대'와 관련하여 언급되었다. 대통령은 고등 교육에 대한 권한을 지역으로 과감하게 넘기고, 그 지역의 산업과 연계해 나갈 수 있도록 지원할 계획이라고 밝혔다. 그리고 저출산 문제 해결을 지역 균형발전으로 돌파하겠다는 의지를 표현하였다. 나아가, 교육 과정의 다양화도 약속했다.

서울권으로의 인구 유출로 인한 지방의 소멸과 학령인구의 급격한 감소는 어제오늘의 일이 아니다. 한국 직업능력연구원(2022)이 통계청 자료를 인용하여 만 18~21세의 대학 학령인구를 정리한 지방대 정책과제보고서를 보면, 2020년 2,410천 명에서 2025년에 1,838천명으로 572천명이 감소한다.[2] 설상가상으로 2040년에는 1,176천명으로 2020년의 절반 이하로 떨어진다.

이런 상황에 대응하고자, 지난 2014년에 '지방대학 지역 균형 인재의 육성에 관한 법률'(지방대 육성법)이 제정되었다. 이 법에 따라서, 정부는 지방대학의 경쟁력 강화 및 지역 균형 인재 육성지원을 위한 기본계획을 5년마다 수립하도록 하고 있다. 2015년에 수립된 첫 번째 계획은 지방대학 특성화, 지역인재 글로컬화, 지역사회 연계화의 영역에서 추진과제 등을 제시하였다.

이러한 노력에도 불구하고 역대 어느 정부도 지방대학 살리기에 만족할 만한 성과를 보여주지 못했다. 지방대학의 경쟁력은 서울과 지방간 산업구조 차이를 조정하기 위한 산업진흥 정책, 낙후한 사회간접자본을 개선하기 위한 국토개발 정책 등이 원활하게 동반되지 않으면 실패할 수밖에 없기 때문이다. 지방의 인구 유출에 영향을 미치는 좋은 일자리를 창출하고 서울과 지방간 경제력과 소득 차이를 줄이는 것도 중요하다. 그리고 무엇보다도 정부의 끊임없는 규제 때문에, 아카데믹 섹터는 자신의 역량을 최대한 발휘할 자율성을 부여받지 못했다.

한편 최근에, 독일의 한 연구팀은 민주주의 다양성을 측정하는 V-Dem (Varieties of Democracy) 데이터를 활용하여, 아카데믹 자유에 대한 새로운 지수 개발을 시도했다.3 원제는 다음과 같다: The Academic Freedom Index and Its indicators: Introduction to new global time-series V-Dem data. 새 지수는 아카데믹 자유에 관한 다섯 가지 세부 지표로 구성되어 있다. 연구와 교육의 자유, 학술 교류와 보급의 자유, 대학의 제도적 자율성, 캠퍼스의 진실성(integrity), 학문과 문화적 표현의 자유 등이다. 연구 결과의 핵심을 정리해 보자.

글로벌 평균으로 파악한 국가들의 전반적 시계열 추세는 보면, 제1차 세계 대전 (1914-1918) 동안 모든 학문적 자유 지표의 세계적 수준이 약간 하락하고, 제2차 세계 대전 (1939-1945) 동안 큰 하락을 보인다. 게다가, 모든 지표는 1960년대 초반과 1970년대 후반 사이에 서서히 악화되는 것을 보여주는데, 이는 소련의 억압적인 정책, 라틴 아메리카의 군사 독재 정권 등으로 아카데믹 섹터에 대한 냉전 관련 압력과 관련되어 있다. 1980년대는 느린 발전의 시기이다. 1990년대 초는 민주화 물결과 함께 아카데믹 자유는 비교적 높은 수준에서 안정되기 위해서 가속화하기 시작한다. 2013년 이후로, 몇몇 지표들이 약간 감소하지만, 데이터의 통계적 오류 내에 머물고 있다.

독일 연구팀은 이런 글로벌 맥락에서 한국의 점수를 일본과 대만의 점수와 비교하기도 했다. 그들에 따르면, 지난 20년 동안 한국의 아카데믹 자유는 일본보다 더 나아졌고, 현재 대만의 아카데믹 자유 지수 척도의 상위 끝에 있는 상황과 동등한 수준이라고 밝혔다. 사실 한국의 아카데믹 자유는 1990년대에 눈에 띄게 증가했다. 하지만 그 이후로, 자유로운 학문적 환경이라고 말할 수 있을 만큼 눈에 띌만한 실질적 변화나 학문적 기관의 자율성 증대 조치는 없었다. 다시 말해서, 제도적 자유 지표는 다른 4개 지표와 비교해서 상대적으로 지지부진한 정체상태로 최근 20년간 머물러 있었다.

따라서 이번 윤석열 정부가 추진할 교육개혁은 대학을 비롯한 아카데믹 섹터의 자유도를 높이는 방향으로 추진된다. 교육부가 2022년 12월에 발표한 '대학의 자율적인 운영을 대폭 확대하기 위한 규제개혁 및 평가체제 개편 본격화' 정책을 보면 이러한 대통령의 의지가 확연히 나타나 있다. 변화된 교육 및 연구 활동을 가로막는 1996년의 '대학설립·운영 규정'으로부터 대학들을 자유롭게 만들겠다고 선언했다. 이외에도 온라인 수업을 위한 여건 개선과 겸임·초빙교원 활용비율 확대와 대학평가제도 개편뿐만 아니라 교지 확보율 등에 대한 행정적 걸림돌을 제거한다.

이러한 자율화 과정에서 지방자치단체와 대학이 긴밀히 협업해서 교육·연구 여건을 보다 용이하게 개선하도록 가능함으로써, 기업 유치를 위한 가능성도 과거보다 커질 것으로 기대한다. 여당, 정부, 대통령실은 지난 1월 8일에 가진 협의에서 지방대 육성법을 연말까지 개정하여 대학의 학과 신설, 정원 조정 등 대학 관련 권한의 지방 이양·위임을 2025년부터 실시하겠다고 밝혔으며, 사립대학 구조개선 지원에 관한 법률을 연내 제정하여 재산 처분 등에 대한 새로운 제도를 마련하기로 했다.[4]

예컨대, 아마존 제2 본사가 2023년에 미국 버지니아에서 오픈한다.[5] 버지니아가 여러 도시와 지역을 제치고 아마존을 유치한 것은 지방정부가 교육 분야와 비즈니스 섹터와의 네트워킹을 강화한 전략 덕분으로 알려져 있다. 그리고 이웃 지역이 상호 협력한 이른바 DMV(D.C-Maryland-Virginia) 벨트가 지닌 문화적 적합성과 인재 파이프라인 등도 강점으로 작용했다. 북(北)버지니아커뮤니티대학(NOVA), 조지메이슨 대학뿐만 아니라 메릴랜드 대학, 버지니아 공대, 알링턴의 공립 고등학교와 중학교, 그리고 이 지역의 다른 교육 기관들이 아마존과 파트너쉽을 맺었다. 나아가 아마존은 대안 학교로 유명한 알링턴 커뮤니티 고등학교도 회사 부지 내에 수용할 것으로 알려졌다.

기존에 정부 지원금과 특정 사업 보조금을 매개로 진행된 지방대학육성 정책을 완전히 폐기할 필요는 없다. 그렇지만, 서울에 뒤처진 지방의 인프라 개선과 인재 유치를 모두 지원하기 위해서는 과거의 인센티브 기반 진흥정책에서, 구조적 전환을 위한 파격적 '빅딜' 촉진책이 필요하다. 교육개혁 특히, 아카데믹 섹터의 제도적 자율성을 높이는 이번 정책이 성공을 거두어서 서울-지방간 경제적 차이가 완화되고 지역 내 인구의 생활수준 향상에도 도움이 되기를 바란다. 궁극적으로 이러한 자율성 증대 조치는 낙후한 지방의 교육 수준을 상향시키고, 지역산업과 밀착한 교과과정을 제공하면서 자라나는 세대가 원하는 교육을 받을 수 있도록 할 수 있기 때문이다.

과기정통부는 '나 홀로' 연구시스템을 벗어나야 한다 6

스위스국제경영대학원(IMD)이 발표한 '세계 디지털 경쟁력'(World Digital Competitiveness Yearbook 2022)에 따르면, 한국은 2022년 8위로 직전 해인 2021년 12위보다 4계단 뛰어올랐다.7 그렇지만 우리나라는 2019년과 2020년에 각각 10위와 8위였으니, 이번 순위의 상승에 일희일비할 일은 아니다. 특히 미래 준비도(future readiness)-비즈니스 민첩성(business agility)-빅데이터 이용과 분석(use of big data and analytics) 위계로 이루어진 세부 지표는 2021년 26위에서 2022년 34위로 상대적으로 큰 하락을 보였다.

한국지능정보사회진흥원(NIA)은 '2022년 국가지능 정보화 백서'에서 디지털화의 사회간접자본인 인터넷 속도에서 한국이 2022년 34위로 나타나, 2021년 7위에서 27계단이나 하락했다고 밝혔다.8 2019년 2위와 2020년 4위였던 우리나라의 인터넷 평균 속도와 비교하면 '초연결 기가 코리아'를 외치더니 자고 나니 벼락 거지가 된 모양새다. 느려진 인터넷 통신망에도 불구하고, 모바일 인터넷 평균 속도는 한국이 아랍에미리트와 카타르에 이어 3위를 차지하고 있어서 한편으로는 다행이다.9

이제는 인터넷 디지털화에서 데이터 지능화로 전환하는 시기이다. 이 과정에서 '나 홀로 외톨이'가 되지 않으려면 무엇보다, 글로벌 기준에 부합하도록 시스템과 플랫폼의 경쟁력을 높이는 것이 관건이다. 우리나라가 과거의 정보통신 강국이라는 명성에 안주하며 고도화 투자를 게을리 하다가는 선두그룹에서 순식간에 밀려난다. 특히, 우리는 빅데이터 분석·기술 활용 부문에서 과학기술정보통신부(과기정통부) 등의 예산 투입에 대비해 국민들이 체감하는 정책과제의 단·장기적 효과가 높지 않다.

과기정통부의 정책과제들을 보면, 연구개발 과정이 본질적으로 글로벌 사이언스 시스템에서 작동하는 것임을 간과하고 있다. 예컨대, 통합연구지원플랫폼(IRIS)는 세계적으로 이미 보편화된 연구자 아이디(ID) 시스템인 오키드(Orcid, Open Researcher and Contributor ID)와 원활하게 연동되지 않는다.

레퍼지터리(repository) 기반 연구데이터의 수집 및 활용도 국내 연구자를 위한 제한된 서비스에 머무르고 있다. 국가연구데이터플랫폼(Data ON)과 국가바이오데이터스테이션(K-BDS)의 데이터 인용 방식이 데이터 저자 부재, DOI 미부여 등의 이슈로 참고문헌 기반 사이언토메트릭스(scientometrics) 분석에서 활용성과를 추적하기 어렵다.

DOI는 디지털객체식별자(Digital Object Identifier)의 약자이다. 학술지 논문뿐만 아니라 독립적으로 활용 가능한 한 개의 데이터 세트(set)에도 부여할 수 있다. 이를 통해서, 연구데이터의 지식 자산화와 데이터 생산자의 지식재산권(IP)을 보장할 수 있다. 하버드 데이터버스(Harvard Dataverse), 제논도(zenodo.org) 등과 같이 전 세계 연구공동체에서 잘 작동하는 디지털 시스템은 데이터 세트에도 DOI를 부여한다. 그리고 깃허브(GitHub) 등과의 연계에도 적극적이다.

인도의 한 빅데이터 분석 연구팀이 최근에 선보인 인도과학성과포털(indianscience.net)은 이런 점에서 눈길을 끈다.[10] 국가기관이 아닌 바라나시(Varanasi)에 위치한 바나라스힌두대학교(Banaras Hindu University) 컴퓨터공학과 연구팀이 개발한 것이다. 하지만, 글로벌 및 지역(local)의 수요를 모두 고려한 글로컬(glocal) 시스템을 지향하고 있다.

접속하면 홈페이지 디자인은 아마추어 웹사이트로 보이지만 연구 결과, (피) 인용, 공동연구, 성별 분포, 오픈 액세스 등의 큰 메뉴가 눈에 확 들어온다. 이 포털은 인도의 1천여 개 기관뿐만 아니라 전반적인 수준에서 인도의 과학기술 연구역량에 대한 분석을 계량적 데이터를 통해 제공한다. 인도에도 우리나라와 유사하게, 중앙에서 운영하는 서비스인 국립연구소 순위프레임 워크(nirfindia.org)와 과학기술부 포털(indiascienceandtechnology.gov.in) 등이 존재한다.

그렇지만, 인도대학팀은 중앙집중식 시스템이 아직 본격적으로 도입하지 못하지만 글로벌하게 이미 유통되는 혁신적 리소시스(resources) 등을 적극적으로 활용하여 차별화를 시도했다. 인도의 과학기술 생태계를 구성하는 연구자 수, 예산, 시설 등의 정책투입으로부터 논문출판 규모, 연구기금별 산출물, 공적 자금이 지원된 연구 결과의 공개접근도, 연구출판물의 성별 분포, 지속가능한 개발목표(SDG) 등과 같은 연구 성과 평가를 위해서 알트메트릭(altmetric) 데이터와의 연계에 초점을 맞추고 있다.

알트메트릭 데이터는 소셜 미디어와 참고문헌 소프트웨어 등 전통적 수단이 아닌 디지털 과학의 출력 인터페이스 측면에서 최근에 더 많이 사용되는 방법이다. 영국과 미국 등이 알트메트릭스를 선도적으로 수용하는 반면에 우리나라 과학기술계는 새로운 글로벌 동향을 수용하는데 아직 주저거리고 있다. 국회도서관과 서울대 의학도서관 등이 기존 서비스에 알트메트릭 데이터를 부분적으로 적용하고 있는 실정이다.

윤석열 정부는 2027년까지 한국의 디지털 경쟁력을 세계 3위로 올리는 것이 목표라고 천명했다. 이를 위해서 데이터 기반 행정을 촉진하는 대한민국 디지털 전략을 수립하여 추진하고 있다. 나아가 윤석열 대통령은 최근에 지방정부도 과학기술과 디지털 분야의 글로벌 혁신에 나서라고 지시했다. 따라서 과기정통부가 글로벌 선도를 위한 전략기술 경쟁력 강화와 과학기술 시스템의 재설계를 진정으로 바란다면, 빅데이터화를 통해 국가 연구개발의 효율성 및 혁신성장의 경쟁력을 강화할 수 있는 시스템을 갖추도록 관련기관 등을 적극적으로 독려해야 한다.

과기정통부가 이렇게 좌충우돌하는 사이에 개발도상국들은 '선택과 집중' 전략을 통해서 자국을 넘어서 글로벌 이용자도 이용할 수 있는 서비스를 선보이고 있다. 글로벌 서비스를 벤치마킹하여 우리의 문제점을 보완하여, K-플랫폼이 글로컬 차원의 연구데이터 활용으로 이어질 수 있도록 노력해야 한다. 해외와의 공유·연계가 부재한 정보화 서비스의 구축 및 운영은 R&D 투자 효율성을 저하하고 연구 생산성 향상에도 기여하기 힘들다. 나아가 세계가 주목할 만한 독특한 기능과 지표를 갖추면, 해외에서 먼저 K-플랫폼을 친절하게 공유하고 전파할 것이다.

글로컬대학으로 브랜딩된 모드3 대학의 딜레마를 극복하자 [11]

혁신체제 연구자들은 지식기반 경제에서 개별 국가의 성공 배경으로 부의 생산 주체인 시장과 지식의 허브인 대학의 유기적 결합과 경쟁을 꼽았다.[12] 그리고 통제권을 쥐고 있는 정부 기관은 대학의 역할을 재정립하여 신지식의 창출을 높이고 시장의 자유를 촉진하여 혁신을 가속화하는 것이 무엇보다 필요하다.

카라야니스(Carayannis)와 그의 동료들은 교육·연구개발과 비즈니스 혁신의 기능적 특화와 협업을 강조하는 이러한 변화를 일컬어 '모드3' 지식생산이라고 부른다.[13] 모드2가 대학(academy)-기업(business)-정부(government)의 강한 트리플헬릭스(ABG) 연결을 강조했다면, 모드3 대학은 대학 내부의 기능과 역할의 변화를 강조한다. 그리고 대학이 민간과 공공 영역을 넘어서 시민, 문화, 환경과 상호작용할 수 있어야 한다. 반면, 모드1은 급격히 변하는 사회적 요구에 부합하지 않은 채, 상아탑 모델을 고수하며 기존에 만들어진 교과과정에 치우친 레거시(legacy) 대학이다.[14]

모드3 대학에 우호적인 연구자로 알려진 카이(Cai)는 네오(neo)헬릭스 모델을 제시했다. 전통적 ABG 상호작용을 통해서 나온 혁신적 유전자들이 새로운 트윈(twin)을 낳을 수 있다고 주장한다.[15] 혁신적 트윈의 확산은 트리플헬릭스(ABG)에서 지방정부와 연계한 쿼드러플헬릭스(ABMG)와 다양한 주체와 협력하는 N차 헬릭스로 발전하면서 가속화될 수 있다. 나아가 지역사회와의 교류를 통해 지식의 민주화를 가져오며, 전체 생태계의 지속가능성을 높일 수 있다.

이러한 문제의식은 대학평가 분야에도 나타나고 있다. 지난 수십 년간 고등교육기관의 명성과 평판을 교육과 연구 분야의 우수성으로 주로 판단한 것에 대해 반성하자는 움직임이 있다. 다시 말해서, 대학의 사회적 책임으로서 지역발전에 기여한 성과를 세계적으로 축하하는 제도가 존재하지 않았다. '트리플 E 어워드'로 알려진 이 상은 대학이 지역 파트너들과 힘을 합침으로써 보여준 비즈니스정신(entrepreneurship)과 약속정신(engagement)의 탁월함(excellence)을 마땅히 인정하자는 목적으로 제정되었다.16

이제 우리나라도 제도적 차원에서 모드3 대학을 향한 사회적 인식의 부족을 깨닫고, 모드1에서 탈피하여 모드2와 모드3를 동시에 추진해야 한다. 우리 교육부는 유럽의 모드3를 '글로컬대학'이라고 정책적으로 브랜딩했다.17 그렇지만 고등교육에 대한 신뢰성 저하와 학령자원의 급속한 감소로 대학은 어둠 속 터널에 아직 갇혀 있다. 제22차 대학교육혁신 워크숍 '2022 대학혁신포럼'에서 배상훈 성균관대 학생처장은 "대학들은 안전한 계곡에서 오랜 세월 살아오면서 정체되어, 자꾸 이상하고 비싼 곳이 되어 버렸다"고 진단했다.18 서울권에 비교하면, 지방대학의 대내외적 환경은 더 암담하다.

백약이 무효일 수도 있겠지만, 정부는 모드3 대학을 통해 대학 체제를 파격하게 바꾸는 것을 목표로 해야 한다. 다행히도 윤석열 정부가 대학과 비즈니스 섹터와의 네트워킹을 강화하기 위한 선제적 조치를 제시하고 있다. 이론-현장의 미스매치를 방지하여 다양한 강좌를 개설할 수 있도록 기업 현장의 전문 인력을 활용하도록 제도적 개선을 꾀한다. 현행 기준으로 일반대학은 1/5 내에서 가능한 기업체 교원 비율을 완화하여, 일반대학의 겸임·초빙교원 활용이 가능한 비율을 1/3 이내로 확대한다.

이것은 지방대의 어려운 교원 확보 여건과 현재 변화한 교육·연구 활동을 고려할 때, 모드3 대학으로의 전환과 현장 중심의 교육활동의 발목을 잡는 행정적 걸림돌을 제거하는 효과가 있다. 이 과정에서 대학이 타인 소유의 건물을 임차하여 교육·연구 여건을 보다 용이하게 개선하도록 가능함으로써, 대학-기업의 협업을 위한 물리적 접근성도 과거보다 높아질 것으로 기대한다.

한편, 모드3에 대한 아이디어는 매력적으로 들리지만 대학 생존에 더 위협적일 수도 있다. 얼마 전 출판된 연구논문 '미래에 대한 기대: 학생 학업 성적, 유지, 졸업 및 강사 유형'을 보자.[19] 원제는 "Banking on the Future: Student Academic Performance, Retention, Graduation, and Instructor Type"이다. 결론부터 얘기하면, 겸임·초빙교원 등을 포함한 비(非)전임 강사로부터 수업 받은 학생들은 대학에서 학업 성적과 졸업 등 여러 지표에서 정규직 전임교원의 수강집단과 비교해 어려움을 경험한다.

연구팀은 2010년부터 2019년까지 3개의 교양교육 분야에서 21,274명의 학생 결과를 표본으로 사용하여 학생의 지속성, 학업능력, 졸업가능성 등에 대한 주요 결과에서 비전임 교원과 전임교원 사이에 차이가 있음을 발견했다. 물론 연구팀도 이 결과는 비전임 강사 유형과 학생의 캠퍼스 참여활동과 학습 영역 사이의 직접적 인과성을 말하는 것이 아님을 밝히고 있다. 그리고 겸임·초빙교원 등이 대학발전에 중요한 기여를 하므로 이 연구가 그들의 품위를 떨어뜨리는 근거자료로 사용되어서는 안 됨을 강조했다. 한 발 더 나아가, 연구팀은 시간제 교수진이 학생들의 학업 성과, 유지 및 지속성에 미치는 효과를 높이는 자기 개발(development) 프로그램도 함께 제시했다.

대학을 살리기 위한 비즈니스 기반 지역성 강화정책이 오히려 독약이 될 수 있음을 모르는 바 아니다. 그럼에도 불구하고, 혁신체제 옹호자들은 모드3 대학으로 전환하는 것은 더 높은 효과를 창출하는 이득을 초래할 수 있다고 믿는다. 왜냐하면 모드3는 (지방) 대학의 생존과 소멸이라는 극단적 양자택일을 두고서 씨름하는 것보다 실천적 조치이기 때문이다. 너무 뜨겁지도 차갑지도 않은 이른바 '골디락스' 효과를 일으킬 수 있다. 대(大)전환의 시대에 경제와 마찬가지로 대학도 경착륙(hard landing)이 아닌 연착륙(soft landing)을 통해 고도를 서서히 낮추며 활주로에 진입해야 하는 것이다.

트랜스 로컬과 끝나지 않는 트리플헬릭스 20

경남대학교에서 개최된 제26차 한국 리빙랩 네트워크 포럼의 주제는 '로컬에서 트랜스 로컬로'이다.21 영어 단어 'local'은 명사로 '특정 지역에 사는 주민이나 현지인'을 뜻하며, 형용사적으로는 '자신이 살고 있는 특정 지역의'로 해석된다. 그리고 '전체'에 대응한 '부분'이라는 의미로도 사용된다. 그럼, 한글이 아닌 영어를 고집한 이유가 뭘까? 한국 사회에서 지역은 서울(전체)에 대응한 변방(부분)의 함의를 갖고 있다. 따라서 지역을 로컬로 지칭함으로써 해당 단어가 지닌 정치·경제적 수사를 약화시키기 위한 것으로 볼 수 있다.

한 발짝 더 나아가, 행사를 주관한 담당자들은 트랜스(trans) 로컬이 개별로 흐트러진 지역의 혁신적 활동을 물리적 공간을 뛰어넘어 연계하여 집합적 경험으로 내재화하고 나아가, 협동적 학습을 모색하는 전략이라고 설명한다. 다시 말해서, 로컬에서 이루어진 여러 분야의 활동을 지역혁신이라는 큰 울타리 아래에 범주화하는 전략이다. 비(非) 서울권에서 전개된 작은 활동 내용을 묶어서 전국적으로 눈에 띄게 만들고, 부분(지역)이 아닌 전체

(한국)의 사회적 문제를 해결하기 위해서 해당 사례를 심화·확장하는 것이 트랜스 로컬 전략이라고 제시했다.

트랜스 로컬 전략은 지역적 이슈의 전국적 점화(priming)에 있어서 그동안 본질적 한계점으로 제시된 확장성(scalability)을 해결할 수 있기에 좋은 아이디어임이 틀림없다. 그리고 지방자치단체의 파이(pie)를 키우자는 광역경제권, 통합행정권, 메가시티 등과도 연결된 전략일 수 있다. 나아가 대마불사(大馬不死)의 경구가 말하듯이, 한국에선 덩치가 크게 되면 대통령과 국회를 비롯해 행정부의 관심도와 주목도가 달라진다. 역사적으로 대기업이 경영상 위기에 빠질 때마다 공적 자금과 전례 없는 특혜를 퍼부어서라도 무조건 회생시킨 사례가 적지 않다.

그렇지만, 지역별 전개된 사례와 성과를 엮기 위해서는 구호와 의지만으로는 충분하지 않다. 예컨대, 문화적으로 다른 주민들 간의 의사소통이 긴요하다. 즉 지역 간(inter-local) 커뮤니케이션이다. 우리가 볼 수 있는 빙하는 밖으로 드러난 20퍼센트뿐이며, 나머지 80퍼센트는 물 아래에 잠겨있다. 따라서 특정한 지역에 뿌리 깊은 가치관과 세계관에 기초한 문화적 차이가 트랜스 로컬 전략이 개별 지역의 경계를 넘어 상호작용하는데 어떻게 영향을 미치는지를 조사해야 한다. 왜냐하면 서로 다른 지역권에서 살아온 현지인들 사이의 원활한 교류는 해당 행정권과 주민문화를 넘어선 교차 지역(cross-local) 커뮤니케이션을 요구하기 때문이다.

주제 발표에 나섰던 과학기술정책연구원(STEPI) 성지은 선임연구위원도 서로 다른 지역도 문제지만 지원금을 제공한 정부 부처도 달라서 로컬 활동을 트랜스하는 즉, 지역을 가로지르는 통합적 접근과 협력을 이끌어내는 실질적 성과가 부족했음을 언급했다. 그리고 각개약진으로 전개된 로컬의 실험적 혁신(리빙랩)을 중장기 비전으로 전환하기 위한 구심체로서 국가, 지자체, 지역대학의 역할이 중요함을 강조했다. 이것은 대학(academy)-비즈니스(business)-정부(government)의 전통적 ABG 트리플헬릭스(triple-helix) 체제에서 기업 대신에 지자체(municipal)를 참여 주체로 상정한 AMG 접근 법이다.

여기서 잠시 페드로 코스타 시메세스(Pedro Costa Simões), 안토니오 카리 조 모레이라(António Carrizo Moreira), 카를로스 멘데스 디아스(Carlos Mendes Dias)의 최근 논문 '대학-산업-정부 관계에 대한 "끝없는 관점"'(The "Endless Perspective" to University – Industry – Government Relations)을 읽어 보자.[22] 그들은 삼중나선으로 알려진 트리플헬릭스 이론의 등장 이후 쿼드러플(quadruple), 퀸터플(quintuple), N-태플(N-tuple) 헬릭스 등으로 참여 주체의 대체, 분해, 확장 등으로 여러 개의 상호 연관된 헬릭스 즉, 네트워크의 축을 수정하는 모델이 제안되었지만 공통적 한계가 있음을 지적했다.

그들에 따르면, 수정 모델은 대안적인 개념적 틀을 제시하려고 노력하지만 서로 다른 헬릭스 모델이 참여 주체의 활동 영역에 대한 내부 경계 이슈를 다루기에 적합하지 않음을 꼬집었다. 수정 모델이 변화된 상황에서 적용을 목표로 전통적 ABG 이론을 분해하면서, 개별 주체의 제도적 영역의 경계를 벗어난 상호작용의 가능성을 열어주는 개방적 관점을 제대로 추구하지 못하고 있다. ABG에 새로운 혁신 나선(spiral of innovation)을 도입하는 대신에, 다양한 참조 프레임의 적용을 지원하는 '범위'(scope)를 추가하면서 소위 '트리플헬릭스 쌍둥이'(twin)의 잠재력을 높여야 함을 제안한다.

기업에 초점을 둔 국가혁신체제(NIS)와 정부의 역할에 방점을 찍은 트라이앵글(Sábato Triangle) 이론과 대조적으로, ABG 트리플헬릭스는 지식기반 경제에서 대학의 기능을 강조하면서 북미와 유럽에서 시작하였다. 그렇지만 한국판 트리플헬릭스는 서울-지방의 양극화 해소를 위해 AMG 기반의 트랜스 로컬 전략이 유효할 수 있다. 하지만 서로 다른 행정권과 문화권을 지닌 각각의 지역에서 발굴된 공동체 혁신의 사례가 기계적 통합을 넘어서

야만, 헬릭스 효과가 배가될 수 있다.

지금은 개별 헬릭스의 경계에서 끊임없이(endless) 발생하는 범위(scope) 기반의 전환적(transitional) 동력을 이해하고 이를 플랫폼으로 발전시키기 위한 노력이 중요한 시기이다. 특히 한국판 AMG의 성공을 위해서 탈(脫) 중앙화된 분산 혁신이 관건이다. 그리고 초광역(트랜스) 단위의 데이터 수집의 필요성을 인식하고 예산에 당장 반영하는 것을 검토할 필요가 있다. 나아가, 국가 및 지방 정부는 국민의 생활에 파급력이 큰 로컬 사례의 전국적 활용과 확산이 사회·경제·문화 등에 미치는 영향에 관한 사항을 입법하여 제도적 정착에 나서야 한다.

안경을 교체하면 지방대가 새롭게 보인다 23

외국 여행을 마치고 인천공항에 도착해 리무진 버스 정류장에 가보자. 두 개의 큰 글자가 눈에 띈다. 서울과 지방이다. 지방 사람들에게는 이제부터 또 다른 피곤한 일정이 시작된다. 인천공항이 '지역'이 아닌 '지방'이란 단어를 사용한 것이 오히려 위안으로 느껴지기도 한다. 어차피 사람들은 지방을 변방, 시골, 이류(二流)의 땅으로 인식하고 있기 때문이다.

윤석열 정부는 기존 국가균형발전위원회와 자치분권위원회를 통합해 '지방시대위원회'의 출범을 준비 중이다. 이러한 과정에서 이번 부산에서 개최된 2022년 대한민국 지방시대 엑스포는 특별한 의미를 지닌다. 박물관의 유물로 보존해야 할 가치로만 생각했던 지방의 여러 이슈들을 세상에 그대로 드러낸 열린 공간의 역할을 했기 때문이다.

'지역혁신 네트워크 강화를 위한 지방대학의 역할' 세션은 특별한 주목을 받았다. 발제자, 토론자, 방청객 모두가 한마음이 되어 지방소멸의 꼬리표를 달고 정처 없이 떠돌아다니던 쓸쓸하며 가슴 아픈 주제들을 꺼내서 학술적, 정책적, 실무적으로 접근하고 토론했다. 대학을 뜻하는 영어 단어는 university이다. 그렇지만 univer X city(도시)라는 제2의 표현이 시사하는 것처럼, 지방 도시의 정치·경제·사회·문화적인 활동이 대학을 중심으로 이루어지고 있다. 먼저, 세계의 대학을 둘러싼 사회문화적 환경의 변화를 알아보자.

2022년 8월에 미국 매체가 소개한 여론조사에 따르면[24] 대학 등 고등교육에 대한 Z세대의 불신이 갈수록 높아지고 있다. 젊은 세대들이 그들의 부모 세대와 비교해서 고등교육을 덜 신뢰하고 있었으며, 4개의 세대로 구분한 조사에서도 18~25세의 코호트 그룹은 고등교육을 신뢰하는 비율이 가장 낮았다. 이 조사보고서는 대학과 대학 관리자들이 청년의 신뢰를 얻기 위해 더 열심히 일해야 할 것이라고 결론지었다.

미국 시러큐스대학교의 빈센트 틴토(Vincent Tinto) 교수는 1993년 저서 '대학 떠나기: 학생 소멸의 원인과 대책을 다시 생각하기'에서 이러한 상황을 미리 경고한 바 있다.[25] 원제는 "Leaving College: Rethinking the Causes and Cures of Student Attrition"이다. 이 책은 미국 대학생의 입학 자원 감소와 중도 이탈에 대한 광범위한 연구를 바탕으로, 대학이 취할 수 있고 취해야 할 조치를 제시하였다. 예컨대, 학생 규모의 효과적인 유지의 열쇠는 양질의 교육에 대한 강한 헌신과 캠퍼스에서 포괄적인 교육 및 사회적 커뮤니티의 구축에 있는 것으로 나타났다.

미국 대학은 최근 10여 년간 신입생의 기숙사 생활 필수화, 학생 이탈의 차원과 결과에 대한 지속적 살펴보기, 집단별 학위 이수율의 차이의 영향 요인 분석 등을 수행하면서 개인이 대학을 떠나는 구체적인 이유와 학생 이탈의 범위와 패턴을 탐구해서 대응해 오고 있다. 유럽권은 대학(academy)-산업(industry)-정부(government)의 트리플 헬릭스(triple helix) 기반 네트워킹을 강조하는 모드2(mode2) 모델로 전환해 왔다. 엘리아스 캐러야니스(Elias G. Carayannis)와 유주오 차이(Yuzhuo Cai) 등은 전통적 네트워킹을 넘어서 학술적 회사(academic firm) 같은 멀티플 헬릭스의 모드3 대학이 가능한 선택사항이라고 주장한다.

한국의 지방대학이 경험하는 작금의 상황은 글로벌 트렌드와 분명히 유사한 측면도 있지만 독특한 구조적 문제를 내포하고 있다. 2019년 교육부 및 타부처 대학재정지원(일반지원) 현황에 따르면, 수도권은 대학당 8,824백만원(교육부) 13,640백만원(타부처)에 비교해 지방은 대학당 6,714백만원(교육부) 5,361백만원(타부처)으로 큰 격차가 있다. 그렇지만 대학 수는 수도권이 116개교로 지방의 218개교로 훨씬 적다. 저조한 재정투자는 앞서 언급한 글로벌 요인과 커플링하면서 한국의 지방대를 더욱더 열악한 상황으로 내몰고 있다. 설상가상으로 재정교부금의 용도가 과도하게 엄격해서 지방대 관계자들은 '가이드라인이 아니라 폴리스라인'이라고 부를 정도이다.

한 발짝 더 들어가면, 예산권을 쥐고 있는 중앙 정부는 지방대를 인력양성과 공급의 관점에서 수도권 기업을 보조하는 고등교육기관으로 간주한다. 이건 성장만이 미덕이던 과거 사회의 유물이다. 성숙 사회의 선진국으로 진입하기 위해서, 쓰고 있는 안경의 렌즈 색깔을 교체해서 세상을 다르게 봐야 한다. 그럼에도 불구하고, 중앙 정부는 지방대 졸업생의 지역 내부의 '정착과 활용'이란 새로운 지표로 측정하려는 혁신적 시도를 흉내조차 내지 않고 있다. 정책 수립과 집행 과정에서 지방대학을 수도권 산업인력이 배출되는 물리적 장소라는 구태의연한 시각에서 무형의 자원이 상호 교류하는 협업의 채널로 접근하는 것이 시급하다.

지방대 학생들이 청년의 인생을 지역 내부에서 전환하지 못하고 떠나는 또 다른 이유는 기존의 하향식 접근이 지닌 근본적 한계도 있다. 지방의, 지방을 위한, 지방에 의한 지역혁신이 되려면 지방정부에 재정적 권한을 이양하는 조항을 헌법에 추가해야 한다. 지방이 의사결정권의 실질적 주체가 되는 상향식 거버넌스 구조를 확립해야 하는 것이다. 나아가 인재 분권의 개념을 정리하여 서울권 취업 등 수도권 사회 및 지적 생활에 대규모로 편입되는 것을 방지해야 한다.

연구논문 분석결과에서도 대학은 주저자 기준일 때 높지만 기업 및 민간 연구기관 등은 공저자로 비중이 높지 않다. 그런데 권역별로 비교하면, 수도권과 비교해 지방은 대학의 주저자의 비중이 높게 나타난다. 이것은 지방대학이 국가경쟁력의 주춧돌인 지역산업의 지식거점임을 구체적으로 보여준다. 예컨대, 대구·경북권은 전기·전자와 정보통신 분야에서 부산·울산·경남권은 해양 및 물류와 관련해서 경쟁력을 확보하고 있다. 따라서 지식생산 기반의 권역별 지표를 경제적 활동과 삶의 활력도와 연결하여 지표 간 인과성과 상관성을 찾기 위한 정책당국의 각별한 노력이 필요하다.

대학에 입학하는 학생이 감소하는 것이 글로벌 현상이므로, 한국의 지방대학도 현실을 수용하라고 강요하는 사회적 분위기가 팽배하다. 이것은 세계적 패턴과 구분되는 한국만의 주요한 원인을 체계적으로 조사하고 검토하지 않은 '일반화 오류'의 연장으로 보인다. 새로이 출범하는 지방시대위원회가 지방대학의 정책적 정의, 효과적이면서 적정한 규모의 유지 원칙, 다양한 유형의 지원 프로그램 등을 검토하면서 대통령실과 중앙 부처로부터 제도적 조치의 특별한 차원을 이끌어내기를 기대한다.

한국연구재단·한국과학기술정보연구원은 다양성 서비스 만들어야 [26]

허준이 교수의 필즈상 수상에 많은 사람이 기뻐하고 있다. 일반적으로 알려진 노벨상은 아니지만, 수학계에서 노벨상에 버금가는 상을 받았다.

비록 미국 국적자이고 미국 대학에 근무하지만, 한국에서 초중고 및 학석사 과정을 마쳤기에 박수를 보내고 있다. 하지만 그가 한국에서 제대로 적응하지 못하고 도미한 것 등으로 보면, 이번 수상이 한국 과학계의 성과는 아니다. 그렇다면, 한국 토종 과학자 집단에서 노벨상 수상자는 왜 나오지 않는 것일까?

여러 이유가 있겠지만, 과학계는 노벨상 수상자들과의 네트워킹 활성화가 필요하다고 주장한다. 그래서 해외 석학의 초청과 국제협력 등 글로벌 연구개발 예산을 전폭 지원해야 한다고 목소리를 높인다. 흥미롭게도, 글로벌 경제매체인 이코노미스트(Economist)가 2021년 10월에 노벨상 수상자를 선정하는 과정이 전문가 의견 조사라기보다는 비공식적인 클럽 회원 검토에 가깝다고 보도했다.[27] 게다가, 과거에 노벨상 수상 과학자들에 의해 추천되었던 후보들은 기존 수상자 집단에서 제안되지 않은 후보들보다 훨씬 더 높은 비율로 상을 받은 것으로 밝혀졌다.

이코노미스트의 언급은 노벨상 수상자 선정 과정이 VIP 피트니스 클럽의 '끼리끼리' 추천과 유사함을 지적한 것이다. 이러한 시각에서 보면, 우리 과학계가 주장하는 바가 비합리적인 것으로 들리지는 않는다. 허준이 교수도 서울대 재학 시절에 글로벌 명성을 지닌 해외 연구자와 학연을 맺고 VIP 클럽에 편입한 것이 학문적 성장의 계기로 알려져 있다. 초일류 연구자 클럽에서 사회적 상호작용은 학술적 인용에 의해 드러난 지적 교류와 인지 구조만큼이나 중요할 수 있다.

노벨상 수상자들의 논문 피인용수는 상위 0.01% 정도이다. 우리 정부도 정책적으로 고인용 연구자 집단인 HCR(Highly Cited Researchers)을 육성하고 있다. HCR은 10년간 Web of Science 등재 학술지에 발표한 논문들의 인용지수가 상위 1%인 논문을 많이 출판한 연구자들이다. 과학정보학 분야에서 인용행위를 설명하는 두 가지 이론이 있다. 첫째, 규범이론이다. 인용이란 타인의 연구 내용과 지적 성과를 학술적으로 인정하는 행위이다. 두 번째 사회적 결정론은 인용이 연구 결과의 정당성을 높이기 위한 설득 행위임을 강조한다.

노벨상 수상자와 네트워킹은 인용의 학술적 및 사회적 구성과정의 특정한 측면일 수 있다. 노벨상 클럽과의 네트워킹 이외에 인용을 설명하는 다른 요인들이 많다. 카이스트 소민호 박사팀은 2015년 발표논문 'Factors affecting citation networks in science and technology: focused on non-quality factors'에서 저자, 소속기관, 참고문헌, 논문 페이지, 키워드 수 등 5가지 서지학적 요인을 제시했다. 나아가 주제, 국가, 연도 등의 조절(moderating) 변수가 서지 요인의 인용에 대한 영향을 증가 또는 감소시킨다고 설명했다.

우리 과학기술계에 가장 부족한 조절 변수는 다양성(diversity)이다. 차기 미국물리학회장으로 선출된 김영기 미국 시카고대 교수는 인터뷰에서 동종교배가 아닌 이질적 네트워킹이 빅(big) 사이언스 시대에 중요하다고 밝혔다.[28] 다양한 학문적 배경과 사회적 문화를 지난 연구자들이 모여서 경계 없이 연구하지 않으면 큰 규모의 성과를 낼 수 없는 시대임을 강조했다. 토종 과학자 집단은 디지털 융합 시대 K-콘텐츠의 성공 요인이 크리에이터 집단의 다양성이 강화된 덕분임을 깨달아야 한다.

한국연구재단, 한국과학기술정보연구원, 한국과학창의재단 등 공공기관이 학문적 다양성을 높이기 위한 프로그램과 서비스 마련에 발 벗고 나서야 한다. 글로벌 학술 플랫폼인 세맨틱 스칼라(Semanticscholar.org)는 매우 영향력 있는 인용, 배경지식 인용, 분석기법 인용, 연구결과 인용 등으로 인용행위를 구체적으로 맥락화해서 제공한다. 이와 유사하게 우리도 (비)서지학적 데이터에 근거한 '다양성'을 기반으로 인용 점수를 제공하는 알고리즘을 만들어야 한다. 단순히 산술적 집계인 인용수를 넘어선 소위 사회적으로 '의미 있는' 언급을 식별하는 것이 필요하다. 일반적인 정보검색을 지향하는 현재의 서비스와 다른, 특화된 접근법이 필요하다. 엘스비어(Elsevier)는 성별 다양성이 과학적 진보를 보여주는 증거라며, 자사에서 출판하는 학술지 홈페이지에 편집위원 집단의 성별 분포와 성평등 목표값을 제시하는 새로운 서비스를 시작했다.

우리 정부의 연구개발(R&D) 예산이 약 20조 원이다. 노벨상이 과학계의 최종 목표가 아니지만, 우리와 연구 규모가 유사한 국가와 비교하면 노벨상 부재는 정책 실패일 수 있다. 이코노미스트 보도처럼 엘리트 과학자 클럽에 토종 연구자가 아직 부족하기 때문일 수 있다. 그렇다고 해외 학자들과의 네트워킹에 많은 예산을 지원하며, 그들의 발자국만을 뒤쫓고 있어선 안 된다. 출신 배경과 방법론이 다르고 문화적 이질성을 가진 연구자들을 포용하는 다양성 정책이 필요하다. 한국연구재단(NRF)과 한국과학기술정보연구원(KISTI) 등은 다양성이 피인용에 영향을 미치는 관계를 제대로 측정하는 연구정보 서비스도 구축해야 한다.

중국 디지털 권위주의가 새마을운동·ODA와 관련있다니 29

곽대훈 전 국회의원이 새마을운동중앙회장이 됐다. 곽 회장은 공무원에서 시작해서 구청장으로 정치에 입문한 이후, 적극 행정과 반듯한 대인관계 스타일로 잘 알려져 있다. 그가 반세기 역사를 지닌 새마을운동을 레거시(legacy) 캠페인이 아니라 미래지향적으로 탈바꿈할 적임자임을 의심하지 않는다. 무엇보다 공적개발원조(ODA) 사업으로서 새마을운동을 글로벌하게 활용하는 방향을 찾는 것이 시급하다.30 ODA는 Official Development Assistance의 약자이다.

6.25 전쟁 이후에 우리는 해외 선진국으로부터 큰 도움을 받았다. 하지만 이제 우리는 개발도상국도 아니며 전환국이라고 부르기에도 애매하다. 1996년에 경제협력개발기구인 OECD(Organization for Economic Cooperation & Development)에 가입했다. 선진국으로 우리를 공식 분류한 국제적 평가도 2021년에 나왔다. 올해 4조 원이 넘는 ODA에 대한 예산 지원 규모는 우리가 지닌 국제적 역할과 위상을 잘 대변해 준다. 윤석열 정부는 2023년도 ODA 예산을 올해보다 12.4% 증액한 4조5450억원으로 제시했다.[31]

정보통신 분야에서 정부는 ODA 방향을 개도국 디지털 전환을 위한 플랫폼의 통합·고도화와 데이터 활용성 개선 등을 목표로 하고 있다. ODA 지원을 통해서 과학기술 및 정보통신 분야에서 한국형 모델을 전파하자는 것이다. 올해 ODA의 공간적 범위가 88개국인 점을 고려하면, 한국형 디지털 모델을 대외적으로 확산할 좋은 기회라고 판단하는 듯하다. 그럼 정부가 말하는 '한국형 디지털 모델'의 내용은 무엇인가? 정보통신 인프라를 바탕으로 우리가 앞서 나갔던 전자정부, 스마트시티, 스마트팜, 디지털 교육, 원격의료, 스마트 전력 시스템 등에서 개도국의 디지털 전환을 촉진하는 것이다.

그렇다면 소위 K-디지털 프로그램이 개도국이 지닌 사회적 혼란과 경제적 위기로부터 회복과 지속가능한 발전을 달성하는데 건전한 촉매제로 작용할 것인가?

ODA는 개도국 등이 스스로 자립할 수 있도록 인적, 경제적, 기술적 지원을 통해서 내부 역량을 높이는 것이 목적이다. 1972년 아폴로 17호의 승무원들이 촬영한 푸른 대리석 사진은 맥루한(Marshall Mcluhan)이 말한 '지구촌'[32]에 대한 환상을 불러일으켰다. 하지만 미국과 서방 이외의 다른 지역에서 소위 '하나의 세계'가 여전히 논쟁의 슬로건으로 남아 있었다. 선진국과 개도국 간 빈부격차 심화 등 이른바 '남북문제'가 세계 질서의 안정성에 대한 새로운 위험 요인이었다. ODA 사업과 OECD 원조금 등은 탈식민화와 글로벌 격차 해소를 촉진하기 위한 지구촌 협력이었다.

지난 반백년 동안에 진행된 서구 중심의 개도국 지원에 중국이 가세하면서 상황이 달라졌다. 2013년에 중국의 일대일로(一帶一路) 정책이 시작되었다. 일대는 중앙아시아와 유럽을 잇는 육상 실크로드를, 일로는 동남아시아와 유럽, 아프리카를 연결하는 해상 실크로드를 뜻한다. 중국은 실크로드 주변의 국가들과 협력하여 거대한 인프라를 건설하고 금융경제권을 구성하기 위해서 개도국과의 교류와 지원 강화에 적극적으로 나서기 시작했다.

서구 선진국들은 일대일로 전략에 대응하기 위한 방편의 하나로 '디지털 권위주의'(digital authoritarianism) 프레임을 사용하기 시작했다. 디지털 권위주의는 정부의 인터넷 접속 차단, 홈페이지 감시와 검열, 야당 블로거 체포 및 공격, 소셜 미디어 이용 금지 등을 말한다. 정보통신 기술과 서비스에 대한 중국의 강력한 규제 정책이 개도국의 온라인 자유도 위축시킬 수 있다는 논리이다. 군사적, 경제적 측면의 문제 제기가 극한 대립으로 나아갈 수도 있기에 문화적 이슈를 선택한 것으로 보인다.

사실 미디어학자들은 1980년대 유네스코 보고서 '많은 목소리, 하나의 세계'에서 개도국 지원이 정보 불평등을 해결하기 위해서도 반드시 필요한 것이라고 주장해 왔다. 개인, 가족, 조직, 도시 간의 의사소통 네트워크에서 균등한 기회와 공정한 이용은 사람으로서의 존재 이유임에 논쟁의 여지가 없다. 이런 점에서 미디어와 표현의 불평등을 해결하기 위한 변화를 권고하기 위해 '신세계 정보통신 질서'라는 슬로건도 내세웠다. 따라서 중국에서 일어난 인터넷, 소셜 미디어 및 모바일 기술의 통제는 세계 질서의 새로운 위협임이 틀림없다는 것이다.

일리노이(시카고) 대학의 다노우스키(J. Danowski) 명예교수의 최근 연구[33]가 개도국 지원과 디지털 권위주의 확산에 대한 강력한 논쟁을 불러일으켰다. 중국의 디지털 권위주의 수출이 아프리카 국가에 영향을 미친다는 서방의 주장은 뒷받침하는 통계적 근거가 부족하다는 것이다. 오히려, 서구의 OECD 대출은 소셜 미디어를 차단하고 인터넷을 폐쇄하는 것과 상당히 긍정적 상관관계가 있었다. 미디어 자유, 정치적 권리, 시민 자유와 관련된 서방 자금과 아프리카 지역의 디지털 권위주의 사이의 통계적 연관성을 찾았다. 중국의 자금지원이 정치적 테러와 무관한 반면 OECD 대출은 긍정적으로 연관돼 있었다. 이 연구 결과는 개도국의 디지털 권위주의에 대한 중국의 영향력에 초점을 맞춘 서구 주장의 타당성에 시사하는 바가 크다.

중국은 디지털 실크로드 구성을 통해 개도국에 디지털 권위주의를 수출하는 악의 주체로 규정되어 왔다. 이런 반면에 미국 중심의 선진국은 개도국의 자생력을 높이고 국가 발전의 생태계 조성을 위한 조력자로 특징지어 왔다. 우리 정부도 2022년에 공공행정 분야와 정보통신 기반의 기후변화 대응 등을 중점 지원하면서 디지털 격차 완화 등을 목표로 하고 있다. 나아가 우리의 K-디지털이 개도국의 정치 단편화, 사이버 공격, 허위 정보, 소수자 배제, 극단주의, 취약층 혐오, 야당 억압 및 인종차별과 같은 문제해결에 기여한다고 미리 짐작하는 편이다.

다노우스키의 발견은 중국이 디지털 권위주의를 확산시키고 있다고 주장하는 서구의 수사학에 의문을 제기한다. 대신 개도국들이 국제적으로 가용한 원조에서 디지털 권위주의 강화를 위한 자금 출처를 찾고 있음을 시사한다. 중국식 접근법보다 서구의 모델이 디지털 권위주의와 덜 연관되어 있다는 증거가 충분하지 않다. 따라서 천사와 악마의 양극단적 판단에서 벗어나야 한다. 기술발전이 개도국의 디지털과 모바일 자유를 도모한다는 가치 지향적 슬로건에서 조금 멀어진 곳에서 장기적으로 접근하는 것이 필요하다.

일론 머스크와 울고 있는 한국의 70년대생 34

타임(Time Magazine)이 2021년 올해의 인물로 일론 머스크를 선정했다.35 일론 머스크는 전기 및 자율 자동차를 생산하는 '테슬라'의 최고경영자이자 '스페이스엑스'를 통해 우주여행의 장밋빛 미래를 전파하는 모험가이자, 2013년 이후 주목하지 않던 도지코인을 비트코인보다 더 유명하게 만들며 가격 폭등을 주도한 SNS 인플루언서이다. 타임지의 선정 결과를 놓고 찬반이 엇갈린다. 긍정론자는 혁신의 아이콘으로서 일론 머스크는 우리 사회에 가장 큰 영향을 미쳤으며, 그의 일거수일투족은 시대의 패러다임을 변화시키기에 충분했다고 주장한다. 비판론자는 그가 올해 내내 몰고 다닌 각종 이슈는 사회가 사고뭉치 경영자이자 트위터 광대의 의미 없는 행동에 놀아난 증거에 불과하다고 목소리를 높인다.

일론 머스크에 대한 논쟁을 보면 중요한 사실이 빠져있다. 1971년생인 그가 속해 있는 세대적 정체성이다. 미국에서 70년대에 태어난 사람들을 빌 게이츠 세대라고 부른다. 빌 게이츠는 1975년에 '마이크로소프트'를 창립한 기업인이다. 일론 머스크는 어린 시절부터 개인용 컴퓨터를 접하고 20대가 되어서는 인터넷으로 온라인 세계에 접속한 세대에 속한다. 세계에서 가장 많이 사용하는 '구글'의 설립자인 래리 페이지와 세르게이 브린도 73년생으로 일론 머스크와 같은 빌 게이츠 세대이다. '트위터' 최고경영자였던 잭 도시도 76년생이다.

미국에서 70년대에 태어난 인물들이 디지털 기술을 어릴 때부터 경험하며 자유로운 온라인 문화 속에서 성장했다면, 한국에서 출생한 일론 머스크 친구들의 성장 경로와 사회 진출은 사뭇 많이 달랐다. 드라마 '응답하라' 시리즈가 묘사했듯이, 한국에서 출생한 70년대생이 보낸 10대 시절은 입시교육으로 멍들어 있으며, 청장년 기간은 가족주의를 매개로 형성된 봉건적 공동체 안에서 생활을 해왔다. 한국의 70년대생은 수평적 디지털 문화와는 거리가 먼 아날로그적 공간 안에서 위계적 유대를 형성하는 것을 삶의 미덕으로 알고 살아왔다.

　미국 70년대생의 모험적 시도가 새 시대의 혁신으로 일컬어진 반면에, 한국의 동년배들에게 혁신이란 철로에서 벗어난 일탈이자 낙오자 대열에 포함될 수 있기에 금기시되었다. '불평등의 세대'를 집필한 이철승 서강대 교수에 따르면, 한국은 86세대가 우리 사회의 정치적 권력과 경제적 자원을 독점하면서 70년대생은 주변적 계급으로 밀려났다고 한다. 박중근은 '70년대생이 온다' 저서에서 이렇게 말하고 있다. 한국의 70년대생은 선배 세대로부터 시키면 '시키는 대로, 까라면 까라는 대로'의 문화를 학습했지만, 후배 세대로부터 꼰대로 지목당하며 조직에서 숨조차 제대로 못 쉬고 간신히 버티고 있다고 한다.

　민주화를 주도한 86세대가 우리 사회의 중심축으로 자리 잡는 과정에서 한국의 70년대생은 선배들의 그늘 아래에서 어쩌면 길들여져서 목소리를 내기조차 힘들었을 수도 있다. 설상가상으로 대학 졸업 시기에 발생한 IMF 구제금융 위기는 70년대생의 취업 문을 전례 없이 어렵게 만들었다. 사회 초년기에는 닷컴 버블이 터지면서 겨우 잡은 직장을 잃는 슬픔을 일찍이 경험했다. '네이버'의 81년생 신임 대표에서 나타났듯이 불철주야 일한 직장에서도 후배 세대에 밀리고 있다. 정치권에서도 60년대생 뒤를 85년생인 이준석 등이 물려받으며 70년대생 건너뛰기는 보편적 현상이 되고 있다.

　미국과 비교하면, 한국의 70년대생이 겪는 상실감은 매우 크지만 사회적 공감을 획득하는데도 실패했다. 김찬우 오피니언라이브 빅데이터 센터장의 분석에 따르면, 70년대생에 대한 언론 프레임은 세대의 자립성과 주체성이 불명확하고 개인주의와 웰빙주의 집단으로 구성된다고 한다.[36] 70년대생이 정치 및 산업 구조의 변화과정에서 능동적으로 진화하지 못한 '낀 세대'로 낙인되고, 이제는 '꼰대 세대'로 분류돼 미즈(MZ)세대에게 밀려나는 것이다. MZ는 Y세대로 불리는 80년대 초반부터 90년대 중반에 걸쳐 태어난 밀레니얼(Millennial)과 90년대 중반부터 2000년대 초반 사이에 출생한 Z세대를 합쳐서 부르는 용어이다.

다른 한편으로 보면, 한국의 70년대생은 그 이전 세대와 달리 포털, 배낭여행, 생수병과 함께 디지털 유목민, 글로벌리즘, 생태주의 문화를 거부감 없이 받아들인 세대이기도 한다. 70년대생은 디지털 사회를 주도하는 빅테크 플랫폼 기업을 탄생시키는데 결정적 영향을 미쳤다. 인터넷이 정착한 1990년부터 2005년까지 15년간을 웹1.0 시대라고 부른다. 웹2.0 시대는 2006년부터 2020년까지다. 70년대생은 30년 동안 온라인 정보와 콘텐츠의 생산자이자 이용자로서 인터넷과 소셜미디어가 자리 잡는데 큰 기여를 하였다.

한국의 70년대생은 아날로그와 디지털 문화를 결합한 하이브리드 스토리를 창조할 수 있는 잠재력이 다분하다. 70년대생은 86세대의 동생이자 MZ 세대의 삼촌이고 부모이다. 아날로그 공동체와 디지털 개인주의 모두에 익숙해 전후 세대와 공유 가능한 스펙트럼이 넓은 스토리가 많다. '오징어 게임'의 황동혁 감독은 71년생으로 동시대가 가진 문제의식을 표현의 자유가 확보된 글로벌 플랫폼에서 이야기하는데 성공한 대표적 사례이다.

한국의 70년대생이 미국처럼 파워 엘리트로 자리매김하기 위한 방안을 찾는 것이 시급하다. 특정 세대의 건너뛰기는 지금 당장은 잘 보이지 않겠지만 세대 간 통합을 가로막아서 일류 국가로 성장하는데 걸림돌이 될 것임이 틀림없기 때문이다. 70년대생의 실체와 활동을 다양한 각도에서 접근하면서 토론하고 시대적 화두로 삼는 것이 중요하다. 그러기 위해서는 70년대생이 지닌 세대적 자산과 문화적 정체성을 인정하는 자세가 필요하다.

영남대 박정희새마을연구원이 발행하는 학술지가 한국연구재단이 운영하는 데이터베이스에 등재되었다.[38] 영문으로 발행되는 "Journal of Saemaulogy"가 그 주인공으로, 2016년 6월에 창간되었다. Saemaulogy는 Saemaul(새마을)과 logy(학파 또는 지식체계)의 합쳐진 단어이다. 신학(theology) 사회학(sociology) 등과 유사한 형태이다. 한국연구재단의 학문연구 분야분류를 보면 '새마을학'은 사회과학 아래의 국제/지역개발/국제개발협력 등에 소속된다.

새마을 운동은 박정희 대통령이 국내에서 처음 시작한 이후에 개발도상국의 만연한 빈곤을 근절하기 위한 한국형 프로그램으로 자리 잡았다. 영남대는 새마을 운동을 통한 최빈국과 개발도상국의 농촌 사회의 개선사례를 꾸준히 축적해 왔다. "Journal of Saemaulogy"는 지역사회의 발전을 위한 실천적 증거들을 이론적으로 체계화한 연구논문을 발행해 왔다.

한편, 노화준 교수는 우리 행정학계에 정책평가라는 새로운 분야를 소개한 원로학자이다. 노 교수의 저서인 '한국의 새마을 운동: 생성적 리더쉽과 사회적 가치의 창발'에 따르면, 새마을 운동을 사회혁신으로 정의한다. 사회혁신에 성공한 이유를 3개로 구성된 제도적 주체들간 상호작용으로부터 나온 내생적 원동력 즉, 트리플헬릭스 모델이 원활히 작동했기 때문이라고 설명한다.[39]

노화준 교수는 정책 입안자와 중앙정부와 지방정부의 공무원이 새마을 운동의 비전과 목적을 뚜렷하게 설명하면서 소위 '왜'라는 질문에 근거를 제시했다고 밝혔다. 두 번째 헬릭스와 관련해서, 그는 '어떻게'를 제시한 기획자와 관리자 등 적극적 행위자 집단의 중개적 역할과 활동이 있었음을 분석했다. 그리고 지역 단위에서 새마을 지도자들이 운동부 코치와 유사하게 농촌 마을 사람들에게 '무엇을 해야 하는가'를 경험적으로 보여주면서 사회혁신의 트리플헬릭스를 이끌었다고 분석했다.

"Journal of Saemaulogy"에 게재된 연구논문들은 1970년대 대한민국 정부가 추진한 빈곤퇴치와 공동체개발인 새마을 운동이 해외에서 도입되고 확산되면서 나타난 국가별 특성을 탐색하고 분석한다. 그리고 박정희새마을대학원에서 학위를 받은 연구자들이 각국 정부와 공공기관, 국제개발 NGO 등에서 추진한 다양한 실천적 경험을 성문화(成文化)하는 데 참여하고 있다.

그럼에도 불구하고 관련학계 내·외부에서 새마을학의 독립적 분야 전문성을 두고 체계적 연구방법과 이론적 모델을 아직 충분히 제시하지 못함을 지적하기도 한다. 시혜(施惠)적 정책인지 과학적 학문인지 모호하다는 주장도 있다. 사실 학문으로서 새마을학은 새마을 운동과 분리한 채 독자적으로 존재가능하기 어려울 수 있다. 따라서 새마을 운동이 개발도상국 주민의 삶을 개선하고 글로벌 불평등을 해소하는데 어떤 역할을 수행하는지에 대한 면밀한 조사와 분석이 필요하다.

이런 맥락에서 '프루걸 이노베이션'(frugal innovation)을 둘러싼 논쟁을 귀담아들을 필요가 있다. 프루걸 이노베이션의 모토는 "Do more and better with less"라고 할 수 있다. 다시 말해서, 부족한 자원으로 더 많은 것을 달성하고 더 잘하는 방법을 찾자는 알뜰한 혁신이다. 미국 실리콘밸리 자문위원으로 활동한 나비 라주(Navi Radjou)와 그의 동료들이 저술한 책의 제목이기도 하다.

저자들은 "시장에 출시되는 신제품의 약 85퍼센트가 실패하는 현실에서, 기업이 엄청난 규모의 비용을 투자해야 하는가?"라는 의문을 던지면서, 기업들이 이제 전통적 사고방식에서 벗어나 새로운 모델로 고안해야 하며 그것이 프루걸 이노베이션임을 주장하였다. 50센트짜리 종이 현미경 '폴드스코프'(foldscope) 헬스케어 분야의 '셀스코프'(cellScope) 농업 분야의 '지스라이브'(gThrive) 컴퓨팅 분야의 '커놀(Qarnot)' 등을 예시로 들 수 있다.

프루걸 이노베이션의 검소한 사회혁신은 기업을 넘어 여러 나라의 정책 입안자와 국제개발전문가 등에게 빠르게 전파되었다. 하지만 글로벌 공유가 활발하게 이루어지면서, 프루걸 이노베이션의 실질적 결과물과 추진방식에 대한 문제제기도 나오고 있다. 테스파이에(Tesfaye,L.A)와 푸게르(Fougère, M)의 논문인 '납치된 프루걸 이노베이션: 공동 창조의 공동 선택적 권력'(Frugal Innovation Hijacked: The Co-optive Power of Co-creation)을 보자.40

이 논문에서 그들은 프루걸 이노베이션이 '빈곤층을 위한 혁신'과 '빈곤층의 풀뿌리 혁신'의 지배적 담론이 되어가지만, 이것은 오히려 가난한 지역사회가 기업의 요구를 수용하도록 설계된 패권적 프로젝트의 동적 상호작용이라고 비판하였다. 검소한 혁신의 담론이 공식적인 경제 행위자들에게 이익을 주는 동시에 세계적 불평등을 더욱 악화시키는 방식으로 가난한 사람들을 돕기보다는 통치하고 착취하는 프로젝트에 기여한다고 주장한다.

"Journal of Saemaulogy" 등재는 한국연구재단이 영남대가 주도한 새마을학계 그간의 노력을 인정한 것이다. 검소한 혁신을 통해 더 나은 세상을 추구하자는 측면에서 새마을 운동과 프루걸 이노베이션은 서로 닮은 점이 있다. 새마을학계는 프루걸 이노베이션이 직면한 비판에 각별히 주의를 기울여야 한다.

새마을학계는 새마을 운동의 사회혁신이 어떻게 오늘날 농촌 지역민의 삶의 질을 높이고 지속가능성을 높이는지에 대한 설득력 있고 흥미로운 증거자료를 모으고 이론화해야 한다. 나아가 이런 노력이 중단되지 않도록 교육부 이외의 다른 부처에서도 "Journal of Saemaulogy"을 중심으로 이루어지는 학술연구 활동을 진작하는 지원 프로그램이 많아지기를 기대한다.

새로운 정부가 업무를 시작하자마자, 다가올 세상에 대한 관심이 폭증한다. 아직 오지 않은 세상 즉, 미래(未來)는 누구에게나 궁금하고 때로는 조마조마하다. 학문으로서 미래학은 영어로 'futurology' 혹은 'futures studies'로 쓰는데 단수가 아닌 복수로 사용하는 것이 흥미롭다. 미래학자들은 미래를 크게 그럴듯한(probable), 가능한(possible), 선호하는(preferred) 세상 등으로 구분한다. 미래가 아직 존재하지 않기 때문에, 어떤 누구의 전망과 예측도 완전히 정확하거나 백 퍼센트 신뢰하기 힘들다. 따라서 현재의 관점에서 고개를 끄덕이며 수긍할만한 개연성이 높은 미래, 과거 추세로 보건대 일어날 가능성이 통계적 확률이 높은 미래, 현재의 관점에서 과학적 기획을 통해서 불연속성을 줄인다면 실현가능한 미래 등으로 분류하는 것이다.

이외에도 미래 유형에는 그 앞에 붙는 수식어를 보면, 현재적(present), 오래된(ancient), 대안적(alternative), 연관적(associative), 혁명적(revolutionary), 전략적(strategic), 단계별(step-by-step), 상황의존적(contingency), 종교적(religions), 권위적(authoritative), 초능력적(psychic), 우연적(coincidental), 운명적(fateful) 등으로 많이 있다.

미래와 관련된 접근법과 유형이 많은 이유는 고대부터 현대까지 미래를 예측하는 근거와 이유에 대해 사회적 합의가 쉽지 않기 때문이다. 코로나-19 전염병의 발생과 종료 시점에 대해서도 여러 상황을 근거로 예측이 나왔다. 하지만 코로나와 관련된 예측의 진실성과 정확성에 관하여 이견이 적지 않았다. 나아가 미래 예측을 받아들이는 전문가와 일반인의 세계관과 인식론에 따라 수용하거나 신뢰하는 정도가 많이 다르다.

예를 들어, 영국의 오래된 타블로이드 신문인 데일리스타(Daily Star)는 두 작가가 신종 코로나바이러스의 발생을 예측했다고 소개했다. 하지만 팩트체킹 웹사이트인 풀팩트(fullfact.org)는 이것이 부분적으로 틀린 것이라고 주장했다.

두 작가가 신종 코로나바이러스의 발생을 예측했다는 데일리스타의 뉴스를 소개하면 다음과 같다. 하나는 딘쿤츠(Dean Koontz)가 쓰고 1981년에 출판된 공상과학 소설 '어둠의 눈'(The eyes of darkness)이다. 이 책은 사람을 죽이기 위해 고안된 가상의 생물학적 무기인 '우한-400'을 언급하고 있다. 그렇지만 이 예측은 중국 우한에서 코로나-19가 인공적으로 만들어지거나 연구소에서 유래한 증거도 없으며, 치사율과 전염경로 등도 큰 차이가 있다는 이유로 팩트체킹 사이트에서 배척받고 있다.

또 다른 책은 실비아 브라운(Sylvia Browne) 등이 2008년 출간한 '종말'(End of Days)이다. 여기에는 2020년경에 폐렴과 유사한 심각한 질병이 전 세계로 퍼져 폐와 기관지를 공격하고 알려진 모든 치료에 저항할 것으로 적혀있다. 브라운은 영적인 지도자에 가까운 사람이기에 과학적 근거가 부재한 초능력적 예언이며, 코로나 백신과 치료제가 개발되었으므로 백약이 무효라는 그녀의 주장은 사실이라고 볼 수 없어 또 배척되었다.

마틴반크레벨드(Martin van Creveld)의 저서인 '미래 바라보기: 예측에 관한 짧은 역사'(Seeing Into the Future: A Short History of Prediction)가 최근 국내에서 '예측의 역사 : 점성술부터 인공지능까지 인간은 어떻게 미래를 예측해왔는가'라는 제목의 번역서로 출판되었다. 이 책을 보면 미래 예측이 어려운 이유가 나와 있다. 시대가 달라져도 사람들은 최소 10년 정도의 통찰력이 아니라, 당장에 일어날 구체적 이슈와 사건의 상세한 스토리를 기대한다고 한다.

윤석열 대통령에 대한 사람들의 심리적 기대가 높아지고 있는 만큼, 사람들은 새 정부의 미래 전략을 위한 준비 기간이 짧아지기를 원한다. 나아가 새 정부가 내 놓는 미래 전망은 내용의 상세성이 담보되어야 국민에 대한 설득력이 높아질 것이다. 하지만 오늘날은 사회 현상이 복잡하고 중층적으로 상호 연결되어 있다. 따라서 앞으로 닥칠 이슈에 대해 새 정부가 내 놓을 예측의 구체성과 정확도는 사람들의 기대 수준보다 낮을 수밖에 없다.

과거 사건과 현재 트렌드와 미래의 시대적 흐름은 불연속적인 것처럼 보일 때도 있고, 티핑포인트와 퀀텀점프 방식으로 운영되는 경우도 있다. 그래서 미래 전략과 예측에서 무엇보다 중요한 점은 빅데이터와 인공지능에 근거한 신속성, 일관성, 지속성이다. 과거에 많은 대통령이 취임하고 나서 실망스러운 입장을 보여 왔다. 생각하지 못했던 현상이 발생하고 현안 이슈를 여러 각도에서 추론하고 분석하다보니, 전직 대통령은 자신의 입장이 불가피하게 변했다고 주장해 왔다.

하지만 윤석열 대통령은 후보자 시절의 여러 공약이 선거 승리만을 위한 빈 말이 아니라는 것을 미래 전략을 통해서 제도화하기를 진심으로 바란다. 불확실한 상황에 대한 데이터와 정보를 꾸준히 축적하면 서로 유기적으로 연계된 메가 트렌드 기반의 미시적, 중기적, 거시적 미래를 이해하는 가장 빠른 길을 찾을 수 있다.

국제학계의 ESG DE&I 동향과 효과 42

오늘날 인류의 당면 목표는 지속가능성이다. 빈곤과 불평등 등에 양극화와 온난화가 추가되면서 이러다가 공멸할 수도 있다는 위기의식이 높아졌다. 자본주의 대전환의 요구는 ESG(Environment, Society, Governance) 이른바 환경, 사회, 지배구조의 개선을 통한 더 좋은 세상 만들기로 나타나고 있다. 윤석열 정부에서도 문재인 정부와는 추진방식은 다르지만, ESG 관련 정책을 펼쳐나갈 계획이다.

ESG에서 학계는 사회 영역, 특히 DE&I(Diversity, Equity and Inclusion) 관련 주제를 연구하거나 실천하기 위해서 노력하고 있다. DE&I란 다양성, 형평성, 포용성을 의미한다. DE&I는 사회과학자들이 전통적으로 연구해 온 인권과 양극화 등과 연계된 여러 이슈가 구체적으로 확장된 것이기 때문이다.

해외 학계를 보면, 양극화 해소와 다양성 확보를 위한 노력이 계속되고 있다. ICA(International Communication Association)는 미디어와 커뮤니케이션 분야의 사회과학연구에 특화된 학회이다. ICA는 2002년 서울 회의에서 김 대중 대통령이 기조연설을 하면서 우리에게도 매우 익숙하다. 참석자가 2~3천 명으로 미디어와 커뮤니케이션학의 가장 큰 행사이다.

ICA의 전산학적(computational) 방법론 분과는 DE&I 태스크포스(task force)를 설립하겠다고 2022년 7월 뉴스레터에서 발표했다.[43] 특히 분과 차원에서 역사적으로 대표성이 부족한 소수자 집단의 태스크포스 참여를 요청하여 궁극적으로, 더 많은 학회 회원들이 DE&I 노력에 동참하도록 유도하는 것으로 볼 수 있다.

덴마크에서는 코펜하겐 정보기술대학교(IT Univ. of Copenhagen)의 디자인 부서의 로시(Luca Rossi) 주도로 '변혁하는 유럽에서의 시각적 설득'(PolarVis)을 추진 중이다.[44] 이 프로젝트는 유럽 연합의 호라이즌(Horizon) 2020 연구 및 혁신 프로그램으로부터 자금을 지원받았다. 웁살라대(Univ. of Uppsala), 빈대(Univ. of Vienna), 코펜하겐대(Univ. of Copenhagen), 헝가리과학아카데미 사회과학센터(Centre for Social Sciences of Hungarian Academy of Sciences) 등 여러 기관과 협력하여 개발될 것이다.

이 프로젝트의 목표는 온라인 양극화에 연구 초점을 두고 시각적 콘텐츠의 역할을 다양한 단계와 행위자(제작, 콘텐츠, 청중 및 확산)의 관점에서 조사하고 이해하는 것이다. 이 과정에서 데이터의 개념, 사용 및 이해에 있어 사람(human) 요인을 중심으로 기술에 의해 가능한 인간의 관행을 이해하고 탐구하는 데 초점을 맞추고 있다. 양극화의 온라인 확산에서 시각 콘텐츠가 여러 플랫폼에 걸쳐 어떻게 전파되는지, 이 전파 프로세스가 어떻게 네트워크 구조의 출현과 관련되는지를 연구하기 위해 네트워크 분석과 소셜 미디어 방법을 적용한다고 한다.

DE&I를 위협하는 환경적 요소를 추적하고 온라인 및 오프라인 확산을 방지하여 양극화 해소가 세계적으로 중요한 시기이다. 대학과 연구기관 등 학계는 다른 구성원들과 빈번한 상호 작용과 협업을 하는 제도적 공간이다. 전문가에게 있어 급여와 근무조건 못지않게 DEA 여부는 현실적이고 즐거운 장소를 만드는 핵심 사항이다. 전통적으로 서구 사회는 연구의 우수성과 책임에 의해 강화되는 학문의 자유를 위해 노력해 왔다. 그래서 연구자들에게 보람있고 도전적인 분위기를 조성하기 위한 학계의 다원적 노력은 반가운 일이다.

한편, 학계의 이러한 노력이 개별 교수와 연구자의 DE&I 규범적 인식과 윤리적 행위 등에도 긍정적 영향을 미치는 것일까. 이러한 문제의식을 구체적으로 분석한 연구는 찾을 수가 없었다. 하지만, 밀러(Miller) 등은 최근 발표한 논문에서 사회적 책임에 앞장서는 이른바 CSR(corporate social responsibility) 기업이 많을수록 그 도시에 살고 있는 미국 사람들의 사회적 책임의식도 높아진다는 사실을 통계적으로 밝혔다.[45] 그들은 'Are Socially Responsible Firms Associated with Socially Responsible Citizens? A Study of Social Distancing During the Covid-19 Pandemic'이라는 제목으로 'Journal of Business Ethics'에 발표하였다.

밀러 팀은 코로나19 유행 기간 중 사회적 거리두기를 분석대상으로 하였다. 사회적 거리두기는 코로나 팬데믹 동안의 DEA와 연관된 윤리적 행위이다. 흥미롭게도 지역에서 기업이 첫째, 오랫동안 비즈니스를 확립한 경우에 둘째, CSR 활동이 동형적이며 셋째, 주요 고용주와 공급업체일 때 이러한 기업의 CSR 행위와 시민의 사회적 거리두기 간의 양(+)의 관계가 나타났다. 기업이 더 높은 수준의 CSR을 보이는 커뮤니티의 주민들이 팬데믹 동안 더 많은 사회적 거리두기에 관여했다.

DE&I는 ESG의 더 넓은 맥락에서 학계뿐만 아니라 정부, 지자체, 기업 모두가 참여하고 협력해야 하는 이슈이다. 이 과정에서 지역사회에서 기업 등의 산업계 조직들이 역할 모델을 만들어 활동하면서 사람들에게 지속가능성에 대한 규범과 가치를 부여하는 것이 효과적일 수 있다. 그리고 정부와 산업계는 학계가 DE&I의 상호작용의 형태를 규칙화 및 모델링하는 다양한 활동을 적극적으로 지원해야 한다. 나아가 개별 국가 단위의 기관들이 글로벌하게 활동하는 국제기구 등과 지속적으로 소통과 협력의 장을 마련하여야 해결할 수 있다.

지식기반 창조경제론, 트리플헬릭스 효과로 실현 46

새로운 대통령이 당선될 때마다 경제 공약에 대한 관심이 많다. 국제학계의 지식기반 경제와 유사한 창조경제론은 양적 성장을 지향하기보다 고용률 증가 등 실질적 성장을 중시하는 모델로서, 무엇보다 기존 산업에 디지털 기술을 새로운 방식으로 접목하여 부가가치를 높이는 것이 핵심이다. 창조경제론의 사례를 보자. 첫째, 국민 행복 기술을 활용한 스마트 뉴딜 정책. 둘째, 브레인웨어를 비롯한 첨단 소프트웨어 산업 육성. 셋째, 창업 코리아 구현을 위한 정부기관 신설. 그러면 창조경제론을 어떻게 실현할 것인가? 추격형 혹은 모방형으로 채택된 정부 주도의 모델은 더 이상 유효하지 않다. 창조경제를 실현하기 위해서는 사회 구성 요소들의 유기적 네트워킹이 필요하다.

사실 창조경제를 향한 글로벌 경쟁은 이미 시작되었다. 호주 정부는 21세기 전략으로 창조 산업을 채택하여 이미 1994년에 창조 국가 보고서를 발행하였다. 이후 영국도 1998년에 창조 산업의 지도화를 추진하였다. 미국 대통령 중 최초로 흑인으로 선거에 이긴 오바마 정부도 창조 산업을 국가의 경제 재건 정책의 핵심으로 지속적으로 강조했다. 오바마의 창조 산업 부흥책 가운데 트리플헬릭스(triple helix) 효과를 높이기 위한 노력은 크게 주목받고 있다. 트리플헬릭스는 마치 DNA의 이중나선 형태처럼 대학, 기업, 정부가 서로 영향을 주고받으면서 삼중나선의 모양으로 긴밀하게 지식 기반 창조경제를 추동하는 모델이다.

이 모델의 시작은 1980년대로 거슬러 올라간다. 미국에서는 1980년 베이돌법(Bayh-Dole Act)을 제정하여 대학에서 생산된 특허를 상업적으로 쉽게 활용할 수 있게 되었다. 이로써 대학이 선도·창의형 경제의 주체로 등장하게 된다. 2000년대 이후 이러한 흐름은 가속화한다. 2004년 브라질에서는 대학이 기업의 역할을 수행하면서 생기는 이중적 정체성, 인력과 시설이 중복되는 어려움을 제도적으로 해결하기 위해 혁신법을 제정하였다. 이 법의 핵심은 대학의 랩(lab)과 스타트-업 회사들이 하나의 기구로 공존하도록 허용한 데 있다. 이에 자극을 받은 미국 오바마 정부는 대학 내부의 벤처·중소기업을 활성화함으로써 창조경제의 동력을 찾고자 했다. 미국 행정 기관은 대학교수, 연구원, 학생이 창업에 적극 나설 수 있도록 관련된 법률적 문제에 유연히 대응하고 있다.

나아가 오마바 대통령은 대학이 지닌 기초 연구 성과의 확산 속도를 높이고자 경험 많은 대학들이 그들의 기술 상용화 기법을 테드(TED)와 웹 세미나 등을 통해 사회적으로 공유하도록 후원하고 있다. 한편 핀란드는 디지털 경제를 뒷받침하던 노키아의 부진을 트리플헬릭스를 통해 풀어 가고 있다. 핀란드 정부는 노키아의 고급 기술 인력이 핀란드를 떠나지 않도록 하기 위해 지역 대학 구성원의 활발한 창업을 유도함으로써 디지털 국부를 재창출할 수 있는 산업 생태계를 만들고 있다. 이른바 트리플 네트워킹 효과를 높여 창조경제의 부흥을 적극 도모하고 있다.

국제트리플헬릭스학회의 설립자이자 초대 회장인 에트코위츠(H. Etzkowitz) 교수는, 지금 세계 경제는 제2의 세계 대공황이라고 할 만한 위기를 겪고 있다고 진단한다. 그리고 사회 전체에서 트리플헬릭스 효과가 풍부하게 발생하는 국가만이 이 글로벌 경제 위기를 극복할 수 있다고 주장한다. 지금까지 국내에서는 트리플헬릭스의 진정한 의미를 파악하지 못한 채, 산·학·관 협동이라는 강제된 틀 안에서만 접근해 왔다. 정부 주도에 의한 대학-기업의 관계 맺기에 몰두했다.

기존의 체인형(chain) 모델은 창조경제와는 배치되는 양적 성장주의 모델이다. 마치 정부가 산·학이 서로 분리되지 않도록 조이고 있는 형국이라고 할까. 이것은 진정한 트리플헬릭스가 아니다. 이렇게 해서는 창조경제가 목표로 삼은 개방과 공유 그리고 국민 행복의 선순환 과정을 일으키기 힘들다. 상상력에 엔진을 달고서 글로벌 시장을 놀라게 하는 소프트웨어의 개발도 어렵다. 창조경제론, 이상은 좋지만 실현을 위한 로드맵은 아직 불투명하다. 창조 산업을 통하여 1과 1을 합하였을 때 2가 아니라 11의 가치를 만드는 것도 어렵다. 트리플헬릭스 효과를 일으키는 데에서 그 길을 찾을 수 있을 것이다.

선거철이 되면 혁신경제의 개념과 정책 방향이 무엇인지에 대한 정치인들의 관심이 항상 분주하다. 그런데 대학과 관련된 중앙 부처와 지방자치단체는 인력 공급과 지식 생산의 중요한 담당 축인데도 이와 관련된 정책 마련에는 비교적 느긋해 보인다.

한국연구재단은 전국 대학의 연구 활동 실태를 주기적으로 조사·분석한다. 이 결과를 보면 우리나라 대학의 연구개발비 비중은 아직 10% 수준으로 미국, 일본, 캐나다, 프랑스, 독일, 영국 등 선진국에 비해 낮았다. 국내 총 연구개발비는 증가하고 있으나, 그 가운데 대학 연구개발비가 차지하는 비중은 오히려 줄어든 시기도 있다. 중앙정부와 지자체의 공공 재원으로 투자된 연구개발비에서 대학이 차지하는 비중도 답보 상태에 머물러 있다. 대학이 창조경제의 주도적 역할을 수행하는 선진국과 비교하면 실망스러운 상황이 아닐 수 없다. 이런 상황에서 대학이 산업에 바로 투입할 수 있는 인적자본을 배출하고 혁신적 아이디어를 창출할 것으로 기대하기 어렵다.

반면, 우리나라 기업체가 사용한 연구개발비 비중은 주요국에 비해 높다. 한국과학기술기획평가원 자료에 따르면, 우리나라 기업체의 연구개발비 비중은 70% 수준으로 프랑스, 영국 등다 높았다. 한마디로 우리나라 대학과 기업의 연구개발비 비중이 불균형을 이루고 있다는 뜻이다. 이는 대학이 창조경제의 축으로 작동하는 데 부정적 영향을 미친다.

트리플헬릭스 방법론의 창시자인 레이데스도르프(L. Leydesdorff) 교수는 우리나라가 발전하기 위해서는 대학-기업 사이의 과도한 네트워킹보다 무릎 관절과 같이 유연하게 작동하는 분화(articulation)가 더 필요하다고 조언하였다. 나아가 대학을 지원하고 그 역할을 시대적 요구에 맞게 조정해야 한다는 점도 강조했다. 정부는 학술과 비즈니스 영역에서 대학과 기업의 역할 배분이 원활히 이루어질 수 있도록 이끌어야 한다.

신성장 이론으로 잘 알려진 로머(P. Romer) 교수도 미국의 성공 배경으로 시장과 과학 기구의 유기적 결합과 경쟁을 꼽았다. 사실 미국 대학들은 교육과 연구개발의 기능적 특화를 통해서 이러한 사회적 요구에 부합하고 있다. 소위 티칭스쿨에서는 다양한 과목을 심도 깊게 교육하는 것을 목표로 삼는 반면, 리서치스쿨(research school)에서는 대학원생들과의 협업에 초점을 맞춘다. 리서치스쿨에서 대학원생들은 교수와 팀을 이루어서 논문 출판과 특허 생산에 집중한다.

사상 초유의 경제 침체를 극복하기 위해서 유럽연합 집행위원회는 하이브리드형 연구·혁신을 대학의 새로운 모델로 제시했다. 핀란드 SHOK, 덴마크 GTS, 스웨덴 VINN, 노르웨이 SFI/CRI, 아이슬란드 COE가 이러한 사례에 해당한다.

카라야니스(E.G. Carayannis) 교수는 이러한 변화를 일컬어 모드3 지식 생산이라고 부른다. 모드 2가 대학-기업-정부의 강한 연결을 강조했다면, 모드 3에서 대학은 민간과 공공 영역을 넘어서 시민, 문화, 자연과 상호작용할 수 있어야 한다.

이러한 이론적 논의와 맞물려 선진국에서는 대학을 혁신하고 대학의 창조 역량을 높이기 위한 제도적 방안을 마련하기 위해서 노력하고 있다. 그렇지만 우리나라 대학은 입학생이 감소하고 있는 데다 연구개발비마저 줄어들고 있어, 지식기반 혁신경제의 주체로 도약하기엔 역부족이다. 혁신경제가 특정한 분야에 대한 관심과 지원에 머문다면 금방 사라질 정책 패러다임이 될 것이다. 대학의 역할을 재정립하여 창조성을 녹이고, 발명을 촉진하고, 혁신을 가속화하는 것이 무엇보다 필요하다. 하지만 현재 논의되는 국가연구개발 사업을 보면 모드 3에 대한 검토는 누락되어 있고 정부 지원금 나눠 먹기에만 집중하고 있어 안타깝다.

대학 생존을 위한 트리플 미디어 전략 48

온 국민의 관심사인 대학수학능력시험이 끝났다. 수능시험을 앞두고 긴장했던 수험생과 가족들이 한숨을 돌리는 것도 잠시, 이제 복잡한 입시 제도와 마주해야 한다. 수험생과 학부모를 향한 대학들의 구애도 본격적으로 시작되고 있다. 대학들은 수험생과 학부모의 관심을 얻기 위해서 취업률을 비롯해 자신들에게 유리한 정보를 알리는 데 여념이 없다. 그런데도 수험생과 학부모들은 만족할 만한 입시 정보를 얻지 못해 아우성이다. 이런 현상이 일어나는 이유는 무엇일까? 대학의 미디어 전략에 문제가 있는 것은 아닌지 짚어볼 일이다.

트리플 헬릭스 모델은 사회현상의 원인과 결과 그리고 진화를 서술하고 설명하기 위해 최소 3개 요소들을 분석한다. 그리고 3개 단위들 간 상호작용의 과정과 구조에 초점을 맞추어야 한다고 강조한다. 트리플 미디어 전략에 따르면, 트리플 미디어는 페이드(paid) 미디어, 온드(owned) 미디어, 언드(earned) 미디어이다. 페이드 미디어는 구매 가능한 미디어로서 신문, 방송, 포털 등의 광고가 이에 해당한다. 온드 미디어는 개인이나 기업이 직접 보유한 것으로, 여기에는 홈페이지와 SNS, 오프라인의 잡지와 카탈로그 등이 있다. 언드 미디어는 돈을 지불하거나 직접 운영할 수 없는 것으로, 신문이나 방송 보도, 사람들의 입소문 등이 이에 해당한다. 오늘날과 같은 디지털 사회에서는 게시판의 포스팅과 SNS 댓글도 빠르게 언드 미디어가 되고 있다.

실제로 특정 정보의 주목도를 높이기 위해선 트리플 헬릭스 순환을 거친다. 페이드 미디어는 어떤 정보의 인지도를 높여서 온드 미디어나 언드 미디어로 사람들의 관심을 유도한다. 온드 미디어에서는 관여도가 낮은 사람들과의 감성적 커뮤니케이션을 통하여 그 사람들의 주목도를 끌어올린다. 온드 미디어에서 획득한 정보에 관심도가 높아진 사람들은 언드 미디어에서 자발적으로 정보를 확산하고 퍼트린다. 이와 같은 트리플 헬릭스 선순환 과정을 통해서 해당 정보의 신뢰성은 높아지고 좋은 소문이 생긴다.

한국 대학들은 페이드 미디어에만 집중한 나머지 온드 미디어와 언드 미디어의 이용자와 교류할 수 있는 기회를 놓치고 있지는 않을까? 스페인 국립연구소의 아길로(I. Aguillo)에 따르면, 한국 대학들은 트리플 미디어 전략을 제대로 활용하지 못한다고 한다. 그는 전 세계 대학들의 웹보메트릭스 랭킹 조사에서 한국 대학들은 온라인 연결망을 확대하는 데 실패했다고 분석하였다. 그만큼 한국 대학의 미디어 전략이 폐쇄적이라는 것이다. 그리고 이러한 폐쇄적 전략은 온드 미디어와 언드 미디어 사이의 상호작용 기회를 차단한다.

해외의 선진 대학들은 다양한 계층의 사람들과 접점을 확대하기 위해 트리플 미디어 전략을 적극적으로 활용하고 있다. 미국의 미시간대가 흥미로운 웹사이트를 공개했다. MSU Scholars(http://scholars.opb.msu.edu)는 가능한 모든 연구 인력의 프로필을 조사하여 최근 논문, 연구 경향, 출간 저널, 외부 연구비, 교내외 공저자 연결망, 인접 분야의 연구자 현황을 인포그래픽으로 공개했다. 미시간대는 이 사이트의 목적이 자신이 위치한 도시와 지역뿐만 아니라 미국 전역과 국제 사회와 교류하고 학생, 학부모, 비즈니스 커뮤니티와 협력을 강화하기 위한 것이라고 밝혔다. 이 사이트의 운영 주체가 기획예산처라는 것을 보면, 미시간대는 이런 온드 미디어를 잘 이용해 학교 재정의 개선까지 시도한다는 것을 알 수 있다.

우리는 이른바 주목경제(attention economy)의 시대에 살고 있다. 정보는 공기처럼 자연적으로 순환되는 것이 아니라, 미디어를 통하여 사람들에게 전달되고 사회에 확산된다. 따라서 사람들의 관심이 어떤 미디어에 머물러 있고 미래의 이동 경로가 무엇인지 파악하는 것은 매우 중요하다. 오늘날 한국의 대학들이 가장 고심하는 것이 우수한 학생의 유치와 외부 자금의 유입이다. 이를 해결하기 위해선 수많은 대학 사이에서 주목도를 높일 수 있도록 트리플 미디어의 접점을 확대해야 한다.

미래 예측 49

국회 산하에 미래연구원이 설립되었다. 지금까지는 입법조사처가 의정 활동을 지원하던 대표적 기관이었다. 미래연구원 설립은 하나의 법안이 만들어질 때 국내 여건을 분석하고 해외 입법 사례를 조사하는 것에서 한발 더 나아가자는 취지로 읽힌다. 사실 지금까지 수많은 공공기관과 민간 기업에서 '미래'라는 용어를 수사적 의미로 사용해 왔다. 미래연구원을 통해서 미래를 과학적이고 합리적으로 접근할 수 있는 채널이 생긴 것이다.

하지만 미래는 아직 도래한 것이 아니기에 기간에 따라 전망이 큰 차이가 발생한다. 사람들은 당장 다음 달에 혹은 내년에 무슨 제품이 유행하고 어떤 현상이 일어날지를 궁금해 한다. 그러나 이처럼 단기적인 현상은 소위 열풍(fad)과 트렌드이기 때문에 미래연구의 주요 관심사가 아니다. 미래 연구에선 최소 10년 이후의 상황을 가정하고 준비하는 것을 목표로 한다. 즉 미래전략에선 선견(先見, foresight)이 중요하다.

관점에 따라 미래를 보는 시각도 달라진다. 오늘이 내일의 과거라는 점에서 보수학파에선 과거부터 현재까지 변화상이 미래에도 연결된다는 입장이다. 외삽주의(extrapolation)라는 개념으로, 외부(extra)라는 접두사에 삽입하다(polate)가 결합된 용어다. 기존에 가지고 있는 데이터에 기초해서 시간적으로 확장해서 추측해보는 것이다. 반면에 과거와의 단절을 주장하는 불연속학파에선 새로운 현상이 현재의 위기나 혼란으로부터 갑자기 만들어지는 것으로 본다. 따라서 과거 정보를 활용해서 미래연구를 하는 것이 애초에 어불성설이라고 주장한다. 보수와 급진주의를 절충한 메가트렌드주의자는 미래란 오랜 기간을 거쳐 축적되고 확산된다고 본다.

현재적 미래(present future)의 용어가 암시하듯이 우리가 살고 있는 오늘날 생활양식은 미래로 전이되면서 변화가 일어난다. 현재적 미래란 카(D. Carr)가 2014년 보스턴대의 강의 제목에서 사용하여 알려지게 되었다. 이런 시각에서 보면 과거로부터의 점진적 변화가 어떤 계기를 만나 미래가 급격하게 이루어진다는 메가트렌드가 설득력이 높아 보인다. 메가트렌드에서 미래란 특정한 형태로만 존재하는 것이 아니라 여러 모습과 현상이 가능하기 때문이다. 노르베리-호지(H. Norberg-Hodge)의 저서 '오래된 미래'(ancient futures)의 제목처럼 미래란 단수가 아니라 복수형인 것이 바로 그 이유다.

미래를 예측하는 가장 좋은 길은 미래를 창조하는 주체들의 연결망을 추적하는 것일 수 있다. 이것은 전략적 미래(strategic future)를 선제적으로 판단하고 대응하는 데 유용한 관점이다. 바로 트리플 헬릭스가 전략적 미래의 개념에 적합한 접근법이다. 트리플 헬릭스는 대학-기업-정부의 제도적 행위자를 핵심 축(helix)으로 상정한다. 대학은 새로운 지식을 생산하고, 기업은 거래를 위한 시장을 담당하고, 정부는 인간 활동을 지원하고 규제하기 때문이다. 3개 주체 간 역동적 상호작용의 구조분석을 통해서 미래전략이 수립될 수 있다. 트리플 헬릭스는 새로운 행위주체가 추가되면 쿼드러플 헬릭스와 퀸터블 헬릭스의 엔-튜플(n-tuple) 헬릭스로 확장 가능하다.

대구에서 개최된 세계트리플헬릭스미래전략학 세미나에서 송영조 박사는 "지역의 미래준비는 경쟁력보다 지속가능성이 더 크게 작동한다"며 실증연구를 발표하였다. 특히 그는 "지역시민의 미래 문해력과 정책참여를 위한 트리플 헬릭스 기반의 공론장 마련이 중요하다고"고 피력하였다. 트리플 헬릭스의 미래전략은 개별 주체가 남기는 족적인 스몰데이터와 빅데이터에서 단서를 찾아 미래예측과 전략수립을 하는 증거기반 접근법이다.

대구경북도 미래전략을 단순한 전시행정으로 그치지 않고 구체적 목적의식을 분명히 할 수 있도록 수립해야 한다. 새로운 사회적 변화의 내용에 숨겨진 잠재적 변인을 찾아서 측정하고 구성주체의 연결망 데이터에서 다양한 미래의 모습을 파악하고 평가해야 한다. 무엇보다 여러 조직과 기관이 미래전략의 수립과 실행할 때 실질적으로 도움을 제공할 수 있는 시나리오와 데이터 도구를 생산해야 한다.

취업난 시대와 기업가적 대학 50

인구론(인문계 학생 중 90%가 논다), 문송합니다!(문과라서 죄송합니다).

요즘 인문사회계 출신들의 취업난을 자조적으로 표현한 유행어다. 정부는 진로·취업 중심으로 정원을 조정하라고 압박하고 이에 대한 대학 구성원들의 반발도 만만치 않은 상황이다. 이런 얘기를 들으면 기분이 좋지 않지만 현실을 부정할 수도 없다. 그렇다고 인문사회계 정원 감축만이 대학 구조조정의 만병통치약이라며 밀어붙이는 것이 능사는 아니다.

인력의 미스매치를 줄이는 전략은 기업가적 대학으로의 변신이다. 기업가적 대학이란 외부의 환경 변화에 유연하게 대처할 수 있는 연구, 강의, 서비스를 갖춘 대학이다. 기업가적 대학으로의 변화는 글로벌 차원에서 진행되고 있다. 레이데스도르프 네덜란드 암스테르담대학 교수는 미국 특허청에 등록된 대학 데이터를 분석했다. 놀랍게도 미국이 아닌 해외 특허가 거의 2배 증가했다. 한국, 중국, 대만, 일본 대학이 크게 증가하면서 개수에서는 미국 대학과 경쟁할 정도에 이르렀다. 양적 팽창에 치중한 아시아 대학들에 비교해서 유럽 대학들은 바이오와 의학 분야를 중심으로 세분화된

포트폴리오 전략을 취하고 있었다.

우리 대학이 기업가적 대학으로 변화하기 위해서는 콘텐츠 개선과 오픈 채널 구축이 시급하다. 먼저 인문사회계의 교과 과정부터 개선해야 한다. 당장에 강의 내용은 부실하거나 구태의연하지만, 전공 필수여서 어쩔 수 없이 들어야 하는 과목들을 개편해야 한다. 학부 과정뿐만 아니라 대학원에서도 세부 전공을 넘어선 필수 과목을 만들고 대학, 산업체, 공공기관 간 연결망의 확장에 초점을 두는 방식으로 콘텐츠 개선이 이루어져야 한다.

인력 미스매치 해소를 위한 다음 단계는 오픈 채널의 구축이다. 그런데 한국의 대학들은 아직 첫 단추도 제대로 끼우지 못하고 있다. 예컨대 누구나 무료로 들을 수 있는 대학강의공개(OCW) 사업은 일방적으로 지식을 전달하는 스튜디오 촬영 위주로 이루어지면서 그 의미와 범위가 다소 왜곡·축소됐다. 국제학술지인 SCI(science citation index)와 SSCI(social science citation index) 게재를 요구하면서, 전 세계 연구자들의 고유한 인식 번호인 ORCID(open researcher and contributor identification) 제도는 아직 제대로 도입조차 못하고 있다.

ORCID같은 개인 번호가 인력 미스매치 해소에 어떻게 도움이 되는 것일까? 교수들이나 강사들 간 동명이인이 많고, 소속 대학의 명성, 수도권과 지방, 박사 취득 국가에 따라서 소위 실력보다 간판이 우선되는 한국 현실에서 산학관 협력의 민주화를 통해서 진정한 집단지성을 낳을 수 있다. 왜냐하면 ORCID는 개별 교수가 지닌 경쟁력과 특화 영역을 공인된 활동에 근거해서 객관적으로 제공하기 때문이다.

이렇게 제공된 정보들은 대학이 다양한 기업 및 공공기관과 접점을 확대하기 위한 채널로 활용할 수 있다. 대표적인 사례가 미국 미시간대가 운영하는 MSU Scholars와 텍사스 대학들의 공동 포털인 Influent 시스템이다. 2개 웹사이트는 인력 미스매치를 줄이기 위해서 대학이 개설한 오픈 채널의 모범 사례로 꼽힌다. 이 웹사이트에서는 외부 기업이 대학 내부 인력의 프로필과 활동 상황을 여러 옵션을 통해서 탐색하고 인포그래픽스로 쉽게 파악할 수 있도록 도와준다.

취업난을 해결하기 위해서는 무엇보다도 인력 미스매치를 해소해야 한다. 그렇지만 정원 감축을 골자로 한 구조조정은 근시안적 정책 수단일 뿐이다. 강의 품질의 업그레이드와 기술이전, 특허 수입과 같이 대학의 포트폴리오를 다각화해야 한다. 오픈 강의, 오픈 채널, 오픈 네트워킹을 통해서 재정 수입의 폭을 높이고 기업가적 대학으로 거듭난다면, 경제 침체를 극복하고 산학관·군·매치가 저절로 나타날 것이다.

경북 특화형 데이터센터와 트리플헬릭스 경제 51

과거 산업사회에서 데이터의 생산은 특정 업무를 담당한 소수 기관에 집중되어 있었다. 하지만 컴퓨팅 기술과 인터넷의 급속한 발전으로 데이터는 곳곳에서 대규모로 발생하여 거의 실시간으로 전달되고 있다. '공공데이터 제공 및 이용 활성화에 관한 법'을 비롯한 관련 제도가 정비되면서 데이터 개방의 속도와 범위도 더 빠르게 확대되고 있다. 바야흐로 빅데이터로부터 유용한 정보를 추출하고, 그 정보로부터 지식집약형 서비스와 정책을 창출하는 새로운 사회·경제적 패러다임이 도래했다.

그러면 경북은 이러한 데이터기반 지식경제에 어떻게 대응해야 할까. 트리플헬릭스에서 그 해결의 실마리를 찾을 수 있다. 트리플헬릭스는 서로 다른 행위자 간의 상호작용과 내생적 이노베이션에 초점을 둔다. 각 기관이 데이터의 생산 속도에 뒤처지지 않고 ROI(return on investment)를 높이기 위해서는 협업 네트워킹으로 시너지를 발휘해야 한다. 세계은행도 대학-기업-정부의 파트너십이 데이터를 통한 경제 성장의 원동력이라고 발표했다.

트리플헬릭스학회의 부산세미나에서 발표된 몇몇 사례를 간략히 살펴보자. 소민호 박사는 한국과학기술원(KAIST)을 허브로 상정한 K-밸리 사업을 소개했다. K-밸리의 핵심은 KAIST-대구경북과학기술원(DGIST)-광주과학기술원(GIST)이 개별적으로 보유한 과학기술 데이터의 공유와 활용에 있다. 국내 기관을 중심으로 트리플헬릭스 체제가 구축되면 해외 명문대학인 MIT 등으로 확대된다. 궁극적으로 KAIST의 전략은 데이터의 능동적 순환으로 기업가적 대학으로 성장하고, 지식기반 경제에 앞서가자는 것이다. 최성욱 박사는 뉴노멀(new normal) 시대에 걸맞은 트리플헬릭스 유형을 소개했다. 뉴노멀은 기존 관행으로 데이터 경제의 복잡다기한 이슈를 제대로 풀기 힘들기 때문에 새로운 규범이 필요하다는 것을 강조한 개념이다.

경북도는 데이터기반 지식경제에 대응하기 위한 특화된 전략을 신속하게 수립해야 한다. 이를 위해 다음과 같은 정책 제안을 하고자 한다.

첫째, 경북형 데이터센터는 그 명칭에서부터 '오픈', 즉 개방적 속성을 강조해야 한다. 데이터기반 지식경제를 선도하는 미국, 영국, 네델란드, 오스트리아는 오픈데이터 개념을 통하여 민간의 빅데이터와 정부기관의 공공데이터를 모두 포괄하고 있다. 이것은 정부 정책의 개방성 원칙과도 일치하므로 중앙으로부터의 예산 확보에도 유리하다.

둘째, 경산 지역에는 우리나라에서 가장 많은 대학이 모여 있다. 그렇지만 대학 도서관과 전산원이 보유한 학술정보와 컴퓨팅 자원을 능동적으로 공유하지 못하고 있다. 따라서 개별 대학이 보유한 데이터의 공유와 활용을 위한 트리플헬릭스 네트워크를 구축해야 한다. 지방대학 육성을 위한 특별법과 연계하여 추진한다면 명분과 실리를 모두 얻을 수 있을 것이다.

셋째, 대학·기업·정부가 자발적으로 데이터기반 지식경제의 주체가 될 수 있도록 데이터 거래소를 적극적으로 설치해야 한다. 데이터의 가치가 제대로 평가되지 않는다면 지식기반 경제는 사상누각이 되고 만다. 지방대학과 중소·벤처기업이 생산한 데이터도 콘텐츠로서의 잠재력만 인정되면 제값을 받을 수 있어야 한다.

넷째, 중앙 부처가 독립적으로 운영하는 공공데이터 및 빅데이터 관련 센터와의 유기적 협력체제가 마련되면서 동시에, 차별성이 확보되어야 한다. 따라서 경북 특화형 데이터센터는 관련 소프트웨어와 하드웨어에 대한 중복 투자를 지양하는 한편, 경북의 인구·사회적 특성에 맞춘 계층별 교육·훈련 프로그램의 정교화에 나서야 한다.

마지막으로 특성화 분야를 선별하여 집중적으로 육성하는 정책이 필요하다. 경북의 지리·산업적 여건을 고려하면 오픈데이터센터는 농업, 역사, 해양, 재난 분야에서 성과를 창출할 수 있다. 4개 분야가 오픈데이터와 적절히 매쉬업(mash up) 한다면 농업의 정밀성, 역사의 온톨로지(ontology), 해양자원의 통합관리, 재난 대응과 복구 과정에서 혁명적인 변화가 나타날 수 있다.

세계산학관협력총회를 다녀와서 52

중국 북경에서 개최된 제13회 세계산학관협력총회를 다녀왔다. 이 총회는 국제산학관협력협회가 주관하는 융·복합 분야의 대표적 국제회의다. 올해는 중국 칭화대(Tsinghua U)에서 개최되어 중국의 경제 성장 배경 뒤에 숨겨진 대학과 정부의 역할 및 산학 협력의 방향과 전망이 참석자들의 관심을 끌었다.

개회사에서 쉬(Q. R. Xu) 교수는 중국의 산학관 협력과 경제 발전 과정에 대해서 소개했다. 특히, 1990년대에 R&D 기능이 부재한 기업들에 기술센터 설립을 지원하고 세금을 감면해 주는 등 강력한 국가 주도 정책을 추진하였다. 이 당시에 저장대(Zhejiang U)와 칭화대가 하이얼, 바오철강, 북중국 제약사 등의 기업들과 수행한 산학관 협력은 오늘날 경제 성장의 밑거름이 되었다.

그렇지만 국제산학관협력협회 회장 에츠코위츠(H. Etzkowitz)는 개발도상국과 중진국의 선진국 따라가기 정책은 더 이상 효과적이지 않다고 경고했다. 천연자원과 저임금에 기초한 산업시대 '캐치 업'(catch-up) 정책의 마지막이 다가온 것이다. 지금의 지식 기반 사회에서는 물리적 기반 조성을 지원하는 성장 모델은 이제 버려야 할 유산에 불과하다. 즉, 산업 시대의 물리적 인프라를 대체할 수 있는 지적 인프라를 만들어야 한다. 지금 가장 중요한 것은 '시민 주도형 이노베이션' 모델이다.

미국 실리콘밸리 자문위원으로 활동하는 라듀(N. Radjou)는 '프루걸 이노베이션'(frgual innovation)에서 'Do more and better with less'를 주장하였다. 부족한 자원으로 더 많은 것을 달성하고 더 잘하는 방법을 찾자는 것이다. 세계경제포럼도 순환적 산학관 협력을 통해서 국제적으로 매년 미화 1조달러를 절약할 수 있다고 밝혔다.

선진국에서 활성화된 PPP(public-private partnership)와 관련하여 민간 투자도 나왔다. 민간 투자는 오로지 정부의 재정 투자만으로는 효율적인 경제운용이 어려울 수 있으므로 민간의 참여를 이끌어내는 것을 의미한다. 트리플헬릭스의 중요한 2개 축인 정부와 기업이 머리를 맞대고 지혜를 짜내어 협력해야 한다는 것이다. 그렇지만 민간 투자가 경제학이나 행정학의 분과 분야로 협소하게 다루어진다면, 글로벌 패러다임의 변화에 능동적으로 대처하기 어려울 수 있다.

오늘날 정부와 민간이 겪는 여러 문제의 해결을 위해 새로운 산학관 협력 모델에 대한 학술적 논의와 사회적 인식의 개선이 필요한 시기다. 그래서 공유적 생태계 조성과 오픈 비즈니스 협력 등을 논의한 세계산학관협력총회는 소중한 기회로 다가왔다. 마지막으로 국가 경제 활성화를 위해선 국제 행사 유치에 있어서 선택과 집중이 필요하다. 이러한 측면에서 세계산학관협력총회는 대한민국에서 관심을 두고 우선적으로 유치해야 할 행사임에도 틀림이 없다.

빅데이터 저널리즘과 트리플 미디어 53

언론보도의 핵심은 공정성과 흥미성이다. 그러면, 경영여건이 어려운 지역의 신문이나 방송에서는 어떻게 이 두 마리의 토끼를 잡을 것인가? 공정성은 신문의 경우에 지면, 방송은 시간의 균등한 배분이라는 기계적 중립 원칙을 강조하는 법적 가이드라인을 준수하면 해결 가능하다. 그렇다면, 흥미성은 어떻게 확보할 것인가? 그 해답은 빅데이터 저널리즘과 트리플 미디어 전략이다.

빅데이터 저널리즘을 이용하면 사회현상 이면의 숨겨진 패턴을 찾아서 보도할 수 있다. 실제로 국내외의 메이저 언론사와 소규모 언론매체에서도 빅데이터 저널리즘으로부터 흥미로운 보도뿐만 아니라 특종까지 이끌어내고 있다. 그리고 지역 언론사가 보유한 자체 채널 이외에도 소셜네트워크서비스를 비롯한 다른 채널들을 십분 활용한다면 보도내용의 전파범위도 넓어질 것이며 수익성도 좋아질 것이다.

빅데이터 저널리즘은 컴퓨터를 활용한 보도인 CAR(computer-assisted reporting)에서 시작되었다. 미국 방송사인 CBS가 대중용 컴퓨터가 보급되기 이전인 1952년에 대통령 선거 보도과정에서 CAR을 도입하면서 알려지게 되었다. 당시 언론보도에 컴퓨터로부터 도움을 받는 것을 낯설어하며 거부감도 있었다. 그렇지만, 시민의 알 권리 충족을 위해서 CAR의 필요성이 제기되었다.

SNS와 스마트폰의 확산은 모바일을 활용한 보도인 SAR(smart device-assisted reporting)을 낳았다. CAR이 컴퓨터에 의존했다면, SAR은 스마트폰과 태블릿PC를 다양한 SNS와 유기적으로 연결하면서 새로운 보도양식의 하나로 자리매김하고 있다. 예를 들어, 반조(Banjo)는 개인들이 페이스북과 포스퀘어 등에 올리는 포스팅과 위치 정보를 종합해서 세계 각지의 뉴스를 파악하는 모바일 애플리케이션이다. 따라서 기자들은 제한된 취재 범위를 벗어나 사이버 공간에서 지구촌 어느 곳의 소식이든지 전달할 수 있게 되었다.

빅데이터 저널리즘은 CAR, SAR, 그리고 MOJO(mobile journalism)의 장점이 인포그래픽스와 결합되면서 나타난 새로운 형태의 저널리즘이다. CAR이 강조한 정보의 수집과 분석 및 처리방법이 컴퓨팅 기술의 발전으로 과거보다 훨씬 쉬워졌다. SAR과 MOJO를 통해서 기자가 직접 접근하기 어려운 뉴스들이나 특종을 획득할 수 있다. 과거엔 정보가 부족해서 취재와 보도가 어렵기도 했었다. 그렇지만 이제는 뉴스의 원자료인 데이터의 홍수가 발생하고 있다.

유력 정치인의 '한마디'를 듣기 위해서 온갖 노력을 마다 않는 언론의 정치 취재 관행은 점차 사라지고 있다. 왜냐하면, 저널리스트들이 SNS와 정보공개법을 통해서 수집한 빅데이터를 이용해서 경쟁력 있는 스토리를 만들 수 있기 때문이다. 이 과정에서 정보를 1장의 챠트 혹은 이미지로 표현하는 인포그래픽스는 빅데이터 저널리즘의 인기 있는 콘텐츠가 되어가고 있다. 오늘날 미디어 환경은 크게 3개의(triple) 미디어로 구성되어 있다. 첫째 돈을 지불하여 구매한(paid) 채널이다. 전통적인 광고가 여기에 해당한다. 지불한 채널을 통해서 광범위한 인지도가 획득 가능하다. 둘째, 개인이나 조직이 소유한(owned) 미디어가 있다. 온드 미디어의 장점은 채널의 소유주가 그 콘텐츠를 통제할 수 있다는 데 있다. 따라서 수용자와의 깊은 커뮤니케이션으로 잠재적 소비자를 충성도 높은 고객으로 전환 가능하다. 셋째, 비용을 지불하여 구매 가능하지 않으며 직접 소유도 불가능한 언드 (earned) 미디어가 있다. 언드 미디어는 소위 구전(word of mouth)이라고 명명되며, 신뢰와 평판을 획득할 수 있는 채널이다.

그런데 지역 언론사는 트리플 미디어 시스템의 구축에 소홀한 편이다. 각 기관이 소유한 채널인 신문 인쇄판과 방송 프로그램 그리고, 홈페이지, 블로그, SNS를 통해서 정보를 전달하는 데 집중하고 있다. 설상가상으로 온드 미디어도 오프라인 채널에만 과도하게 의존하고 있다. 설상가상으로 디지털 원주민 세대와의 상호작용을 꺼리거나 두려워하기도 한다. 지역 언론사의 SNS를 방문해 보면, 개설 이후에 업데이트되어 있지 않거나, 디지털에 특화된 자체 콘텐츠의 개발을 찾아보기 힘들다. 그렇지만 오늘날 신문 독자와 방송 시·청취자는 트리플 미디어를 통해서 정보를 수집하고 교환한다. 따라서 시시각각으로 변화하는 수용자와의 접점을 확대하고 흥미를 유발하기 위해선, 지역 언론사도 온드 미디어 중심에서 다각화하는 전략이 필요하다.

디지털 사회에서 지역 언론사는 이중삼중의 고통을 겪고 있는 상태이다. 수도권 집중화에 따른 지방의 위상이 추락하면서 지역 신문사와 방송국의 존재기반이 붕괴하고 있다. 더구나 인터넷과 모바일 매체의 확산으로 오프라인의 뉴스 공급자는 광고 불황에 허덕이고 있다. 그렇다고 서울 공화국과 디지털 세상에 처한 지역 언론사의 운명을 탓하고만 있어선 안 된다. 트리플 미디어 트렌드를 읽고 빅데이터 기반 새로운 뉴스 콘텐츠를 만들어 보자. 지역 시민들과의 접촉을 높이기 위해서 직접 소유한 채널 이외에도 지불과 획득 가능한 채널에도 많은 노력을 기울이자.

디지털 시대, 국가혁신시스템의 네트워킹과 지식의 과부하 54

지난 수십 년 동안 우리나라의 지식정보화는 급속도로 발전해왔으며, 세계는 이러한 놀랄만한 발전에 주목하고 있다. 그러나 급속한 발전에도 불구하고, 한국은 사회적 자원과 기술적 능력 등과 같은 국가적 지식정보화 환경을 국가혁신시스템의 동력으로 충분히 활용하지 못하고 있다. 한편, 북미와 유럽의 선진국들은 1970-1980년대에 과학기술의 중요성에 대해 인식하고 국가혁신시스템(NIS, national innovation system)을 구축을 위해 다각도로 노력하였다.

혁신시스템에서 중요한 요소의 하나는 산학관의 긴밀한 네트워크이다. 국가혁신시스템을 산업계, 대학 및 정부의 트리플헬릭스 네트워크를 중심으로 한 나선형의 움직임으로 파악해야 한다. 국가혁신시스템의 성공 여부는 산학관 사이에 존재하는 네트워크의 동태성(dynamics)의 수준에 따라 결정된다. 네트워크는 시간이 경과하면서 다르게 나타날 수 있으므로 네트워크화된 지식정보화를 파악하면 국가혁신시스템의 현황파악이 용이하다. 또한 지식기반경제의 발전과정에 관한 구체적인 증거들을 찾을 수 있는 장점이 있기 때문이다.

최근 우리는 사기업의 연구소, 국공립 및 지방 대학, 그리고 정부산하의 연구원과 같은 전통적인 지식공급 기관에서 생산되는 정보와 지식의 과부하(overload) 현상을 목격하고 있다. 넘쳐나는 지식이 다양한 환경에 적용되어 실생활에 구체화되고 국가의 성장동력으로 기능하지 못하고 있다. 그것은 상황별 맥락을 간과하고 산학관의 네트워킹만을 추진했기 때문이다. 현대 사회의 과학기술분야에서 R&D 경쟁력은 네트워크에서 하나의 노드(node)에 불과한 개별 학자, 실험실, 나아가 기관에 의해 결정되는 것이 아니다. 국가혁신시스템에서 R&D 인프라는 개별 노드의 속성보다는 국가 전체를 이루고 있는 각 요소들 사이의 관계를 통하여 더욱 발전될 수 있다.

산학관 사이에 조직적인(inter-organizational) 네트워크를 구축하여 지식이 생산, 관리, 가공된다면 국가혁신시스템의 강화에 기여할 수 있다

새로운 디지털 기술은 과거와는 상이한 새로운 방식으로 연구자들 사이의 협동을 가능하게 하며 정보교환과 지식생산 활동의 상호의존성을 더욱 높이고 있다. 새로운 테크놀로지는 정보관리도구를 비롯하여 다양한 커뮤니케이션 기능을 제공함으로써 R&D 협동연구를 촉진하는데 중요한 역할을 하고 있다. 문서 프로그램에 포함된 문자 혹은 음성 메모, 공동편집, 변경내용 추적과 같은 간단한 기능부터 대용량 데이터 전송 및 실시간 화상회의까지 협동연구의 지식생산성을 높이는 도구들이 꽤 많다. 가상적인 (virtual) 협동연구소와 같은 새로운 커뮤니케이션 테크놀로지는 지리적 거리뿐만 아니라 사회적, 심리적, 문화적 거리를 무의미하게 함으로써 개인간, 학제간, 조직간, 국가간 공동연구를 촉진시키고 있다.

주지하다시피, 인터넷은 초창기에 군사적인 목적 이외에도 과학자들 사이의 학술정보를 교환하고 연구 협력과 커뮤니케이션을 촉진하기 위하여 발전되었다. 인터넷의 대표적인 프로토콜인 월드와이드웹의 사용이 과학기술 R&D 공동체에서 대중화되었다. 웹 기술은 나날이 발전하면서 산학관 사이의 네트워크를 더욱 촉진하고 있다. 하지만, 디지털 테크놀로지으로 인한 과도한 네트워킹으로 지식의 과부하가 발생하고 궁극적으로, 협동연구에 잠재적 해로움을 미칠 가능성도 있다. 따라서 상황과 단계에 맞게 관련 연구과제와 연구자들을 지원하는 좀 더 촘촘한 정책의 입안과 시행이 필요하며 기존 정책도 새로운 패러다임에 맞게 보완하는 과정이 중요하다.

과거 유럽연합(European Union)은 과학기술 분야의 연구지원 프로그램에 소위 우수 연구자들의 네트워크(NoE: networks of excellence) 사업을 추진하였다. NoE는 유럽의 어떤 연구기관이 유럽연합 뿐만 아니라 세계 각지에 있는 경쟁력 있는 연구자들과 네트워크를 맺어서 연구과제를 신청하는 것

을 장려하는 정책이다. NoE를 통해서 연구진들은 관련 연구를 진행하는 유럽의 다른 학자들과 지속가능한 R&D 네트워크를 초기에 형성함으로써, 아이디어 교환과 함께 새로운 연구과제의 개발에 도움을 얻게 된다. 아울러, 연구가 종료하면 네트워크를 통하여 연구진들 사이에 결과물의 이용이 용이해져 효율적으로 지식과 정보의 확산이 이루어진다. 응용과학 분야 10여개 대학이 2001년에 설립한 지식 생산 및 유통을 위한 스위스 네트워크인 IPLnet.ch는 NoE의 좋은 사례이다.

모든 연구자가 처음부터 수월한 결과물을 산출하기는 힘든 것이 현실이다. 학문후속세대, 신진 연구자, 중견 연구자, 우수 연구자 등으로 분류하여 각 그룹이 지닌 경쟁력을 국가혁신시스템으로 흡수하여 모든 기관과 지역으로 확대할 수 있도록 해야 한다. 그리고 정부출연 연구기관 뿐만 아니라 대학과 민간 내부의 소규모 랩(lab), 학과, 협력그룹 등과 같은 다양한 유형의 연구관련 조직들이 상호간에 견고한 통합을 이룩하여 지식의 과부하를 방지할 수 있도록 해야 한다. 해외에서는 산학관 트리플헬릭스 커뮤니케이션을 위해서 공동으로 운영하는 웹사이트와 플랫폼을 적극적으로 이용하도록 권장함으로써 디지털 시대 지식기반 국가혁신시스템의 활성화를 도모하고 있다.

과거의 동질화된 농경사회에서 이질화된 산업사회로의 변화보다 더 빠른 속도로 파편화된 디지털 사회로의 전환이 발생하고 있다. 고립화된 개별 연구자에게 디지털 기술을 통하여 여러 분야의 연구동향과 혁신활동에 관한 광범위한 정보를 제공해야 한다. 연구자들은 이러한 서비스를 통하여 다양한 혜택을 얻을 수 있다. 시의성 있는 연구정보의 뉴스레터 서비스를 받고, 무료로 연구지원에 대한 정보를 검색하고, 슈퍼컴퓨터와 같이 연구에 필요한 테크놀로지의 이용여부를 확인할 수 있다. 협동연구에 유용한 파트너 검색기능 또한 필요하다. 연구자들이 R&D 활동을 공동 기획하고 전문지식을 공유할 수 있는 파트너들을 찾도록 도와준다. 이러한 정책적 견인을 통하여 개별 연구자가 소속된 조직과 국가의 경계를 초월하여 대학, 기업 그리고 공공 또는 사설 연구기관이 서로의 강점과 자원을 나누고, R&D 조합을 형성하며 협력협정을 맺고, 연구프로그램에 연구과제 제안서를 공동으로 제출하는 사례가 점차 증가할 수 있다.

인터넷은 공간적응형(space-adjusting) 매체이다. 두 사람 혹은 조직이 아무리 멀리 떨어져 있더라도 물리적 거리의 장벽을 제거하고 즉각적 커뮤니케이션을 허용하기 때문이다. 디지털 테크놀로지는 연구자들이 과거보다 훨씬 쉽고, 간단하고, 저렴하게 지리적 경계를 넘어서 정보를 생산, 분배, 관리, 유통하는 것을 허용한다. 인터넷을 활용하여 산학관 네트워크의 구축에 필요한 정보의 수집이 가능할 뿐만 아니라, 생산된 지식의 확산을 위한 공간적 범위도 넓힐 수 있다. 인터넷은 정보 그 자체에 대한 접근을 신속하고 저렴하게 하면서 광범위한 정보교환 과정을 촉진하는 유용한 채널이다. 인터넷은 개인과 조직이 정보를 교환하고 배포하는데 있어 비용에 대비해 효과가 큰 테크놀로지이다. 두 노드 사이의 거리가 아무리 멀더라도, 인터넷은 저비용으로 커뮤니케이션이 이루어지는 것을 허락한다.

네트워크화된 연구조직과 지식생산이 큰 흐름이다. 이것은 새로운 커뮤니케이션 테크놀로지가 점차 기존의 우리 사회와 제도 속으로 융합되면서, 어떤 국가의 잠재적인 R&D 경쟁력 우위는 트리플헬릭스 네트워크화에서 찾을 수 있다는 것을 의미한다. 그렇지만, 디지털 매체를 활용한 무분별한 산학관 네트워킹은 지식의 과부하를 초래하여 국가혁신시스템을 오히려 약화시킬 수도 있다. 따라서 국가혁신시스템에서 산학관 네트워크의 중요성을 피상적으로만 논의할 것이 아니라 협동연구를 위한 컴퓨터 매체의 특징과 디지털 네트워크의 역할, 영향, 이용방식에 대한 이슈를 충분히 논의하여 국가혁신시스템의 강화에 기여하도록 노력해야 한다.

대구혁신도시에 이주한 한국부동산원(구 한국감정원)이 지역에서 개최한 조찬포럼에서 남북경협과 국토개발의 과제라는 주제로 특강이 있었다. 한미 연합과 남한의 군사력 증강에 못지않게 남북한 간 교류와 협력의 분위기가 한반도 평화와 비핵화에 필수 조건이다. 하지만 폐쇄사회인 북한에 대한 우리 국민들의 궁금증을 해소하는 특강은 많지 않다. 이런 점에서 이런 특강이 앞으로 많아질 것으로 기대한다. 그런데 북한 사회를 바라보는 일반인과 전문가의 시각에는 공통의 오해 내지 오류가 존재하는 듯하다.

가장 많이 얘기되는 경제협력과 교역사업의 경우, 우리는 북한이 한국을 가장 선호하는 파트너로 선정할 것이라고 암묵적으로 가정한다. 북한이 여러 국가 가운데 자신의 입맛과 조건이 더 좋은 파트너를 찾을 수 있다는 점을 자주 간과한다. 나아가 기업의 입장에서는 수익추구가 항상 우선이다. 그런데 우리 정부기관의 보고서를 보면 기업이 경영적 관점이 아니라 '민족경제'의 부흥이라는 국가적 목표에 부응하여 당연히 따라올 것이라고 전제되어 있다. 즉 투자와 비용의 구분이 분명치 않은 경우가 종종 있다.

다음으로 통일이든 연방제 형태이든 남북통합이 되면 남한의 자본과 기술이 북한의 값싼 노동력과 만나서 시너지를 발휘한다고 주장한다. 1인당 국민소득이나 국가의 경제규모로 보면 우리 경제가 북한보다 압도적으로 앞선 것이 당연하다. 그렇지만 기술지식과 R&D 수준에서 북한이 거의 모든 분야에서 남한에 뒤처져 있다고 지레짐작하는 것의 근거는 무엇인가. 북한은 군사적 활용성이 높은 분야와 기초학문인 수학·물리·화학 등에서 일찍부터 러시아, 중국, 독일 등과 교류해 왔다. 그리고 북한 내부에서 발행되는 '기술혁신' 학술지를 분석한 결과를 보면 북한은 농업·건설·광업 등에서도 상당한 성과를 보인 것으로 나타났다. 그리고 국가과학원 직속연구소와 특화된 분원체제를 통해서 R&D 성과를 경제부흥에 바로 적용하기 위해서 노력하고 있다. 김책공업대학과 평성석탄공업대학 등은 순수 연구에만 초점을 두는 것이 아니라 현장의 애로사항을 해결하기 위한 사회문제형 R&D에도 적극적이었다.

과거에 북미회담의 개최지로 싱가포르가 선정된 것을 살펴보자. 이것은 북한이 남북이라는 더블헬릭스(double-helix) 체제에서 트리플헬릭스(triple-helix)로 점차 이동하는 것을 시사한다. 남북 교류에 또 다른 국가를 언제든지 파트너로 포함시켜서 관계망에 변화를 일으킬 수 있다. 북한에 대한 막연한 기대와 순진한 믿음은 낭만적 사랑일 수 있다. 즉 남북한 공동 경영이나 합작 사업에서 탈피하여 한국 정부와 기업이 다국적 투자단으로 참여하는 것이 위험을 최소화할 수 있는 길이다.

특히 우리 국민과 정부는 디지털 정보화 부문에서 북한이 많이 뒤처져 있다고 생각하는 듯하다. 그래서 격차해소를 위한 공공 지원에 나서야 한다는 주장이 나오곤 한다. 틀린 이야기가 아니다. 폐쇄사회의 속성상 통신기기는 체제의 위협요소가 되므로 널리 확산되기가 불가능하다. 그렇지만 과거의 정보통신 인프라와 다르게 오늘날은 무선기술과 블록체인이 도입되면 퀀텀점프(quantum jump)가 상대적으로 쉽다. 우리는 동남아시아 개발도상국과 아프리카 후진국에서 이미 이러한 사례를 목격했다. 북한이 체제선전을 위해 한국 정부가 차단하기 힘든 소셜미디어를 도입한 것을 보면, 한순간에 디지털 낙후국에서 벗어날 수 있는 티핑포인트(tipping point)가 발생할 수 있다.

2012년 김정은 체제 이후로 북한은 여러 방면에서 과거와 다른 모습을 보이고 있다. 가장 두드러진 것이 11년제 의무교육제에서 12년제 의무교육제로 변경했고, 교복의 디자인도 다양해지고 색깔도 밝아졌다. 그리고 초등학교에서부터 영어 교육을 도입했다. 넉넉지 않은 국가재정을 고려하면 획기적 변화가 아닐 수 없다. 우리 정부와 국민이 지금 현재 새롭게 쇄신하는 북한을 제대로 이해하는 것이 시급하다. 같은 민족이지만 구체적 데이터를 수집하여 꼼꼼히 따지고 거래하는 상인의 정신을 지녀야 한다.

학문 종속 부추기는 한국연구재단 [56]

영남대에서 작은 국제 세미나가 열렸다. 영남대 사이버감성연구소가 공동으로 발행하는 JCEA(Journal of Contemporary Eastern Asia)의 스코퍼스(Scopus) 등재 절차를 논의하기 위한 행사였다. Scopus는 국제적으로 알려진 요약문&색인(A&I, abstracting & indexing) 서비스인데, 이 Scopus에 다수의 저널을 등재시키고 있는 스프링거(Springer) 출판사의 아시아 담당자가 영남대를 방문한 것이 계기가 되어 이 세미나를 열게 된 것이다. 그런데 우연찮게도 같은 날 한국연구재단에서도 국내 학술지의 Scopus 등재를 위한 특별 세미나를 열었다.

Scopus가 제공하는 서비스는 엄청나다. 저널을 발행하는 학회 및 출판사가 5천여 곳에 이르고, 여기에서 발행하는 저널은 2만 종, 논문은 5천만 건에 이르며, 수록된 논문의 초록과 참고 문헌, 인용 정보 등을 온라인으로 제공한다. 어떤 저널이 A&I 시스템에 등재되면 세계 어느 곳에 있더라도 그 저널에서 발행하는 다양한 서지 정보에 접근할 수 있어 매우 편리하다. 물론 Scopus 외에도 다른 A&I 서비스들이 있지만, 그중에서도 Scopus는 WoS(web of science)와 더불어 가장 유명하다.(참고로 WoS는 과학기술 분야의 SCI-E, 인문학 및 사회과학의 A&HCI, SSCI 등을 운영한다.)

A&I 서비스의 이런 장점에도 불구하고 최근 우리나라에서 일어나고 있는 Scopus와 WoS 등재 열풍은 바람직한 현상이라고 볼 수 없다. 특히 과학기술과 학문의 발전을 위해 설립한 공공기관인 한국연구재단이 외국 기

업이 운영하는 민간 서비스 등재를 위해 발 벗고 나서는 것은 납득되지 않는다. 이날 특별 세미나에서 재단은 Scopus 한국 저널 선정위원회의 운영 경과에 대해 발표하고 엘스비어(Elsevier) 본사로부터 한국 저널의 Scopus 선정 현황에 대한 의견을 들었다고 한다. 재단은 이러한 행사가 우리나라 연구개발 기반의 진흥과 학술지의 국제화에 기여한다고 주장한다. 하지만 이런 주장에는 의문이 따른다. 특정 상업적 A&I 서비스에 등재되는 것을 두고 공공기관이 직접 나서서 한국 저널의 공과(功過)를 말하는 것은 누구를 위한 것일까?

이러한 정책은 연구지원 분야의 글로벌 리더로 발전하고자 하는 한국연구재단의 비전에도 부합하지 않는다. 재단 홈페이지를 보면, 한국연구재단은 미국연구재단(NSF), 독일연구재단(DFG) 등 세계적 R&D 지원 기관을 능가하는 전문기관으로 도약하겠다는 포부를 밝히고 있다. 한국연구재단의 정책을 세계 각국이 벤치마킹할 만큼 성장하여 글로벌 리더가 되겠다는 것이다. 하지만 Scopus 등재 정책은 이런 포부를 무색하게 한다. 스스로 세계를 개척하지 않고, 또 모험을 두려워하지 않는 정신이 없이 어떻게 글로벌 리더가 될 수 있다는 말인가?

연구재단이 경쟁자로 언급한 미국 NSF는 상업적 A&I 서비스의 대안으로 펜실베이니아주립대가 개발한 오픈 액세스(open access) 기반의 CiteSeer 운영을 지원했다. 독일을 비롯하여 유럽, 북미, 일본의 공공기관들도 코넬 대학교와 컨소시엄을 구성하여 arXiv.org를 운영하면서 새로운 A&I 플랫폼을 선보였다. 선진국의 이러한 노력은 학문 연구가 상업적 A&I 서비스에 종속될 수 있는 위험성을 막고, 학문 연구의 공공성을 확보하면서 개방적 연구 기반을 조성하는 데 긍정적 역할을 할 수 있다.

해외의 우수한 기관들이 이러한 공익적 정책을 추진하는 반면, 한국연구재단은 자국에서 발행되는 학술지와 논문을 특정 A&I에 등재하기 위해 동분서주하고 있다. 재단이 연구공동체를 잘못된 방향으로 이끌고 있는 것이다. 이번 영남대 세미나에 참여한 연구자들도 이 문제에 대해 크게 공감했다. "JCEA의 독자층을 넓히기 위해서 Scopus 등재된다면 좋은 일이다. 그렇다고 정부가 직접 나서서 특정한 A&I 서비스에 과도한 권위를 부여하는 것은 다국적 출판 기업의 논리에 한국 학술지의 생사여탈권을 맡기는 어리석은 일이다." Scopus 등재 정책이 한국 학술지의 환경과 학문의 풍토를 더 황폐화시킬까 우려스럽다.

'차차차' 정책과 노벨상 [57]

노벨상이 발표됐지만, 이번에도 우리는 한명도 없었다. 이웃 나라 일본은 지금까지 여러 번 노벨상을 배출했다. 민간 기업이 발표한 후보 명단에 올랐던 국내 기관에 재직 중인 한국인과 외국인을 포함하여 아무도 선정되지 못했다. 노벨상을 받기 위해선 논문의 피인용수가 전세계 상위 0.01%에 들어야 한다. 초일류급 연구자는 하루아침에 만들어지는 것이 아니다. 먼저 초일류급 연구자 후보군인 1% 집단을 육성해야 한다.

정부는 2040년까지 HCR(Highly Cited Researchers)를 100명까지 확대한다고 밝혔다. HCR는 10년간 국제저명 학술논문 중에서 인용지수가 1%에 포함된 논문을 다수 발표한 사람들이다. 양적 성장뿐만 아니라 질적 수준을 측정하고 국가 간 최우수 연구자 보유 비중을 비교·평가하기 위해 도입된 지표이다. 우리나라는 2014년에 18명이 선정된 이후에 전반적 패턴은 증가 추세에 있는 경향이다. 하지만 미국이 압도적으로 많으며 영국, 중국, 독일, 호주, 네덜란드, 캐나다, 프랑스, 스위스, 일본 등이 그 뒤를 따르고 있다. 놀라운 것은 연구 규모가 유사한 국가와 비교하면 우리의 HCR가

상대적으로 적다. 논문 1만편 당 HCR에서 미국이 2.8명이며 영국, 네덜란드, 스위스 등 유럽도 2명 이상을 배출했다. 그러나 우리는 0.5명밖에 배출하지 못했다. 경제 규모와 연구 논문 수를 고려하면 더 많은 HCR가 선정되어야 한다.

연구개발(R&D) 예산이 20조원 내외에 육박하지만 노벨상은 없다. 선행지표인 HCR를 보더라도 최우수 연구자의 수는 예상보다 저조하다. 특히 노벨상이 주어지는 기초과학은 '차차차(Cha-Cha-Cha)' 과정을 따른다는 점을 자주 간과한다. '차차차'는 영어 차아지(charge)-찰런지(challenge)-찬스(chance)를 축약한 것이다. 사이언스 편집장을 10년이나 지낸 코쉬랜드 교수의 이론이다.

첫째, '차아지' 발견은 누구나 알고 있는 보편적 현상이지만 보통 사람들이 본 것과 다르게 인식하고 생각하여 나온 발견이다. 대표적으로 뉴턴은 나무에서 떨어지는 사과에서 중력을 발견했다. 멘델은 자녀가 부모와 닮았다는 지나칠 수 있는 사실에서 유전법칙을 찾았다. 둘째, '찰런지' 발견은 이상 징후를 찾아내고 해결 방법을 제공하는 것이다. 가끔 많은 사람들이 일상적 패턴에서 벗어난 현상을 인지하지만 대개는 간과한다. '찰런지' 발견자는 이러한 불규칙성의 중요성을 깨닫고 새로운 개념을 찾는다. 광속불변의 원리에서 아인슈타인은 특수상대성 이론을 고안했다. 왓슨과 크릭은 유전자 복제와 전이과정에서 더블헬릭스의 염기雙형성규칙을 제시했다. 셋째, '찬스' 과정은 뜻밖의 발견이라고 알려진 세렌디피티를 말한다. 흔히 우연한 일은 누구나 할 수 있는 것처럼 여기지만, 파스퇴르가 주장했듯이 '준비된 마음' 없이 불가능하다. 포도주 병 바닥에 침전된 타타르산 결정체에서 파스퇴르는 분자들이 광학 이성질체를 띤다는 사실을 우연히 발견했다. 플레밍은 오히려 지저분한 실험실 환경 덕분에 페니실린을 발견했다.

'차차차'에서 보면, R&D 행정은 누구에게나 개방적이면서 특정 분야에 오랜 기간 몰입한 연구자를 우선해야 한다. 하지만 우리 정부에서 기계적 예산 배분과 형평성을 고려한 관료적 조정은 여전하다. 설상가상으로 인 서울(in seoul)에 집중된 인적, 물적, 지적 자원의 균형적 배분은 요원해 보인다.

하지만 비학술적 행사에 수시로 호출당하는 서울에 비교하면 지방은 '차차차' 발견과정이 더 쉬울 수도 있다. 박주현 영남대 교수와 이상문 경북대 교수가 HCR에 포함된 것을 보더라도 서울만 바라보는 R&D 정책은 시정되어야 한다. 초일류급으로 성장할 수 있는 후보자들을 많이 보유한 국가일수록 노벨상 수상자를 배출할 확률이 높아진다. 그리고 R&D 예산이란 창조적 과정을 이해하고 새로운 지식축적과 첨단 기술개발을 촉진하기 위한 것인 만큼 서울과 지방의 차별 없이 지원되어야 한다.

추락하는 국가경쟁력 올리려면 [58]

새로운 정부가 출범한지 수개월여 지난 지금도 한국의 미래는 밝아 보이지 않는다. 미국 중앙정보국(CIA)의 '월드 팩트북'에 따르면, 한국의 국내총생산 증가율(2.0%)이 2년 연속 하락하면서 증가율 순위가 조사대상 189개 국가 중 117위로 내려앉았다. 개발도상국이나 후진국을 제외한 경제협력개발기구(OECD) 회원국 내에서도 순위가 하락하면서 선진국 대열에서 밀려났다. 경제성장률이 연속 하락하면서 국가경쟁력도 주저앉았다.

세계경제포럼(WEF)이 발표한 '국가경쟁력 평가'에서 한국은 지난해보다 6단계 하락한 25위였다. 최저가 아닌 것이 다행일 뿐이다. 국가경쟁력 추락에 대해 정부는 경쟁력 상승에 자신감을 나타냈다. 행정과 금융 분야 등은 국가경쟁력을 저해하고 있지만 교육과 과학기술 분야에서 강점을 보이고 있다는 것이다.

그렇지만 항목별 변동 폭을 보면 정부의 인식이 적절한지 의문이다. 예를 들어 정책결정의 투명성과 기업 이사회의 유효성은 137위와 130위로 낮았지만 지난해와 비교해 변동폭은 각각 4단계, 9단계 낮아진 데 불과했다. 반면 (고등)교육시스템의 질은 64위를 기록했는데, 작년 44위에서 20단계나 추락한 것이다.

교육시스템 가운데 대학의 교육역량 및 연구역량은 국가경쟁력의 핵심이다. 미국은 지난 4년간 국가경쟁력 순위가 계속 하락했지만, 올해는 2단계 상승해 네덜란드와 스웨덴을 제치고 5위를 차지했다. WEF는 미국 대학의 수월성이 국가경쟁력 상승요인이라고 밝히고 있다. 일본도 지난해보다 1단계 상승해 9위를 차지했는데, 최상위 그룹을 유지한 배경에는 세계수준의 대학이 버티고 있다. 더 놀라운 것은 교육과 연구 행정의 질을 나타낸 '스태프 트레이닝'(staff training)의 경우 한국은 7점 만점에 4.2점(51위)에 불과했으나, 미국 5.0점(12위), 일본 5.3점(4위)으로 그 격차가 심각하다는 점이다.

스페인 국립연구원의 사이버메트릭스랩(CINDOC)의 최근 발표에 따르면, 세계 1만7036개 대학 가운데 미국 하버드대의 영향력이 가장 큰 것(1위)으로 조사됐다. 아시아에서는 싱가포르국립대가 54위로 아시아 최고였고 중국 칭화대(57위), 일본 도쿄대(63위), 국립대만대(66위), 중국의 베이징대(67위), 치장대(76위), 우한대(92위), 상하이교통대(94위), 푸단대(107위)가 그 뒤를 따랐다. 한국 대학들의 순위는 낮았다. 서울대가 108위로 아시아에서 10번째였다. 한국과학기술원(KAIST)은 144위, 고려대(339위), 연세대(383위), 한양대(477위), 포스텍(499위), 성균관대(506위) 순이었다.

세계를 선도하는 대학을 보면 중요한 흐름을 발견할 수 있다. 트리플헬릭스(triple helix) 역량을 강화하고 있다는 것이다. 지금까지 국내에서는 트리플헬릭스를 평면적인 산·학·관(産學官) 협력으로 번역하면서 그 의미가 다소 왜곡, 축소됐다. 기존 산·학·관 모델이 강제적 관계 맺기에 집중했다면, 트리플헬릭스 모델은 관계의 역동성을 강조하며 한 국가 내부의 전체 아카데믹 섹터가 보유한 지식 자원을 효과적으로 활용하고자 한다. 대학, 산업체, 공공 기관이 각자의 전통적 역할을 수행하면서 정치, 사회, 경제, 문화적 연결망의 확장에 초점을 두는 과거 방식에서 벗어나야 한다. 트리플헬릭스 모델을 채택해 각 기관이 지닌 기존의 경계를 초월하는 한편, 조직 내부 요소들 간의 통합으로 고도화돼야 한다.

2008년 글로벌 금융위기 이후 세계는 제2 대공황 같은 경기침체의 시련을 겪고 있다. 1930년대 대공황 시기에는 트리플헬릭스 기반 창조경제 모델이 주목받았다. 최근 북미와 유럽에서 발표한 미래전략들을 살펴보면 아카데믹 섹터를 매개로 한 트리플헬릭스 접근법을 적극 수용하고 있다. 트리플헬릭스 대학으로의 전환은 교육과 연구 시스템 내부의 생태계 네트워킹을 자극해 국가경쟁력을 높일 수 있다. 나아가 정부의 국정지표에 부합하여 시장 경제와 미래 산업의 성공적 정착을 촉진할 것으로 기대된다.

출처 및 참고자료

빅데이터와 인공지능

1. 스픽스 2023-03-15
2. https://www.newyorker.com/culture/cover-story/cover-story-2017-10-23
3. https://www.youtube.com/watch?v=x0vI5uzzcno
4. https://www.youtube.com/watch?v=81J158xspvs
5. https://www.youtube.com/watch?v=NYd0QcZcS6Q&feature=youtu.be
6. Pennebaker, J.W.: The secret life of pronouns. New Sci. 211(2828), 42–45 (2011). https://doi.org/10.1016/S0262-4079(11)62167-2
7. 대구신문 2022-01-19
8. Hernán M. A. (2018). The C-Word: Scientific Euphemisms Do Not Improve Causal Inference From Observational Data. American journal of public health, 108(5), 616–619. https://doi.org/10.2105/AJPH.2018.304337
9. 대구신문 2022-12-21
10. https://blog.frontiersin.org/2019/10/15/communicating-and-evaluating-research-for-faster-progress/?utm_source=ad&utm_medium=tw&utm_campaign=sub_jl_frma
11. Frontiers is the 3rd most-cited and 6th largest research publisher and open science platform.
12. https://www.scientificamerican.com/article/no-spring-chickens/
13. https://www.technologyreview.kr/ai-summarizes-science-papers-ai2-semantic-scholar/
14. https://www.venturesquare.net/739075
15. https://www.youtube.com/watch?v=Vlh_Cnls5uY&list=PLpRIUFzlvALM-VqPkRVjsLfgXG2j2XZly&index=4
16. 대구신문 2022-10-26
17. https://associationforinformationscienceandtechnologyasist.growthzoneapp.com/ap/Events/Register/kLx4jAyL?mode=Attendee
18. https://excavating.ai/
19. 매일신문 2013-05-25
20. 매일신문 2013-08-17
21. 매일신문 2013-12-07
22. 영남일보 2018-07-20
23. 영남일보 2018-09-14
24. 영남일보 2018-10-12
25. 영남일보 2018-12-07

26. 지방자치, 2016-12, 동향 조사를 도와 준 윤호영님과 정미영님에게 감사드립니다.
27. 영남일보 2017-01-24
28. DGFEZ(대구경북경제자유구역청) 사보, 2019-07
29. 대구경북 시사종합지 잇츠, 2019-07
30. 2·28햇불, 2020-03
31. 함께 꾸는 꿈, 2021-02-26
32. 한겨레신문 사이언스온, 2010-02-18
33. 동아일보 2016-08-03
34. 매일경제, 2018-06-19
35. 매일신문 2013-02-02
36. 매일신문 2009-06-30
37. 스픽스 2022-12-02
38. https://www.linkedin.com/pulse/what-10-best-ai-consulting-firms-bernard-marr/
    ?trk=eml-email_series_follow_newsletter_01-hero-1-title_link&midToken
    =AQHDb4Wp5uptaA&fromEmail=fromEmail&ut=2bNc_8RPgRZao1
39. https://www.nature.com/articles/d41586-022-02035-w?utm_source=Nature+Briefing
    &utm_campaign=82d0f0dfa9-briefing-dy-20220727&utm_medium=
    email&utm_term=0_c9dfd39373-82d0f0dfa9-47137068
40. Johan Bollen, Huina Mao, Xiaojun Zeng, (2011). Twitter mood predicts the stock
    market, Journal of Computational Science, 2 (1), 1-8, https://doi.org/10.1016/
    j.jocs.2010.12.007.
41. Kapoor, S., & Narayanan, A. (2022). Leakage and the Reproducibility Crisis in
    ML-based Science. https://arxiv.org/abs/2207.07048

디지털과 소셜미디어

1. 스픽스 2023-02-01
2. https://m.yna.co.kr/view/AKR20221016033000001
3. https://news.kmib.co.kr/article/view.asp?arcid=0017753191
4. https://www.smrfoundation.org/2022/05/04/in-praise-of-filter-membranes/
5. Andreas Nanz, Jorg Matthes, Learning from Incidental Exposure to Political
   Information in Online Environments, Journal of Communication, Volume 70,
   Issue 6, December 2020, Pages 769-793, https://doi.org/10.1093/joc/jqaa031
6. 스픽스 2023-04-05
7. https://www.thewrap.com/tik-tok-ban-fcc-commissioner-brendan-carr-digital-
   fentanyl/
8. 스픽스 2022-07-29
9. 스픽스 2022-08-26
10. <디지털 뉴스 리포트 2022 한국> _ 한국 이용자 3명 중 2명 뉴스 회피'뉴스 불신'

때문|작성자 신문과방송. https://blog.naver.com/kpfjra_/222842628577

11. http://www.mediatoday.co.kr/news/articleView.html?idxno=304837

12. 대구신문 2022-02-02

13. The effects of infotainment on public reaction to North Korea using hybrid text mining

14. https://news.kbs.co.kr/news/view.do?ncd=5356965

15. https://www.chosun.com/IRAD2ICL2VENZCDS4RZWDMILZQ/

16. 매일신문 2012-09-01

17. 매일신문 2012-12-08

18. 매일신문 2013-07-20

19. 매일신문, 2013-10-12

20. 매일신문 2009-03-03

21. 매일신문 2009-03-31

22. 매일신문 2009-04-28

23. 매일신문 2009-06-02

24. 동아일보 2012-04-30

25. 영남대 홍보실 <플라이 투게더>의 <지금은 연구 중> 코너 2006-06

26. 전자신문 2006-07-03

27. 매일신문 2014-08-14

28. 영대신문 2006-03-20

29. 조선일보 2006-09-10

30. 매일신문 2012-10-13

31. 한경비지니스 1996-06-22

32. 이코노미스트 2012-11-19

33. 한경비지니스 1999-08-02

34. 스픽스 2022-12-16

35. https://cdn.ymaws.com/www.icahdq.org/resource/resmgr/newsletters/2022/dec 2022.10.pdf

36. https://techcrunch.com/2022/11/08/what-is-mastodon/

암호화폐와 가상자산 NFT

1. 스픽스 2023-01-04

2. 스픽스 2022-07-15

3. https://medium.com/the-ethereum-name-service/the-first-search-engine-for-the-dweb-ens-ipfs-has-launched-79b9fae7a9dc

4. https://medium.com/web3labs/the-search-engines-of-web3-75da95b64b01

5. https://medium.com/web3labs/the-search-engines-of-web3-75da95b64b01

6. https://twitter.com/TheBTTCommunity/status/1532376343102595072

7. 스픽스 2022-12-30
8. https://youtu.be/uQRjnM9hQDk
9. https://www.yeongnam.com/web/view.php?key=20220812010001536
10. https://ctic.nus.edu.sg/resources/CTIC-WP-03(2022).pdf
11. https://cordis.europa.eu/project/id/864818
12. 2022 지능정보윤리 이슈 리포트 2022-09-30
13. 박한우. [박한우의 미래칼럼] 이더리움 트론 청년집단과 탈중앙화. 대구신문. 2022-03-16
    출처: https://www.idaegu.co.kr/news/articleView.html?idxno=375669
14. https://www.tech42.co.kr/%EB%B9%84%ED%83%88%EB%A6%AD-%EB%B6%
    80%ED%85%8C%EB%A6%B0-%ED%8E%98%EC%9D%B4%EC%8A%A4%EB%B
    6%81-%EB%A9%94%ED%83%80%EB%B2%84%EC%8A%A4%EB%8A%94-%EC
    %8B%A4%ED%8C%A8%ED%95%A0-%EA%B2%83/
15. https://portalcripto.com.br/ko/NFT-%EC%83%9D%EC%84%B1-erc-721-%EB%
    B0%8F-erc-1155%EB%8A%94-%EB%AC%B4%EC%97%87%EC%9E%85%EB%8
    B%88%EA%B9%8C%3F/
16. 박한우, 메타버스 시대의 NFT 창작과 크립토 아트: 지역 예술 활성화를 위한 정책 방향.
    대구예술 2022년 봄호 46~49쪽.
17. Jiang, X., & Liu, X.F. (2021). CryptoKitties Transaction Network Analysis: The
    Rise and Fall of the First Blockchain Game Mania. Frontiers in Physics, 9. doi:
    10.3389/fphy.2021.631665.
18. 박한우. 공간의 경계를 뛰어넘는다! 메타버스. 아이러브대가야고령 2021년 10월 소식지
    523호.
19. 박한우. [박한우의 미래칼럼] 루나 폭락인데 가난에 시달리며 즐겁다니. 대구신문.
    2022-05-26. https://www.idaegu.co.kr/news/articleView.html?idxno=383297
20. 박한우, [박한우의 미래칼럼] 이더리움이 중립적이면, 크립토는 무국적 산업인가? 대구
    신문. 2022.04.28.
    https://www.idaegu.co.kr/news/articleView.html?idxno=380287
21. 대구예술 2022-03
22. 김광집 (2021). 메타버스 사례를 통해 알아보는 현실과 가상 세계의 진화, 방송과미디어,
    26(3), 10-19.
23. 전자신문 2018-01-10
24. 매일신문. 2018-01-10
25. 중앙일보 2018-02-05
26. 동아일보 2018-02-08
27. 영남일보 2018-03-30
28. 매일신문 2021-05-24

지역사회와 의사소통

1. 스픽스 2023-03-1
2. 김기욱 (2022). 재난의 일상화에 대비한 재난방송 정책 현황 및 향후 과제. 국회입법조 사처 이슈와 논점, 2023호, 1-4.
3. 대구신문 2022-03-02
4. 스픽스 2022-09-09
5. https://www.kyosu.net/news/articleView.html?idxno=91970
6. https://www.sedaily.com/NewsView/2629MIXEOM
7. 대구신문 2022-08-17
8. https://magazine.changbi.com/20220503/?cat=2466
9. 대구신문 2022-07-06
10. 영어로는 Maslow's hierarchy of needs라고 부르며 다음을 참고하기 바람. Maslow, A. H. (1943). A theory of human motivation. Psychological Review, 50(4), 370-396. https://doi.org/10.1037/h0054346. Duval, S. & Hashizume, H. (2006). Questions to Improve Quality of Life with Wearables: Humans, Technology, and the World, 2006 International Conference on Hybrid Information Technology, pp. 227-236, doi: 10.1109/ICHIT.2006.253492. https://ieeexplore.ieee.org/stamp/stamp.jsp?tp=&arnumber=4021095
11. 상세한 내용은 더밀크(The Milk) 유튜브 채널에 나옴. https://www.youtube.com/watch?v=fG6ktG8kkoo
12. 대구신문 2022-07-20
13. https://jejumbc.com/page/_k4iHo-qsr6f
14. https://news.imaeil.com/page/view/2022071713090107878
15. 대구신문 2022-09-28
16. https://www.youtube.com/watch?v=fQNy0-flS8g&list=PLpRIUFzlvALM-Vq PkRVjsLfgXG2j2XZly&index=2
17. Park, H.W. (2020). A new era of Quality & Quantity: International Journal of Methodology - Collaborate or Fall Behind. Quality & Quantity. 54(1), 1-2.
18. Park, H.W. (2020). A new era of Quality & Quantity: International Journal of Methodology - Collaborate or Fall Behind. Quality & Quantity. 54(1), 1-2.
19. Park, H.W. (2020). A new era of Quality & Quantity: International Journal of Methodology - Collaborate or Fall Behind. Quality & Quantity. 54(1), 1-2.
20. 스픽스 2022-08-22
21. 이혜정 (2009). 미국 공화당의 위기: 보수의 역사적 정체성과 정치적 과제. 의정연구, 15(1), 209-235.
22. 대구신문 2022-02-16
23. http://www.aitimes.com/news/articleView.html?idxno=131037
24. 코인마켓캡에 등록된 458개 거래소들 가운데, Indoex는 평점 10점 가운데 4.4점을 얻어 중위권임. https://coinmarketcap.com/exchanges/indoex/

25. https://www.blockmedia.co.kr/archives/210726
26. https://docuprime.ebs.co.kr/docuprime/vodReplayView?siteCd=DP&courseId=BP 0PAPB0000000005&stepId=01BP0PAPB0000000005&lectId=60170715&searchT ype=&searchKeyword=&searchYear=&searchMonth=
27. 대구신문 2023-11-23
28. Burkeman, O. (2021). Four Thousand Weeks: Time Management for Mortals. Farrar, Straus and Giroux, 이윤진 역. (2022). 4000주: 영원히 살 수 없는 우리 모두 를 위한 시간 관리법. 21세기 북스.
29. Brucks, M.S., Levav, J. Virtual communication curbs creative idea generation. Nature (2022). https://doi.org/10.1038/s41586-022-04643-y
30. Henriksen, D., Richardson, C.C., & Shack, K. (2020). Mindfulness and crea- tivity: Implications for thinking and learning. Thinking Skills and Creativity, 37, 100689 - 100689.
31. 대구신문 2022-06-22
32. https://m.blog.naver.com/cu1985/220717906058
33. Boroch, R. (2021). Review: Damon Centola. Change. How to Make Big Things Happen. John Murray Press. 2021. Academia Letters, Article 2432. https://do- i.org/ 10.20935/AL2432
34. https://www.amazon.com/Change-How-Make-Things-Happen-ebook/dp/B0881 X4QZM
35. 대구신문 2022-09-14
36. Anderson, E.T., Lin, S., Simester, D., & Tucker, C. (2014). Harbingers of Failure. Journal of Marketing Research, 52, 580 - 592.
37. https://www.youtube.com/watch?v=79Hzb2cu3x4&list=PLpRIUFzlvALOqyxLtB fCxhg2gn2_P_oQd&index=34&t=9s
38. 대구신문 2022-03-30
39. 대구신문 2022-04-13
40. 대구신문 2022-05-11
41. https://near.academy/near101/chapter-1
42. 대구신문 2022-08-03
43. Schwarzenegger C. (2020). Personal epistemologies of the media: Selective crit- icality, pragmatic trust, and competence-confidence in navigating media reper- toires in the digital age. New Media & Society, 22(2), 361-377. https://do- i.org/10.1177/1461444819856919
44. Pasitselska, O. (2022). Better Ask Your Neighbor: Renegotiating Media Trust During the Russian-Ukrainian Conflict. Human Communication Research.
45. Banas, J.A., Palomares, N.A., Richards, A.S., Keating, D.M., Joyce, N., & Rains, S.A. (2022). When Machine and Bandwagon Heuristics Compete: Understanding Users' Response to Conflicting AI and Crowdsourced Fact-Checking. Human Communication Research.
46. 대구신문 2022-10-12

47. https://www.icahdq.org/page/ICA23CFP
48. Lee, E.-J. (2020). Authenticity model of computer-mediated communication: Conceptual explorations and testable propositions. Journal of Computer-Mediated Communication, 25(1), 60-73. https://doi.org/10.1093/jcmc/zmz025
49. Enli, G. (2015). Mediated authenticity: How the media constructs reality. Peter Lang.
50. 대구신문 2022-08-31
51. https://youtu.be/lH9wvVAicT8
52. 매일신문 2012-03-03
53. 매일신문 2012-03-31
54. 매일신문 2012-04-28
55. 매일신문 2012-05-26
56. 매일신문 2012-06-23
57. 매일신문 2012-07-21
58. 매일신문 2012-08-18
59. 매일신문 2013-03-02
60. 매일신문 2013-03-30
61. 매일신문 2013-06-29
62. 영남일보 2018-03-02
63. 영남일보 2018-05-25
64. 영남일보 2018-08-17
65. 영남일보 2018-07-09
66. 매일신문 2020-02-23
67. 잇츠(It's) 창간호 2019-05.
68. 영남일보 2014-08-11
69. 한겨레신문 2012-07-23
70. 영남일보 2012-07-19
71. 매일신문 2012-11-10
72. 매일신문 2009-02-03
73. 매일신문 2018-06-24
74. 월간 에세이, 사막을 일구는 햇살, 2012-12
75. 영남일보 2015-12-31
76. 대구신문 2022-11-09
77. https://www.onoffmix.com/event/262765
78. Janssen, M., van der Voort, H., & Wahyudi, A. (2017). Factors influencing big data decision-making quality. Journal of Business Research, 70, 338-345.
79. http://articles.latimes.com/2014/jan/25/local/la-me-ln-concrete-buildings-list-20140125

1. 스픽스 2023-01-18
2. 한국 직업능력연구원 (2022). 2021년 지방대학 및 지역 균형 인재 육성지원 성과분석 및 2023년 계획 지침 수립 마련을 위한 연구. 한국연구재단 지원 정책연구과제 (2022- 19).
3. Spannagel, J., Kinzelbach, K. (2022). The Academic Freedom Index and Its indicators: Introduction to new global time-series V-Dem data. Quality & Quantity. https://doi.org/10.1007/s11135-022-01544-0
4. http://www.speaks.kr/news/articleView.html?idxno=6100
5. https://wtop.com/sponsored-content/2022/11/amazons-second-headquarters-is-opening-next-year-what-benefits-can-the-dmv-expect/
6. 스픽스 2023-02-15
7. https://www.imd.org/centers/world-competitiveness-center/rankings/world-digital-competitiveness/
8. https://www.nia.or.kr/site/nia_kor/ex/bbs/View.do?cbIdx=44086&bcIdx=25094&parentSeq=25094
9. https://www.msn.com/ko-kr/money/topstories/%ED%95%9C%EA%B5%AD-%EC%9D%B8%ED%84%B0%EB%84%B7-%EC%86%8D%EB%8F%84-34%EC%9C%84-%EC%84%B8%EA%B3%84-2%EC%9C%84%EC%98%80%EB%8A%94%EB%8D%B0-3%EB%85%84-%EC%83%88-5g%EA%B8%89-%EC%B6%94%EB%9D%BD/ar-AA15TZGh
10. Singh, V.K., Nandy, A., Singh, P. et al. (2022). Indian Science Reports: a web-based scientometric portal for mapping Indian research competencies at overall and institutional levels. Scientometrics (2022). https://doi.org/10.1007/s11192-022-04395-6
11. 스픽스 2023-03-29
12. Leydesdorff, L., & Lawton Smith, H. (2022). Triple, Quadruple, and Higher-Order Helices: Historical Phenomena and (Neo-)Evolutionary Models. Triple Helix. https://brill.com/view/journals/thj/9/1/article-p6_2.xml
13. Campbell, D.F.J., Carayannis, E.G., Güttel, W.H. (2013). Academic Firm. In: Carayannis, E.G. (eds) Encyclopedia of Creativity, Invention, Innovation and Entrepreneurship. Springer, New York, NY. https://doi.org/10.1007/978-1-4614-3858-8_252
14. https://news.imaeil.com/page/view/2013042707561358567
15. Cai, Y. (2022). Neo-Triple Helix Model of Innovation Ecosystems: Integrating Triple, Quadruple and Quintuple Helix Models. Triple Helix. https://brill.com/view/journals/thj/9/1/article-p76_7.xml
16. https://www.triple-e-awards.com/index/about
17. https://www.kyosu.net/news/articleView.html?idxno=101348
18. https://uispc.org/promotion/notice01.php?mode=view&no=123

19. Heath, S. E., Darr, C. R. ., & Acharya, L. (2022). Banking on the Future: Student Academic Performance, Retention, Graduation, and Instructor Type. Journal of the Scholarship of Teaching and Learning, 22(4). https://doi.org/10.14434/josotl.v22i4.32988
20. 스픽스 2022-11-04
21. https://www.etnews.com/20221007000185
22. https://brill.com/view/journals/thj/aop/article-10.1163-21971927-bja10034/article-10.1163-21971927-bja10034.xml
23. 스픽스 2022-11-18
24. https://www.insidehighered.com/news/2022/08/12/survey-highlights-gen-zs-distrust-higher-ed
25. https://eric.ed.gov/?id=ED371658
26. 스픽스 2022-09-23
27. Economist (2021). Noblesse oblige. Economist, October 9, 2021, 85.
28. https://blog.naver.com/kofst_news/222809597009
29. 스픽스 2022-10-07
30. https://library.krihs.re.kr/dl_image/IMG/02/000000006918/SERVICE/000000006918_01.PDF
31. https://www.etnews.com/20220630000322
32. The global village : transformations in world life and media in the 21st century,
33. Chinese and OECD Loans and Digital Authoritarianism in Africa
34. 대구신문 2022-01-05
35. https://time.com/person-of-the-year-2021-elon-musk/
36. https://www.yeongnam.com/web/view.php?key=20200127010004381
37. 대구신문 2022-12-07
38. https://www.yu.ac.kr/pr/yunews/yu-news-room.do?mode=view&articleNo=4730 666
39. Rho, W.-J. (2014). Triple Helix for Social Innovation: The Saemaul Undong for Eradicating Poverty, Journal of Contemporary Eastern Asia, 13(1). 39-55. http://koreascience.or.kr/article/JAKO201407158234761.page
40. Tesfaye, L.A., Fougère, M. Frugal Innovation Hijacked: The Co-optive Power of Co-creation. J Bus Ethics 180, 439–454 (2022). https://doi.org/10.1007/s10551-021-04883-4
41. 스픽스 2022-06-08
42. 스픽스 2022-10-21
43. ICA CM Newsletter - Jul 2022 edition
44. https://candidate.hr-manager.net/ApplicationInit.aspx?cid=119&ProjectId= 181458&DepartmentId=3439&MediaId=5
45. Miller, D., Tang, Z., Xu, X. et al. (2022). Are Socially Responsible Firms Associated with Socially Responsible Citizens? A Study of Social Distancing During the Covid-19 Pandemic. Journal of Business Ethics, 179, 387-410. https://doi.org/10.1007/s10551-021-04858-5

46. 매일신문 2013-01-05
47. 매일신문 2013-04-27
48. 매일신문 2013-11-09
49. 영남일보 2018-04-27
50. 매일신문 2016-02-18
51. 영남일보 2014-08-21
52. 영남일보 2015-09-07
53. 대구경북언론인클럽 회지 팔공저널, 2014-08, 7호
54. 한국표준협회가 발간한 기술표준지
55. 영남일보 2018-06-22
56. 매일신문 2013-09-14
57. 영남일보 2018-11-09
58. 한국경제 2013.10.02